湛庐 CHEERS

与最聪明的人共同进化

HERE COMES EVERYBODY

CHEERS
湛庐

影响力

INFLUENCE, NEW
AND EXPANDED

The Psychology
of Persuasion

Robert B. Cialdini

[美] 罗伯特·西奥迪尼 著
闫佳 译

全新升级版

北京联合出版公司
Beijing United Publishing Co.,Ltd.

影响力教父
我们这个时代最伟大的思想家之一

罗伯特·西奥迪尼

西奥迪尼出生于 1945 年,在北卡罗来纳大学取得博士学位后,他接着在哥伦比亚大学从事博士后的研究工作。西奥迪尼后来于亚利桑那州立大学执教多年,从事社会心理学的研究工作,现为该校心理学和市场营销学名誉教授。他同时还担任斯坦福大学市场营销、商业和心理学客座教授,加州大学圣克鲁兹分校客座教授。

西奥迪尼倾其职业生涯来研究影响力,在说服、顺从和谈判领域享有广泛的国际声誉,他提出的影响力原则被认为是提升销售效率、领导力、营销水平和管理能力的基石。因其在商业道德和政策运用方面所做的前沿研究,西奥迪尼被誉为"影响力教父"。

影响力科学的奠基人

> 自《影响力》1984年首次出版以来,西奥迪尼就一直是营销领域最好的心理学家。
> ——美国心理协会

西奥迪尼曾将他对社会影响的兴趣归因于其多元文化碰撞的成长背景:他在一个完全是意大利人的家庭中长大,生活在一个主要是波兰人的社区,身处以大量德国移民著称的密尔沃基,属于原本是地道乡村的威斯康星州。正因如此,西奥迪尼对影响力科学的兴趣与研究几乎贯穿了他的整个职业生涯。

《影响力》作为西奥迪尼30多年研究成果的结晶,自1984年出版以来,三度登上《纽约时报》畅销榜,被译为40多种文字,累计销量突破500万册,受到全球读者的喜爱,多年来雄踞亚马逊网站消费者行为学类图书排行榜首位。

《影响力》是心理学和管理学专业学生的必读书,是《财富》杂志鼎力推荐的"75本商业必读书"之一、是亚马逊推荐的"人生必读100本书"之一,也是巴菲特和芒格向他们的股东推荐的唯一一本书。畅销书作家丹尼尔·平克称赞道:"任何关于说服和影响力的写作都是站在西奥迪尼肩膀上的。"

这部开创性著作最初是基于西奥迪尼三年的"卧底生涯"创作而成的。他通过参加电话营销公司、二手车经销商、筹款组织等机构的培训项目,观察、记录、营销、销售等行业说服他人的技术,结合自己对社会心理学的潜心研究,先后总结出说服他人的6大原则,即互惠、喜好、社会认同、权威、稀缺、承诺与一致。

《影响力》改变了很多人和组织,被引述率高居当今社会心理学之冠。然而,西奥迪尼并未止步于既有成就,而是在对社会影响力的不断研究和实践中,不断迭代《影响力》。他推出了更适合高校作为教材使用的教材版,该书被斯坦福大学列为经典权威教材;又出版了着重在人们做出决定之前提前对其施加潜在影响的《先发影响力》。经过近10年的研究,西奥迪尼又为影响力增加了"终极武器"——联盟原则。

如今，影响力的7大原则首次集结于《影响力（全新升级版）》一书，该书相比此前版本，更新多达10万字，新增了"线上影响力"专栏，指出互联网的蓬勃发展对人们生活的深刻影响，并收录了最新研究、案例和读者报告。西奥迪尼还根据不同的动机，列出了使用影响力武器的不同组合与先后顺序。

西奥迪尼理念的影响范围包括政界、商界、学界、文艺界甚至军界，巴菲特、芒格、丹尼尔·卡尼曼、福格等各界翘楚都曾在"影响力"系列作品中得到不少启发。正如斯坦福大学商学院组织行为学教授奇普·希思所说："西奥迪尼就是影响力研究领域的本杰明·富兰克林。"

在全球践行影响力

西奥迪尼对影响力的研究并不限于教学和对大众的科学普及，他还专门成立了职场影响力咨询公司（INFLUENCE AT WORK, IAW），带领企业从事影响力的研究与培训工作，提高组织和个人的绩效和道德影响力，旨在帮助管理人员更好地决策，巧妙地使用他们的影响力。

西奥迪尼的客户除了谷歌、微软、思科公司、可口可乐、爱立信、IBM、葛兰素史克、奥美等世界500强企业，还包括哈佛大学肯尼迪政治学院、美国司法部等教育、政府部门。

2012年，西奥迪尼作为行为科学

团队的一员,帮助奥巴马在当年的大选中获胜。西奥迪尼说,无论是政治领域还是职场,只要学会在不同的场合灵活使用不同的影响力策略,你便能成功赢得他人的支持。

因在社会心理学、消费者心理学以及社会影响力方面所做的贡献,西奥迪尼赢得了众多赞誉和奖项:

- 1996年至1997年担任美国人格与社会心理学会主席。
- 2000年获得消费者心理学会颁发的杰出科学成就奖。
- 2003年获得"唐纳德·坎贝尔奖"和首届"皮托奖"。
- 2008年获得人格与社会心理学会颁发的杰出服务奖。
- 2009年获得实验社会心理学会颁发的科学家奖,以及西部心理学会颁发的杰出教学奖。
- 2016年获得西部心理学会终身成就奖。
- 2019年亚利桑那州立大学为纪念西奥迪尼在行为研究领域所做的杰出贡献,特将原营销实验室(Marketing Lab)更名为西奥迪尼行为研究实验室(Robert B. Cialdini Behavioral Research Lab)。

西奥迪尼以科学为依据,将说服打造为多面体,告诉人们什么是影响力以及如何根据不同的情况,在不违背道德的情况下,有技巧地使用影响力武器。作为说服领域的权威,西奥迪尼以人类的基本本能为基础,帮助人们更好地掌握了影响他人的方法。

作者演讲洽谈,请联系
BD@cheerspublishing.com

更多相关资讯,请关注

湛庐文化微信订阅号

湛庐 CHEERS 特别制作

西奥迪尼
"影响力"系列作品

Influence
NEW AND EXPANDED | 序

《影响力》的最初版本是想写给大众读者的,所以在写它的时候,我试着像讲故事那样娓娓道来。我承认,其实有些担心这么做会让学术界的同事把这本书视为"通俗"心理学。正如法律学者詹姆斯·博伊尔(James Boyle)所说,"你如果没听过学者们是怎么说'大众读物'(popularizer)这个词的,就不算见识过真正的傲慢"。而这也正是我所担心的。出于这个原因,在我最初撰写《影响力》的时候,大多数社会心理学同行都觉得,从职业发展的角度而言,为非学术界的通俗读者写作不怎么安全。事实上,如果说社会心理学是一家公司,那它大概会以卓越的研发部门出名,配送部门则不太拿得出手。除了偶尔在学术期刊上发表一些普通读者不乐意看的文章,其他我们概不配送。

幸运的是,尽管决定采用通俗风格,但我担心的事情无一应验,因为《影响力》并未因立足于"通俗"心理学而受到贬低。[1] 于是，之后的各版保留了这种叙述风格。除此之外，我还为自己的陈述、建议和结论加入了经研究得来的证据。虽说我用了采访、引述、系统化的个人观察等方式来表达结论、巩固结论，但归根结底，本书的结论是建立在严格控制变量的心理学研究基础之上的。

对《影响力（全新升级版）》的评价

怎样改动全新升级版，让我颇觉棘手。一方面，本着"没坏就不用修"的公理，我不愿意做大规模的改动。毕竟，之前的若干版本，再加上41种外语版，《影响力》卖出的册数比我想象中要多得多。从这一点来说，我的波兰同事威廉明娜·沃辛斯卡（Wilhemina Wosinska）对本书的价值做出了肯定性的评论，同时也给我浇了一瓢冷水以使我保持清醒。她说："罗伯特，你知道吗，《影响力》在波兰可出名了，我的学生都以为你早就死了。"

另一方面，我那来自西西里的祖父爱说这样一句话："如果你想让事情保持现状，那事情就必须改变。"进行及时的修订工作，恰如此言所说。[2] 距《影响力》上一个版本的出版已经有些日子了。在此期间发生的一些事情，有必要补充到全新升级版中。首先，我们现在对影响过程比从前有了更深入的认识。对说服、顺从和改变的研究有了新进展，相关内容亦依此做了更新。除了对整体素材进行全面更新，我还特别注意增加了影响力在日常人类互动中的作用，

---

[1] 《影响力》出版以来，我不曾面对博伊尔所预测的那种愤怒而居高临下的态度，哪怕同事里最硬派的学者也没这么做过。有必要对此稍做解释。我认为这主要出于两个原因。首先，和日报上"人文"文章里出现的通俗社会科学形式不同，我扎扎实实地引用了数百本出版物作为我陈述和结论的基础。其次，我想要争取推广的是一种研究人类反应的特殊方法，即实验行为科学的方法，而不是推广我自己的研究或特定类别的研究。我当时并非有意为之，但它消除了实验行为科学家同行们的戒心。这或许证实了我长久以来秉持的一种信念：人总不会把自己搭乘的船给弄沉。

[2] 唉，上网查了一下，我发现我不能把这句见解独到的名言归功于我祖父。它出自他著名的同胞、意大利现代作家朱塞佩·托马西·迪·兰佩杜萨（Giuseppe Tomasi di Lampedusa）。

即施加影响的过程怎样在现实世界环境而非实验室环境中运转。

我还扩展了一个专栏，这是先前读者的反馈让我想到的。这个专栏的内容主要来自之前读了《影响力》的读者。这些读者意识到某个原则在特定的情况下是怎样对自己发挥作用或为自己所用的，并写信告诉了我。他们的描述（即每章的"读者报告"专栏）说明，在日常生活里，我们是多么容易又多么频繁地成为影响过程的"受害者"。所以，如何将本书的原则应用于商业和个人生活，我们现在有了许多更新的第一手资料。

我想要感谢以下为《影响力》此前的"读者报告"专栏做出过贡献的诸君，他们要么是亲自来信贡献了案例，要么通过自己的课程导师提交了例子，他们是：帕特·鲍勃斯（Pat Bobbs）、哈特纳·比伯克（Hartnut Bock）、安妮·卡托（Annie Carto）、迈克尔·克洛伊（Michael Conroy）、威廉·库珀（William Cooper）、艾丽西亚·弗里德曼（Alicia Friedman）、威廉·格拉齐亚诺（William Graziano）、马克·哈斯廷斯（Mark Hastings）、乔纳森·哈里斯（Jonathan Harries）、恩戴耶·肯迪（Endayehu Kendie）、凯伦·克罗尔（Karen Klawer）、丹努塔·鲁尼卡（Danuta Lubnicka）、詹姆斯·迈克尔斯（James Michaels）、斯蒂芬·莫塞（Steven Moysey）、凯蒂·缪勒（Katie Mueller）、保罗·内尔（Paul Nail）、丹·诺里斯（Dan Norris）、山姆·奥玛（Sam Omar）、艾伦·雷斯尼克（Alan Resnik）、达里尔·雷兹拉夫（Daryl Retzlaff）、杰弗里·罗森博格（Geofrey Rosenberger）、乔安娜·斯派查拉（Joanna Spychala）、丹·斯威夫特（Dan Swift）、罗伯特·斯陶瑟（Robert Stauth）和卡拉·瓦斯科（Karla Vasks）。也特别感谢为全新升级版贡献了全新"读者报告"的各位：劳拉·克拉克（Laura Clark）、杰克·埃普斯（Jake Epps）、胡安·格梅兹（Juan Gomez）、菲利普·约翰斯通（Phillip Johnston）、宝拉（Paola）、乔·约翰（Joe St. John）、卡罗尔·托马斯（Carol Thomas）、杨斯·特拉波特（Jens Trabolt）、卢卡斯·维曼（Lucas Weimann）、安娜·罗布鲁斯基（Anna Wroblewski）、安格玛·亚达夫（Agrima

Yadav）。我还想邀请读者为未来将要出版的新版提供类似的"报告","报告"可发送至邮箱 ReadersReports@Influenceatwork.com。

本次更新除了对此前版本的一些更新与扩展,还有以下三个重大变动。

- 其一是探索社会影响力策略在互联网上的应用。很明显,社交媒体和电子商务网站已经投入了说服科学的怀抱中。因此,全新升级版每章新增了"线上影响力"专栏,说明怎样将相关手法应用于当前的技术平台。
- 其二是增加了一些新的脚注,方便读者找到正文所引用的研究及相关工作的介绍,对手头议题做更广泛的探讨。
- 其三,也是最重要的一点是,我在全新升级版增加了关于社会影响力的第 7 条普遍原则——联盟原则。在相关章节里,我介绍了这样一种情况,即如果受众相信沟通者跟自己有着共同且有意义的个人或社会认同,就更容易被沟通者的说服诉求所打动。

Influence
NEW AND EXPANDED | 前言

我现在可以坦白了，我这一辈子，一直是个容易上当的家伙。在记忆所及的岁月里，我总是容易被小贩、筹款人、这样那样的运营商当成好捏的软柿子。是的，这些人里只有一部分动机不大光彩，其他人，比如慈善机构的代表，都有着崇高的目的。我发现自己老是会订些根本不想要的杂志，或是买下环卫工人舞会的门票，这种事情出现的频率之高，让我自己都感到吃惊。或许，我这种一贯的傻瓜蛋状态，正解释了我为什么会对研究说服感兴趣：到底是什么因素让一个人向另一个人说"行"？哪些技术最有效地利用了这些因素，使人们产生了顺从心理？我想搞清楚，为什么相同的请求，按某种方式说出来会遭到拒绝，稍微换种方式说结果却会不一样呢？

所以，我干上了实验社会心理学这一行，开始研究说服心理学。起初，我的研究大多以实验的形式开展，基本都在实验室里进行，参与者则是大学生，我想找出哪些心理原则会对人们答应一个要求产生影响。现在，关于这些原则是什么、如何发挥作用，心理学家已经有了很多认识。我认为这些原则是影响力的武器，并将在本书重点讨论其中的一部分。

不过，过了一段时间，我逐渐意识到：做实验尽管有必要，但还不够。一旦走出心理学大楼，走出我研究它们的校园，我就没办法再靠实验来判断这些原则在真实世界里是有多重要。很明显，要想彻底了解顺从心理，我得放宽自己的调查范围。我需要去观察专门利用人们顺从心理的职业老手，也就是套用这些原则左右了我一辈子的那些人。优胜劣汰的生存法则让他们知道哪些原则可行，哪些不可行。他们的生计就是说服别人，他们是靠这一套吃饭的。他们当中，那些不知道怎样才能让别人顺从的人很快就会被淘汰掉，而知道的人则能留下来，并将买卖做得风生水起。

当然，了解并利用这些原则帮助自己的人，不光只有上述那些专业人士。在跟邻居、朋友、爱人或其他家人进行日常交往的过程中，我们或多或少都会用到它们，或者成为它们的受害者。但哪些原则最管用，我们大多数人最多只有些模糊的认识，以让他人顺从为业的说服专家们却懂得更多。我仔细想了想，要了解哪些顺从原则对我适用，这些专家是最丰富的信息源。于是，近年来，我把自己的实验研究跟一个更有趣的项目结合了起来。我系统地让自己深入影响力专家，如销售员、筹款者、广告商的工作中。

我的目的是从内部观察诸多影响力专家最常使用且效果最好的技术和策略。在这一观察项目实施的过程中，我有时会访问从业者本人，有时则会调访某些从业者的"天敌"，如警方的反诈骗调查人员、消费者权益保护机构等。还有些时候，我会对一代代传承说服策略的书面资料，如销售手册等进行大范围的检验。

我们最常采用的手段是参与式观察（participant observation）。参与式观察是一种由研究者充当各种间谍的调研方法。研究者会利用一个伪装的身份，捏造一套意图，渗入感兴趣的环境，成为所调查群体里的一员。所以，如果我想了解百科全书、真空吸尘器、肖像摄影、舞蹈课销售者的说服手段，我就会去应征报纸上招募销售实习生的广告，直接让他们教给我方法。使用类似但不尽相同的办法，我得以渗透到广告、公共关系和筹款机构内部去考察。因此，这本书里列举的许多证据，都来自我在各类致力于让你点头称是的组织里假冒影响力专家或是怀有远大抱负的专业人士的亲身体验。

我通过这几年的参与观察，掌握了一些极具启发意义的信息。尽管影响力专家会使用上千种不同的策略来让人顺从，但绝大部分策略都能分为 7 个基本类型。每一个类型都是从一种能指导人们行为的基本心理原则衍生出来的，正因为如此，这些策略才具有左右人们行为的力量。本书将围绕这 7 大原则来组织结构，一章介绍一种原则。我将分别按照互惠、喜好、社会认同、权威、稀缺、承诺与一致、联盟的社会功能来展开讨论，看看影响力专家们是如何将之整合到请求别人购买、捐赠、让步、选举或赞成的行为中，使之发挥出巨大力量的。

值得注意的是，我提出的 7 大原则中，并不包括物质利己主义的简单原则，即人们希望通过自己的选择得到更多，付出更少。我没有这么做，并不是因为我认为利益最大化、成本最小化的欲望在推动我们做决策方面无关紧要，也不是因为我找到了什么证据，说明影响力专家忽视了物质利己主义的力量。恰恰相反，在调查中，我经常看到从业者使用"我能给你一笔划算的交易"这样的方法（有时他们说的是真心话，有时则不然）。在本书中，我不会对物质利己主义做单独的讨论，因为我认为这是一项给定的动机，一个不言而喻的事实，所以人人都理解它，无须深入描述。

本书所讨论的每一种原则，均能使人产生不同的自动、无意识的顺从行为，即一种不假思索就答应的冲动。有证据表明，现代社会日益加快的步伐和大量信息带来的冲击，会使人们的无意识顺从在将来变得越发普遍。因此，理解无意识影响是怎么回事，为什么会这样，对当今社会来说是非常重要的。

最后，在全新升级版中，我按照同事格雷戈里·奈德特（Gregory Neidert）博士的洞见，对相关章节的顺序进行了重新排列。他认为，基于交流者希望通过信息实现的说服目标，有一些原则比其他原则更为适合。诚然，任何想要施加影响力的人都希望促成他人的改变，但根据奈德特设计的社会影响力核心动机模型，沟通者在进行沟通时的首要目标，将影响他选用这7种原则的优先顺序。举例来说，该模型断言，劝导者的主要动机（目标）之一和培养积极的关系有关。研究表明，如果信息的接收方先对发送信息的人产生了好感，那么，后者就更有可能达成目标。而互惠、喜好和联盟这三条原则似乎尤其适用于这样的任务。

还有些时候，受众和沟通者之间的良好关系已经确立，那么，减少不确定感就成为当务之急。毕竟，双方的积极关系并不能确保说服的成功。在可能改变主意之前，人们总是希望自己所做的决策是明智的。此时，奈德特的模型指出，绝不能忽视社会认同和权威原则——把证据指向同行或专家认可的选项，能明显提升这一选择在受众心目中的明智性。

但是，哪怕培养起了积极的关系，减少了不确定感，为提高说服效率，还有一个目标需要达成，即激发行动。一个朋友曾用充分的证据向我指出，按照专家的建议，每天锻炼是件好事，顶尖的医学专家们也都完全认同每天锻炼给健康带来的益处。但这恐怕还是不足以让我坚持每天锻炼。为了劝说成功，这位朋友还可以提醒我，我过去曾公开说过保持健康的重要性（承诺与一致原则），而要是我不锻炼的话，就无从享受锻炼带来的独到乐趣（稀缺原则）。这样的信息，才最有可能让我从仅仅是做出行动的决定，过渡到根据决定采取行动步骤。因此，也正是这样的信息，才最有可能让我大清早起床去锻炼身体。

因此，本书各章考虑到了哪些原则特别适合达成说服者的三种动机：

如果培养关系是当务之急，互惠、喜好和联盟最为适用；

如果减少不确定感最为重要，那么社会认同和权威原则最适用；

倘若激发行为是基本目标，那么用到的原则就是承诺与一致原则与稀缺原则。

读者朋友们有必要认识到，我并不是说这些互有关联的原则，是实现相应目标的唯一选择。相反，我想说的是，如果碰到了与这些原则所对应的目标却忘了运用这些原则，那将是你很大的损失。

你的影响力水平有多高？

- 你的公司刚刚推出一款新产品，老板让你决定采用以下哪种策略来激发公众最大的兴趣：在"有限时间"内降价，或者在"有限数量"内降价。那么你认为____。
  A. 应选"有限时间"
  B. 应选"有限数量"
  C. 任何一种选择都会产生同样积极的结果
  D. 这两种选择都不会产生积极的结果

- 假设有一位政治候选人刚刚失去民众的信任。不幸的是，你是这位候选人竞选班子的负责人。如果这位候选人欲借严厉打击犯罪重树他的声望，你认为在他开始下一站宣传时，以下哪个选项是最好的方式？
  A. 我的对手在打击犯罪方面做得很不够……
  B. 很多民众支持我打击犯罪的意愿，而且他们相信我有这个能力……
  C. 虽然我的对手在打击犯罪方面有着不俗的表现……
  D. 打击犯罪是一个关键问题

- 最近你带领的部门人员流失情况严重，所以你组织了一次团建来鼓舞士气。你想给参加团建的每位员工送一份礼物，并由此强化员工回馈组织的承诺。以下哪种策略可能产生最好的结果？
  A. 给他们同样的、昂贵的礼物，并刻上公司名
  B. 不要送礼物，但要感谢他们的参加
  C. 给每位员工一个有意义的个性化礼物，即使它不贵
  D. 只给完成相关评估表格的员工送礼物

Influence
NEW AND EXPANDED   目 录

第 1 章
影响力的武器

001

"专家的话肯定对""贵的基本等于好的""销量高的店铺更可靠"。这样的心理捷径很常见，它能帮助我们更高效地解决问题，但也很可能让不法分子有可乘之机。掌握影响力武器的精髓，能让我们做出更明智的决策，同时大幅减少不必要的损失。

按一下就播放	005
把赌注押在抄捷径上	009
渔利的奸商	015
以柔克刚	019
本章小结	025

第 2 章
互惠
027

为什么商家爱提供试吃品？为什么问卷调查信中常附有小礼物？为什么埃塞俄比亚人不顾自己的困境也要向墨西哥灾区捐款？

- 在达成更大的目标之前，不如先送出一个小恩惠。
- 不请自来的恩惠很可能让你损失惨重。

互惠原则怎样起作用 034
互惠式让步 057
如何防范 071
本章小结 076

第 3 章
喜好
077

为什么特百惠如此重视家庭聚会式的销售？世界上"最伟大的汽车推销员"如何通过一张小小的贺卡实现销量巅峰？为什么我们更容易顺从和自己相似的人？

- 想达成目标，最好能让你和你的合作者彼此喜欢。
- 警惕对请求者的过度好感，并从感性上把请求人和请求本身分开。

通过喜好赚钱 081
我喜欢你的理由 088
如何防范 128
本章小结 131

第 4 章
社会认同
133

商家为什么要在菜单上注明哪道菜"最受欢迎"？为什么以高度保密信息著称的奈飞公司会突然大量公布自己最成功影视产品的信息？危急之中如何求救最有效？

· 想说服他人去做一件事，只需证明已有更多的人正在做。
· 警惕明显伪造的社会证据，随大溜之前先综合评估当前环境下的其他证据源。

社会认同原则	137
最佳条件	150
负面事件效应	177
如何防范	195
本章小结	201

第 5 章
权威
203

著名的米尔格拉姆实验是何原理？为什么人们爱给自己的产品找专家推荐？为什么巴菲特要在不必要的情况下自曝公司的问题？

· 想办法让权威替你说话。
· 参考权威的意见做决策时，要辨明对方是不是真正的专家，以及和当前领域是否匹配。

权威高压的力量	208
盲目服从的诱惑和危险	214
"权威象征"的力量	219
让权威更加可信	231
如何防范	237
本章小结	244

第6章
稀缺
247

苹果、小米等品牌的饥饿营销有何心理学原理？为什么父母的许诺前后不一最容易让孩子叛逆？为什么人们在恋爱中会倾向于让自己显得更独特？

- 合理地展示稀缺，让你的东西更受欢迎。
- 识破"数量有限"的真正目的再行动。

物以稀为贵	253
逆反心理	263
最佳条件	274
如何防范	287
本章小结	293

第7章
承诺与一致
295

为什么亚马逊公司要推出高价鼓励员工离职的政策？为什么赛百味要把开10 000家分店的目标印在餐巾纸上？如何利用"登门槛"手法实现看似难以完成的目标？

- 尽量让他人公开对你的承诺，以保障落实。
- 在不确定你最初的承诺是否正确时不妨自问，如果回到从前，你是否还会做出同样的选择。

言出必行	300
承诺是关键	309
如何使之信守承诺	319
如何防范	354
本章小结	364

第 8 章
联盟
367

诈骗犯麦道夫漏洞百出的庞氏骗局靠什么维持了数十年之久？为什么破冰团建中常包含一些让成员共同吃苦的项目？如何利用联盟原则有效化解伴侣间的冲突？
- 让你的合作对象建立深刻的"我们"感。
- 在注重联盟感的集体中，不要放任个体的不道德行为。

"我们"的力量	370
联盟 1：身心合一	384
联盟 2：行动合一	402
跨群体大联盟	423
如何防范	435
本章小结	441

第 9 章
即时的影响力
443

何种情况更容易使人忽略多方信息、依据单一因素做出决定？如何判断哪些信号是以刺激我们的捷径反应为目的的虚假信号？既然采用便捷方法是现代生活中的必然选择，那么有哪些已被证明可靠的单一因素？答案就在这 7 大影响力原则中：互惠、喜好、社会认同、权威、稀缺、承诺与一致、联盟！

原始的自动反应	446
现代的自动反应	447
捷径应受到尊重	449
本章小结	453

第 1 章

影响力的武器

> 文明的进步，靠的是人们不假思索就可以做的事情越来越多。
> ——阿尔弗雷德·诺斯·怀特海德（Alfred North Whitehead）
>
> 简约是复杂的最终形式。
> ——列奥纳多·达·芬奇（Leonardo da Vinci）

本书收录的不少研究结果，乍看起来令人困惑，但其实可以通过对人类自然倾向的认识来加以解释。不久前，我在阅读一篇研究时就碰到了这样的情况：该研究让志愿者喝一种旨在提高其智力的能量饮料。一些志愿者按饮料的零售价（1.89 美元）付了款；而研究者告诉另一些志愿者说，因为饮料是实验室批发来的，他们只需要支付 0.89 美元即可。接下来，两组志愿者都要在 30 分钟内回答尽量多的智力测试题。我以为，第二组人会对优惠价格产生好感，因此也会更努力地尝试，解决更多的问题。但结果跟我想的恰恰相反。[①]

这个结果让我想起了多年前接到的一通电话。电话来自我的一个朋友，她新近在亚利桑那州开了一家印度珠宝店。朋友有点前言不搭后语地告诉我她碰到了一件不可思议的事情，她认为，我这个心理学家或许能够为她解释清楚。

故事是这样的，朋友手里有一批绿宝石首饰，一直不大好卖。当时正值旅游高峰期，商店里挤满了客人，绿宝石首饰的质量着实对得起她开的价钱，可就是卖不出去。为了卖掉它们，我朋友尝试了若干种销售技巧：把它们放到更显眼的展示区以引起人们的注意，没用；让销售员疯狂"推售"，也没用。

[①] 读到能量饮料实验时，我正在购买能量饮料，好帮助自己赶在即将到来的截止日期前完成一个大型写作项目。没看到研究结果前，我从未想过按优惠价（我最喜欢买打折货了）购买能量饮料居然会削弱它们的效果。

最后，她在要出城采购新商品的前一晚，给雇员潦草地写了一张破罐子破摔的字条："本柜的所有物品，价格乘以 1/2。"本意是哪怕亏本也得把这批倒霉的货给弄出去。几天后，她回来了，竟发现所有的东西都销售一空，当然了，这也在她的预料之中。可随即她发现，由于自己的字迹太潦草，雇员把"1/2"误当成了"2"，所有的首饰都是按原价的两倍卖出去的！这下子，她彻底惊呆了。

就这样，她给我打来了电话。我想我知道是怎么回事，但我告诉她，要解释清楚这件事，她也得听我讲一个故事。其实，这不是我的故事，而是关于雌火鸡的。它属于动物行为学——也就是研究自然环境下的动物。

雌火鸡是很合格的母亲，它充满关爱，警惕性高，会全心全意地保护小宝宝。雌火鸡会花很多时间来照料小火鸡，做好保暖和清洁工作，把孩子们收拢在身子底下。可有个奇怪的现象，上述一切母爱行为几乎都是靠一样东西触发的：小火鸡发出的"叽叽"声。在雌火鸡的照料过程中，火鸡宝宝的其他特点，比如气味、运作和相貌等，都扮演着非常轻微的角色。要是一只小火鸡发出了"叽叽"声，那么雌火鸡就会照料它；要是小火鸡不出声，雌火鸡就会完全忽视它，有时甚至还会误杀它。

动物学家 M. W. 福克斯（M. W. Fox）在 1974 年做了一个实验，生动展现了雌火鸡对"叽叽"声的极度依赖性。[①] 实验用到了一只雌火鸡和一个臭鼬充气玩具。对雌火鸡来说，臭鼬是天敌，只要它一出现，雌火鸡就会"叽叽"大叫，并用喙啄它，用爪子抓它。事实上，实验发现，哪怕是仅用绳子将一只臭鼬充气玩具拉到雌火鸡面前，前者也会立刻遭到猛烈的攻击。然而，要是在充

---

① 对雌火鸡实验的完整描述可参见动物学家福克斯 1974 年的专著。巧的是，这位动物学家的名字就叫"Fox"（也有"狐狸"的意思）。

气玩具里装上一台播放火鸡宝宝"叽叽"声的小型录音机,那么雌火鸡不仅会接受臭鼬,还会把它收拢到自己的翅膀底下。录音机一关掉,臭鼬玩具又会立刻遭到雌火鸡猛烈的攻击。

按一下就播放

雌火鸡的不同举动看起来是何等荒谬啊:它热烈地拥抱起了天敌,仅仅因为对方发出了"叽叽"声;它虐待甚至害死了自己的宝宝,仅仅因为小火鸡没有发出"叽叽"声。雌火鸡像是一台机器,它的母性本能全受一种声音的自动控制。动物行为学家告诉我们,这种情况并不是火鸡独有的,他们已经确认有大量物种都具有这种规律、盲目、机械的行为模式。

这其实就是所谓的固定行为模式,其中甚至包括极为复杂的行为序列。固定行为模式的基本特点是:构成模式的所有行为每一次几乎都是按相同的方式、顺序发生的。这些行为就好像是被记录在动物身体内置的磁带上一样。在一个完整的求偶或交配过程中,每当出现适合求偶的环境,求偶磁带就会播放;每当出现适合抚养、生育的环境,母爱磁带就会播放。只要按个键,动物体内相应的磁带就会被激活。"哗啦啦",固定的行为按顺序依次展开。

这其中最有意思的是磁带的激活方式。举例来说,当一种动物要采取行动保护自己领地时,说明此时是同一物种另一动物的侵入启动了前者捍卫领地的磁带,触发了它严阵以待、威胁甚至战斗(如有必要)的行为。然而,这套系统里有个很怪的地方,**触发者并不是对手这个整体,而是对手具备的一些特征**。通常,触发特征只是整体上不足挂齿的一小方面。有时,颜色就是触发特征。比如,动物行为学家的实验指出,雄性知更鸟只要看到一丛红色知更鸟的胸羽,就会做出有敌人侵犯自己领地的样子,凶猛地攻击胸羽。可只要你拿走那丛红色的羽毛，哪怕是摆上一只惟妙惟肖的雄知更鸟玩具，雄性知更鸟也会对它不理不睬。研究者在蓝喉鸟身上也观察到了类似的现象，只不过，触发蓝喉鸟捍卫领地的是一种特殊的蓝色胸羽。

看到触发特征轻而易举就能欺骗低等动物做出不恰当的反应，我们难免会有点自鸣得意。且慢，有两件事我们千万要搞清楚。第一，这些动物自动化的固定行为模式在大部分时间都是运作良好的。例如，因为只有正常、健康的雏鸟才能发出小火鸡特殊的"叽叽"声，所以雌火鸡根据这种声音做出照料行为是合乎情理的。只对这一种刺激产生反应，普通的雌火鸡做出的行为基本上都会是正确的。只有当像科学家这样的人故意捉弄它的时候，它那磁带式的反应才会显得傻乎乎。第二，我们人类也有早已预设好程序的磁带，尽管这些自动行为一般是对我们有好处的，可激活它们的触发特征也有可能会愚弄我们，让我们在错误的时候播放磁带。

心理学家埃伦·兰格（Ellen Langer）[①]通过一个实验，巧妙地揭示了人类跟动物相似的自动反应模式。一个众所周知的人类行为原则认为，**我们在请别人帮忙的时候，要是能给出一个理由，成功的概率会更大**。因为人就是单纯地喜欢做事有个理由。为了证明这点，兰格做了以下研究。

人们在图书馆里排队用复印机，兰格这时想请别人帮个小忙，于是便说："真不好意思，我有 5 页纸要印。因为时间有点赶，我可以先用复印机吗？"提出要求并说明理由真是太管用了：94% 的人答应让兰格排在自己前面。兰格也试过只提要求："真不好意思，我有 5 页纸要印。我可以先用复印机吗？"这么说的效果就差多了。在这种情况下，只有 60% 的人同意了她的请求。乍一看，两次请求的关键区

[①] 兰格是哈佛大学著名的心理学家、积极心理学奠基人，想了解其更多研究，欢迎阅读由湛庐策划、浙江人民出版社出版的兰格"专念三部曲"。——编者注

别似乎在于，前一次的请求给出了额外的信息，即"时间有点赶"。然而，当兰格尝试了第三种请求方式后，却证明发挥作用的地方并不在这儿。关键点并非原因，而是原因之前的"因为"两个字。

兰格的第三轮请求里并没有包含一个足以让人顺从的原因，只用了"因为"，接着便把明显的事实又重复了一遍。她是这么说的："不好意思，我有5页纸要印。我能先用复印机吗？因为我必须印点儿东西。"结果，差不多93%的人都同意了。虽说这个请求里并没有真正的原因，也没有提供什么信息来说明人们照着兰格的话去做是合理的。

正如小火鸡的"叽叽"声能触发雌火鸡的自动哺育反应，哪怕声音是从充气臭鼬玩具里发出来的。"因为"这个词触发了兰格实验里参与者们的自动顺从反应，哪怕兰格根本没有给他们一个说得通的理由。按下按钮，磁带就"哗啦啦"地播放起来。

此外，当家长要小孩子解释自己的行为时，小孩子最常用的回答是"因为……就是因为"。说不定，孩子们已经敏锐地察觉出，这个词在成年人的世界里有着不同寻常的分量。"因为"暗示了理由，而人们总是希望自己的行动有理由。兰格还探讨了复印机实验蕴含的更广泛的意义，并说明了自动反应在人类行为中的普遍存在。

人类和低等动物的这种自动行为有重要的相似之处与区别。人类的自动行为模式往往是后天习得的，并不是天生的，它比低等动物固定步骤的模式更灵活，并可对大量的触发事件做出反应。

兰格的另一些调查结果显示，在很多环境下，人类的行为并不会完全按机械化的磁带激活方式展开，但她和其他许多专家也相信：大多数时候，人类行为真的跟机械播放的磁带没什么两样。就拿本文开头举的例子来说：绿宝石起初总也卖不掉，但在售货员误把它们的价格抬高一倍后，顾客们却一拥而上买了个一干二净。为什么他们的行为这么古怪呢？这么说吧，除非你从"按一下就播放"的角度来看这个问题，不然还真没法理解这种行为。

READER'S REPORT | 读者报告

致西奥迪尼先生：

镇上有个开古董珠宝店的人给我讲了一个故事，说他是怎么学到"东西贵 = 质量好"这一课的。他有个朋友想给未婚妻送一份特别的生日礼物，于是，珠宝商选了一串项链，跟他的朋友说这在店里本来要卖 500 美元的，可既然是这位朋友要，给 250 美元就行了。起初，朋友对这串项链非常满意，但听到珠宝商报价 250 美元之后，他脸色沉了下来，不乐意成交了，因为他想给未婚妻买一件"真正好"的东西。

隔了一天，珠宝商终于反应过来是怎么一回事了。他打电话给朋友，让朋友再来店里看另一串项链。这一回，珠宝商给他看了一串新项链，并报上了市场价：500 美元。他的朋友很喜欢，当场就想买下来。但不等他掏钱出来，珠宝商就告诉他说，因为这是结婚礼物，自己愿意亏损一点，将项链降价到 250 美元。朋友激动万分。这一回，他再也不觉得 250 美元有什么不好了，相反，他欣喜若狂，高高兴兴地把项链买了下来。

这位管理学博士生：

注意，与绿宝石买家的例子相同，真正想买好东西的人对价格低的东西是看不上眼的。我相信，除了"东西贵 = 质量好"的原则之外，在我们的思维里，"便宜无好货"的原则也是适用的。毕竟，在英语里，"cheap"这个词不仅意味着价格低，也有"次等货"的意思。

顾客大多是生活富裕来度假的游客，对绿宝石认识不多，且他们总用一套标准原则，即"范式"来指导自己买东西：一分钱一分货，价格高就等于东西好。许多研究表明，要是人们对物品的质量拿不准，便经常会用到这一范式。因此，想买"好"珠宝的度假者，一看到绿宝石的价格涨了上去，就觉得它们更贵重了，也更值得拥有了。价格本身成了质量的触发特征，绿宝石在渴望质量的买家中销量激增，完全是由价格暴涨这一点带来的。

把赌注押在抄捷径上

挑剔游客们的愚蠢购买行为很容易，但要是再仔细想想，我们也许会不那么苛刻。人都是在"一分钱一分货"的教导中长大的，更何况，这在人们的生活中一次又一次地应验过。过不了多久，人们就会把这条原则提炼成"价格高＝东西好"。"贵＝好"的公式向来是管用的，因为一般而言，物品价值高，价格也会高。较高的价格通常反映了较好的质量。因此，当人们发现自己想要质量好的绿宝石首饰，但对绿宝石懂得却不多的时候，便自然而然地会用上价格这个一贯的衡量标准。

尽管买家本人可能并没有意识到，但只参考绿宝石的价格，实际上就是抄了条捷径。他们并没有煞费苦心地了解每一点能暗示绿宝石首饰价值的特点，力争稳操胜券，相反，他们只把宝押在价格这一点上。因为他们知道，在通常的情况下，这一点是跟物品的质量相关的。他们下注打了赌：光凭价格这一点就能告诉他们需要知道的一切。可这一回，由于售货员把"1/2"误当成了"2"，他们赌错了。而就长期而言，综合他们过去、未来整整一辈子遇到的所有情况，把赌注押在抄捷径上却可能是最为理性的方法。

我们现在可以解释本章开篇研究里那令人困惑的结果了——该研究显示，

给人们一杯据说能提高智力的饮料，为饮料支付费用高的人，解决的问题也更多。研究者将这一发现追溯到"贵 = 好"的刻板印象上：饮料标价为 1.89 美元时，人们对其效果的预期高于饮料标价为 0.89 美元时。值得指出的是，仅仅是这种预期就能影响结果。类似现象也出现在另一项研究中，该研究让参与者接受轻微电击，并在电击前为之提供止痛药。研究者告诉一半的参与者，止痛药的价格是 0.10 美元，告诉另一半参与者，它的价格是 2.50 美元。但实际上，所有人服用的止痛药都是一样的，但认为它更贵的人对该药减轻电击疼痛的效果给出了更高的评价（见图 1-1）。

图 1-1　鱼子酱与工匠精神

这一广告要传达的信息显然是贵等于好。

值得一提的是，**如果人们不熟悉一种产品或服务，就尤其可能会套用"贵 = 好"的原则**。在市场营销领域，这种现象的经典案例来自芝华士苏格兰威士忌，这一度是个默默无闻、苦苦挣扎的品牌，但等到管理者决定将其价格提高到远超竞争对手的水平之后，尽管产品本身并没有任何改变，销量却直线上升。

事实上，模式化的自动行为在大部分人类活动中的出现频率都是相当高的，因为很多时候，它是最有效的行为方式，而另一些时候，它则是必要的。你我生活在一个极端复杂的环境中，它说不定是地球有史以来变化最为迅速的环境。为了对付它，我们需要捷径。哪怕就是短短的一天当中遇到的每一个人、每一件事，我们也不可能把与之相关的方方面面都辨识、分析出来。我们做不到，因为我们没有足够的时间、精力和能力。相反，我们必须频繁地利用范式和首选经验，根据少数关键特征把事情分类，一碰到这样或那样的触发特征，就不假思索地做出反应。

有时候，人的行为不适合所处的情境，因为即便是最准确的范式和触发特征都不可能回回管用。我们之所以会容忍这样的不完美，实在是因为没有其他的选择。若没有了这些特征，我们就只能傻站着慢慢分类、鉴别和校准，而错过本该采取行动的时机。种种迹象表明，将来我们会更严重地依赖这些典型范式。充斥在我们生活里的刺激会更为复杂、变数更大，我们必然要越来越多地依赖捷径来应对、解决它们。

心理学家最近发现，我们在日常判断中会使用大量心理捷径。他们把这些捷径叫作"启发式判断"（judgmental heuristics），其发挥作用的方式跟"价格高＝东西好"的原则是一样的，由此带来的简化思维在大多数时候都行之有效。可同时，我们也可能因此偶尔犯下错误，付出沉重的代价。跟本书内容最相关的一种"启发式判断"告诉我们，什么时候该相信别人，照着别人的吩咐去做。就拿"专家说的话肯定是对的"这一条捷径来说吧，在第5章我们会看到，我们的社会出现了一种令人不安的发展趋势，人们往往会轻率地接受权威人士的说辞，照着他们的指点去做事。这也就是说，**我们不是先思考专家的论点，看看值不值得相信，而是直接忽视论点，仅仅因为专家是"专业人士"，就选择相信他们。**这种在某种环境下机械地回应某一信息的倾向叫作自动化反应或"按一下就播放"式反应；对所有相关信息进行彻底分析后做出反应的倾向，则叫作可控式反应。

相当多的实验研究表明，在有愿望也有能力仔细分析信息时，人们会更多地按可控的方式去处理；可要是条件不允许，人们则更可能采取较为容易的"按一下就播放"式方法。例如，有这么一项研究：

> 密苏里大学的学生听了一次录音演讲，该演讲认为，所有的高年级大学生必须通过综合考试才能毕业。这跟在场的一些学生是密切相关的，因为录音里说，综合考试明年就生效，也就是在大四学生毕业之前。自然，这个消息让学生们想要仔细地分析其论点。然而，本次研究另外还找了一些学生，他们被告知考试制度要在他们毕业之后才生效，所以这个消息对他们来说没什么重要性，因此，他们没有仔细考虑其中的论点正确与否的强烈需求。
>
> 研究结果一目了然：自身不受影响的学生基本上被演讲人在教育领域的专业身份给说服了，他们使用了"专家说的话肯定是对的"的原则，对演讲者的论点是否合理并未给予太大的关注。反过来，那些自身要受影响的参与者，并不在乎演讲者的专业地位，而更在乎他的论点质量。

这样看来，在使用"按一下就播放"这种危险的响应方式时，我们其实是给自己架了一张安全网：要是议题对我们自己很重要，我们就会拒绝根据单一特征来触发反应，因为这太奢侈，我们玩不起。毫无疑问，这种情况经常发生。不过，我并没有完全放下心来。各位读者或许还记得，我们刚才提到过，**只有在人既有欲望也有能力的时候，才会以深思熟虑的可控方式做出反应**。现代生活形形色色、节奏紧张，有证据表明，哪怕是许多跟我们切身相关的主题，我们也没法彻底想清楚后再做决定。也就是说，有时候问题太复杂、时间太紧张、分心的东西太多、情绪唤起太强烈或心理极度疲劳，从认知条件来看，我们都无法谨慎思考，不管议题是否重要，我们都只能抄捷径。

最能生动说明这一点的，是航空界存在的一种现象，可称之为"机长综合征"，它关系到许多人的生命安危。美国联邦航空局的空难调查员发现，很多时候，机长犯了非常明显的错误，但其他机组人员却不做纠正，结果导致坠机事故。看起来似乎是这样：尽管事情对每一个人来说都性命攸关，可机组成员还是使用"既然专家都这么说，那肯定没错"的思维捷径，忽视了机长所犯的灾难性错误，或者即使注意到了也没采取行动。

影响力研究 INFLUENCE NEW AND EXPANDED

国际商用机器公司（IBM）前任主席，小托马斯·沃森（Thomas Watson）记录的一个案例为这种现象提供了生动的证据。第二次世界大战期间，沃森受命调查有高级将领遇难或受伤的飞机事故。有一起事故牵涉到著名的空军将领乌扎尔·恩特（Uzal Ent）。起飞之前，恩特的副驾驶员生病了。新分来的副驾驶员听说能和传奇将领一起飞行，感到很光荣。起飞时，恩特轻声哼着歌，并随着脑海里的节奏点头打着拍子。新的副驾驶员以为这是恩特要他把飞机的助跑轮收起来。尽管那时候他们的速度还非常缓慢，根本没法飞上天，副驾驶员还是把助跑轮给抬了起来。结果，飞机的腹部立刻贴在了地上。混乱中，螺旋桨叶片切入了恩特的背部，割断了他的脊椎，导致他下半身瘫痪。按照沃森的描述，副驾驶员是这样解释自己的行动的：

"副驾驶员作证的时候，我问他：'既然你知道飞机不能起飞，为什么还要把助跑轮升起来呢？'

他说：'我以为是将军要我这么做的啊。'他真是个蠢货。"

蠢吗？在这一起事件中，副驾驶员的确是够蠢的。但现代生活的迷宫确实需要捷径，从这个角度看，这就完全可以理解了。

事实上，自动响应在我们生活中有极大的必要性和存在价值。除非人们有仔细检查输入信息的动机和能力，否则他们就会依赖直观判断来对信息做出反应。

其中有一点颇具启发意义，即尽管我们并不经常采用深思熟虑的复杂方式应对那些事关自身的重要议题，我们却希望别人，比如顾问、医生、会计、律师、经纪人这样做。当我们为一个复杂而必然的选择心力交瘁时，我们仍然想对它进行全面、细致的分析。然而，这样的分析是我们力所不能及的，只能通过捷径实现：依靠专家。真是讽刺。

图1-2中的客机坠入华盛顿国家机场附近的波托马克河的几分钟前，机长和副机长就如何在机翼结冰的情况下起飞交换了意见。飞机的"黑匣子"记下了他们的对话。

　　副机长：读数似乎不大对劲儿。
　　机长：是对的。
　　副机长：不，我想不对。（停顿了几秒钟）好吧，也许是对的。
　　副机长：拉里，我们要降落了。
　　机长：我知道。
　　（传来一阵撞击声，在撞击中，机长、副机长和67名乘客丧生）

图1-2 "机长综合征"的灾难性后果

渔利的奸商

奇怪的是，尽管自动化行为模式用处十分广泛，且将来还会变得越来越重要，可我们大多数人还是对它知之甚少。或许这正是因为它们总是以机械化、不假思索的方式发生和出现的。不管怎么说，它有一点特性，我们务必清晰地意识到。不然，要是碰到知晓它们奥妙的人，那我们可就门户大开、任其摆布了。

为了充分理解我们的脆弱本性，让我们再来看一眼动物行为学家的工作。原来，不仅只有这些录下小火鸡"叽叽"声、拿鲜艳胸羽做伪装的学者通晓如何激活各物种的行为磁带。有一种通常叫作"拟态体"的生物也会模仿其他动物的触发特征，企图诱骗后者在不恰当的时间错误地播放原本正确的行为磁带。此时，拟态体便会抓住机会，利用对方的错误行为，达到自己的目的。

<small>影响力研究 INFLUENCE NEW AND EXPANDED</small>

有一种雌萤火虫（Photuris 属）会对不同类（Photinus 属）的另一种雄萤火虫设下致命的陷阱。出于可以理解的原因，这种雄萤火虫从来都小心翼翼地不去接触嗜血的雌萤火虫。然而，通过数百年的进化，雌性猎人锁定了猎物的一个弱点：受害物种的雌性成员在到了交配期的时候，会发出特殊的闪光求偶代码来通知雄性同类。靠着模仿这一闪光求偶信号，雌性杀手触发了猎物们的交配磁带，诱得这些可怜的家伙们不由自主地飞过来，投入死亡的怀抱，成了雌性杀手的一顿美餐。

很明显，雄性容易受强大的交配信号迷惑，连人类也不例外。维也纳大学的两位生物学家——阿斯特丽德·朱伊特（Astrid Juette）和卡尔·格拉默（Karl Grammer）偷偷给年轻的男性闻一种叫"性诱引剂"的化学气体，这模仿的是人类女性阴道的味道。之后，研究者又让男性参与者给女性参与者的面部吸引力打分。这些男性参与者闻了性诱引剂后，觉得所有女性参与者的吸引力都提高了，再也无暇关注她们外貌上的真正差异了。

一些最原始的病原体还会通过模拟化学物质进入健康的身体。这些聪明的细菌和病毒通过模拟对身体有益的激素或营养素的部分关键特征，进入健康的宿主细胞。健康的细胞受了欺骗，热切又天真地把狂犬病、单核细胞增多症和普通伤风的病源接纳下来。

不足为奇，人类世界也有着极其相似的事情。有些逐利的奸商也会模仿触发特征，激起我们的自动响应机能。不过，人类之外的生物大都是本能的响应序列，而人类却不同。**我们的自动磁带通常来自通过经验习得的心理学原理或范式**。尽管效力各有高下，但有些原则也能够极为强烈地左右人的行动。我们从小就接触这些原则，它们对我们的影响也十分普遍，所以，寻常人很少能察觉它们的力量。可有些别有用心的人却看穿了这些原则，把它们当成了触手可及的武器，即自动影响力武器。以社会认同原则为例，该原则认为，**人们往往会相信或去做自己身边人相信以及正在做的事**。每当我们在网购之前查看评论或星级时，都是在奉行这一原则。

然而，点评网站也存在许多虚假评价。2019年，美国联邦贸易委员会投诉了一家化妆品公司，指控其评价造假。投诉引用了经营者对员工所说的一句话，以说明虚假评价的炮制者有多么清楚它们的效力："如果你发现有人说'我不喜欢产品的某某方面'之类的话，就写一篇意见相反的评价。

评价有着强大的力量，人们会通过他人所说的话来自我说服，并从别人的意见中寻找解开自己疑惑的答案。"至于如何识别它们，接下来的"线上影响力"专栏提供了一些方法。

EBOX | 线上影响力

识别虚假在线评价的方法

杰西卡·斯蒂尔曼 / 文

一款新的计算机程序能以令人难以置信的准确率识别虚假评价,《科学》杂志指出,其准确率高达 90%。

当你上网购买产品时,评价可能会在你的决定中发挥很大的作用。我们更乐意选择亚马逊网站上评分为五星而非四星半的酒店,也更可能会在前房客的热情推荐下预订民宿。

当然,我们也都知道这些评价有可能作假——要么是卖家花钱买的,要么是竞争对手恶意投放的。因此,康奈尔大学的一支研究团队决定开发一套能够识别虚假评价的计算机程序。

那么,该怎么判断一家评分为五星的酒店的房间其实可能又小又窄且潮湿发霉呢?怎么识别出一台评价很高的面包机质量低劣,用不了多久就会坏掉,说不定你甚至连一块完整的面包都没能用它做出来呢?根据康奈尔大学的研究,你应该小心以下这样的评价:

- 缺少细节。人很难描述自己没有真正体验过的东西,这就是为什么假评价往往只会做整体性的赞美,而不会深入具体细节。"比如,真实的酒店评价更有可能是跟酒店相关的具体词语,如'浴室'、'入住'或'价格'。骗子写的评论则更多地跟场景铺垫有关,如'度假'、'出差'或者'我丈夫'。"

- 包括更多的第一人称代词。如果担心自己表现得不够真诚,你往往会更多地谈论自己。这就是为什么虚假评价里常常会出现更多的"我"字。

- 动词比名词多。语言分析表明,假货中往往包含更多的动词,因为它们的作者经常用听起来很愉快或令人震惊的故事来代替实际

>>>

的见解。真正的评价则更注重名词。

当然，光靠这些标记还不足以让你鉴别出真假评价。但结合其他方法来评估其可信度，如查看不同类型的卖家，留心可疑的时间戳等，你或许就能做出更明智的决定。

作者点评： 请当心这些虚假评价，在线评论网站正跟它们进行着一场旷日持久的战争。我们应该加入战斗。稍做比较，我们就能理解：从 2014 年到 2018 年，每个类别的在线评价好评率都有所上升。例如，在购买前就进行阅读评价的用户从 88% 上升到 92%。但也有例外：信任企业的用户从 72% 下降到了 68%。这些虚假评价似乎正在破坏我们对自己所寻求的快捷信息价值的信心。

有些人很清楚自动影响力武器藏在哪儿，他们娴熟老练地使用它们，借此达成自己的意图。他们出没于各种社交场合，要求别人顺从自己的愿望，其成功的概率令人目瞪口呆。他们之所以能屡战屡胜，奥妙就在于他们对所提要求的结构体系做了设计，他们利用社交环境中这样那样的自动影响力武器把自己武装了起来。要实现目的，有时候只需要选择一个恰当的字眼，就足以调用某条强大的心理学原理，按下我们自动行为磁带的播放键，让我们机械化地响应这些原理。他们如何从中得利呢？这一点你可不用担心，他们学得可快了。

还记得我那个开珠宝店的朋友吗？虽说她第一次是意外捡了便宜，可没过多久，她就开始有意识地定期利用"价格高 = 东西好"的公式了。如今，每逢旅游旺季，若碰到有什么东西不好卖，她就会先来上一轮大加价，以此加快销售速度。她说，这一手操作不仅成本低，效果还出奇地好。不知情的游客频频中招，因此她获得了极为可观的利润。

就算最初的提价不成功，她还可以祭出"特价"的大旗，按原先的标价卖给那些喜欢买打折货的人。面对虚高的标价，消费者仍然会产生"贵＝好"的心理，于是又被她暗中宰了一刀。

"价格高＝东西好"原则的后一种用法，即吸引淘便宜货的买家，并非我朋友的原创。近年来的研究表明，为一种商品打上"原价×××元；现价×××元"的标签，这种促销手法的效果极佳。实际上，早在研究者确认它的效力之前，零售商们就已经把这一招运用得炉火纯青了。教育家兼作家利奥·罗斯滕（Leo Rosten）讲过一个例子。

20世纪30年代，德瑞贝克兄弟西德和哈里在罗斯滕所住的街区开了一家男装裁缝店。每当西德有新客户对着店里的三开大镜子试衣服，他就会告诉对方，自己听力有些问题，并反复让客户说话时提高音量。只要客户喜欢上了哪套衣服，问起价格，西德就会大声叫他兄弟。哈里是首席裁缝，在店堂后面。"哈里，这套衣服多少钱？"哈里抬头看看自己做的衣服，并大大地抬高了真实的价格，他高喊着回答说："那件漂亮的纯羊毛西服，要42美元。"西德假装没听见，用手在耳边做个敞口杯子的形状，再问了一遍。哈里再次回答："42美元。"此时，西德转过身，对客户说："他说要22美元。"好多人这时都会急急忙忙地付钱，抢在可怜的西德发现自己"搞错了"之前，抓着西服狂奔出店，并且还满心以为自己捡了天大的便宜。

以柔克刚

学过日本柔道的女性在抗击对手时，自己往往用力很少。相反，她会尽可能地利用重力、杠杆作用、动量和惯性等物理原理中天然蕴含的力量。要是她知道怎样调动这些原理、从哪儿去调动，便能轻轻松松地击败体格比自己壮硕的对手。倘若有人掌握了我们周边世界天然存在的自动影响力武器，事情也是一样。奸商利用这些武器的威力对付他们的靶子，而自己却不费吹灰之力。这些蓄意牟利的人因此得到了莫大的好处，他们虽然一点儿也不显得像是在刻意操纵，却实实在在地操纵了对方。就算是受害者本人也大多认为自己的顺从是自然而然的，并不是对方为贪图好处而刻意设计的。

举个现成的例子。人类在认知方面有个原理，叫"对比原理"。当两样东西一前一后地展示在你面前时，我们要怎样看待其间的区别，对比原理又会对我们产生怎样的影响。简单地说，要是第二样东西跟第一样东西相当不同，那么，我们往往会认为两者的区别比实际上要大。这样一来，如果先搬一种轻的东西，再拿一件重的东西，我们会觉得第二件东西比实际上更沉；而要是我们一开始直接就搬这件重东西，反倒不会觉得它有这么沉。对比原理是心理物理学领域确立的，它不仅适用于重量，还适用于其他各种感官知觉。假如我们正在减肥，午餐时试图估算一份芝士汉堡的热量。要是我们先估算一份沙拉的热量，那我们会觉得芝士汉堡的热量比实际要高得多。一项研究表明，人们的估计值比实际高 38%。因为跟沙拉相比，芝士汉堡的热量似乎要高得多。同理，聚会时，要是我们先跟一个非常有魅力的人聊天，接着插进来一个相貌平平的家伙，那么我们会觉得第二个人简直没劲儿透了，而他可能其实并没有那么索然无味。

同样，研究表明，观看了媒体上性感的身体后，现有伴侣的性吸引力会下降。一些研究者发现，艺术作品的吸引力也存在类似影响，即如果观众在看了较高质量的抽象画之后再观看质量普通的抽象画，后者对其的吸引力就会明显降低。有证据表明，对比效应在没有认知识别的情况下仍可发挥作用，甚至对老鼠也有效。

为了向学生们介绍该原理，我会在课堂上用到知觉对比的另一个例子。

每名学生依次坐在三桶水跟前：一桶冷水，一桶常温水，一桶热水。学生把一只手放进冷水里，另一只手放进热水里，之后，教授要他们把两只手同时放进常温的那桶水里。学生脸上立刻便露出好笑的困惑表情：尽管两只手放在同一桶水中，可刚刚放在冷水里的手觉得它是热水，刚刚放在热水里的手却觉得它是冷水。

实验想要说明的是，**基于先前所发生事件的性质，相同的东西，即常温的水，会在之后显得极为不同。**此外，对其他事物的感知，比如大学课程成绩，也有可能受到类似因素的影响，具体可见图1-3。

请放心，这个由对比原理带来的小小影响力武器，早就有人用过了。这一原理带来的巨大好处，在于它不光管用，还几乎能让人无法察觉。利用它的人尝够了甜头，因为你根本察觉不到整个环境是他们早就布置好的。服装零售商就是个很好的例子。

假设有人走进一家时尚男装店，说自己想买三件套的西服和一件毛衣。如果你是售货员，你该先给他看哪样东西，好让他花最多的钱呢？服装店指点销售员，要先给顾客看贵的东西。但依照人们的常识，顺序应该反过来才对：要是人们买西服时就花了大把的钱，他恐怕不愿再多花钱买毛衣了。但服装零售商们对此却是心知肚明的。他们完全依着对比原理来设计销售策略：先卖西服，因为顾客接下来买毛衣的时候，哪怕它再贵，价格跟西服一比，也会显得不怎么贵。要是这位顾客还想给自己的新西装买些配件，如衬衣、皮鞋和皮带，同样的原理也适用。尽管对比原理的预测违背常识，证据却支持它。

售货员先展示昂贵的物件对他们更有利；不这么做，不仅会白白放弃对比原理造成的影响，还会使这一原理掉转枪口，对准他们自己。先拿出便宜的东西，再拿出昂贵的东西，会使昂贵的东西显得更昂贵，而这定会给大多数销售

一封高明的信

亲爱的爸爸妈妈：

我上大学后就一直疏于写信回家，真是不好意思。我要向你们报告我的近况啦，但在你们读下去之前，请先坐好了。没坐好之前千万别往后面读，好吗？

啊，我如今一切都好。我的颅骨骨折和脑震荡差不多已经好了。那时我才到这里不久，因为宿舍失火而跳出窗外摔伤造成的。我在医院里只待了两个星期，现在基本上恢复了正常，烦人的头痛每天也只来上一次。幸好，宿舍着火后我跳出去时，隔壁加油站的伙计看见了我，他马上打电话找了消防队，叫来救护车，他还到医院看望我。由于火灾之后我无处可住，他好心地邀我去他公寓住。其实那就是一个地下室啦，不过是很可爱的那种。他是个非常好的小伙子，我们深深地坠入了爱河，还打算结婚呢。我们还没有订好具体的日子，但肯定是在别人看出我怀孕之前吧。

是的，爸爸妈妈，我怀孕了。我知道你们有多想升级当外公外婆，也知道你们肯定会欢迎我的宝宝，给他无私的爱护与关怀，就像我小时候那样。我们婚期延后的原因是，他有点小小的感染，所以我们没通过婚前血检，因为我也不小心被他传染了。

好啦好啦，我要给你们讲我真正的近况啦。我想说的是，我的宿舍没有着火，我没有摔成脑震荡，也没有摔断骨头，我没有住院，没有怀孕，没有订婚，没有感染，我现在连男朋友也没有哦。不过，我的美国历史得了个"D"，化学得了个"F"，我希望你们能从正确的角度看待这些分数。

深爱你们的
雪伦

作者点评：雪伦的化学可能学得不怎么样，但她的心理学能得个"A"。

图 1-3　巧用知觉对比

组织造成不良后果。因此，正如同一桶水会因为之前手接触的水温高低而显得冷一些或热一些，卖东西的人也可以让同一样东西的价格显得高一些或低一些，它完全取决于最先展示的物品的价格。

对知觉对比的巧妙应用，绝不仅限于服装商。我在卧底调查房地产公司采用的说服手段时，就碰到过一种采用了对比原理的手段。

影响力研究 INFLUENCE NEW AND EXPANDED

为掌握窍门，一个周末，我陪同销售员菲尔跟有意买房的主顾去看房子。菲尔负责指点我，帮我度过实习期。我很快注意到一件事，每当菲尔带客户去看他们想买的房子时，总是会先给他们看几套不甚合意的房子。我问菲尔为什么，他笑了。原来，这些房子是所谓的"垫底货"，公司手里总会留一两套破房子，还会标上虚高的价格。这些房子并不打算卖给客户，只是用来给他们看看，有了破烂房子做比较，公司手上真正要卖的房子就显得更加合适了。不是所有销售员都采用"垫底"法，但菲尔会用。他说，当他带着客户看了破房子，再带他们看公司真正想卖的房子时，客户总会"眼睛一亮"。菲尔喜欢看到他们的那种表情，"等他们看了几处'垫底货'后，我给他们找的房子就会显得相当妙不可言"（同类手法可见图1-4）。

汽车经销商也会用对比原理，他们要等到跟客户谈妥了一辆车的价格后，再一一报上备选配件。几万块都花了，再多花个几百块升级音响系统这样的小玩意儿，似乎太微不足道了。车商随后会建议给车窗贴膜、换用更好的轮胎，或是做些特别的车内装饰，道理也是一样的。总之，诀窍在于，要单独地提出各个选项，这样每一项的小价目跟已经确定的大数目比起来就会不值一提。买过车的人都可以作证，把这些看起来没什么大不了的配件价格加起来一算，整车价格就好像注水猪肉一般涨了上去。客户目瞪口呆，手里拿着签好的合同，不知道是怎么回事，好不容易才琢磨出是自己上了当，可谁也怪罪不得。经销商站在一边窃窃私笑,他们的柔道功夫又精进了。

"希望在座的各位今晚在回家的路上,都停下脚步仰天想想,我们比赛第二节的失利,算得了什么呢。"

图1-4 "一流的想法"

对比原理的用处非常多。

READER'S REPORT | 读者报告

致西奥迪尼先生:

在奥黑尔机场等着登机的时候,我听到工作人员说飞机超载了,要是有乘客自愿改搭下一班飞机,他们愿意赔偿价值 10 000 美元的代金券!这个夸张的数字当然是开玩笑的,它是拿来逗乐的,乘客们也真的笑了。但我注意到,等那人报出真正的赔偿金 200 美元之后,没有人愿意接受。于是他不得不提了两次价,先是 300 美元,然后是 500 美元,这才找到了自愿的人。

> 我当时正在读您的书，我意识到：虽说他把人们逗乐了，但根据对比原理，他也把事情搞砸了。他先提到的 10 000 美元成了人们比较的标杆，这一下子就让几百美元相形见绌。这个玩笑可真是代价不菲，他的航空公司要为每名自愿改乘的人多付 300 美元。

芝加哥大学商学院的这名学生：

这名工作人员该怎样使对比原理为己所用呢？他可以先用 5 美元讲笑话，然后再报出真正的赔偿数额——200 美元。这下子，后一个数听起来就有魅力多了。如果他这么做，我敢肯定他既能逗人发笑，也能超额完成目标。

本章小结

- 动物行为学家注意到许多动物都存在机械刻板的行为模式。这种机械的行为序列叫作固定行为模式，它们跟人类的某些自动响应，即按一下就播放，有很大的相似性。对人类和近似人类的动物，自动行为模式往往是由该环境下相关信息的单一特征所触发的。这种单一特征或触发特征，大多数时候是极其可贵的，有了它们，个体无须对每一条信息进行详尽彻底的分析，就能决定正确的行动方针。

- 捷径反应的优点在于它的效率和经济性。只根据一种常见的信息触发特征自动做出反应，能节省人们宝贵的时间、精力和心智能量。而这种反应的缺点在于它易受愚弄，一犯错代价就很大。只根据可用信息的一个片段，甚至是一般都能预测出的某个片段做出反应，尤其是按无意识的自动方式做出反应，人们出错的概率就会大增。要是其他人通过故意的安排（如对触发特征加以操纵）让自己牟利，刺激对方在不恰当的时机做出合乎他们心意的行为，那么对方犯错的概率就更大了。

- 大部分的说服技巧，即刺激一个人顺从另一个人的要求，都可以从人们自动化的捷径反应这一角度来理解。我们文化中的大部分个体都对顺从建立起了一套触发特征，这是一些具体的信息片段，通常情况下，它们可以告诉我们什么时候顺从他人的请求会是正确的、有利的。这些顺从的触发特征，每一条都可能会变成影响力武器，刺激人们同意他人的请求。

- 知觉对比是把两种不同事物之间的差异看得比实际上更大的倾向，是一些影响力专家（销售、广告商等）喜欢利用的影响力杠杆。例如，房产经纪人或许会先向有意向的购房者展示一两处缺乏吸引力的房子，再给他们看另一处更有吸引力的房子，这时后者在购房者眼里看来会显得吸引力更强。这种影响力杠杆的优点之一是，人们通常很难意识到有人在战术性地使用它。

第 2 章

互惠

> 如果你压根儿不想还，那就干脆别伸手要。
> ——《便西拉智训》

几年前,一位大学教授做了个小实验。他给随机抽选的陌生人寄圣诞贺卡,虽说他料到此举会掀起些波澜,但所得到的回应还是让他吃了一惊:回寄的贺卡从四面八方涌了过来,全是从没见过,也没听说过他的人给他寄的。这些回寄了贺卡的人,绝大多数根本没打听过这位不知名的教授到底是谁。他们收到了教授的贺卡,一下子便启动了自动反应,给他回寄了贺卡。

尽管这是一项小范围研究,却指出了我们身边最有效的影响力武器之一——互惠原则,发挥着什么样的作用。这条原则说,要是人家给了我们什么好处,我们也应当尽量回报。假设有位女性帮了我们的忙,我们应当也帮她一回;倘若有位男性送给我们一份生日礼物,我们也应当记得在他生日时献上小小心意;要是有对夫妇邀请我们参加聚会,我们下次务必也要记得邀请他们参加我们的聚会。回赠的贺卡、生日礼物和聚会邀请,似乎不足以证明这条原则,但事实上,它们能带来相当大的改变。研究者考察了英国的慈善筹款人员,他们的工作是去找投资银行家募捐,要求对方捐赠一笔很大的慈善捐款——相当于捐赠者一天的薪水,有时甚至超过1 000美元。很值得注意的是,如果筹款员在提出请求之前先送一小包糖果作为礼物,募捐成功率就会提高一倍以上。

这一原则甚至可扩展到国家行为上。1215年,英国《大宪章》用它定义了战争爆发时各国应怎样对待来自敌国的商人:"如果我们的人在他们那里安全,那他们的人在我们的土地上也应该是安全的。"因此,依照互惠原则,我们有义务在将来用送礼物、发出邀请等手段回报别人的好意。由于接受行为往往伴随着回报的义务，"承蒙美意"（much obliged）一类的短语几乎成了"谢谢你"的同义词。不仅英语是这样，其他不少语言也是如此，如葡萄牙语里的"obrigado"、日语里的"済みません"（谢谢你，字面直译的意思是"尚未结束"，这更好地表现了接受者将来的义务）。

深刻烙印在脑海中的互惠原则及伴随其而来的亏欠还债感，在人类文化中十分普遍。阿尔文·古德纳（Alvin Gouldner）和其他社会学家在对此深入研究后报告说，所有的人类社会都认同互惠原则。在每一个独特的社会文化里，它都无处不在，甚至可以说它已经渗透到了每一种交换形式当中。说起来，源自互惠原则的成熟的礼尚往来系统，甚至有可能是人类文化的一个独有特征。著名考古学家理查德·利基（Richard Leakey）认为：正是因为有了互惠体系，人类才得以被称为人类。他说："由于我们的祖先学会了在'有债必还的信誉网'里分享食物和技巧，我们才变成了人。"文化人类学家利昂内尔·泰格（Lionel Tiger）和罗宾·福克斯（Robin Fox）认为这种"欠债网"是人类的一种独特适应机制，有了它，人类才得以实现劳动分工，交换不同形式的商品和服务，让个体相互依赖，凝结成高效率的单位。

为产生泰格和福克斯所描述的那种社会进步，对未来的还债义务感至关重要。这种普遍认同的强烈感觉，给人类社会的进化带来了巨大的影响，因为它意味着一个人给了另一个人某种东西（如食物、精力或照料等），却不用担心它会变成损失。人可以把各种资源给予他人，却又不是无偿的，这在进化史上还是头一遭。由此而来的结果是降低了一对一资源交换的天然门槛。救助、送礼、防卫和贸易等复杂而协调的体系有了实现的基础，这为具备这些体系的社会带来了莫大的好处。既然互惠原则对文化有着这么明显的适应性结果，那么，靠着人人都经历过的社会化过程，它便根植到了我们每一个人的大脑深处。

事实上，有些社会已经把互惠原则变成了正式的仪式和典礼。在巴基斯坦和印度的部分地区,有一种交换礼物的常见风俗,叫"瓦尔坦班吉"(Vartan Bhanji)。古德纳对"瓦尔坦班吉"评论道:

> 值得我们注意的是……这套制度煞费苦心地把所有人情债都结清。比如,举办婚礼时,宾客离场,女主人会送他们糖果当礼物。她一边送客,一边说:"这5颗是你的。"意思是:这是偿还你从前给我的。接着她又会额外添一些,并说:"这些是我送你的。"等到下一次婚礼,她便会拿回这些礼物,此外又会收到一些以后要还的新礼物,如此周而复始。

对节日贺卡的研究是从菲利普·昆兹(Phillip Kunz)开始的。后来,他的女儿、行为科学家珍妮弗·昆兹(Jenifer Kunz)对此做了扩展(这是人类行为存在连续性的绝佳例证),她发现,如果发送第一张贺卡的人属于地位更高的人,回赠率还会更高。

早在古德纳等社会学家、利基和罗杰·卢因(Roger Lewin)等考古学家,以及泰格和福克斯等文化人类学家发现之前,社会科学家就已经认识到社会内部和社会之间互惠交换的可取性。新近的证据表明,互惠原则同时适用于积极交换和消极交换,这也正印证了W. H. 奥登(W. H. Auden)的著名诗句:"我和大家都知道/每个人从小就懂得/做恶事者有恶报。"可以说,互惠原则向我们做了这样的保证:种什么样的因,就会得什么样的果。这甚至适用于人机交流。从一台计算机上获得高质量信息的用户,回报给这台计算机的信息也会更好,反之亦然。总的来说,**互惠是人类行为的驱动力**。

虽说人情债事关未来,但时间跨度也并非没个限制。尤其是相对较小的恩惠,偿还的愿望似乎会随着时间的推移变得越来越淡。可要是礼物真的非常贵重、令人难以忘怀,那么这种偿还的义务感也可以延续得相当久远。要说明互惠义务会给将来造成多么深远的影响,用墨西哥和埃塞俄比亚之间发生的一件怪事来解释再恰当不过了。这个故事,跟一笔5 000美元的救灾款有关。

1985年的埃塞俄比亚，说是饿殍遍地、贫困潦倒绝不为过。经济萧条，连年的干旱和内战彻底摧毁了食物供应链，成千上万的国民因疾病、饥饿而死去。在这样的困境下，要是墨西哥向它捐出5 000美元的救灾款，我肯定不会感到惊讶。可报上的一条简讯居然说，捐赠的方向刚好反了过来，我不免大吃了一惊。埃塞俄比亚红十字会的官员决定向墨西哥捐赠5 000美元，帮助当年遭受墨西哥城地震的灾民。

每当人类行为的某个方面让我摸不着头脑时，我就会有一种想去一探究竟的冲动。这个嗜好虽说常给我自己惹麻烦，但对我从事的职业却颇有好处。对上面这件事，我找到了更为详细的资料。恰好有个记者跟我一样，被埃塞俄比亚的举动搞得全无头绪，也想刨根问底知道为什么。他得到的回答为互惠原则做了强有力的证明：尽管埃塞俄比亚当前急需援助，可送到墨西哥的这些钱，是1935年意大利人入侵埃塞俄比亚的时候，墨西哥援助给后者的。听了这样的说法，我虽说还是免不了惊讶，却不再困惑了。巨大的文化差异、千山万水的阻隔、严重的饥荒、几十年的岁月、眼前的私利……这么多的不利因素，都没能阻止埃塞俄比亚人报恩的需求，偿还人情债的义务感战胜了一切。

倘若持续了半个世纪之久的人情债，可以用埃塞俄比亚文化的特殊性质来解释，那么再来看看另一件起初显得怪异的事情是怎么解决的。

2015年，94岁的英国著名出版商亚瑟·乔治·韦登菲尔德勋爵（Arthur George Weidenfeld）找到了一种回报的方式。他组织并资助了"避风港行动"（Operation Safe Havens），把叙利亚和伊拉克的基督家庭从战争地区转移出来。人们虽然对这一善举赞誉有加，但也批评这一行动的范围太窄，并好奇为什么勋爵不将救助之手伸向该地区同样受到威胁的其他群体。

也许有人会想，勋爵只想帮助信奉基督教的同胞。但如果你意识到韦登菲尔德勋爵是犹太人，就会明白这个简单的解释站不住脚。1938年，少年韦登菲尔德搭乘着一列满载犹太孩子的列车来到英国，躲过了纳粹在欧洲对犹太人的迫害。这一趟列车之旅，是由基督教人道主义团体联合组织的，他们通过这种途径救出了数千名犹太儿童。韦登菲尔德从互惠原则优先的角度，对自己的行为做了解释："我无法拯救整个世界，但站在犹太人和基督徒的角度，我有一笔人情债要还。"显然，互惠的力量可以拯救生命，并持续一生。

埃塞俄比亚对墨西哥恩情的惦念和韦登菲尔德勋爵对基督徒的亏欠感，跟下面这个例子比起来或许显得黯然失色：一群法国孩子，隔了几个世代之后仍强烈地想要帮助一群自己从没见过的澳大利亚孩子。1918年4月23日至24日，第一次世界大战即将结束时，为从德国军队手中解救法国村庄维莱布勒托讷，澳大利亚军团牺牲了几个营的兵力。2009年，维莱布勒托讷的一群小学生听说，一场森林大火摧毁了澳大利亚小镇斯特拉瑟文，便筹集了21 000美元，帮助重建当地小学。一家报纸报道："他们对自己要帮助的孩子知之甚少。他们只知道，自己的曾祖父辈曾在91年前许下承诺，绝不忘记澳大利亚，以及为解放自己村庄而牺牲的1 200名澳大利亚士兵"。

尽管上文的救命之恩能让人产生持久的亏欠感，但并非所有这类行为都有同样的效果。有充分的证据表明，随着时间的推移，日常恩惠会随着时间的流逝让人失去亏欠感。有一组研究甚至发现，**在施恩行动完成之前，受惠者对施恩者最为感激**。结论是什么呢？小小的帮助行为遵循"百吉饼法则"：人们更喜欢新鲜热乎的百吉饼，而不是硬邦邦的陈饼子。

READER'S REPORT | 读者报告

致西奥迪尼先生：

受训期间，一位前辈告诉我，我会喜欢跟我的上司合作的，因

>>>

第2章
互惠　　033

> 为他是一个非常好又非常慷慨的人。她说，上司曾在各类场合送给她鲜花和其他礼物，她是因为要生孩子才决心辞职的，要不然，她一定还会在这个岗位上干好多年。
>
> 我在这位上司的手下工作了6年，也经历了同样的事情。他给我和我的儿子送圣诞礼物，还会给我送生日礼物。两年前，我在这个岗位上的薪水已经到最高级了，而这个工作是没有升职机会的，所以我要么选择参加加利福尼亚州政府的考试，然后重新申请到另一个部门，要么在私人企业重新找一份工作。但我发现自己并不想找新工作，或是换到其他部门。我的上司就快到退休年龄了，我想等他退休以后再换地方，因为他对我那么好，我觉得有义务留下来。

俄勒冈州的这位政府雇员：

你在谈及自己目前的就业形势时用的字眼给我留下了很深的印象，你说"想等"上司退休以后再换职位。看来，上司小小的善意之举已经使你无意识地产生了一种亏欠感，让你没法去换一个收入更好的岗位。对于希望培养员工忠诚感的管理者来说，这值得借鉴。这个故事还给了我们更大的启发，即不要轻视小事情，它一旦跟生活中的大原则，如互惠原则联系起来，照样做得了大文章。

互惠原则怎样起作用

没错，人类社会从互惠原则中得到了一项重大的竞争优势，由此，他们必须保证社会成员全都接受这一训条，遵守并信任这一原则。

我们每个人从小听人教导，也都知道不能辜负它，凡是有人敢违背它，必然都会受到社会的制裁和嘲笑。由于普通人大多讨厌一味索取、从不回报的家伙，我们往往会想方设法地避免自己被别人看成是揩油鬼、忘恩负义的家伙，或是不劳而获的懒虫。但这样一来，我们的煞费苦心又会容易遭到那些一开始就想从这种知恩图报的做法中谋取好处的人利用。

为了理解互惠原则如何被把它当成影响力武器的人利用，我们或许可以仔细来看看心理学家丹尼斯·里根（Dennis Regan）做的一项实验。

影响力研究 INFLUENCE NEW AND EXPANDED

研究者告诉参与者其参加的是所谓的"艺术鉴赏"实验，参与者要跟别人一起为几幅画作的质量打分。与参与者一起打分的人，我们就叫他"乔"吧，他只是假装作为参与者的同伴，其实他是里根教授的助手。为了达成实验目的，研究者采用了两种不同的环境来进行。有几回，乔都主动帮了真正的参与者一个小忙。在短暂的休息时间，乔离开了房间几分钟，回来时带了两罐可口可乐，一罐给参与者，一罐给自己，乔说："我问他（实验员）能不能弄瓶可乐喝喝，他说没问题，于是我就给你也带了一罐来。"另外几回，乔没有帮参与者这个小忙，他只是到房间外休息了两分钟，然后就回来了。除此以外的各个方面，乔的表现都是相同的。稍后，等所有的画作都评分完毕，实验员暂时离开了房间，乔便请参与者帮他一个忙。乔表示，他正帮一款新车卖抽奖彩票，要是他卖掉的彩票最多，就能得到50美元的奖金。乔请参与者以每张25美分的价格买些彩票："帮帮忙，买一张也行，当然越多越好。"

实验的主要目的之一，就是研究在上述两种情况下参与者从乔手里买的彩票数量的差异。毫无疑问，先前接受了乔好意的参与者，买起彩票来更慷慨。显然，他们觉得自己欠了乔一点儿人情，因此所买彩票的数量比另一种情况下的多了一倍。尽管里根的研究只对互惠原则的运作做了很简单的阐释，但它勾勒出了该原则的若干重要特点。这里，我们不妨来仔细地分析一下，看看互惠原则是怎样被人当成牟利手段的。

第 2 章 互惠 035

互惠原则所向披靡

互惠原则能用作获取他人顺从的有效策略，原因之一在于它的效力实在是太强了。有些要求，要是没有亏欠感，本来是一定会遭到拒绝的。可靠着互惠原则，你很容易让别人点头答应。从里根实验的第二项结果中可以看到一些证据，说明互惠原则的力量有多么大，以至于一些通常情况下决定了当事人是否顺从的因素，碰到它也只有认输的份儿。

里根除了对互惠原则的说服作用感兴趣外，还调查了个人好感对顺从他人要求会产生什么样的影响。为衡量参与者对乔的好感跟买乔的彩票之间有什么样的关系，里根让参与者们填写了几份评分表，从这些评分便可以看出参与者对乔的感觉如何。之后，里根将好感指数与购买彩票的张数做比较，发现人们表现出了明显的倾向性：越喜欢乔，买他彩票的数量也就越多。但若光是这一点，倒还算不上什么大发现，毕竟，我们大多数人都更乐意帮助自己喜欢的人。

然而，里根实验发现的有趣的地方是，一旦参与者接受了乔的可乐，好感对顺从来说就完全退居二线了。对那些欠了乔人情的参与者来说，不管他们喜不喜欢乔，事情都没了区别，他们觉得自己有义务报答乔，而且他们也正是这么做的。说自己不喜欢乔的人，买的彩票和说自己喜欢乔的人买的一样多。互惠原则效力之强，压倒了通常会影响顺从决策的另一个因素，即是否喜欢提出要求的人。

想想这意味着什么吧！我们通常都不怎么喜欢的人，比方说不请自来的讨厌的推销员、不愿交往的熟人、名字都没听说过的奇怪组织的代表，只要他们在向我们提出请求之前，先对我们施个小小的恩惠，最终都能极大地提高我们依其言行行事的概率。

几年前，在一趟横跨美国的航班上，我被分到了连排三个座位里靠过道的那个。虽说我自己喜欢靠着过道，但还是跟另一个被分到靠墙座位的男子换了位置。他说，靠墙连坐5个小时，可能会让他发作幽闭恐惧症。他郑重地向我道了谢，而我也并没有像从小接受的教导那样认为这是一个不值一提的小忙，所以我说："要是你，你也会跟我换座位的。"他无比赞同。

接下来的航程好极了。坐在我旁边的两个人开始聊天，发现彼此有许多共同点。过去，两人都曾住在亚特兰大附近，都是纳斯卡赛车迷，都喜欢收藏枪支，政治观点也相同。看得出来，一段友谊正在萌芽。然而，每当空乘人员提供零食、口香糖、报纸体育版的时候，坐在过道的那人总是会先递给我，有时甚至从他新伙伴的面前推给我。我还记得自己当时想："哇，他跟谁坐得更近不重要，他跟谁有更多的共同点、爱跟谁说话也不重要，最重要的是，我才是他觉得欠了情的人。"

所以，如果你刚刚因为帮了别人一把而收获感谢，请别说"没什么大不了的""别想太多""我对谁都会这么做"一类的老套客气话，这样只会削弱互惠原则带来的影响力。相反，你最好保留（应得的）影响力，不妨这么说："如果我们的立场互换，我相信你也会这么做。"由此带来的好处应该相当可观。

此外，小孩子在上学之前就已经渐渐理解了收到东西后有义务做出回应并回馈。研究表明，与剥夺、拷打、折磨等强制刑讯手段相比，能诱发互惠的善意等"软性"方法能带来更好的效果。

———————————————————————— READER'S REPORT ｜ 读者报告

致西奥迪尼先生：

我是纽约州罗切斯特市一家公司的秘书，平常总是白天上班，但有

>>>

第 2 章　037
互惠

> 一天晚上，我在公司待到很晚，处理一些未做完的重要工作。等干完工作，开车驶出停车位的时候，我的车碰到冰碴打了滑，卡在了路旁的阴沟里。当时已经很晚了，天气很冷，四周黑乎乎的，我办公室的所有同事都走了。但另一个部门的员工此时却跑过来，帮我把车弄了出来。
>
> 我是从事人事工作的，大概两个多星期以后，我得知这名员工被"打了报告"，据说他严重违反了公司政策。我并不真正了解这个人的品性，可我还是把这件事揽了下来，替他去找了公司总裁。直到今天，尽管质疑此人品性的人越来越多，我仍然觉得自己欠了他的情，愿意为他撑腰。

纽约的这位职业女性：

跟里根的实验一样，你决定帮助该员工的行为，跟这名员工的个人道德似乎不怎么相关，而只在于一点简单的事实：那名员工也帮过你的忙。

各种类型的组织都学会了这一套：**利用一份小礼物，促使目标答应本来会拒绝的请求**。研究者发现，在邮寄调查问卷的信封里附上一份现金礼物，如一枚银币或是一张 5 美元的支票，能大大提高问卷的完成率。反之，答应事后奖励同等金额的做法，效果就差多了。事实上，经研究表明，在邮寄保险问卷的同时奉送 5 美元支票作为礼物，效果跟完成问卷后寄送 50 美元的报酬同样好。类似地，餐馆的服务员也早就知晓，在向顾客送上账单的同时奉送一颗糖果或口香糖，能大幅提高小费的金额；而在一家国际游客经常光顾的餐厅里，不管客人来自哪个国家，互惠原则都将发挥作用。

影响力研究 | INFLUENCE NEW AND EXPANDED

我的同事史蒂文·J. 马丁（Steven J. Martin）和海伦·曼金（Helen Mankin）进行过一项小型研究，他们在巴西和哥伦比亚的几家快餐厅里展示了率先给予的力量。在半数的快餐厅，成年顾客的孩子在离开时收到了一个气球。在另外半数的快餐厅里，孩子们一进门就得到了一个气球。结果发现，先给气球的快餐厅，其家庭总账单金额增加了25%。值得注意的是，购买咖啡的金额增加了20%——而孩子们不太可能会点咖啡。为什么会这样呢？至少我可以证明，给我孩子的礼物，就等于是给我的礼物。

总体而言，企业经营者发现：接受礼物后，顾客会愿意购买本来不愿买的产品或服务。

同理，和前文中邮寄调查问卷时附赠5美元的策略一样，一项关于酒店的研究也证实了这种"事先施惠"的威力。酒店在房间里放一张倡导重复使用毛巾的卡片。卡片上的附带说明分为两种，一种说酒店已经以客人的名义向环保组织捐了款，另一种则说客人重复使用毛巾后会以其名义向环保组织捐款。统计表明，事前捐款的卡片，其劝说效力比事后捐款的卡片高得多。

EBOX | 线上影响力

庆祝星巴克创办 40 周年
（1971—2011）

免费获取

星巴克礼品卡

本次优惠活动将在 10 月 18 日（星期二）过期，免费赠券只剩 2 389 张！

步骤一：点击按钮分享
步骤二：按照以下示例表示感谢！
示例："免费星巴克，谢谢！"

第 2 章 互惠　039

> **作者点评**：2011 年，星巴克为了庆祝成立 40 周年，向顾客提供了免费的电子代金券。为了增强顾客与礼物相关的亏欠感，任何接受代金券的顾客都必须在社交媒体上明确感谢该公司。
>
> 值得注意的是，免费的代金券利用了互惠原则，而后来发放的代金券越来越少则利用了稀缺原则——我们将在第 6 章单独考察其力量。

政治里的人情债

政治是互惠原则发挥威力的另一个舞台。在各个级别上，我们都能看到这套手法。

在高层，民选代表"互投赞成票"，互施小恩小惠，这使得同床异梦的伙伴比比皆是。民选代表对一项法案或措施投出跟自己一贯主张完全相悖的支持票，大多都是为了回报法案发起人的人情。林登·约翰逊刚刚当上总统的时候，他提出的项目在国会里总是轻轻松松就通过了，政治分析家们不免对此感到惊讶，就连照理说该强烈反对这些提案的议员也投了赞成票。分析家们（如罗伯特·卡诺在他极具影响力的约翰逊传记当中）做了一番认真的研究后发现，与其说这是因为约翰逊在政治上特别善于钻营取巧，还不如说是因为他长年在众议院和参议院里摸爬滚打，帮了其他议员许多忙。当上总统以后，议员们纷纷偿还从前欠下的人情债，这才使他得以在短短的时间内就通过了大量的立法提案。有意思的是，其后的一些总统（比如卡特、克林顿、奥巴马）碰到的问题，也是这个原因在作祟。他们是从国会山外头赤手空拳打进白宫当总统的。竞选期间，他们也狠狠地利用了这一点来搞宣传，自己是华盛顿圈子外头的人，不欠任何人的人情债。这些总统就任之初难于让立法提案在议会通过，说不定正是因为——没有人欠他们的人情债。

在另一个层面上，我们可以看到：一方面，企业和个人愿意向司法和立法官员赠送礼物，施加恩惠；另一方面，国家又制定了一系列法律，禁止官员接受此类礼物和恩惠。这充分说明人们意识到了互惠原则的力量。就算是合法的政治捐款，表面上说是支持自己喜欢的候选人，其实大多还是为了囤积人情债。碰上重大选举，看看有多少公司和组织是同时给民主党和共和党的竞选活动捐款的，你就能意识到其中的奥妙了。要是你心存怀疑，非要看看政治捐赠者换回了什么好处，那不妨听听商人罗杰·塔马兹（Roger Tamraz）在国会召开的选举活动经费改革听证会上说的话。人家问他捐款 30 万美元后是否收到了良好回报，他笑着回答："我想下一次我会捐 60 万美元。"这番话说得是足够厚颜无耻了。

这种坦率在政治上可不多见。大多数时候，不管是送礼的也好，收礼的也好，都会齐声说道："政治献金、免费旅行和橄榄球超级碗的门票，都不足以撼动政府官员'严肃、正直'的秉性。"一家游说组织的领导人坚持认为，没有必要担心，因为"这些政府官员是聪明、成熟、老练的职业人士，长年的训练让他们目光敏锐，时刻保持批判态度，而且十分警觉"。当然，政客们肯定是同意这种说法的。我们经常听到他们说，会影响其他人的那种亏欠感，对他们是全无作用的。我所在的这个州，当有位议员谈到自己是否对送礼的人有什么义务时，他斩钉截铁、不容置疑地说："他们送了礼物，可我对他们的态度跟对其他人是完全一样的：别想从我这儿捞到什么好处。"

身为科学家，听到这样的话，我忍不住笑了。亏欠感对这些政客到底有没有作用，我们这些严肃、正直、谨慎的科学家再清楚不过了。之所以这么说，原因之一在于，我们这些"聪明、成熟、老练，正值科学事业巅峰"的家伙发现，自己跟所有人一样，也会很容易就被互惠原则左右。举个例子，有一种治疗心脏病的药叫钙通道阻滞剂，围绕它的安全性曾引发过许多争议。有人做了研究，对这种药，凡是持支持态度，并发表了正面文章的科学家，100% 都接受过医药公司从前给的好处，如免费旅行、研究资金或是工作机会；而对这种药持批评态度的科学家里，只有 37% 的人曾接受过好处。身为科学家，"长年的训练让他们目光敏锐，时刻保持批判态度，而且十分警觉"，可要是连他们都难免为长年的恩惠所左右，政客们就更不在话下了。

在这一点上，我们的看法完全正确。例如，2002 年美国中期选举期间，美联社记者通过观察发现，在 6 大主要政治议题上，收了特殊利益集团金钱的国会议员，对有利于这些团体的主张投赞成票的概率比一般情况下高了 7 倍之多。这样一来，这些团体赚回本钱的概率是 83%。不管是民选官员还是上级指派的官员，总觉得自己不是普通人，无须遵守规章条例的限制，如他们停车从不按规矩，诸如此类。但如果他们纵容自己在互惠原则上也这么妄想，那么这不光是可笑的，更是不负责任的。①

在谈判中，一方的主动帮助能让另一方更愿意进行合作以回报善意，哪怕这样做会违背后者的经济利益。

国际谈判史上也有许多利用互惠原则将潜在危险冲突转化为和平解决方案的例子。其中一项给予—妥协式的协议，或许曾拯救了全世界，只是它出于政治原因，无法获得应有的荣誉。1962 年 10 月 22 日，美国和苏联的"冷战"几乎就要变成"热战"。在电视讲话中，肯尼迪总统称，俄罗斯核弹已被证实在重重掩护下被运到了古巴并对准美国。为要求苏联领导人赫鲁晓夫下令拆除在古巴安装的导弹，肯尼迪命令美国海军舰队封锁海面，直至已安装的导弹得到移除。赫鲁晓夫则回应说，苏联方面前往古巴的船只将无视这种"公然的海盗行为"；

---

① 制药公司的礼物不光会影响科学家对药物效力的研究结果，还会影响医生对这些药开具处方的偏好。制药公司向医生支付的诸如教育培训费、演讲费、差旅费、咨询费、会议注册费等费用，跟医生对赞助药物开具处方的频率相关。哪怕是一顿便宜的午餐，也足以对此产生影响——当然，更昂贵的大餐跟更高的处方率相关。

此外，苏联会将任何试图实施封锁的行为视为引发战争的侵略行为。这可不是普普通通的战争，而是一场几乎能毁灭 1/3 人类的核战争。在长达 13 天的时间里，两位领导人恶狠狠地彼此对视，而全世界的人民则提心吊胆地看着他们，指望其中一位让步。最终，此事以赫鲁晓夫屈服于肯尼迪不屈不挠的谈判风格、同意将导弹带回苏联而告终。至少按我一直以来听说的故事，古巴导弹危机是这么结束的。

但最近解密的文件提供了一个完全不同的说法。肯尼迪"获胜"不是由于他固执的谈判姿态，而是因为他愿意从土耳其和意大利撤除美国的木星导弹，以换取赫鲁晓夫从古巴撤除导弹的条件。考虑到自己的政治声望，肯尼迪将导弹交易保密作为最终协议的条件之一，因为他不希望被人看到美国对苏联做了任何让步。具有讽刺意味也令人遗憾的是，哪怕直到多年后的今天，互惠交换（这是"拯救世界"的真正因素）的力量仍未被认定为化解此次冲突的重要因素，功劳反而落到了另一个很可能毁灭世界的因素上——不愿妥协（见图 2-1）。[1]

社会心理学家李·罗斯（Lee Ross）讲过一个两兄弟的故事，也证明了给予—妥协式谈判相较于绝不让步式谈判的优势。这两兄弟在加拿大开着一家大型折扣宠物商品店。两人必须在其位于多个城市的产品分销点就仓储空间问题进行谈判。其中一人说："我很清楚每个城市合理的仓储价格，唯一的策略就是报出并在谈判中永不偏离这个价格。而讨价还价的工作全都是我兄弟来做。"

---

[1] 关于古巴导弹危机如何结束的新论述，最全面的研究成果来自谢尔登·斯特恩（Sheldon Stern），他曾在约翰·肯尼迪图书馆担任了 23 年历史学家。

图 2-1 "在卡斯特罗峡谷的让步"

    这幅当时的政治漫画描述了人们对古巴导弹危机结束的普遍看法——面对肯尼迪总统强硬的态度，赫鲁晓夫屈服了。可事实恰好相反。这个迫在眉睫的世界性核危机得以解除，靠的其实是一项重大的妥协，即双方对等地撤除核导弹。

免费样品不免费

    当然，生意场上也能见识互惠原则的威力。虽说例子不胜枚举，但在这里，我们还是来看一下人人都熟悉的一两种。赠送免费样品这种营销技巧历史悠久，也很管用。通常的做法是向潜在顾客送上少量的相关产品，看看他们是否喜欢。不必说，制造商是想借此举让公众知道自己产品的质量，这种愿望合情合理。然而，免费样品的真正妙处在于，它同时也是一份礼物，能把互惠原则应用起来。推销的人提供免费样品，表面上不过是为了让消费者知晓他们的商品，暗中却是把礼物天然具备的亏欠感给释放了出来，这完全是借力打力、四两拨千斤的柔道手法。

    在南加利福尼亚州的一家糖果店里，研究者考察了顾客的购买模式。进店时，有些顾客会收到一块免费的糖果。收到赠品后，顾客下单购买的可能性增加了42%。当然，购买率的上升，也可能不完全是因为互惠原则的拉动。也许这些顾客只是单纯地喜欢自己尝到的东西，所以买了更多同类的糖果。但仔细观察后就会知道，这种解释站不住脚。接受了免费糖果的顾客并不是购买了更多的品尝过的糖果，而是买了更多其他类型的糖果。看起来，就算他们并不特别喜欢店家赠送的糖果，也仍然觉得自己有义务购买一些东西作为回报。

超市是赠送免费样品的绝佳场合，消费者经常在那儿得到某种产品的少量试用装（见图 2-2）。服务人员总是会微笑着递上样品，好多人都觉得光是还回牙签或杯子就走开太过分了。于是，他们购买了一些产品，哪怕自己并不是十分喜欢。据来自零售巨头开市客（Costco）的销售数字，其他类型的产品，如包括啤酒、奶酪、冷冻比萨、口红，也会因为免费样品而出现销量的大幅提升。万斯·帕卡德（Vance Packard）在经典作品《隐形的说客》（*The Hidden Persuaders*）中介绍了这一营销手法特别管用的一种变体形式：印第安纳州的超市经营者把奶酪摆在货柜外面，让消费者自己切一小块免费品尝。如此一来，有一天他们在短短几个小时内就卖掉了四五百千克的奶酪。还有一种与互惠原则吻合的购买模式是，超市购物者获得了专门购买某类商品的惊喜礼品券后，随之从商店购买了更多其他的商品，使得总购买量增加了 10%。

图 2-2　免费发放玉米脆片的工作人员

一些食品制造商会在人们进入超市之前就派发免费样品供人们品尝。

EBOX | 线上影响力

提前预览《先发影响力》免费章节

西奥迪尼博士出版革命性新书，论述合乎道德的影响力手法。

点击获取章节

作者点评： 观察上图后，我们可以将免费样品有效的原因归纳为两点：一是免费的章节让顾客有能力就是否购买整本书做出更明智的决定；二是作为赠品，免费章节可能会让顾客觉得自己有义务购买完整版。我碰巧认识本书的作者，我问他做这则广告看中的是上述哪个原因，他说完全是出于第一个原因。我知道他是个诚实的人，但作为心理学家，我也知道人们相信的往往是自己乐意相信的事，所以我并不完全相信他的说法。

影响力研究 INFLUENCE NEW AND EXPANDED

安利是一家制造家用和个人护理产品并在全球范围内上门推销的公司，他们用的是另一种免费试用策略。公司早先的办公室还只是在地下室里，但很快，公司每年的销售额就达到了15亿美元，这多亏了一种名叫"臭虫"（BUG）的免费试用手法。"臭虫"由一系列的安利产品组成，包括若干瓶家具抛光剂、清洁剂或洗发水，要不就是喷雾式除臭剂、杀虫剂或玻璃清洁剂。销售员用一种特别设计的托盘或塑料袋把它们提到消费者的家里。安利公司的机密《操作手册》指导销售员说："把'臭虫'留在消费者那里，'一天、两天甚至三天，全部免费使用，也不让消费者承担任何义务。只要告诉他，你希望他试试这些产品。没人能拒绝这种请求的'。"等试用期结束，安利的客户代表就会回来，顺利地拿到客户希望购买的产品订单。由于消费者不大可能在这么短的时间里把"臭虫"组合产品中的任意一瓶用完，于是销售员又可以将剩下的部分带到对门或隔壁的下一位潜在客户家里，整个过程再从头来上一遍。安利的不少客户代表通常会在自己负责的销售区域里同时使用若干"臭虫"套装。

现在，你我当然知道，接受并使用了"臭虫"产品套装的消费者中了互惠原则的套。对自己试用并部分消耗了的产品，许多客户都觉得有义务订购它，当然了，安利公司也早就知道会这样。但是，就算是在安利这样一个有着卓越绩效的企业，"臭虫"手法也掀起了一场大轰动。各州的分销商向母公司提交了报告，汇报它的神奇功效，下面这两段话分别来自伊利诺伊州和马萨诸塞州的分销商：

> 真是不可思议！我们从来没有见过这么令人兴奋的事儿。产品正以飞快的速度卖出去，而我们才刚刚开始呢……地区经销商一采用"臭虫"模式，我们的销售量就会出现飞速增长。这真是我们最非凡的一套销售理念呀！……通常情况下，销售员取回"臭虫"产品套装的时候，消费者总会请他们留下套装总量的一半，自己花钱购买……一句话，太了不起了！在我们整个组织里，还从没见过这样的情况呢。

"臭虫"产品套装的惊人威力，让安利分销商有点困惑，虽说他们非常高兴，但的确是不知所以。当然了，你我现在再也不会这样摸不着头脑了。

在无关金钱也无关商业交易的单纯人际关系中，很多情况也受互惠原则的影响。在下面这个故事里的妇女，因为拒绝接受一份礼物，躲开了随之而来的强烈亏欠感，得以侥幸逃生。

1978年11月，在圭亚那的琼斯镇，邪教组织"人民圣殿教"的头领吉姆·琼斯（Jim Jones）要所有信众集体自杀。绝大多数人在顺从地喝下了有毒的饮料后就这么死了。然而，有个叫黛安·路易（Diane Louie）的信众却拒绝服从琼斯的命令，她逃出了琼斯镇，在丛林里躲了起来。她说自己之所以会这么做，是因为先前在有困难的时候拒绝了教主琼斯的特殊照顾。当时她生病了，琼斯派人送来食物，可她没接，因为"我知道一旦我接受了他给的这些好处，他就完全控制了我，我什么也不想欠他的"。

或许，琼斯错在让路易女士把《圣经》学得太好了，尤其是《出埃及记》："不可受贿赂，因为贿赂能使明眼人眼瞎，能颠倒正义者的言语。"

量身定制的礼物

尽管互惠原则的力量已不容小觑，但如果提供的礼物是根据接受方当前的需求、偏好量身定制的，即个性化的，那么它还能产生更大的力量。

一位朋友曾对我讲过自己怎样利用个性化礼物的手法让一个付款慢得出名的客户（业内人人都知道他一般要6个月才付款）加快结账速度。不久前，她开始在寄出发票的同时附上一份小礼物，可能是一包高质量文具、一小盒巧克力或一张星巴克咖啡优惠卡。她发现，客户结账付款的时间缩短了一半。最近，她又附上了一张来自当地艺术博物馆的个性化明信片，明信片上印着一件现代艺术品——它正是客户自己会收藏的艺术品品类。这位朋友拍着胸口说，她的发票现在几乎可以立刻兑付。她的同行深感惊讶，还想知道她是怎么做到的。她说，自己一直保密到现在。

除了按照接受方的爱好定制礼物，根据对方当前的需求进行定制，也能放大礼物的影响力。研究者在一家快餐店所做的研究，解释了这类量身定制礼物的效力。在顾客进门时，服务员会为一些顾客送上热情的问候，而为另一些顾客送上热情的问候和一个钥匙链。跟没有得到钥匙链的顾客相比，收到钥匙链的顾客的花销提高了12%，这跟一般性的互惠原则相吻合。除此之外，还有一些顾客得到了热情的问候和一小杯酸奶。酸奶的零售价跟钥匙链相同，却让顾客的消费额提高了24%，比钥匙链的作用整整提高了一倍。为何如此呢？因为顾客是为食物而来，而酸奶和他们的需求非常吻合，面对一份满足自己需求的礼物，人们会感到更为强烈的回报义务。

钥匙链与酸奶带来的购买率的变化情况和一项超市研究颇为相似，后者向进店顾客赠送非食品礼物（钥匙链）或与食品相关的礼物（品客薯片），使整体购买量分别增加了28%和60%。进一步来讲，按照客户的需求定制礼物这个手法的影响力，不仅能够提高顾客的消费额，还能带来更大的关系满意度。

不久前，我的同事布赖恩·埃亨（Brian Ahearn）发来一篇销售杂志上刊登的文章，该文章介绍了一家全球连锁酒店的高管在反思公司耗资巨大的"完美客户体验"项目之后，所产生的洞见。满意度和忠诚度最高的并非那些在住店时没有遇到问题的客人，而是那些碰到了服务上的问题、酒店员工立刻为其解决的客人。为什么会出现这样的情况？或许是客人知道酒店能有效补救错误之后会更加确信，万一自己将来的住宿碰到类似的局面，也会得到这样的待遇。我也深信还有一个因素同样在发挥作用：客人很可能是把补救措施看成了酒店竭尽全力为其提供的"特殊个性化服务"。根据互惠原则，酒店理应得到一些特殊的回报，比如更高的满意度和忠诚度。

在商务会议上演讲时，我经常提及这位酒店高管的意外发现，以及我对此事的解释。有一次，我演讲所在的度假酒店的总经理正好也是听众之一，他讲到当天发生的一件事，正好证实了我的互惠解释。一位客人想跟自己的两个小孩打网球，但度假酒店里的儿童球拍已经有其他人在用了，客人感到很失望。出乎意料的是，20分钟后，一副新球拍就送到了客人手里，这是总经理让一名员工开车去当地的体育用品商店买的。事后，这位客人来到总经理的办公室说："因为你为我做的这件事，我刚刚预订了下个周末再带全家到这里度假的日程。"

如果度假酒店一开始就额外预备了两副儿童球拍以确保客人获得"完美体验"，那客人就不会把它视为一份重要的礼物或服务，认为这值得自己付出特别的感激和忠诚，从而为酒店带来更多的业务。这是不是很有趣呢？实际上，在那位客人回想度假体验时，这些球拍说不定根本就没机会出现。

我相信，正是因为"纠正失误"是一种量身定制的行为，它才代表了个性化的礼物或服务。这一特点撬动了运用互惠原则的杠杆，使我们得以理解为什么失误反而带来了更高的满意度和忠诚度。简而言之，没碰到问题的人，或许不如"碰到问题但又得到了解决"的人感觉那么好。

强加的恩惠

早些时候我们指出，互惠原则的威力大到了这样的地步：其他人，不管有多奇怪、多讨厌、多不受欢迎，只要先给我们点小恩小惠，就能提高我们照着其要求去做的概率。然而，除了威力大，该原则还有另一个特点，它居然允许这种情况的发生：**一个人靠着硬塞给我们一些好处，就能触发我们的亏欠感**。回想一下，互惠原则只是说，当别人帮了我们的忙，给了我们好处，我们就应当回报他；可它并没有说，我们滋生出的偿还亏欠感，一定来自我们主动请人家帮忙，要人家给好处。举个例子，美国伤残退伍军人组织报告指出，只寄出一封请求捐款的信，回应率大概是18%；可要是在信里附上一份小礼物，如带不干胶的个性化地址标签，成功率就能翻上近乎一倍，达到35%。当然了，倘若请求是我们先提出来的，我们偿还的义务感会更强烈，但这里，我想要说明的关键点在于：这样的请求并不是使我们产生亏欠感的必要条件。

稍微回想一下互惠原则的社会目的，我们便能看出这其中的原因。互惠原则之所以能成立，就是因为它推动个人之间关系的发展，如此一来，首先发起这种关系，也就是第一个表示善意的人就不必担心自己得不到回报。倘若互惠原则是为这样的目的服务的，那么不请自来的恩惠就必然具备创造亏欠感的能力。再回想一下，互惠关系给孕育它的文化带来了意想不到的优越性，因此，文化里也就存在着强大的压力，确保互惠原则为其最初的目的服务。这也就难怪著名的法国人类学家马塞尔·莫斯（Marcel Mauss）在描述人类文化围绕赠礼过程产生的社会压力时说："人有送礼的义务、接受的义务，更有偿还的义务。"

尽管偿还义务构成了互惠原则的实质，可使互惠原则容易遭到利用的，却在于接受的义务。有了接受的义务，欠谁的人情就不归我们选择了，反过来我们还会落到对方的手里。让我们重新回顾一下先前举的几个例子，看看这个过程是怎么运作的。

在里根的研究中我们发现，乔通过给参与者提供恩惠使得后者买他彩票的数量翻了一倍，但这份恩惠并不是后者要求的。乔自己主动离开，回来时带了两瓶可乐，一瓶给自己，一瓶给参与者。没有任何一个参与者拒绝了他递过来的可乐。很容易看出，拒绝乔的好意实在是太尴尬了。乔已经花钱买了饮料，在该情形中，一瓶饮料是很恰当的善意举动，因为乔也给自己买了一瓶，拒绝乔这么善解人意的举动肯定不礼貌。然而，等乔说明自己卖彩票的愿望时，接受可乐这一行为所带来的亏欠情绪就变得很清晰了。

注意，这里存在一种重要的不对称性，乔掌握了所有真正的选择。他选择了最初施恩的形式，又选择了回报这种恩惠的形式。当然，你可以说，乔的这两项提议，参与者都可以选择拒绝，但这样的选择未免太艰难了。拒绝乔两项提议中的任何一项，都要求参与者跟文化里天然有利于互惠的力量对着干。

许多组织都意识到人们会因为收到出乎意料的赠礼而产生亏欠感。相信我们每个人都收过许多慈善机构发来的信件，信件里还会附上一些小礼物，如个性化地址标签、贺卡、钥匙环，但同时还会附着一张要我们捐款的字条。光是去年，我就收到了 5 封，两封来自伤残退伍军人团体，剩下的来自教会、学校和医院。每一封信里附带的信息都有一个共同点：信封里的东西可以看成是该组织送的礼物；而我想捐助的金钱，则不应看成是捐款，而应算作是一种还礼。正如一家教会组织寄来的信中所说，我收到的贺卡并不需要直接付钱，而是旨在"激发您的善意"。我们应当明白，把贺卡当成礼物赠送，而不当成商品贩卖，对组织来说都是很有好处的。社会上有着强大的文化压力，让你收到礼物后要还礼，哪怕这份礼物你并不想要；可社会并没有强迫人们购买不想要的商品。

关于主动施惠，有一个真实的例子：2013 年，波士顿城市公交司机大罢工之际，优步租下了公交车，并向该市所有公立学校提供免费服务。结果表明，这一举措明显增加了优步在波士顿的乘客数量。

READER'S REPORT | 读者报告

致西奥迪尼先生：

去年，在感恩节放假回家的路上，我的车胎爆了，之后发生的事让我亲身感受到了互惠原则带来的压力。一位穿着护士制服的女司机停下车来，自愿送我回家。我告诉了她好几次，我家在 40 公里以外，而且跟她前进的方向相反。但她仍坚持帮我的忙，而且无论如何也不收钱。她拒绝收我的钱，让我产生了您在《影响力》一书中讨论的那种不舒服的、令人不安的感觉。

这件小小的意外发生之后，连我的父母也焦虑起来。接受了对

>>>

> 方的帮助，再加上没有回报善意造成的不安，令我全家人都有点神经衰弱了。我们一直想要找到她，好给她送去鲜花或礼物，却遍寻不着。要是我们能找到她，我相信，这位护士要什么我们都会给她的。由于找不到其他办法可以缓解亏欠感，我母亲最终祭出了她的撒手锏。在感恩节晚餐上，她带领我们祈祷，请天主赐福这位女士。

这位男大学生：

这个故事除了表明他人主动提供帮助能调动互惠原则之外，还透露出另外一点有必要了解的事实。伴随互惠原则出现的亏欠感，并不仅限于最初提供和接受援助的个体，该个体所归属的群体中的其他成员也会受到影响。当你接受了别人的帮助，不光你会产生亏欠感，你的家人也会产生亏欠感。新的研究揭示，要是你和家人能帮助这名护士的某个家庭成员，亦可了却这笔人情债。另一项研究表明，这种基于群体的"互惠"也可能扩展到虐待上。如果我们遭到另一个群体成员的伤害，但又没法伤害那个人，我们便很有可能通过虐待该群体的其他成员来进行报复。

不对等交换

互惠原则还有另一个特点，也很容易遭人利用。尽管它的确立是为了促进伙伴之间的平等交流，但也可以用来实现完全不平等的结果，这可真够自相矛盾的。互惠原则要求，某一种行为需要以与其类似的行为加以回报。人家施恩于你，你必以恩情报之，不理不睬是不行的，以怨报德更加不可以。但这里面也有很大的灵活性，别人最初给予的小小恩惠，能够让当事人产生亏欠感，最终以大得多的恩惠回报。正如我们所见，互惠原则能让一个人选择让他人产生亏欠感行为的性质和缓解亏欠感行为的性质，这样一来，那些打定主意要利用互惠原则的人就能轻易地操纵我们，让我们完成一种不公平的交换。

让我们再次回到里根实验中来。请记住，在这项研究中，乔给了参与者一瓶可口可乐作为最初的赠礼，稍后，又要求所有参与者以每张25美分的价格购买他的彩票。有一点我之前没提过，进行这项研究的时间是在20世纪60年代末，那时一瓶可口可乐的价格是10美分。平均而言，喝了乔10美分可乐的参与者买了他两张彩票，也有人一买就买了7张。就算只看平均数，我们也可以判断出乔的买卖做得相当划算：他得到的回报是最初投资的整整5倍！尽管在乔的例子中，整整5倍的回报也就是50美分罢了。

互惠原则真的能影响换得恩惠的大小吗？只要环境合适，的确可以。这里举个我学生的例子吧。每当她回想起这件事，总是后悔不已。

影响力研究 INFLUENCE NEW AND EXPANDED

> 大约一年前的一天，我的车发动不了了。我正束手无策地坐着的时候，停车场有个人走过来，最终帮我把车发动了起来。我说"谢谢"，他说"不客气"。他离开的时候，我说："要是遇到什么我能帮忙的事儿，请随时开口。"
>
> 过了一个来月，他来敲我的门，要求借用一下我的车，两个小时就够了，他自己的车送去店里修理了。虽然我觉得欠了他的情，但又不太好做决定，因为我的车还相当新，他又是个特别年轻的小伙子，但不管怎么说，当时我还是把车借给了他。结果呢？我的车自然是毁在了他的手里。后来，我才晓得他没成年，也没有保险。

一个聪明的年轻姑娘，怎么会因为陌生的小伙子在一个之月前帮了她小小的忙，就答应把自己的新车借出去呢？这是怎么发生的呢？更概括地说，为什么最初的小小善意往往会刺激人们以大得多的恩惠回报？亏欠感让人觉得很不舒服，是一个很重要的原因。我们大多数人都会觉得亏欠别人是很不愉快的，这种感觉沉沉地压在我们身上，要求我们尽快将之除去。不难看出这种感觉的起源在哪里，由于互惠在人类社会体制下极其重要，一旦欠了人情债，我们就会条件反射般地感到不舒服。要是我们忽视了回报他人首发善意的需求，互惠的循环就会终止，我们的恩人将来也就不大可能再做这种好事了，这不符合社会整体的最佳利益。所以，根据我们从小接受的教导，只要亏欠了别人，我们在情绪上就会感到烦躁不安。单从这个原因看，光是为了卸下心理上的债务包袱，我们说不定就会乐意还以比先前所受更大的恩惠。日本有句谚语一针见血地指出："再没有什么比免费的东西更昂贵的了。"

还有另外一个原因：**违背互惠原则，接受而不试图回报他人善举的人，是不受社会群体欢迎的**。当然，要是客观条件或能力限制使得他无法偿还恩情，例外也是可以的。然而，大多数情况下，不照着互惠原则做事的人，人们都是普遍嫌恶的。谁都不愿被贴上"揩油鬼""忘恩负义之徒"这样的讨厌标签。为了躲开这样的标签，人们有时也会答应不平等的交换。

内心的不舒服，加上丢脸的可能性，足以让人产生沉重的心理负担。从这个角度来看，我们经常打着互惠的旗号，给出比自己获得的还要多的东西，也就不足为奇了。此外，以下的情况也不奇怪：要是我们觉得无法回报，哪怕自己真的需要，也会尽量避免找人帮忙，心理负担说不定比物质损失更让人难以忍受（见图2-3）。

最后，还有一类损失可能会使人们婉拒某种礼物和好处。女性经常提起，要是有男人给她们赠送了昂贵的礼物，或是带她们享受了奢侈的夜生活，她们就会有一种欠了情的不舒服感觉，并想要回报这男人的恩惠。就算是买一杯饮料这样微不足道的小事，也会给她们带来亏欠感。我班上有个学生在一篇论文里直截了当地指出了这一点："有了一些恼火的经历之后，我总算学乖了。我再也不会让任何一个在夜总会遇到的男人给我买饮料了，因为我可不想我们中有哪一方认为我该以肉体偿还这份人情债。"研究表明，她的看法其实是有现实基础的。要是姑娘不自己买单，而是让男人给她买饮料，那么，不管是男的还是女的，都会立刻判断这个女人很有可能会跟这个男人上床。

> 我给小费一贯不大方，所以，你就把最粗鲁的服务员派过来吧，这样我也就不觉得那么愧疚了……

图 2-3　心怀愧疚的交换

就算是最小气的人也会感受到互惠原则造成的压力。餐馆服务员也会用这一原则来多收小费。研究发现，在送上账单的时候，服务员给就餐者送去一块糖果，他们得到的小费就能提高 3.3%；要是他们给每位顾客赠送两颗糖，小费便可增加 14%。

互惠原则适用于大多数关系，然而，**在家庭或稳定的友谊这类长期关系中，纯粹的互惠交换并无必要，也不受欢迎**。在这类"共有"式关系中，人们互惠交换的是一种意愿：只要你有需要，我就帮你的忙。基于这种互惠形式，只要双方都遵照一般性原则，算计谁给的多、谁给的少是毫无必要的。

我们当然讨厌接受而不回报他人善举的人，而有趣的是，跨文化研究表明，要是有人反方向破坏互惠原则，即施与了恩惠却不让接受的人有机会回报，也是不受人喜欢的。有充分的证据表明，人们常常不去寻求帮助，以避免产生社会亏欠感。一项持续了 10 年的研究考察了许多人都面临的一个困境：搬家时，是请朋友和家人帮忙，还是把整个任务交给搬家公司。研究发现，人们避免向自己认识的人求助，往往不是因为担心这些非专业人士会破坏宝贵的财产，而是担心这种帮助会让自己产生"负债感"。

致西奥迪尼先生：

　　不久前，我们搬到了澳大利亚，5岁的女儿一直在努力适应新文化并寻找新朋友。最近，她和我妻子在附近散步时，试着在邻居的信箱里留下"礼物"。这些礼物其实只是简单的蜡笔涂鸦，对折后粘成一封信的样子。我认为这么做基本上没什么害处，只不过挺担心人们把它看成是讨厌的骚扰，害怕全家人会被叫成"在信箱里乱丢垃圾的幽灵"。可没过多久，有趣的事情发生了。我们开始在自家的邮箱里发现别人写给我女儿的贺卡——而且是本地品牌的贺卡，每张价格在3到5美元不等。后来，信箱里又出现了一包包的糖果和小玩具。要不是读过你的书，我真没法理解这件事。但互惠的力量令人难以置信，现在，我女儿每天都和一群朋友在马路对面的公园玩耍。

这位从美国到澳大利亚的移民：

　　我喜欢这封信，因为其中的故事巩固了我们已经谈到的互惠原则的两个特征：它不仅能激发不对等的交换，还可以让人形成持久的社会关系。更重要的是，就连小孩子也能体会到这些好处。

互惠式让步

　　如果想使用互惠原则提高对他人的影响力，还可以采用"让步"这种手法，这比直接给人恩惠再索取回报的方式更微妙，但从某些方面来看，它也更为有效。几年前的一次亲身经历给了我第一手证据，说明了这种说服技巧是多么管用。

我在街上走着，碰到了一个十一二岁的男孩子。他自称是童子军，并说童子军一年一度的马戏表演就要在这个星期六晚上举行了，而他正在卖门票。他问我是否愿意购买 5 美元一张的门票。我可不想把大好的周末时间耗在看童子军马戏表演上，于是婉言拒绝了。"好吧，"他说，"要是你不想买门票，买我们几块巧克力如何？一块才 1 美元。"我买了两块，但立刻意识到有些奇怪：第一，我对巧克力没什么兴趣；第二，我没想花钱；第三，我正拿着两块巧克力傻站在那里；第四，男孩拿着我的钱走开了。

为了弄明白到底是怎么一回事，我回到办公室，召集研究助理们开了个会。在讨论当时的情况时，我们逐渐意识到，在我照着小男孩的要求买巧克力的过程中，互惠原则在其中发挥了怎样的作用。互惠原则的一般性原则指出，要是有人以某种方式对我们行事，我们理当对他还以类似的行为。我们已经看到，这一原则造成了两个后果：**第一，面对接受的善意，我们感到有义务偿还；第二，倘若有人对我们让了步，我们便觉得有义务也退让一步**。经过思考，我的研究小组意识到，小童子军对我来的就是这一手。他要我购买 1 美元的巧克力，是以让步的形式提出的，在我眼里，这是他对头一次请求，即要我购买 5 美元的门票的让步。如果我要遵守互惠原则的规范，也必须有所让步。正如我们所见，我的确让了步：小童子军从大请求退让到小请求，我则从不顺从变成了顺从，尽管我对他卖的门票和巧克力都没什么兴趣。

这是一个如何将影响力武器植入说服当中的典型例子。我"被"说动购买了某样东西，不是因为我对这样东西产生了什么好感，而是因为购买请求的设计方法调动出了互惠原则的力量。我不喜欢巧克力，不要紧，小童子军对我让了步，我的磁带立刻播放起来，致使我自己也让了步。当然了，以让步来互惠的做法尚未强大到在所有环境下对所有人都管用，本书提到的任何一种影响力武器都没有这种功效。然而，在我和小童子军的交换当中，这一做法足够让我莫名其妙地买了两块自己并不想要的巧克力。

为什么我会觉得人家让了步，我就也应该让步呢？答案仍然是，这种倾向对社会有好处。社会成员为实现共同的目标而一起努力，对任何社会群体来说，这都符合其利益。可在很多社会互动当中，参与者往往一开始就会提出一些其他成员无法接受的要求或条件。因此，为了完成对社会有益的合作，整个社会都必须设法解决这些互不相容的想法和要求。这就要借助有助于双方达成妥协的程序，而互相让步是这类程序里十分重要的一种。

互惠原则通过两条途径来实现互相让步。第一条很明显：它迫使接受了对方让步的人以同样的方式作出回应；第二条尽管不那么明显，但更为关键：由于接受了让步的人有回报的义务，于是人们都乐意率先让步，从而启动有益的交换过程。归根结底，要是不存在回报让步的社会义务，谁乐意头一个牺牲利益呢？你有可能放弃了某种东西，却得不到任何回报。不过，有了互惠原则的影响，我们就可以安安心心地率先向他人让步，因为他有义务也牺牲自己的一些利益，以此回报我们的善意。

拒绝-后撤策略

由于互惠原则决定了妥协过程，因此你可以把率先让步当成一种高度有效的说服技巧来使用。这种技巧很简单，一般叫作"拒绝-后撤策略"，也叫"留面子法"。假设你想让我答应你的某个请求，为了提高成功率，你可以先向我提一个大些的要求，对这样的要求，我保准是要拒绝的，等我真的拒绝以后，你再提出一个稍小的要求，而这个要求才是你真正想提的。倘若你设置巧妙，我会把你的第二个要求看成是一种对我的让步，并有可能感到自己这一边也该让让步，于是最终顺从你的第二个要求。

这就是小童子军让我买他巧克力的做法吗？他放弃了 5 美元的要求，重新提出 1 美元的要求，这是他为卖巧克力而故意设计出来的吗？我活到这把年纪，至今还留着自己得到的第一枚童子军奖章，所以，我真心希望这不是真的。不管"先提大要求，后提小要求"的顺序是不是他安排好的，效果总归一样：它管用了！因为管用，某些人便有意识地利用拒绝-后撤策略来实现其目的。首先，我们来看看怎样把这一策略当成可靠的说服手段使用；其次，我们会看到现在的人们是怎么使用它的；最后，我们会讲一讲这一策略鲜为人知的几点特性，因为正是靠着这些特性，它才成了一种最有效的说服手段。

还记得我在遇到小童子军之后，立刻把研究助理们召集到一起，尝试弄清楚这是怎么一回事吗？最终的结果是，我们把巧克力给吃掉啦。实际上，我们做的不止这些。我们还进行了一个实验，用来检验拒绝-后撤策略，**即先提出较大的要求，遭到拒绝后再提出较小的真正要求**的有效性。实验的目的有二。

其一，我们想看看这套手法对别的人管不管用。很明显，它对我是管用的，但我一贯容易掉入各种说服手段的陷阱里。所以，我们想搞清楚的问题是："拒绝-后撤策略能不能用到足够多的人身上，成为一种获得影响力的有效手段？"如果回答是肯定的，那将来我们可要小心提防着它了。其二，我们想确定这一策略的力量到底有多大。首先提出的大要求和随后提出的小要求之间的差距，怎样才是合适的？如果我们对促成该手法有效的原因的思考是正确的，那么第二项要求不一定要有多小，只要比第一项要求小一点就行了。我们怀疑，提出要求的人从较大的要求退到较小的要求的行为之所以能达成目的，最关键的地方就在于它显得像是一种让步。这样一来，**第二项要求在客观上就可以是一项很大的要求，其只需要比第一项要求小就可以了**。经过一番考虑，我们决定运用这一策略提出一个我们认为大多数人都不会予以满足的要求。

影响力研究 INFLUENCE NEW AND EXPANDED

我们小组的研究助理假装成"县青年辅导项目"的代表来到大学校园里，随即找到了一些大学生，问他们是否愿意花一天时间陪伴一群少年犯去游览动物园。对这些大学生来说，花好几个小时去陪一群年龄各异的少年犯出现在公共场合，又没有报酬，这样的要求实在没什么吸引力。不出所料，绝大多数的人（83%）都拒绝了。可是，当我们从相同的样本里抽选了另一群大学生，对提问手法稍加调整，然后向他们提出同样的请求后，却得到了截然不同的结果。在请他们无偿陪伴少年犯逛动物园之前，我们先要他们做一件更大的"善举"：每星期花两个小时为少年犯当辅导员，为期至少两年；等他们拒绝了这个极端的要求之后（实际上所有人都拒绝了），我们再提出去动物园的小要求。把"动物园之请"打扮成对最初请求的让步之后，我们的成功率有了大幅上涨，答应陪同去动物园的大学生比之前增加了两倍多。

面对一项实质性请求，凡是能将顺从率在原先的基础上增加接近两倍（我们的实验将顺从率从17%提高到了50%）的手段，现实中必然早就有人变着花样用它了，这是毫无疑问的。比如，劳工谈判就经常采用以下策略：先提出极端的要求，但并不指望对方能同意，只不过从这一立场，他们可以更方便地向后撤，并让对方做出真正的让步。这样看来，最初的请求越大，这套做法的效果就越好，因为让人产生错觉的空间也相应变大。

但这么做是有限度的。根据以色列巴兰大学对拒绝-后撤策略的研究，要是最初的请求极端到了不合情理的地步，那便会产生事与愿违的结果。此时，首先提出极端要求的一方便会被认为是缺乏诚意的。对方并不会觉得从完全不切实际的立场后退是真正的让步，因此也不会回应这种要求。真正有天分的谈判人员只会把最初的立场稍做夸张，够他讨价还价、来上一连串的小小让步，最终能够使他从对方那里得到理想的结果，就足够了。

关于证明拒绝-后撤策略的有效性，我最喜欢来自法国的一项研究。当地3家餐馆的女服务员一边清理餐桌，一边问顾客是否需要甜点。如果顾客说"不"，女服务员就会立即改为询问是否需要咖啡或茶。结果使得咖啡或茶的订单几乎增加了两倍。我从该研究的另一种情况中发现了特别具有启发意义的事情，如果女服务员没有在顾客拒绝甜点之后立刻给出是否需要咖啡或茶的提议，而是隔了3分钟左右才这么做。结果这类订单只增加了一倍。显然，回报小恩惠的亏欠感会随着时间的流逝而衰减，这一道理也适用于对方的让步所带来的亏欠感。

———————————————————————— READER'S REPORT | 读者报告

致西奥迪尼先生：

我在大学完成了电气工程的学业，又到能源部门工作了 4 年之后，终于决定辞职，跟随自己的内心，投入软件开发这一行业重新开始。因为我所有的软件知识都是自学的，所以一开始的起点很低，是在一家只有 10 个人的小公司里做软件工程师。两年后，我决定要求加薪。问题是：我们老板是出了名地不爱给员工加薪。于是，我采取了以下做法。

首先，我向老板汇报了我在公司的加班时间，最重要的，是我为公司带来的利润。接着我说，"我认为自己不是普通员工，我做得比普通员工多，所以我希望能达到这一职位的市场平均薪资水平，也就是每年 ××× 欧元"（当时，我的薪资比平均水平低 30%）。他严厉地回答，"不行"。我沉默了 5 秒钟，说："好吧，那么你能每月多给我 ××× 欧元，并允许我每星期在家工作一天吗？"他答应了。

我知道他不会给我市场平均工资。我真正想要的是得到公平的加薪，然后一天的在家工作时间，这样我就能多陪伴我的未婚妻了。离开他的办公室时，我实现了两个结果：一是加薪 23%；二是我更加肯定拒绝-后撤策略是非常有效的。

这位德国软件工程师：

请注意，通常情况下，使用拒绝-后撤策略也调动了对比原理。最初较大的数额让第二次较小数额的加薪请求显得像是一种让步，同时还让你真正想得到的 23% 这个加薪幅度显得更容易接受。

知觉对比原理

我们已经讨论了拒绝-后撤策略管用的原因之一：它调用了互惠原则。不过，"先提大要求，后提小要求"的策略之所以能发挥作用，还有另外两个原因。一是我们在第 1 章中提到的知觉对比原理。人们买了西服之后容易在毛衣上多花钱，先接触到贵的商品，之后再看到不那么贵的商品时，后者的价格便会在对比中显得更加低廉。同样道理，"先大后小"地提要求，也是使用了知觉对比原理：小要求跟大要求一比，更显得微不足道了。要是我想找你借 10 美元，我可以先提出向你借 20 美元的要求，以使前一项要求显得小一些。先要 20 美元再要 10 美元，10 美元的要求不仅会被看成是一种让步，还会显得数目更小一些，这就是同时调用了互惠原则和对比原理的力量。

互惠原则和知觉对比原理两相结合，能产生一种令人生畏的强大力量。拒绝-后撤策略便是把它们捏在一起，发挥出惊人效用的。依我看，20 世纪 70 年代最令人费解的一起政治举动——共和党成员擅自闯入民主党全国委员会办公室，最终导致尼克松总统下台的"水门事件"，大概便可以从这方面找找原因。该事件的决策参与者之一，杰布·斯图尔特·马格鲁德（Jeb Stuart Magruder）一听说擅闯水门的窃贼被抓住了，便大感不解地说："我们怎么会这么蠢哪？"确实，怎么会这么蠢哪？

为了说明尼克松行政当局破门而入的举动是多么有欠考虑，让我们来回顾几点事实：

- 擅闯民主党水门大厦办室的这个主意是尼克松竞选班子的戈登·利迪（Gordon Liddy）出的，他在"总统竞选连任委员会"负责情报收集工作。行政当局的高层都知道利迪这个人"疯疯癫癫"，因此对他情绪的稳定性和判断力并不看好。
- 为了防止民主党随后的追查，利迪认为应该拨出 25 万美元现金的预算来做好防范，他的这个建议花费不菲。

- 3月下旬，委员会主任约翰·米切尔（John Mitchell）和他的助手马格鲁德（Magruder）、弗雷德里克·拉鲁（Frederick LaRue）开会通过了这一提议。此时，尼克松在11月大选中获胜的前景可谓一片光明。在前几轮投票中唯一有可能击败尼克松的候选人埃德蒙·马斯基（Edmuncl Muskie）初选表现不佳；另一位赢下了民主党内部提名的候选人乔治·麦戈文（George McGovern,）也是共和党认为最容易打败的敌人。基于这几个方面，共和党在11月的大选中获胜，似乎已经十拿九稳了，所以完全不需要去刺探对方的额外的情报。

- 水门计划本身的风险性极高，它需要10个参与人员，想要10个人都守口如瓶是很难做到的，所以这个事件被曝光的概率相当大。

- 这个计划里想要偷偷溜进去并安装窃听装置的地点，一个是民主党全国委员会的大本营，另一个是他们的主席劳伦斯·奥布莱恩（Lawrence O'Brien）设在水门大厦里的办公室。而且，从这两个地点费劲得来的信息，对尼克松竞选阵营来讲几乎完全没用。

尽管上面说到的无一不是显而易见的事实，可这么一个众所周知的欠缺判断力的家伙提出的昂贵、冒险、毫无意义、具有潜在毁灭性的建议却还是被批准通过了。像米切尔和马格鲁德这样聪明、见多识广的人，怎么会做出如此愚蠢的决定呢？答案或许就藏在一个少有人谈及的事实上：他们批准通过的这个25万美元的计划并不是利迪的头一项提议。事实上，利迪先前还提过两个计划，而25万美元的这个计划于利迪而言已经是做出重大让步了。头一个计划是两个月前，利迪跟米切尔、马格鲁德、约翰·迪恩（John Dean）开会时提出来的。它需要耗费100万美元，除了要在水门大厦民主党全国委员会办公室安装窃听器之外，还需要一架装有特殊通信器材的"跟踪飞机"、一支负责绑架和抢劫的小分队和一艘载有高级应召女郎以便勒索民主党政客的游艇。这个计划马上就被拒绝了。一个星期后，利迪又在同一群人（米切尔、马格鲁德、迪恩）参与的会议上提出了第二项计划，这个计划削减了部分方案，把成本降低了50万美元。这个计划也被领导们否决了。随后利迪才提交了最终付诸实施的25万美元"精简"计划，这次是在米切尔、马格鲁德和拉鲁参加的会议上提出的。这个计划还是很愚蠢，但比之前那两个要好些，于是得到了批准。

米切尔这位强硬、精明的政客，是不是跟我这样素来爱吃亏上当的傻子一样，中了同一套影响力的招儿，落入糟糕的交易里面了呢？只不过，哄我上当的是兜售巧克力的小童子军，哄米切尔上当的却是兜售政治灾难的"神经男"。

让我们来看看尼克松竞选团队成员马格鲁德在"水门事件"的调查当中提供的证词吧。"水门事件"的大多数调查员都认为，这一证词最忠实地描述了利迪计划最终是怎么得以通过的。这里面有一些发人警醒的线索。马格鲁德说：

> 没有谁对这个项目特别感兴趣，但跟利迪之前提出的100万美元的荒唐数目相比，我们觉得25万美元是个可以接受的数字……我们都不愿让他空手而归。米切尔认为我们总该给利迪一小点儿……米切尔签字的时候就好像在说："好啦好啦，我们就给他25万美元，看看他能折腾出什么来吧！"

与利迪开始的两个极端方案相比，"25万美元"成了"一小点儿"，变成了回赠利迪妥协的让步之举了。事后，马格鲁德脑袋清醒了，他意识到利迪采用的方法就是经典的拒绝-后撤策略。

> 要是利迪一开始就跑来对我们说："我有个计划，我们偷偷潜入奥布莱恩的办公室，在那儿装上窃听器。"我们肯定会直截了当地拒绝。相反，他先拿给我们看的是什么应召女郎、绑架、抢劫、破坏、窃听这样荒诞不经的复杂方案。表面上，利迪要一整条面包，可在他心里，只要给他一半甚至1/4他就满足了。

然而，我们需要注意到的是，小组里有一名叫拉鲁的成员直接对这个提议表示了反对，尽管他最终还是服从了老板的决定。拉鲁凭借显而易见的常识说道："我不觉得有必要冒这个险。"他肯定好奇为什么米切尔和马格鲁德这两位同事不这么想。当然，拉鲁和另外两人就利迪的方案是否可取看法不一致的背后肯定有各方面的原因。但最突出的一点应该是：在三个人里面，只有拉鲁没有出席前面两次会议，没听到利迪勾勒他那更加野心勃勃的方案。或许，也正是因为这样，拉鲁才得以从客观的角度做出评价，而不像其他两人那样会受互惠原则和知觉对比原理的双重影响。

巧妙安排请求顺序

之前我们说过，除了互惠原则，拒绝－后撤策略还借助了另外两点有利因素。我们已经讨论了第一点，即知觉对比原理。跟其他原理不同，拒绝－后撤策略的第二点有利因素算不上真正的心理学原理。相反，它只不过是一种请求顺序上的安排。让我们再做一次先前的假设：我想找你借10美元。我先请求你借给我20美元，对我而言，这样做是稳赚不赔的。如果你同意的话，我得到的钱将是我所需的两倍；如果你拒绝了，我还可以让步到一开始就想要的10美元，而靠着互惠原则和知觉对比原理的作用，这回我成功的概率将大大增加（见图2-4）。无论你做出什么抉择，对我都是有好处的。这就好像我们玩投硬币定输赢游戏，正面，我赢；反面，你输。

额外的积极作用

拒绝－后撤策略的优点这么多，有人或许会觉得，它肯定也存在很大的缺点。受害者被这一手法逼得只能顺从，说不定还会充满怨恨。怨恨或许会以若干种形式表现出来：首先，受害者可能会否认跟请求者达成的口头协议；其次，受害者可能会对操纵自己的请求者产生怀疑，并决定永远不再跟此人打交道。倘若这样的情况发生，请求者在使用拒绝－后撤策略时必然要三思而后行。然而，研究表明，采用拒绝-后撤策略时，上述受害反应的发生频率并未增加。更令人惊讶的是，其实际发生频率好像反倒降低了！要弄清为什么会这样，让我们先来看看下面的证据。

图 2-4 巧妙安排请求顺序的受益者们

相似的风格能带来相似满足的微笑吗？似乎的确如此。

在加拿大发表的一项研究揭示了拒绝-后撤策略的受害者是否会遵守协议，履行请求者的第二个要求。这项研究的终极目的，除了记录所有参与者是否答应"为社区的心理健康诊所无偿工作两个小时"这个请求，还记录了他们是否按照承诺如约出现履行其职责。和通常一样，一开始提出较大的请求（要求参与者在至少两年时间内，每周到该诊所工作两小时），再后退到较小的请求，口头答应的人会更多，有76%；而直接提出较小的请求，答应的人则只有29%。不过，答应来的志愿者里有多少人真正来了呢？这个结果显然更为重要。此时，拒绝-后撤策略仍然更为有效，前者是85%，后者仅为50%。

还有一个实验检验了受害者是否会因受了拒绝-后撤策略的操纵，而对进一步的要求一概予以拒绝。这项研究的参与者是大学生。

影响力研究 INFLUENCE NEW AND EXPANDED

研究者要学生们每人在学校一年一度的献血活动中献血400毫升。一组参与者最初听到的要求是，每6个星期献血400毫升，为期至少3年，所有人都拒绝了这个要求，研究者随后提出了真正的请求，也就是让每个人献血400毫升；另一组参与者听到的要求则从一开始就是只献血400毫升。接下来，对这两组参与者里口头答应并真正来到献血中心的人，研究者都问了"是否愿意留下电话号码，以便下一次献血时再联系"的问题。凡是因为拒绝-后撤策略而献血400毫升的学生，几乎全都答应再来献血（84%）；其他来到献血中心的学生答应再次献血的却不到一半（43%）。

这个实验进一步证明的是，拒绝-后撤策略还会持续影响人们的决策，它所带来的说服力会更加的深远。

这可真是够怪的：**拒绝-后撤策略似乎不仅会刺激人们答应请求，还会鼓励人们切身实践承诺，甚至人们还会自愿履行进一步的要求**。这个手法到底有什么奥妙，能让人们一再地被说服呢？要想知道答案，我们或许可以观察一下请求者的退让行为，即该手法的核心环节。我们已经看到，只要对方不觉得它是个一眼就能洞穿的骗局，那么请求者做出的让步便有可能刺激对方也退让一步。不过，让步举动还有一项我们尚未着手研究的、少有人知的积极附加作用：对方会对请求者的这种让步产生更强的责任感和满意感。靠着这种甜蜜的附加作用，拒绝－后撤策略推动他们履行了自己的承诺，痛快地答应了之后的约定。

通过研究人们讨价还价的方式和方法，我们可以清晰地看到让步给人际交流带来的积极附加作用。加州大学洛杉矶分校的社会心理学家们曾经做过一项实验，很好地证实了这一点。

> **影响力研究　INFLUENCE NEW AND EXPANDED**
>
> 参与者被告知自己有一个"谈判对手"，两人必须讨价还价，商量如何分配一笔钱。参与者还被告知，要是过了一段时间，两人还没有达成协议，那么谁都分不到钱。但参与者并不知道，所谓的"对手"其实是研究助理，此人将按预先的指示，用以下三种方式中的一种跟参与者讨价还价。对第一组参与者，"对手"会首先提出极端的要求，把差不多所有的钱都留给自己，而且在整个谈判过程中都顽固地坚持这一主张；对第二组参与者，"对手"一开始提出的要求只是稍微有利于自己，但在谈判过程中，他也始终坚守这一立场，拒绝让步；对第三组参与者，"对手"最开始提出的是极端的要求，之后逐渐退让到略微有利于自己的要求。

最后的实验结果表明，和第三组参与者进行谈判的"对手"，会分得更多的钱。也就是说，他谈判的成功率最大。对于这个结果，我相信你已经不会感到太过于意外了，但研究的另外两点发现很是惊人。

责任感　研究助理运用拒绝－后撤策略主动让步，不仅提高了目标对象答应的概率，也令他们觉得最终协议是自己"说了算的"，进而产生了更多的责任感。人们要是对契约的条款感到负有责任，自然也更乐意遵守这一契约，因此，目标对象履行承诺也就不足为奇了。

满意感 尽管平均而言，第三组参与者分给采用拒绝-后撤策略的对手的钱最多，但这部分人对最终的谈判方案是最为满意的。这样看来，人们或许是这么想的：靠着自己的努力，对手"后撤"了。如此达成的协议自然分外圆满。根据这一点，我们就可以解释拒绝-后撤策略的那个神奇特点了——他们对之后的请求居然也会照样答应。这一策略利用后撤来使人顺从，因此他们可能会对最后的安排感到更为满意。毫无疑问，只要一个人对特定的安排感到满意，他自然更乐意答应随后的类似安排。

消费者研究者罗伯特·辛德勒（Robert Schindler）在零售领域做过两项研究，发现倘若消费者觉得做成划算的交易有自己的一份功劳，那么他们就会对整个过程感到更满意，并会回购更多的产品。

也就是说，拒绝-后撤策略能让他人更有可能实际执行我们接下来的请求，并进而答应执行类似的请求，这一发现与加州大学洛杉矶分校的实验所发现的责任和满意感是一致的。该实验还证明了另一个结果：从一个极端的立场开始，接着退回一个温和的立场，比一开始就从温和的立场开始并坚持到底更有效。这一结果与前文所介绍的加拿大折扣宠物商品店老板的谈判策略一致。

READER'S REPORT | 读者报告

致西奥迪尼先生：

　　有好长一阵子，我都在一家大型零售店的电视和音响器材部门工作。零售店会为顾客提供延期保修合同，而我们这些销售员卖出这种合同的

>>>

能力，决定了自己能不能继续受聘上岗。为了完成这个任务，我给自己设计了以下采用了拒绝-后撤策略的方案，虽说那时我还不知道该手法的名字。

顾客购机时可以挑选一年到三年不等的质保服务，但不管卖出的合同是哪一种，我所得的积分都是一样的。我意识到多数顾客都不愿意购买三年质保，所以，一开始我总是劝他们购买这种时间最长、价格也最高的质保。这样一来，要是顾客拒绝了我真诚推销的三年质保，我就得到了一个绝妙的机会，后退到相对便宜的一年质保上。只要能把这种质保服务卖出去，我照样很高兴。事实证明，这种手段非常有效，因为平均下来，70%的顾客都买了我推荐的一年质保，而且还在质保到期之后购买了延期质保，而部门内其他销售员卖出的比例才40%左右。此前，我还从没对人透露过这个小秘密呢。

这位前电视机和音响器材销售员：

拒绝-后撤策略不光提高了顾客签署质保合同的概率，也提高了他们对质保合同的满意度。

如何防范

要抵挡应用了互惠原则的请求者，你我面对的将是一个可怕的敌人。通过向我们首先示好、主动让步，请求者招募到了一支强大的同盟军，势要争取我们的顺从。乍看之下，局面对我们不怎么有利：我们可能会屈从于互惠原则，顺从请求者的愿望；我们也可能会拒绝顺从，这样一来，我们心底的公平感和义务感就会承受互惠原则带来的猛烈冲击。我们要么举手投降，要么死伤惨重，两者都不是什么好结果。

幸运的是，我们不是只有这些选择。只要我们对对手的性质有了正确的认识，就能安然无恙地撤离这个战场，有时甚至还能捞回些战果。关键是要意识到，请求者并不是我们真正的对手，他不过是在借助互惠原则或其他任何影响力武器来争取我们的顺从罢了。他选择了四两拨千斤的柔道手法，让自己跟互惠原则的强大力量站到了同一阵线，之后，又靠着抢先施恩或让步，释放出这种力量。**我们真正的对手是互惠原则，要想不受它蹂躏，我们必须采取措施，化解它的威力。**

拒绝互惠原则

要怎么做才能抵消互惠这种社会原则的影响呢？一旦激活，它的力量便会铺天盖地地压下来，强大到让我们根本没法抵挡。这样看来，不让它激活似乎是个好办法。或许，抢先出手，不让请求者借用它的力量，我们便能避免跟互惠原则发生正面冲突。因此，拒绝请求者最初的善意或让步，大概率可以让我们成功回避这一问题。可是一概拒绝请求者的最初善意或让步，理论上看起来不错，但实践起来却颇为棘手。最主要的问题在于，当最初碰到一个请求时，你很难判断它到底是出于真诚，还是打算利用你。这是个"不给糖就捣蛋"式的问题：要是我们总是戒备森严（总想着防备别人的捣蛋），碰到真诚向我们做出让步，或是施与好意的人，我们也就收获不了它所带来的果实了（接受别人的糖果）。

我有个同事愤怒地对我说过一件事。有个男人为了免遭互惠原则的"毒手"，非常粗暴地拒绝了一位同事10岁女儿的好意，小女孩的心灵因此受到了深深的伤害。

影响力研究 | 小女孩班上的孩子们在学校里组织招待会，欢迎自己的爷爷奶奶前来参观，小女孩的任务是给所有进入学校操场的家长送花。她碰到的头一个男人看到她递花上来，立刻吼叫起来："你自己留着吧！"小女孩不知道该怎么办，再次拿着花朝他走过去，这个男人却厉声喝问她到底有什么企图。小女孩无辜地回答："什么也没有，这只是一份礼

物。"这个男人还是不信任地瞪着她,坚持说自己早就识穿了她的"把戏",接着便推开她走掉了。

这次经历给小女孩造成了莫大的伤害,她再也不敢送花给其他家长了,只好放弃了自己当天的任务。起初她可是满怀期待来做这件事的。很难说这该怪到谁头上,是那态度粗暴的男人,还是之前依靠互惠原则利用他、弄得他最后只知道一味拒绝别人的人。不管你觉得应该怪谁,这里的教训很明显。我们总会遇到真正慷慨的人,还有按互惠原则公平游戏、不利用它占便宜的人。要是有人不分青红皂白地拒绝了这些真诚的人,那么这些人肯定会觉得受了侮辱,社会摩擦和孤立也会由此而生。因此,一概排斥的策略似乎并不合适。

另一种解决方案成功的把握更大。**倘若别人的提议我们确实赞同,那就不妨接受它;倘若这一提议别有所图,我们就置之不理。**比如,有人给了我们一个恩惠,我们大可以接受下来,同时认识到将来有回报他的义务。跟别人达成这样的协议,并不意味着这个人能通过互惠原则利用我们。相反,自从人类来到这个世界,公平地参加"义务信誉网"之后,我们就在个人和社会层面上得到了许多好处。然而,要是最初的善意其实是个圈套、机关或诡计,即专门设计来刺激我们回报以更大的恩惠,那么情况就不一样了。也就是说我们的合作伙伴并非心肠好,而是想牟取暴利。基于这样的条件,我们当然应该采取相应的措施。一旦我们确定最初的恩惠并非出于善意,而只是一个计策,我们就不必受它影响了,该怎么做就怎么做。只要我们能准确地判断、界定对方的善意,不再把它们看成是恩惠,施与者也就没法再跟互惠原则站到同一阵线了。互惠原则只说要以善意回报善意,可没说要用善意来回报诡计。

明辨敌友

为了说得再具体些,我们举个实际的例子吧。

假设有一天，一位妇女打来电话，说她是城里居民消防安全协会的会员。她问你有没有兴趣了解一下家庭防火安全知识，检查一下房子是否存在安全隐患，并称之后还会送你一套家用灭火器，一切全都免费。若你对这些都挺感兴趣，并且你还答应让协会的安检人员晚上到访你家。安检员到了之后，送给你一小罐手提灭火器，并开始检查你家的火灾隐患。之后，他给你讲了一些有关火灾的综合信息，这些信息有些意思，也挺吓人的。他还评估了你家发生火灾的可能性。最后，他建议你安装家庭火警系统，接着就离开了。

这样的事儿并不少见。好多城市都有非营利的协会，通常，专职消防员会在业余时间提供此类免费的住宅防火检查。要是你真的碰到了这样的事情，显然是得到了安检员的好心帮助。根据互惠原则，倘若将来你看到他有什么需要帮忙的地方，你也应当主动施以援手。这一类的善意交换，是完全符合互惠原则的优良传统的。

可类似的事件也有可能出现不一样的结局：安检员推荐火警系统之后并未离去，而是展开了一场推销陈述，想要说服你购买他公司生产的一套热感应报警系统，价格自然十分昂贵。上门推销家用火警系统的公司经常采用这种做法。通常他们的产品虽说足够管用，但价格都是虚高的，他们知道你不熟悉这种系统的市场价。要是你打算安装这一系统，你会觉得，既然这家公司为你提供了免费的灭火器，还检查了你家的安全情况，那么你就欠了他们一个人情，应当从他们那儿买一套。而这些公司正是利用了你的这种心情，向你施压，要你马上就买。靠着这种手法，卖防火装置的企业把生意做得红红火火。

若你发现自己碰到了这样的情形，可又意识到安检员来你家的首要动机是向你推销昂贵的报警系统，那下一步该怎么做呢？最有效的做法既简单也不会冒犯他人。你只要在心理上重新下个定义就行了：把从安检员那里得到的一切，即灭火器、安全信息、隐患检查，全都当成是销售手法而不是礼物，这样一来，你就能轻松地拒绝他要你买东西的提议了。而且，你还可以免受互惠原则的影响：善意自然应当以善意回报，可对销售策略却没这个必要。

倘若你乐意，你甚至还可以让安检员的影响力武器掉转枪口。回想一下，互惠原则告诉你，人家怎样对你，你就有权怎样对他。要是你确定"防火安全检查员"的礼物并非真正意义上的礼物，而是用来从你那儿赚钱的工具，那么你也可以用它们为自己赚得好处。安检员给你的东西，如安全信息、家用灭火器，你照单全收，然后礼貌地道个谢，把他送出门去。毕竟，互惠原则说了，公正的意思就是：盘剥的行为要还以盘剥。

READER'S REPORT | 读者报告

致西奥迪尼先生：

我对行为心理学很感兴趣，所以买了《影响力》这本书，并在昨天读完了关于互惠的那一章。

今天我去超市，一个自称是瑜伽爱好者的家伙拦住了我。他主动要解读我的气场，并说能看出我是一个冷静和乐于助人的人。接着，他从口袋里拿出一颗小珍珠，作为礼物送给我。过了一会儿，他要求我捐款。我说我是个穷学生，没有多余的钱能捐款，他便强调他给了我珍珠，我只有以捐赠作为回报才公平。因为我刚在不到24小时前读过关于互惠的内容，清楚地知道他提及珍珠是为了达到什么目的，所以我拒绝了他。一番争吵后，他只得走开了。

苏黎世的这名化学工程专业的学生：

"知识带给我们自由"这句古老的格言放在本例中很合适。知道了如何防范利用互惠原则投机取巧的人，你得以摆脱不请自来的虚假礼物的牵绊。此外，我敢肯定，在这个故事里，瑜伽爱好者给的并不是真正的珍珠，不过他的故事或许为你提供了一颗智慧的珍珠。

本章小结

- 社会学家和人类学家指出，互惠原则体现了人类文化最普遍、最基本的一种规范。该原则主张，只要他人给了我们东西，我们就应当设法偿还。原则赋予了接受者将来偿还的义务，这样人们就可以大胆地把东西给别人，而无须担心自己会遭受损失。有了该原则内置的未来责任感，人类才得以发展出多种持久的关系、交易和交换行为。因此，所有社会成员从小就被告知应该遵守该原则，不然就会遭到严重的社会排挤。

- 互惠原则常常影响人们做出是否顺从他人要求的决定。很多善于运用这个原则的人最喜欢也最有利可图的手法之一，就是在索要好处之前先给他人点什么东西。这一手法之所以能被别有用心的人所利用，原因就在于互惠原则的三个特点。第一，互惠原则极为强大，通常情况下会影响人们是否顺从他人要求的决定，人们都不是它的敌手；如果礼物、好意或服务是个性化的，或是根据接受方当下偏好或需求量身定制的，这条原则尤其有效。第二，即使最初的恩惠是强加于人的，该原则也照样管用，这样一来，我们就没法主动决定自己愿意欠谁的人情了，因为选择权已经落到了他人手里。第三，该原则能推动不平等的交换，为了消除令人不安的亏欠感，人们往往会答应一个比先前所得人情大得多的要求。

- 还有一种利用互惠原则提高他人顺从概率的方法，该方法对基本主题做了个小调整：不是抢先给好处，推动他人回报，而是抢先让步，刺激他人也让步。这种方法叫作拒绝－后撤策略，也叫留面子法。该方法主要依靠的就是回报让步的压力。提出请求的人以肯定会遭到拒绝的极端要求拉开序幕，之后再后撤到较小的要求，即他原本就想达成的目标，而后一要求很可能会被对方接受，因为它显得像是一种让步。经研究表明，拒绝－后撤策略除了能提高对方答应要求的概率以外，还能提高对方将来履行这一要求的概率。这是因为在参与让步的互惠交换之后，人们觉得负有更多的责任，对结果也更满意了。

- 要防备别人用互惠原则向我们施压、要我们顺从，最好的办法不是一概拒绝他人的最初善意。相反，我们应当大方接受最初的恩惠或让步。可一旦事实证明对方并非出于善意，我们就要重新定义其行为。只要不再把这些行为看成是恩惠或让步，你也就不会觉得有必要以善意或让步做出回应。

第 3 章

喜好

> 最有效的销售手法是，让顾客真心地相信你喜欢他们。
>
> ——乔·吉拉德（Joe Girard）

我们大多数人总是更容易答应自己认识和喜欢的人所提出的要求。对于这一点，恐怕不会有什么人感到吃惊。令人吃惊的地方在于，有些我们完全不认识的人，却想出了上百种方法利用这条简单的原则，让我们顺从他们的要求。这种现象帮助科学传播工作者解决了困扰他们数十年的问题。这个问题是：怎样让更多的人接受达尔文的进化论。进化论认为，包括人类在内的所有生物，其当前的形式完全是由自然选择等系统进化过程塑造而得的。科学传播工作者的困难在于，由于进化论的主张与大量宗教团体坚信是上帝之手决定了人类模样的信仰背道而驰，后者往往难以接受进化论。最近一项关于这一主题的民意调查显示，只有33%的美国人认为人类纯粹是通过自然进化发展起来的。

为解决这一问题，相关工作者希望通过以下方法提高进化论在民众中的接受度：描述科学家就进化论有效性达成的共识态度；介绍数以千计的证实了进化思想的研究；强调应用进化论给医学、遗传学、农业和药理学方面带来的进步；提供更多的进化论科普培训，提升民众对进化逻辑的认同态度。然而，这些工作都收效甚微。例如，最后一种方法对构建进化论的信念完全没有作用，因为研究表明，一个人对进化的信念与他对进化逻辑的理解并无关联。这种脱节的理由也很充分：对进化论的抵制并非缘于对进化逻辑的不认同，而是因为进化论有悖于人们基于情感的偏好、信仰和价值观（这些往往建立在宗教信仰的基础上）。

因此，试图用逻辑论证来推翻基于信念、因情感而保留的信仰是徒劳的，因为两者代表着截然不同的认知方式。300年前，英国作家乔纳森·斯威夫特（Jonathan Swift）就指出了这一点："想用理性去说服一个人放弃相信一件他从不是因为理性而相信的事情，根本没有用。"[1]

这些科学传播工作者的误区在于，他们总是把思考视为高于一切的认知方式，始终坚信会说服那些把感受摆在第一位，而不是把事实摆在第一位的人。那么，科学传播工作者们到底应该怎么做，才能帮助更多的人接受进化论呢？

这就需要喜好原则了。一支加拿大的心理学家团队认为，找一个广受欢迎的进化论支持者传递简单的消息，就能提升人们对进化论的态度。他们锁定了美国电影明星乔治·克鲁尼（George Clooney）来充当进化论的倡导者。

果然，当人们看到他们喜欢的电影明星相信进化论时，更多的人就愿意选择相信进化论了。更重要的是，这种变化与参与者的年龄、性别和宗教信仰程度无关。为了确保这一结果不是克鲁尼本人（或男明星）所独有的特质导致的，研究者又找了因主演"哈利·波特"系列电影而广受欢迎的女明星艾玛·沃特森（Emma Watson）来推广进化论，也发现了相同的结果。这个研究带给我们的启发显而易见：**要想改变人们的一种感觉，就要用其他的感觉来抵消它；而喜好就是一种能够抵消其他感觉的非常有用的武器。**

有关克鲁尼和沃特森的研究还包含另外两个极具启发意义的点。第一点是，它证明明星的观点，既能降低也能提高人们对进化论的接受程度，如果人们相信这些明星反对进化论，那么他们也会反对进化论。所以喜好原则的影响

---

[1] 认为人类纯粹是通过自然进化发展起来的美国人占33%这一数据，来自皮尤研究中心的一项调查，它还记录了宗教信仰在抵制进化论方面所扮演的重要角色。研究表明，理解进化论和相信进化论之间没有关系。

力并不是单向的，它既可以引导人们产生积极的态度，也可以影响人们产生消极的态度。第二点是，明星比专家更能改变人们的态度。研究者也邀请了一位著名大学的生物学教授来担任进化论理论的倡导者。但是结果发现，不论这位专家是支持进化论还是反对进化论，都不会对大众的态度转变产生什么影响。这也就说明了为什么这么多年来，科学家为了提高进化论的支持率而发起的一次次艰苦努力都失败了，因为他们选错了代言人。

想要了解喜好的感觉能多么强有力地引导他人的选择，可以看看顶尖的医疗事故律师爱丽丝·贝尔金（Alice Burkin）对以下记者问的回答：

> 记者：每个医生都会偶尔犯错误。但大多数错误不会演变成医疗事故诉讼。为什么有些医生就更容易遭到起诉呢？
> 贝尔金：在许多案件中，除了疏忽本身，最重要的因素是医患关系的质量。这么多年来，从来没有哪个潜在客户走进来说："'我真的很喜欢这位医生，但我想起诉他……'人们是不会起诉自己喜欢的医生的。"

通过喜好赚钱

据我所知，"特百惠家庭聚会"就是一个专门利用喜好原则做生意的最明显的例子，我认为它属于典型的顺从环境。

这个聚会最厉害的一招在于，它根据喜好原则做了一种特殊的安排。虽说特百惠的推销员讨人喜欢，说服能力也很强，但这个陌生人并不会向潜在买家提出真正的购买请求，负责做这件事的是房间里所有人的一位共同朋友。也就是说，特百惠的销售员会在自己的顾客当中寻找这样的一位女士，她同意作为女主人来举办家庭聚会，把朋友们叫到家里来看特百惠的产品展示。这个女主人跟朋友们一边说说笑笑，一边端茶送水。人人都知道，这次聚会上每卖出一件产品，这位女士都能从中抽成。

聚会参加者都会看在朋友的面子上从这位女主人手里买东西。这样一来，友谊的吸引力、温情感、安全感和义务感就全都被带到了销售环境当中。而特百惠的销售员，只需要坐在一边，做好后续的销售服务就好了。事实上，消费研究者曾检验过家庭聚会销售环境下女主人和参加者之间的社会纽带，肯定了该公司策略的有效性。**在决定是否购买一件产品时，社会纽带的影响比对产品本身的好恶至少要有效两倍**（见图 3-1）。

图 3-1　特百惠通过家庭聚会销售产品

特百惠在类似这样的家庭聚会上展示一系列的环保清洁产品。参加聚会的人和女主人之间的情感纽带，往往能让交易顺利进行下去。

这一招的确效果惊人。根据最新的估计，特百惠的日销售额已经超过了

550万美元！而且，特百惠还把这套做法搬到了欧洲、拉丁美洲和亚洲，同样取得了巨大的成功。在这些地方，人们在朋友和家庭关系网里的地位要比在美国重要得多。所以，如今特百惠在全球其他地区的销售量要比北美多上三倍。

有趣的是，顾客们似乎完全明白特百惠聚会中喜好和友谊所造成的压力，但是大家似乎并不介意。即便有些人感到介意，也似乎不知道如何避免这样的压力。我曾跟一位女士聊过，她相当沮丧地描述了自己的反应：

> 现在我已经到了痛恨受邀去参加特百惠聚会的地步。我早就有了我所需要的各类产品。要是我真的想要，我也会到商店里选其他更便宜的品牌。可当朋友打电话来时，我却觉得必须得去。等我到了那儿，又觉得必须买点什么才好。我能怎么做呢？邀请我的可是我朋友！

由于找到了友谊这个无比强大的盟友，特百惠公司放弃了自己的零售网点，转而大力推动家庭聚会的形式。2003年，特百惠公司做了一件大事，挑战了当时几乎所有的商业逻辑，它断绝了跟零售商美国塔吉特公司（Target）的关系。因为他们的产品在塔吉特卖得太疯狂了，这样一来，塔吉特的零售就对举办家庭聚会的次数造成了威胁，所以，特百惠不得不中止双方的合作。

研究表明，是社交联系的质量而非实体产品的质量决定了特百惠聚会上的成功销售行为。2020年2月新型冠状病毒在全球范围内出现后，特百惠品牌在纽约证券交易所的股价大幅下跌，与2019年2月相比下跌了90%。在很大程度上是由于消费者认为线下聚会不再安全，就连朋友聚会也不安全。这足以证明特百惠的成功仰赖社交基础。

有趣的是，尼尔森公司的调查显示，人们对好友的推荐更信任。但如果喜欢的朋友变成讨厌的人（如前女友或前男友），这种模式就会发生逆转。在这种情况下，前女友或前男友对于一件产品的意见对人们的影响力，会比人们看陌生的网络评论还要低 66%。不管是哪一种情况，喜好似乎都是关键。

当然，其他各类影响力专家也意识到了友谊给人带来的压力。比方说，越来越多的慈善组织开始让志愿者到自家附近的地区拉票、募捐。他们完全知道，我们有多难拒绝来自邻居或朋友提出的慈善请求。

其他影响力专家还发现，朋友哪怕不在场也能发挥作用，很多时候，稍微提一下朋友的名字就够了。专攻上门推销各类家居产品的嘉康利公司（Shaklee）就建议销售员采用"无穷链"方式寻找新客户。只要客户承认自己喜欢某件产品，就可以向他施加压力，问他还有哪些朋友可能会喜欢这种产品。之后销售员就去找他的朋友们，他的朋友们又推荐其他朋友，其他朋友再推荐更多的潜在客户，如此形成一条"无穷链"。

这套方法成功的关键是，销售员每次上门拜访新的潜在客户，总会报出此人一位朋友的名字，说："是他建议我来找您的。"人们很难在这种情况下把销售员拒之门外，因为这简直就像是在拒绝自己的朋友。嘉康利公司的销售手册主张，员工们务必要使用这种方法："它的价值说得再高也不为过。打电话或拜访潜在客户时，要是你能说是他的一位朋友建议你来找他的，那简直相当于进门之前就成功了一半。"

尼尔森公司的一项调查揭示了嘉康利集团的"无穷链"技术如此成功的秘密：92% 的消费者信任自己认识的人（比如一位喜欢的朋友）所推荐的产品，这比其他任何推荐带来的成交率都要高得多，成交率第二高的产品推荐是网上其他用户的评论，信任度比前者低 22%。朋友之间的这种高度信任，会带来"惊人的利润"。研究者对一家银行的"朋友引荐计划"进行分析后发现，和普通新客户相比，经朋友推荐来的客户在 3 年里对银行的忠诚度提高了 18%，其带来的利润提高了 16%。这就是特百惠家庭聚会在全球每 1.8 秒就会举办一次的原因。

当然，我想强调的是，特百惠家庭聚会之所以能那么成功，不仅是使用了喜好原则，它几乎使用了所有的影响力原则：

- 互惠。一开始，去参加聚会的人玩游戏、赢奖品。没中奖的人可以从一个袋子里摸奖，这样所有人还没买东西就得到了一份礼物。
- 权威。特百惠产品的质量和安全得到了专家的认证。
- 社会认同。买卖拉开序幕之后，每一笔做成的生意都在强化、巩固以下观点：其他类似的人都想要这种产品，因此它一定很不错。
- 联盟。顾客一旦购买产品，就成了"特百惠大家庭的一员"。
- 承诺与一致。聚会要求参与者当众介绍自己发现从已有的特百惠塑料器皿上找到了怎样的用途，带来了哪些好处，这也就是对特百惠做出了当众承诺。
- 稀缺。聚会上会介绍产品的独特好处和限时优惠。

如此一来，所有的影响力武器全都在聚会中上场了，这才让整个销售进行得顺顺利利。

READER'S REPORT | 读者报告

致西奥迪尼先生：
　　尽管我从没参加过特百惠聚会，可最近我受到了一种与之类似的友谊压力。当时，我接到一个长途电话公司的推销员打来的电话。她告诉我，我的一位好朋友把我的名字列入了"MCI朋友和家人通话圈"。

>>>

第 3 章　喜好　085

> 我的这位朋友名叫布拉德，从小跟我一起长大，去年为了工作搬到了新泽西州。他经常跟我通电话，打听老朋友们的新消息。推销员说，他给"通话圈"名单上的人打电话，能省下20%的电话费，但前提是这些人都得是MCI电话公司的用户。她问我想不想换用MCI电话公司，享受这家公司提供的各种服务，这样布拉德给我打电话时也可以省20%的话费。
>
> 呃，我才不在乎MCI服务能带来的好处呢！我对现在用的这家长途电话公司非常满意，但"布拉德给我打电话能省钱"这部分真的打动了我。要是我说不想加入布拉德的"通话圈"，不希望布拉德省点钱，那么布拉德听到了肯定会觉得很不好受。所以，为了不让布拉德受伤害，我告诉电话推销员，我愿意换用MCI。
>
> 我以前很好奇，为什么妇女们去了特百惠聚会，会只因为主办者是自己的朋友就买下一大堆并不想要的东西，这下我算是明白了。

芝加哥的这位先生：

能够证明"MCI通话圈"概念里蕴含着强大友谊压力的不光只有你，《消费者报告》杂志曾调查过这一做法，他们采访的MCI公司销售员简洁明了地给出了回答："这样做十次有九次都能成功。"

虽然MCI和"通话圈"服务均已过时，我仍然选择保留了你这个例子，因为它的启发意义太大了。许多公司的"向朋友推荐"方案都出现了新版本。事实证明，这些方案相当有效。据说，一位特斯拉车主向自己社交网络里的188个人推荐了该车，他因此赚到了13.5万美元的奖励，而特斯拉则获得了1 600万美元的销售额。我也碰到过类似的例子，健身房的一个朋友最近收到了他的互联网供应商Cox Communications的"向朋友推荐"促销活动，如果他成功介绍一位新客户给Cox，他的账单就会减免100美元。当他向我介绍时，因为我知道Cox公司在搞什么把戏，所以拒绝了他。可即便如此，事后我仍然有好几个星期看到他就觉得不好意思。

利用交朋友来影响人

影响力专家对朋友间喜好纽带的普遍利用，说明喜好原则在促人答应请求时的力量是多么强大。事实上，对喜好原则的研究进一步发现，哪怕是在根本没有现成的友谊可供利用的时候，影响力专家也能靠这条原则获得好处。在这类情况下，他们会采用一条相当直接的顺从策略来利用喜好纽带：**先让人们喜欢他们。**

影响力研究 INFLUENCE NEW AND EXPANDED

底特律有个叫乔·吉拉德的人，专门利用喜好原则销售雪佛兰轿车。他凭这个发家致富，每年能赚好几十万美元。听到这么高的薪资，我们大概会猜他是通用汽车的高层主管，或是雪佛兰经销店的老板。事实并非如此，他就是一个基层推销员，但他的业绩惊人。在整整12年里，他连续夺得"头号汽车销售员"的称号，平均每天能卖掉5辆汽车和皮卡，《吉尼斯世界纪录》称他是世界上"最伟大的汽车推销员"。

吉拉德取得了这么大的成功，采用的办法却出奇地简单（见图3-2）。无非是向客户提供两样东西：一个公平的价格，另一个是讨人喜欢的自己。"就是这样，"吉拉德在接受采访时说，"找个你喜欢的推销员，再加上优惠的价格。要是你两者皆有，那生意就成了。"

吉拉德的策略告诉了我们喜好原则对他的业务有多重要，但他说得还不够清楚。至少，他并没有告诉我们，较之其他报出了公道价格的销售员，他为什么更受客户喜欢。这里有一个关键、迷人的概括性问题，吉拉德的策略未做解答，是什么因素让人喜欢上某个人的？要是能够知道这个问题的答案，我们就能朝前迈出一大步，就有希望搞懂吉拉德这样的人是怎么让人们喜欢上他们的了。同样地，我们也会明白该怎样做好安排，才能令别人喜欢上我们。幸运的是，社会学家们几十年来一直在研究这个问题。他们收集了很多证据，确认了一系列能使人喜欢上某人的可靠因素。从中我们可以看到，为了让我们走上答

第3章 喜好　087

应他们请求的道路,每一个因素都被影响力专家巧妙地利用上了。

图 3-2 乔·吉拉德:"我喜欢你。"

吉拉德先生透露了他每年 12 次通过邮寄贺卡告诉自己 13 000 名客户的话,这帮助他成了"最伟大的汽车推销员"。

我喜欢你的理由

外表魅力

虽然人们普遍承认长得好看的人在社会交往中占有优势,可最近的调查结果显示,恐怕我们大大低估了这种优势的力量,它的影响力比我们想象的要大得多。碰到漂亮的人,我们似乎同样会报之以"按一下就播放"的反应,而且这种反应同样是不假思索地自动做出来的。这种反应属于心理学家所说的"光环效应"。光环效应指的是,**一个人的某种优势就能主导其他人看待此人的眼光。**现有证据清楚地表明了,大多数时候外表魅力就是这样的一个优势。

研究表明，我们会自动给高颜值的人添加一些额外的优势，比如有才华、善良、诚实、聪明、随和与值得信任等。而且，我们在做出这些判断的时候，并没有意识到外表魅力在其中发挥了作用。"颜值高就等于人优秀"这种无意识假设造成的部分后果把我吓了一跳。

> **影响力研究**
> INFLUENCE NEW AND EXPANDED

例如，一项针对加拿大联邦选举的研究发现，外表富有魅力的候选人得到的选票比缺乏吸引力的候选人要多 2.5 倍。后续研究还表明，选民们并没有意识到自己对高颜值的偏爱。事实上，在受访的加拿大选民中，73% 的人都措辞强硬地否认了自己投票会受到候选人外表吸引力的影响，只有 14% 的人认为有可能存在这种影响。选民们尽管可以否认外表魅力对选举结果的影响，但越来越多的证据证明，这种烦人的倾向的确存在。

招聘的时候也存在类似的效应。一项研究模拟了招聘面试，发现应聘者能否获得聘用，打扮是否得体比工作资历带来的影响更大，但面试官只承认外表对他们的选择只有小小的影响。外貌优势不仅表现在招聘决定上，还表现在薪水上。经济学家检验了美国和加拿大的样本后发现，长得好看的人的薪水平均比没什么魅力的同事的薪水高 12%～14%。科学家丹尼尔·哈默梅什（Daniel Hamermesh）就这一主题写了一本书，他估计，在整个职业生涯中，外表富有魅力的人能多挣 23 万美元。哈默梅什向我们保证，他的发现并非出于自夸，因为他说，按 10 分制的外表评定标准，"我只能得 3 分"。

其他实验还证明，**颜值高的人更容易在需要的时候获得帮助，也更容易让别人接受他的意见**。也就是说，在我们的文化里，颜值高的人明显占有极大的社会优势。他们更招人喜欢，更有说服力，更频繁地得到帮助。在他人眼里，他们还具备更理想的人格特质，更高的知识水平。而且颜值高的社会效益从很早就开始积累了，对小学儿童的研究表明，长得好看的小孩如果攻击性强，大人更容易觉得他只不过是有点淘气。另外，教师还相信长得好看的孩子比不好看的

第 3 章 喜好　089

孩子更聪明。

这也就难怪外表魅力的光环效应会被很多人利用了。销售培训课程里总会包含教人打扮的环节，时尚品牌会挑选好看的人来当销售员，骗子大都长得比较好看。因为我们喜欢漂亮的人，也因为我们容易顺从自己喜欢的人，所以这一切就不足为奇了。

外表魅力会给其他判断带来光环效应，这个想法并不新鲜。早在120年前，列夫·托尔斯泰就说过，"美即为善这一错觉是如此根深蒂固，真叫人难以置信"。有充足的研究成果表明，外表魅力在各种社会、职业和政治领域都有着广泛、即时和先入为主的效应。新近的一篇文献不仅更新了相关的证据，还从进化的角度对这一基本效应进行了解释：我们会对富有身体魅力的人产生一种自动的、笼统的、浪漫的感觉，正是这些感觉，驱使我们对他们产生了积极的、正面的评价，因此也会对他们更加地言听计从。

相似性

如果颜值不高呢？毕竟，大多数人的长相都挺普通的。还有其他因素能让人产生好感吗？正如研究者和影响力专家所知，这样的因素有好几个，相似性就是其中影响力最大的一个。

我们喜欢与自己相似的人，不管相似之处是在观点、个性、背景还是生活方式上，这样的倾向，甚至9个月大的婴儿就有了，比如他们会更喜欢和自己一样爱吃饼干的木偶。一家在线约会网站对4.21亿潜在的约会对象进行了大规模研究，发现能最准确预测对方好感度的因素是相似度。研究者说："两个人越是相似，就越有可能发现彼此好看，并选择线下见面。"

因此，一些别有用心的人可以假装在若干方面跟我们相似，有意识地讨我们喜欢、要我们顺从。穿着打扮是个很好的例子。很多研究都表明，我们更喜欢帮助那些衣着品位跟我们类似的人。比如参加反战示威游行的人，更愿意签署跟自己穿着类似的人递过来的请愿书，而且，他们签名的时候往往连请愿书的内容都懒得读一下。好一个"按一下就播放"啊！

还有另一种利用相似点提高好感、增加顺从概率的办法，即假装跟目标人群有着相似的背景和兴趣。例如，训练汽车销售员的时候，公司会要他们注意观察客户旧车上的蛛丝马迹。要是后备厢里有野营器材，过一会儿，销售员或许就该说起自己总是一有空就到远离城市的地方去；要是车子后椅上放着高尔夫球，那就不妨说但愿今天别下雨，因为自己下班还安排了打高尔夫呢。

这些相似之处看起来微不足道，但很管用。如果一种产品的品牌名和自己名字的首字母相同，人们会有更大可能购买该产品。一位研究者在进行问卷调查时，对问卷稍微做了一项小小的更改，他把信封上调查员的名字改得跟接受调查者的名字相仿，而这极大地提高了人们回复调查问卷的概率。也就是说，罗伯特·格里尔收到的问卷来自调查员罗伯特·格瑞格，辛西娅·约翰斯顿接到的问卷来自调查员辛迪·约翰逊。结果，光是加上了这么一点点的相似之处，回复调查问卷的概率就翻了几乎一倍。

除了个人，就连组织也有这种倾向。为了庆祝摇滚乐诞生50周年，《滚石》杂志发布了一份摇滚时代500首最伟大歌曲榜单。根据编辑的考量和权衡，两首排名最高的歌曲是鲍勃·迪伦（Bob Dylan）的《像一块滚石》，和滚石乐队的《无法满足》。撰写本书期间，我比较了其他10份同类的摇滚歌曲榜单后发现，没有一个榜单将《滚石》杂志选中的这两首歌列为第一名或第二名。

不止如此。在学校里，决定青年辅导项目成功与否的最大因素是学生与导师之间是否有着共同的爱好。此外，如果初三学生收到自己与教师之间存在相似之处的信息，那么学生在这些教师的课程里成绩就会有显著的提高。类似地，在谈判中，谈判员一旦了解到自己跟对方谈判员存在相似之处，就更有可能达成协议（哦，你喜欢跑步呀？我也爱跑步！）。那么，不足为奇的是，选民会喜欢跟自己有着类似面部特征的候选人，此外，语言风格（即对话双方所用的词语类型和口头表达方式）和短信风格的相似都提高了浪漫的吸引力，甚至在警察和罪犯的谈判当中能够提高和平解决问题的概率（最后这一点尤其令人惊讶）。

由于很小的相似之处就能有效地带来他人积极的回应，又因为编造一个相似之处很容易，所以我建议要特别当心那些声称"跟你一样"又对你有所求的人。老实说，提防跟你看起来相似的推销员是很明智的。好多销售培训项目都敦促学员"模仿和迎合"顾客的身体姿态、语气和口头表达风格（见图3-3），因为这些方面的相似之处全都能带来积极的结果。

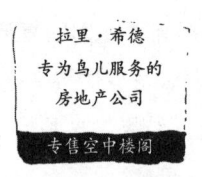

图3-3　叽喳房地产公司

影响力专家早就摸清了相似性对销售的潜在影响。

我们不妨来看看这些事实：第一，受过模仿顾客言语训练的餐馆服务员能收到更多的小费；第二，接受指导模仿顾客的语言和非语言行为的销售员能卖出更多的产品；第三，不管是美国、荷兰还是泰国的谈判员，经培训模仿对方语言或肢体动作后，均可得到更好的结果。商业同行也不甘示弱，关系顾问使用伪造的共同点，并取得了良好效果：在速配互动中，经指导模仿约会对象的口头和肢体语言的女性，会被评价为更有身体魅力，进而获得了更多的后续联系请求。[1]

EBOX | 线上影响力

我相信你自己就曾体会过不少次喜好原则。如果一个请求来自我们的朋友，你会发现，我们更难拒绝来自自己朋友的请求。你可以通过一些简单的技巧让某人喜欢你：经常出现在他们身边以制造熟悉感；指出你们之间的相似之处，模仿他们的行为，帮他们一些小忙，表现出你喜欢他们。

怎样在线上营销中使用它： 使用你的受众自己的语言。团体的内部词汇、短语和俚语效果甚至更好。反过来说，如果你使用了受众并不使用或不理解的词语，那你就在你们之间制造出了距离感，让他们无法与你建立联系。社交媒体和电子邮件是你跟受众互动的完美方式。注意，在最初联系的时候，千万不要对他们提出任何要求，要像对待朋友一样对待他们。

作者点评： 线上营销人员常常获得的建议是，采用与面对面时同样的影响力实践来提升喜好度。因此，当此类手段出现在电子商务平台上时，我们应有所觉察。例如，营销人员心理学（Psychology for Marketers）网站就建议网络销售员通过相似和友谊这两点来利用喜好原则。

---

[1] 相似性的广泛影响，可明显见于教育环境、讨价还价的结果、选民决定、浪漫感觉以及人质谈判。有证据表明，被影响的人往往会低估它的力量。通过培训可提高餐厅服务员的小费、电子产品销售员的利润、谈判人员的工作成效，以及速配约会者的成功率。

如果你觉得人为制造相似性有违道德，做作的模仿是一种欺骗，我不会反对。渴望得到他人喜欢是人类的基本目标，但实现这一目标并不意味着一定要伪造事实，就像人为制造相似点一样。但话说回来，策略性地让别人喜欢你，甚至通过努力发现和他人真正的相似之处，也未必不妥。事实上，我认为这在很多时候是一种促进和谐互动的途径，是值得称道的。当然，这也并不是一个容易实现的目标，因为人在本性上总是容易注意到区别而非相似之处。

一般来说，人们更乐于寻找并关注不同。对物理维度的重量和大小就是如此，观察者看到的差异总是多于共性。在互动各方是否存在和谐一致等社会层面更是如此。莉·汤普森（Leigh Thompson）博士对 32 项独立的谈判研究进行分析后发现，在竞争的压力之下，谈判人员很难看到双方共同的利益和目标，或者是明显存在的其他一些共性，更不要说会主动提及这些相似性以增加对方的好感，以此取得互利的结果了。

这种令人遗憾的倾向，可能正是种族或族裔群体成员与其他同类群体成员之间存在社会距离的部分原因。他们主要着眼于不同群体之间的差异，而低估了与群体外部人士互动的积极面，从而降低了实际的互动频率。研究者的一系列研究，为这一推论提供了支持。期待与黑人学生对话的白人学生实际参与对话时，会低估对话本身蕴含的真正快乐，因为在此之前，他们太过关注与谈话对象之间存在的感知差异。而在完全相同的实验情境中，研究者事先请另一群白人学生注意与未来谈话对象之间的一切相似之处，情况就大不相同了。策略性地关注真正的相似点，纠正了白人学生在谈话中带入的消极观点。在这种情况下，白人学生现在的积极期待，与他们从黑人学生身上实际获得的积极体验是一致的。

这个结论为我们带来了一种扩大令人满意的交际范围的方法。对看似不一样的人，我们可以寻找并关注跟他们的相似之处，以消除对他们期待过低的错误。①

赞美

1713年，作家斯威夫特在一段著名的诗句中宣称："学校里有句古老的格言，赞美奉承是愚人的食物。"可惜他没有告诉我们，人们是多么渴望吞下这些虚幻的食物。喜剧演员麦克莱恩·史蒂文森（McLean Stevenson）在描述他妻子是怎么"骗"他结婚时，说了一句颇具启发意义的幽默话："她说她喜欢我。"如今，"喜欢"②频繁出现在网络上，并对积极情绪产生着类似影响。在一项大脑成像研究中，研究者发现，当青少年在社交媒体上发布的照片获得大量"喜欢"时，他们大脑中的奖励区域会像圣诞树一样亮起来，而能让这个脑区产生同样反应的事情，包括吃巧克力或者赢得比赛等等。

利用"喜欢我们"这微不足道的信息，可以有效地诱使我们还以好感、答应请求。所以，很多时候别人的赞美和亲近只是因为有求于我们。反过来说，人们也乐于得到赞美。当得到餐馆服务员（"这道菜选得好"）或理发师（"你留什么样的发型都好看"）的赞美时，顾客往往会进行更多的消费。同样，在求职面试时，如果求职者在跟面试官的互动中称赞了面试官，他们也可能会从面试官这里获得更有利的评价，并最终赢得工作机会。

电子设备对我们的夸奖和赞美也能带来同样的效果。比如，计算机夸奖程

---

① 研究表明，西方文化下的人们通常更关注差异而非共性。尽管我不清楚是否有人做过相关研究，但值得指出的是，东方文化在传统上强调和谐，所以不知道会不会出现同样的模式。研究显示，人们最初会低估与群体外成员互动可取之处，而且男女两性都容易犯这个错误。显然，女性虽然有着公认的追求人际和谐的倾向，但如果对方来自其他群体，她们也并不会少犯这类错误。
② 原文是"like"，它在社交网络上有"点赞"的意思。——译者注

序员说"你似乎有一种罕见的能力，能按逻辑方式构建数据"，那么程序员就会对计算机产生一种更为正面的情绪，哪怕他们知道这些反馈是程序里预先编制的，并不能反映出自己实际的工作绩效。更值得注意的是，在得到这种空洞的表扬后，人们对自己的表现会更为自豪。很明显，我们总会相信各种各样的赞美，而且还喜欢赞美我们的人（见图3-4）。①

图3-4 赞美会产生自动的吸引力

赞美会刺激人们产生大量的喜好反应。计算机赞美的研究者认为，不管是人还是计算机发出的赞美，其结果都缘于同样的心理倾向，所以，设计师应该在软件程序中预置频繁的诸如"你的细心工作令人印象深刻！"或是"好想法！"此类的赞美，而无须在意是不是有充足的数据来支撑你的这种评价。

还记得世界上"最伟大的汽车推销员"吉拉德说他成功的秘诀就是让客户喜欢他吗？他会做一些表面上看起来愚蠢又麻烦的事情。每个月，他都会给自己13 000多位老客户寄送节日贺卡。节日贺卡的名目每个月都不一样，如新年快乐、情人节快乐、感恩节快乐等，但印在封面上的问候语却从不改变，上面写着"我喜欢你"。吉拉德解释说："贺卡上除了'我喜欢你'和我的签名之外什么也没有。我只不过是告诉他们，我喜欢他们。"

---

① 脑成像研究来自加州大学洛杉矶分校脑测绘中心的研究者。

"我喜欢你"这句话被印在贺卡上，每年向 13 000 多人寄出 12 次，次次不落，像钟表一样精准。就是这么一句总在重复的固定问候语，显然是销售员为了博得用户的好感使用的。它真的有用吗？吉拉德通过自己取得的绩效，肯定了这一招的确有用。鉴于他取得了那么大的成功，恐怕我们有必要重视起来。吉拉德搞懂了人性中的一个重要事实：**我们特别喜欢被人赞美。**

北卡罗来纳州对一群男士所做的实验就能说明我们面对赞美的时候是多么容易丢盔弃甲、溃不成军。

影响力研究 INFLUENCE NEW AND EXPANDED

实验的参与者会听到别人对自己的评价，然后决定自己是不是要去帮助那些评价自己的人。一些参与者只听到了积极的评论，一些只听到了消极的评论，还有一些人听到的评价既有积极的也有消极的。实验发现了三件有趣的事情。首先，参与者最喜欢那些只给了他们积极评价的人；其次，哪怕参与者完全明白那人拍马屁只是为了讨好他们，也还是最喜欢那个人；最后，和其他两种情况不同，单纯的赞美无须准确。积极的评价，不管是真是假，都能让人产生对赞美者同等程度的喜欢。

既然我们面对赞美会做出这样无意识的正面反应，难怪会被使用赞美交换好感的人利用。从这个角度来看，吉拉德每年打印、邮寄 13 000 多份"我喜欢你"的贺卡，似乎就显得不像先前我们认为的那么蠢，那么无用了。

事实上，有许多研究支持了"人们容易受不真诚或别有用心赞美的影响"这一说法。我自己也并不比别的人做得好。入选某科学协会之后，我收到了当时所在州的一位议员的贺信，她称赞我"贡献卓越"。尽管我知道贺信是一种为讨好选民而设计的选举策略，但这以后，我还是更喜欢她了。旁观者看到不真诚的赞美，会认为赞美者这么做是出于不可告人的动机。因此，虽然接受奉承的人对真诚或者不真诚的赞美都容易相信，但不真诚的奉承是有代价的，旁观者会注意到其真实目的，并进而讨厌奉承者。

幸运的是，就像虚假的相似性一样，我们并非只有假意逢迎这一个办法可以用。至少，诚实的赞美跟虚假的赞美一样能产生良好的结果。话虽是这么说，但我本人却是一个鲜少表达赞美的人。可能是因为我的成长经历，也可能是出于其他原因，我总是羞于给出合情合理的表扬。数不清有多少次，我很想在研究会议上评论自己的研究生说："杰西卡（或者布拉德、琳达、弗拉德、诺亚、查德或罗莎娜）刚才的话真的很有见地。"只可惜，我是在头脑里对自己说的！由于从不曾把赞美从脑海中转移到舌头上，我常常会损失这种转移带来的所有善意。

但我现在不会这样了。我会有意识地找出心中萌发的赞许之意，并把它大声说出来。结果让所有人都受益了。这些话的效果太好了，我也开始探索在什么环境下真诚的赞美对表达赞美的人最有利。有一种情况很明显：那就是赞美提升了接受方对自己在某个时候或某种层面上弱点的信心。对此不再赘述。不过还有另外两种策略值得关注。

第一，**在值得称赞的人背后称赞他**。在研究会议上当众称赞学生的新习惯很适合我，部分原因在于我是会议的负责人。可在其他很多场合，你可能并不是领导，表扬别人这件事或许也并不适合由你来做。比如开会时老板说了一些你认为很高明的话，如果你当众称赞，可能就会很尴尬，而且显得过于油滑。那该怎么做呢？需要说明的是，我的学生很少会遇到这个问题。但不管怎么说，我有个好的解决办法：到茶歇时间或会议结束时，把你的意见告诉老板助理："你知道吧，我觉得老板关于×××的那些话，太精彩了。"

这么做可能会带来若干种结果。首先，由于人们希望与他人心目中的好消息联系在一起，所以助理很可能会把你的赞美告诉老板。其次，你并不是当着老板的面说出你的赞美的，没有人（不管是旁观者还是老板）会认为你别有用心。最后，出于我们对接受赞美心理机制的了解，老板会相信你（真诚）的赞美，因此也更喜欢你。①

第二，找到并就你希望对方奉行不渝的特质或行为，做出真诚的赞美。人们接受赞美后会自我感觉良好，并对为自己带来称赞的特质或行为感到自豪。因此，如果别人做了一件我希望他继续做下去的事情，就不妨真诚地表达赞美。如此一来，对方将来会有动力做更多类似的事，以求不辜负我们送上的良好声誉。这一策略与影响力手段"角色设定"（altercasting）不谋而合，即为当事人分配一种特定的社会角色，并希望此人的行为符合这一角色。例如，保险经纪人会强调家长的"保护人"角色，以让家长更乐于为自己的家人购买保险。

在为本书做初步研究期间，我偶然目睹了这种策略的影响力。当时，我想跳出实验室研究，转而从社会上了解销售员、营销员、广告商、招聘员和慈善筹款员等影响力专家的洞见。毕竟，他们的收益取决于其所用手法的成功与否，我相信经过数十年的反复尝试，他们肯定早就找出了成效最好的做法。但我也明白，他们不会轻易把这些宝贵的经验昭告天下。影响力从业人士出了名地爱藏招，最有效的手法他们只留给自己用。

影响力研究 INFLUENCE NEW AND EXPANDED　　于是，我开始关注他们的广告，匿名参加他们的培训项目。在培训班上，他们总是渴望把自己学到的各种经验教训传授给学员。不出所料，在这些环境下假扮成一个有志从业者，让我接触到了大量原本接触不到的信息。不过我也担心，一旦我在培训结束后透露自己的真实身份和目的，请他们允许我使用自己收集到的数据，他们会严词拒绝。因为这样一来，就等于把他们的这些宝贵经验昭告天下了。

---

① 研究发现，人们乐于把自己跟好消息联系起来，而跟坏消息保持距离——哪怕他们并非事情的起因。这种倾向的出现似乎是因为，人们意识到自己会沾染所传递信息的特点。在别人背后表达赞美有很大的优势，它可以避免让第三者觉得你别有用心。因为如果别人怀疑你的赞美别有用心，那么赞美就会削减别人对你的信任。

大多数的情况都是，我红着脸，承受着他们怀疑的眼光，承认自己不叫罗伯·考尔德（Rob Caulder），不是真正的学员，而是打算写一本书披露我所收集的信息，还想让他们书面同意我使用他们的专有信息……直到从某一次开始，我多加了一点额外的信息，虽说我那时还不知道它有什么作用。我对这些执业专家说，我是一名研究社会影响力的大学教授，想"在这方面从你们身上学些东西"。通常，他们都会这样问："你是说，你是个大学教授，专门教授这一主题，而我们是你的老师？"当我向他们保证我所言非虚后，他们往往会挺起胸膛，挥挥手回答说："没问题，你当然可以分享我们的智慧结晶。"

现在回想起来，我终于明白了他们对我如此宽容的原因。我的"最终告白"让执业者们扮演了教师的角色，而老师是不会藏私的，老师只会授业解惑。

从此以后，我意识到了该怎样把角色设定手段与真诚的赞美成功结合起来。也就是说，**不要仅仅把保护者或老师等角色分配给对方，而是可以诚实地赞美那些表现出乐于助人、富有责任心等值得赞许的品质的人**。接着，我们就可以期待将来从对方身上看到更多此类的特质了。研究结果也支持这一假设。如果孩子因为认真负责地完成任务而受到表扬，那在之后的相关任务中，他们就会表现得更认真。类似地，因乐于助人而受到赞美的成年人，也会变得更加乐于助人。

我最近在家里尝试了这一手段。邮递员卡尔几年来一直负责派送我家的报纸，他每天都会开着车经过我家，把卷成一卷的晨报扔在我的停车道上。大多数时候，报纸都离车道中央很近，不会被两侧刚刚浇过水的草坪弄湿。每到假期，卡尔都会在送达的报纸里附上一个写好地址的信封，以提醒我给他寄张感谢他服务的小费支票，而我也一直照做。但最近，我在寄出支票的同时，还附上了一张便条，夸奖他经常把我的报纸放在不会被弄湿的地方，表现出了很强的责任心。过去，卡尔扔出的报纸卷落在车道中央区域的概率是 75%，而今年达到了 100%。

这意味着什么呢？如果一个人通常的表现值得称赞（比如认真负责的同事经常早到为会议做准备，乐于助人的朋友经常为你的想法给予有益的反馈），那不光要称赞他的行为，还要赞美他所表现的特质。之后，你很可能会看到他表现出更多同样的特质。①

READER'S REPORT | 读者报告

致西奥迪尼先生：

我还在波士顿工作的时候，有个叫克里斯的同事总是给我忙里添活儿。一般情况下，我挺善于推托这类要求的。但克里斯在要我帮忙之前，总会先说上一大堆赞美话。开始他会说："我听说你做过一个这样的项目，干得特别好，我有个类似的项目，希望能得到你的帮助。"要不就是："你是个 ××× 的行家，能帮我解决这件事情吗？"其实我根本不怎么喜欢克里斯，可就在这短短的几秒钟里，我总是会改变主意，觉得他或许是个好人，所以一般都会答应他的请求，帮他的忙。

亚利桑那州的这位 MBA 学员：

克里斯可不光是个马屁精。他对自己的赞美之词做了巧妙安排，给了听者一顶愿意戴的高帽子。

---

① 最初介绍角色设定这一影响力技巧的人是社会学家，此后，心理学家对它做了理论发展。不管是把值得称赞的特质赋予孩子还是成人，都能产生更多的同类行为。

接触与合作

大多数时候，我们都喜欢自己熟悉的东西。不妨做个小实验来证明这一点。找一张拍下了你正脸的照片底片，然后一正一反冲出两张照片。一张是你实际的样子，一张是你的脸镜像的样子，也就是左右脸换了个位置。现在选一张你更喜欢的照片出来，再让你的好朋友选一下。研究者曾对密尔沃基的一群女性做了这个实验，要是你跟她们一样，你应该会注意到一件怪事，你的朋友更喜欢你正脸的那张照片，而你却喜欢镜像的那张。为什么会这样呢？因为你们俩都会更喜欢自己更熟悉的面孔，你的朋友平常看到的都是你的正脸，而你每天从镜子里看到的则是镜像的自己。

通常，我们根本意识不到自己对某种东西的态度是受了先前接触它次数多少的影响。曾有人做了如下实验：

> **影响力研究 INFLUENCE NEW AND EXPANDED**
>
> 屏幕上飞快地闪过几个人的面孔，因为速度太快，看到这些面孔的参与者根本分辨不出来哪些曾经见过。然而，一张面孔在屏幕上闪现的次数越多，参与者在随后的互动交流中真正遇到这个人时，就越是喜欢他。又因为越是喜欢，当这个人发表自己的意见和观点的时候，参与者也就越容易被他说服。

在一个互联网高度发达、"假新闻"泛滥的时代，人们越发对接触得最频繁的消息信以为真，这不免令人忧心。正如纳粹宣传部部长保罗·约瑟夫·戈培尔（Paul Joseph Goebbels）那句断言："谎言重复千遍就成了真理。"而且相关研究发现，哪怕最牵强附会的主张（也就是"假新闻"炮制者最喜欢的那类道听途说），也会随着重复显得更为可信。

有研究显示，人们会逐渐相信自己接触了很多遍的消息。这种效应甚至适用于那些难以置信的主张（"难以置信"正是"虚假新闻"的一大特点）。有人对"谎言重复千遍就成了真理"现象做了总结,将它归结为"流畅"效应,即重复使得一个设想更容易检索、想象和处理,让人在心理上"感觉"像是真理。至于为什么更多地接触某物会让它显得更有价值,另一些研究者承认"流畅"有其作用,但更强调"显著性"(即物品吸引注意力的程度)的作用。

既然我们对自己接触过的东西会更有好感,基于这样的证据,有人建议用"接触"法来改善种族关系。他们认为,只要让不同种族背景的人多跟其他族群平等接触,大家就会很自然地逐渐喜欢上彼此。

很多研究都与这一观点相一致。然而,当科学家对学校的融合教育(这是检验"接触"法的最佳场合)进行考察的时候,却发现了完全相反的模式。黑人白人同校就读,并未减少两个族群之间的偏见,反而起到了反作用。

让我们谈谈学校种族融合这个问题吧。不管那些倡导用单纯的接触来实现种族和谐的人用心是多么良苦,这个方法都不会收到良好的成效,因为它的论点建立在错误的基础上。首先,研究表明,学校环境并不是一个孩子们乐意和其他种族成员交流互动的大熔炉。学校正式取消种族隔离制度之后,社会融合并没什么进展。学生们还是只跟同一种族的孩子玩耍嬉戏,基本上不跟其他种族待在一起。其次,研究表明,即便种族交流的机会更多了,通过反复接触熟悉某样东西,也并不一定会带来更多的好感。事实上,在不愉快的条件下(如挫折、冲突和竞争)持续接触某人或某物,反而会减少好感。①

典型的美国课堂恰恰孕育了这些不愉快的条件。心理学家艾略特·阿伦森(Elliot Aronson)应得克萨斯州奥斯汀学校管理部门之邀,就当地学校存在的问题写了一篇发人深省的报告。他所描述的课堂教育方式,几乎可见于美国的

---

① 研究者不仅记录了积极接触对改善不同种族、民族或性取向的群体成员关系的益处,还指出了减少焦虑增加同理心等产生上述益处的原因。

每一所公立学校：

　　老师站在教室前面，提出一个问题。6～10个孩子伸直了背，迫切地朝老师挥手，渴望老师点他们的名，借此显示自己有多聪明；其他的孩子则安安静静地坐着，垂着眼睛，竭力想变成隐形人。老师叫一个孩子起来回答问题的时候，你能看到其他举手学生脸上的失望和沮丧神情，因为他们又错过了一个获得老师表扬的机会；你也能看到其他不知道答案的孩子一脸如释重负的表情……这场比赛竞争激烈，风险极大，因为孩子们的世界里无非只有两三个最重要的人，而他们正在争夺其中之一的爱和赞许。

　　更何况，孩子们保准无法从这样的教学过程里学会如何彼此喜欢和理解。回想一下你自己的经历吧！如果你知道正确的答案，老师却叫了别人，你或许指望起来回答的这个孩子出错，好让你有机会展示自己的知识。如果老师叫了你，你却没回答正确，或是你根本没有举手参与这轮竞争，你恐怕会嫉恨知道答案的同学。在这套体制里，失败的孩子会嫉妒、怨恨成功的同学，说他们是老师的跟屁虫，甚至在操场上用暴力欺负他们。反过来，成功的学生也大多对不成功的学生怀有蔑视态度，说他们是"呆瓜"或"猪脑子"。

这样看来，学校严格地执行种族融合政策，不管是靠校车跨区运送学生、重新划分学区，还是关闭部分学校，总是会恶化而非改善种族偏见，也就不是什么奇怪的事情了。既然孩子们在各自的族群里享受着愉快的社会交往、与他人建立起友谊，却只在竞争激烈的课堂里反复接触到其他种族的孩子，那么我们也实在不能指望得到什么更好的结果。

那要怎样才能解决这个问题呢？幸运的是，根据教育专家对"合作学习"概念的研究，真正有望消除敌意的方法正一步步浮现出来。课堂种族融合之所以会加剧种群偏见，大多是因为学生把其他族群的成员当成了竞争对手。于是这些教育工作者开始尝试一些新的学习形式，让孩子们通过合作而非竞争来学习。①

要理解合作法的逻辑，不妨来重温一下土耳其出生的社会学家穆扎费尔·谢里夫（Muzafer Sherif）及其同事在40年前完成的一个有趣的研究项目。出于对群体冲突的好奇，研究小组决定到男生夏令营去做一番调查。男孩们本身并未意识到自己参与了一场实验，谢里夫和同事们不断以巧妙的手法操纵着夏令营里的社会环境，并观察它给群体关系造成的影响。

研究者发现，要让男孩们对彼此产生某种敌意很容易。只要把男孩们分到两个宿舍就足以激发出一种"我们对他们"的感觉；再让男孩们给两间宿舍起个名字（"老鹰"和"响尾蛇"），竞争意识便进一步加剧，男孩们很快就开始贬低对方一组人的素质和成绩。不过，这一阶段的敌意还算不了什么。等研究者有意识地引入一些竞争性活动后，两组人之间的敌意就更深了。宿舍之间的寻宝、拔河、体育比赛，造成了孩子之间的谩骂和对抗。在竞争的过程中，男孩们称对方宿舍的成员为"骗子""小偷"和"讨厌鬼"。之后，男孩们又频频入侵对方的宿舍，偷走、烧毁对方的旗帜，张贴威胁性的字条，午餐时打架斗殴。

此时，谢里夫明显看出了问题的症结所在。想引发不和简单得很，只要把参与者分组，让他们自发形成小圈子意识；之后，再把他们混在一起，用竞争的火焰烤上一烤。这样一来，不同群体之间的恨意就会像烧开了的水一样沸腾起来。

接着，一个更具挑战性的问题摆到了研究者面前，如何消除眼下双方根深

---

① 其他版本的合作学习模式在不同的学校体系甚至商业组织等不同类型的机构都产生了类似的结果。

蒂固的敌意呢？他们先试着让两组人加深接触。可即便是进行令人愉快的联谊活动，如看电影、社交等，最终结果也不尽如人意。去野餐，男孩们为争夺食物打起了架；娱乐活动变成了吵闹竞赛；午餐排队时推推搡搡。谢里夫和研究小组开始担心自己是不是创造出了一种没法控制的"科学"怪物。不过，在争斗进入白热化阶段的时候，他们尝试了一种简单而又有效的策略。他们设计了新的规则，两组人要是继续竞争，每个人的利益都会受损，只有相互合作才对大家都有好处。

在一次郊游中，唯一能载人进城买食品的卡车"坏掉"了。男孩们集合起来，又是拉又是推，直到卡车上了路。还有一次，研究者切断了夏令营的供水管道。夏令营的水是来自远处的蓄水池，要靠管道把水输送过来。面对这场共同的危机，男孩们意识到了团结行动的必要性，于是融洽地组织起来，在夜幕降临之前修好了供水管道。另一次要求合作的情况则是营地方面告诉男孩们，有一部很好看的电影正在出租，可费用太高，组织者负担不起。男孩们意识到唯一的解决办法就是整合资源，于是凑钱把电影租下来，共同度过了一个美好的夜晚。

这些合作活动的效果虽说过了一段时间才显现出来，却相当惊人。为了成功实现共同的目标而齐心协力，这样的体验慢慢地弥合了两组人之间的裂痕。没过不久，男孩们的口头叫骂就消停了，排队时也不再推推搡搡了，就餐时也开始混着坐了。研究者此时又要男孩们列出自己最好朋友的名单，好多人的单子上都出现了另一组成员的名字。而最初，所有人列的名单上都只有自己这组人的名字。一些孩子甚至为有机会重新评价朋友而向研究者表示感谢，因为现在他们的想法有所改变，跟第一次列名单的时候不一样了。还有一个小插曲很能说明问题。篝火晚会之后，男孩们是搭乘同一辆公车回的宿营地。要是在过去，他们肯定会吵成一团，但这一次却是孩子们主动要求的。公车停在一处饮料摊时，一组男孩还拿出仅剩的 5 块钱公费，买来冰激凌奶昔款待另一组人。就在不久之前，他们还是互相恨得牙痒痒的仇敌呢！

我们可以找出这种惊人转折的根源，那就是男孩们不再把彼此视为敌人，而是看成盟友。这其间的奥妙在于研究者为两个群体设定了共同的目标，而实现这些目标需要合作，于是这些竞争群体的成员便不得不理性地把彼此视为同伴、重要的帮手、朋友或是朋友的朋友。等大家通过共同的努力成功达成目标之后，任何一个人都很难再以敌意对待这些曾跟自己一同战斗过的队友了。

谢里夫和同事们的课堂研究，得到了另一些研究者的支持。后者证实，从竞争转向合作，是有可能让对手变成朋友的。研究表明，在谈判开始前握手，能提高谈判各方的共同成果，而且我猜如果谈判各方在午餐休息后再次握手，还有可能强化此种效应。尽管有相当多的证据表明，合作式的方法在谈判中比其他形式的人际定位更具优越性，但要是认为合作行为始终是最好或最有效的，那也未免过于天真。例如，要是谈判员在谈判中每隔几分钟就发起握手邀请，那这种策略很容易会让对方产生怀疑，也会给谈判带来不良影响。另一些研究表明，合作学习项目也并非总能带来成功，有时也需要利用竞争的作用。一味地选择合作，有时也会适得其反。

不过总的来说，"合作是解决人类问题的完美方式"这一寓意，在每一种文化的传说里都有所体现。

学校废除种族隔离制度之后反而导致种族局势更为紧张，一些教育心理学家开始注意到课堂教学和谢里夫等人研究的关系。倘若通过修正学习体验，让全班同学至少可以偶尔通过跨种族合作实现共同的成功，那么跨种族友谊或许能找到生长的土壤。好多州都开展了类似的项目，其中以阿伦森及其同事在得克萨斯州和加利福尼亚州采用的方法最为有趣，它叫作"拼图教室"。

拼图学习法的本质是要求学生们一起合作，掌握考试里将会出现的问题。为此，老师先把学生们分成合作的小组，每个学生只获得信息的一部分，即"拼图"

的一块。而要通过考试，学生必须掌握全部的信息才行。这样一来，每个学生都必须互相帮助，互相指导。要想考得好分数，人人彼此需要。跟谢里夫实验里的夏令营成员们必须联手合作才能取得成功一样，学生们也变成了盟友而非敌人。

研究者在新的种族混编课堂上采用这种新方法后，效果相当突出（见图3-5）。研究表明，与同一学校使用传统竞争教学法的其他班级相比，拼图学习让不同种族的同学结下了更深的友谊，减少了种族偏见。除了敌意的明显减少，少数族裔学生的自尊心、对学校的好感和考试成绩也都提高了。白人学生同样受益，他们的自尊心、对学校的好感亦有提高，他们的考试成绩至少跟传统班级里白人学生的一样好了。

图3-5　由多种族学生组成的"拼图教室"

研究显示，拼图教室不仅有效地培养起了各种族学生之间的友谊和合作精神，还提高了少数族裔学生的自尊心、对学校的好感和考试分数。

看到拼图教室取得了这么积极的成效，人们很容易对这种方法怀有过高的热情，以为光靠它就能解决一个大难题。但经验告诉我们，要解决这样的难题光靠一个简单的补救办法是远远不够的。毫无疑问，种族融合也是如此。就连合作学习法本身也还存在着不少复杂的问题有待探讨。在我们真正适应拼图法或类似改善学习、加强好感的方法之前，我们还需要做很多的研究，以确定合作策略的适用范围。它的适用频率是多高？适用规模是多大？它适合哪个年龄段的孩子？它适合哪些群体？如果教师们都愿意采用新方法，我们还需要了解他们采用新方法的最佳途径。毕竟，合作学习法跟大多数教师更熟悉的传统教学方法不一样。它把大部分传道授业的指导工作交给了学生，这有可能对教师在课堂里扮演的主导角色造成威胁。最后，我们还要认识到，竞争也有其积极的一面。它可以激发学生做出恰当的行为，培养学生树立自我意识。因此，**我们的任务不是要消除学业竞争，而是要打破它在课堂上的垄断地位，定期采用合作学习法，让各族群的学生都参与进来，并取得成功的结果。**

比如，让我们想一想犹太教师拉比·哈伊姆（Rabbi Haim）对天堂和地狱的定义。

地狱：宴会厅里摆满了美味佳肴，但人人饥肠辘辘，因为他们的肘关节被直直地固定着，没法喂东西给自己吃。

天堂：所有条件都一样，只不过，人们互相喂东西吃。

也许这个故事为在课堂上采用合作教学方法提供了一个有用的思路。选择此类方法的出发点，应当是让所有人都有最大的机会获得知识。值得指出的是，一如哈伊姆的故事所描述，最好的合作行为，不光能产生良好的人际感情，还能为共同的问题提出良好的解决方案。

我们跑题跑了这么远，大谈学校种族融合及种族关系问题，有什么特别的用意呢？用意有两点。

第一，虽然接触带来的熟悉往往能导致更大的好感，可要是接触本身蕴含了让人反感的体验，就会适得其反。因此，当不同种族的儿童被投入标准美国课堂里那种连续不断的严酷竞争中时，我们肯定会看到敌意的加深，事实也正是如此。

第二，有证据表明，以团队为导向的学习能缓解这种混乱状态。通过这一点，我们可以看出合作对喜好过程有着强大的影响力。

在我们认定合作是导致好感的强力因素之前，不妨用一个我眼中的严峻考验来测试一下。影响力专家是否系统化地使用了合作以令我们喜欢他们，答应他们的请求呢？要是环境中自然地存在着合作关系，他们是否会向我们指出来呢？他们是否会竭力放大原本甚为薄弱的合作关系呢？最重要的一点是，要是不存在合作关系，他们会不会硬生生地蓄意制造呢？

事实证明，"合作"顺利地通过了这场考验。影响力专家从来都在努力建立一种"我们和他们在为了同一目标而奋斗"的氛围，这样，我们就必须为了共同利益"团结一致"，同时也让我们明白，他们其实是我们的"战友"。这里可以举出很多很常见的例子，比如汽车销售员会站在我们这一边，向老板力争给我们一个优惠的价格。事实上，销售员进了经理的办公室后，根本不会有什么"力争"的举动。通常，销售员很清楚他能给出的价格底线，所以他跟上司甚至话都用不着说。在为本书做调查时，我曾打入一家汽车经销店。在这家店里，情况大多是这样，销售员跑到经理办公室静静地喝上一杯饮料，或者抽上一支烟，而上司照常工作。过上一段合适的时间之后，销售员会松开领带，回到客户身边，露出一脸疲惫的样子，拿出他刚刚"力争"来的好价钱。其实，这个价钱在他走进老板的办公室时就想好了。

还有一个更夸张的例子，能一眼把它看穿的人就比较少了，因为本例中的影响力专家是警方的审问员，他们的任务是让犯罪嫌疑人如实招供罪行。近年来，法院对警察接触犯罪嫌疑人的方式方法做出了诸多限制，对获取口供的要求尤其严格，过去可以让嫌疑人招供的许多做法现在都不能用了。然而，对于警察们在审问过程中使用微妙的心理学方法，法院并不觉得有什么不合法。基于这个原因，所谓的"好警察－坏警察"这套手法在刑事审讯中用得越来越多了。

"好警察－坏警察"的工作原理如下。假设有个年轻的抢劫犯一直声称自己是清白无辜的，那么他在被带入一个房间里后，房里会有两名警官负责审问他。一位警官扮演"坏警察"的角色，姑且不管这角色适合他，还是仅仅因为这回轮到了他。犯罪嫌疑人还没坐下来，"坏警察"就对着他来上一大堆"你这个狗娘养的"之类的咆哮。在接下来的审讯里，这个警官叫骂不断；狠踢嫌犯的椅子，加强语气吓唬嫌犯；看嫌犯的时候，用的是看"社会垃圾"的眼神。要是嫌犯反驳他的指责，或是拒绝回答，"坏警察"就会满脸铁青、怒火中烧。他赌咒发誓，说要想尽办法让嫌犯获判最高刑期。他还会说，他在地方检察官办公室有朋友，而那朋友要是知道嫌犯这么不合作，一定会按重罪提起诉讼。

在"坏警察"开始表演的时候，他的伙伴，"好警察"坐在后面，并不怎么说话。但接下来，"好警察"就要逐渐开始插嘴了。他先是试着宽慰"坏警察"，平息后者的怒火："冷静，弗兰克，冷静。"但"坏警察"吼着说："这小子当着我的面对我撒谎，别跟我说什么冷静！我痛恨这些说谎的混蛋！"过了一会儿，"好警察"开始帮犯罪嫌疑人说话了："轻松些，弗兰克，他只是个孩子。"尽管和支持还差得远，但跟"坏警察"的咆哮相比，"好警察"的这些话在嫌犯听来简直像是动听的音乐。可"坏警察"一点也不给他面子："孩子？他才不是什么孩子。他是个无赖！他根本就是个无赖！我还要说，他已经满了18岁了。就凭这个，我就能一脚把他踢进监狱里去，叫他们打着灯笼也找不着这小子！"

现在"好警察"开始直接跟嫌犯说话了，叫他的名字，并指出案件里对嫌犯有利的细节："我要告诉你，肯尼，你的运气不错，没人受伤，而且你没有携带武器。这样上法庭的时候，你会显得挺不错。"如果犯罪嫌疑人还是坚持自己无罪，"坏警察"就会开始另一轮的咒骂和威胁。这一次，"好警察"阻止了他。"好啦，弗兰克，"他塞给"坏警察"一些钱，"去给我们弄点咖啡来，一人一杯，买三杯怎么样？"

等"坏警察"走了，就轮到"好警察"演大戏了："你看，老兄，我也搞不懂为什么我的同事这么不喜欢你。他会想方设法地针对你的。他做得到这一点，因为现在我们手里掌握了足够的证据。而且，他说检察官会对不合作的家伙提起最严厉的起诉，那可不是假的。你恐怕会被判上5年，伙计，整整5年哪！我并不想你落个这么惨的下场。所以，要是你趁他还没回来，承认在案发地点抢劫了，我会负责你的案子，给地方检察官说些好话。要是我们合作的话，5年说不定能减成2年，甚至1年。肯尼，帮咱俩一个忙吧。只要告诉我你是怎么抢的，我们就一起想法渡过难关。"这之后，嫌犯大多会一五一十地全部交代。

"好警察－坏警察"的做法之所以管用，有若干原因。靠着"坏警察"的威胁，嫌犯的心里很快就注满了对长期监禁的恐惧情绪；知觉对比原理（见第1章）也发挥了作用，相较于满嘴胡言乱语的"坏警察"，"好警察"显得像是个特别讲道理的好人；又因为"好警察"屡次帮嫌犯说话，甚至还自己掏钱为嫌犯买咖啡喝，互惠原则使嫌犯感到了压力，让他想要回报"好警察"的好意。然而，这种刑讯手法见效的主要原因还是在于它让嫌犯感觉有人站在自己这一边，有人为自己着想，有人愿意跟自己合作。就算在正常的环境下，这样的人也会显得特别好心肠。更何况此时抢劫犯陷入了大麻烦，这样的人简直就是大救星了。用不了多久，在嫌犯眼里，"好警察"就会从大救星变成值得信赖的神父，连所做的坏事都可以向他忏悔了。

条件反射和关联

"为什么他们要怪我呢，博士？"本地电视台的一位气象播报员声音颤抖着给我打来了电话。他对这个问题已经迷惑不解很久了，近来更是为了它倍感困扰和沮丧。他打电话向我所在的大学心理系求助，想知道谁能解开这个谜，人们便把我的号码给了他。

"我的意思是，这太疯狂了，对不对？人人都知道，我不过是在预报天气，又不是在吩咐天气，对吧？所以，天气糟糕的时候怎么会有那么多人怪罪我呢？去年发洪水的时候，我收到了满怀恨意的邮件！有个家伙还威胁我说，要是我不让雨停下来，就要开枪打死我。老天爷，就为了这个，我现在还提心吊胆呢！连我在电视台的同事们也这样！有时候，就在我做现场直播的时候，他们也会因为热浪来袭一类的事儿嘘我。他们显然知道这跟我无关，可他们还是这么做。你能让我搞懂这一点吗，博士？我真的很沮丧。"

我们约好在我的办公室聊聊。我试着向他解释说，人们很容易觉得事物之间只存在单一的联系，这是一种古老的"按一下就播放"式反应，而他则不幸成了这种反应的受害者。这类例子在现代生活里不胜枚举。为了宽慰这位沮丧的天气预报员，我想起了历史上的一个例子。我要他想想古波斯帝国信使的悲惨命运。倘若信使的任务是传递军事信息，那他一定怀着私心，希望波斯王这一方取得胜利。因为要是他带来的是捷报，到了宫殿后便能享受英雄一般的待遇，美食美酒都任他选。可要是他带来的是失利的消息，结局就完全不同了，他会立刻被杀掉。

我希望天气预报员别误解这个故事的中心思想，也希望他明白一个不管是在如今还是在古波斯都存在的事实。**糟糕的消息会让报信人也染上不祥。人们总是自然而然地讨厌带来坏消息的人，哪怕报信人跟坏消息一点关系也没有。**光是两者之间存在联系，就足以引发我们的厌恶了（见图3-6）。

天气预报员成了气候变幻莫测的替罪羊

大卫·兰福德/文　美联社

电视气象预报员靠着谈论天气能过上蛮不错的生活，可当大自然母亲投出变幻莫测的曲线球时，他们也会成为替罪羊。

这个星期，我跟美国各地几个老资格的天气预报员聊了聊，听他们说了好些有趣的故事：天气不好的时候，会有老妇人用雨伞打他们；他们在酒吧里会遭到酒鬼的挑衅；会莫名地挨雪球和雨靴的"空袭"；收到死亡威胁；被人控诉"假扮上帝"。

大部分天气预报员说，当天的天气预报能有80%~90%的准确率，但长期预报就难说了。大多数人称他们只是照本宣科罢了，真正的信息源头，是电脑、国家气象局或者其他私营机构某个不具名的气象学家。可上电视抛头露面的，毕竟是这些天气预报员。

汤姆·博纳，35岁，在阿肯色州的小石城做了11年的天气预报工作。他记得有一回，在酒吧里，一个从洛诺克来的魁梧农民，喝得醉醺醺地走向他，用指头戳着他的胸口说："你就是派龙卷风卷走我房子的家伙，我要把你的脑袋拧下来。"

博纳说，他当时到处找酒吧的保安，可一时没见着人影，只好急中生智地回答说："你说得没错，而且我还要告诉你点别的消息。要是你不退后，我就再派一场龙卷风来。"

几年前，一场大洪水把圣地亚哥的使命谷给淹了，城里的水足有3米深。一位妇女走到KGTV的麦克·安布罗斯的汽车前边，用雨伞猛砸他的挡风玻璃，说："这场大雨都怪你。"

印第安纳州南本德WSBT电视台的查克·惠特克说："有位小个子老太太打电话报警，要他们把我逮起来，因为是我这个天气预报员引来了这么大的雪。"

有个妇女对女儿婚礼碰到下雨感到很不愉快，打电话给纽约州水牛城WKBW电视台的汤姆·乔尔斯，把他狠狠地骂了一顿。"她觉得我应该为这事儿负责，要是她碰到我，很可能会揍我呢！"乔尔斯说。

WJBK电视台的桑尼·艾略特在底特律地区播报了30年的天气。他记得几年前，自己播报了城里要下5~10厘米厚大雪的消息，结果雪下了整整20厘米厚。为了报复，电视台的同事们设计了一套机关，趁他正要播报第二天天气的工夫，往他头上"淋"了两百多只雨靴。

"我说的句句是真，不信你瞧，现在，我脑袋上的肿包都还没消呢！"艾略特说。

图 3-6　饱经风霜

请注意到我办公室来的气象预报员和其他同行的共同遭遇。

在一个包含 11 项内容的系列研究中，研究者发现，被指派大声朗读坏消息的人会变得不受欢迎。有趣的是，听到消息的人还认为朗读者心怀恶意且能力低下。前文介绍过，一个人诸如身体魅力这样的可取特征可以带来"光环效应"，观察者会认为具备这些特征的那个人在其他各方面也都很好。而现在的情况反了过来：带来坏消息的人似乎创造了一种与光环效应相对的"尖角效应"。传达负面消息让送信人长出了一对魔鬼的"尖角"，在接收消息的人看来，这些尖角也适用于其他许多方面。

我还希望天气预报员能从这段历史故事中了解一点别的东西。他的困境不仅几百年来的"报信人"都遇到过，而且，跟其他一些人比起来，比如古波斯的信使，他算是很幸运的了。在我们会面结束时，他说了一句话，我知道他已经完全明白了这一点。"博士，"他一边说一边往门外走，"我对自己的工作感觉好多了。我是说，幸好我待的地方是菲尼克斯，每年有 300 天都艳阳高照。谢天谢地，我不是在常常雨雪交加的水牛城播报天气。"

天气预报员临别的一席话说明他彻底搞懂了影响观众对他的好感的原理。跟坏天气联系在一起会带来负面影响，跟好天气联系在一起却能提高他的声望和人气。没错。关联原理是一条普遍性的概念，好坏联系都归它管。**不管是好事还是坏事，只要跟我们偶然地联系在了一起，都会影响人们对我们的感觉。**

我们对负面联系留下的最初印象，似乎主要是父母教的。还记得他们总是警告我们别跟街上的坏孩子玩吗？还记得他们是怎么说的吗？我们做没做坏事无关紧要，可在邻居眼里，我们只要跟坏孩子玩，就跟坏孩子是一伙的。父母把关联原理带来的负面效应教给了我们，他们说得没错，人们的确有"物以类聚，人以群分""近朱者赤，近墨者黑"的想法。

正面的关联则是影响力专家教会我们的。他们不断尝试把自己或自己代表的产品跟我们喜欢的东西联系在一起。你有没有想过，为什么汽车广告里总站着一群漂亮的女模特？广告商希望她们把自己漂亮、性感的积极特性投射到汽车身上。广告商认为，只要漂亮模特跟自己的汽车联系在了一起，我们对汽车的反应就会变得跟对女模特的反应一样。果不其然，我们的反应正中他们下怀。

有这样一项研究：同一款汽车打广告，一个广告里有性感的女模特，另一个广告里没有性感的女模特。男性普遍觉得前一种广告里的车速度更快、更讨人喜欢、显得更名贵、设计更精致。可事后问起的时候，男人们拒不相信漂亮的姑娘影响了他们的判断力。

类似的例子还有不少，但这方面最有趣的一个证据，大概要数一系列来自信用卡及消费的调查，调查结果证明：**关联原理能潜移默化地影响我们花钱的方式**。在现代生活中，信用卡具有一种突出的心理特征，它们能让我们立刻享受到商品和服务带来的好处，而几个星期以后才需要付钱。因此，我们很容易把信用卡及其徽记、符号和标志跟消费的积极方面联系起来，而不去想它的负面因素。

消费者行为研究者理查德·范伯格（Richard Feinberg）想搞清楚信用卡及其相关因素对我们的消费倾向有什么样的影响。他在印第安纳州的西拉斐特做了一系列研究，获得了一些有趣又令人不安的结果。

第一项研究发现，在用信用卡付款时，饭店就餐者给的小费更多。第二项研究是让大学生在附有万事达信用卡徽记的房间里翻阅邮购目录，结果这些学生花在邮购商品上的钱平均多出了29%，当然，他们并没有意识到信用卡徽记也是实验的一部分。最后一项研究是要大学生向一家慈善机构（国际联合劝募协会）捐款，倘若他们所在的房间里附有万事达信用卡的徽记，跟在没有徽记的房间里比起来，他们会更乐意捐款。前者捐款的比例是87%，后者仅为33%。从关联原理带来顺从的角度来看，最后这一项发现最令人不安，也最具启示作用。尽管信用卡本身跟慈善捐款并无关系，但信用卡徽记以及伴随而来的积极关联的存在却促使人们花了更多的钱。研究者又在餐厅里重复了这一做法，结果也是类似的。餐馆服务员用小费盘把账单递给顾客，有一些小费盘上有信用卡徽记，有一些没有。面对有徽记的小费盘，顾客给小费明显要慷慨许多，哪怕他们是用现金结账的。

范伯格所做的后继研究进一步证明，用关联原理来解释上述结果是很有道理的。他发现，房间里的信用卡徽记，只会刺激那些过去对信用卡有正面印象的人多花钱；而那些对信用卡曾有过负面体验的人，比如他们去年支付的利息高出了平均水平，则并未表现出这一倾向。事实上，当后一种人在看到信用卡徽记时，他们的消费反而更趋保守。[1]

由于关联原理的效果如此之好，又如此神不知鬼不觉，制造商们总是急着把自己的产品跟当前的文化热潮联系起来。比如，随着环保意识的兴起，"自然"成了流行的文化概念，追逐自然潮流的人也越来越多。甚至有时候人们硬要跟自然联系起来，其实根本就不靠谱，比如一个大受欢迎的电视广告上说"自然地改变你的发色"。2019年，一群学者对此主题发表了如下看法：

考虑到当今存在的自然产品和服务无比丰富，那些喜欢自然产品的人赶上了好时代。夏天里，人们坐在用第七代自然清洁剂清洗过的

---

[1] 毫无疑问，不管是正面还是负面的消息都会受到这种无辜的牵连。例如，顾客听到的音乐，就会对与之相关的产品产生正向偏好，反之亦然。有证据表明，人们往往和自己的朋友有着同类特点，汽车广告里的漂亮模特也会让男性更喜欢那辆车。关于信用卡对支付意愿的影响效应，相关研究还将其扩展到了餐厅的小费多少上和体育比赛的门票价格上。在关于门票价格的研究中，为了看一场职业篮球比赛，球迷们使用信用卡时愿意比使用现金时为门票多支付一倍的价钱。

地板上，吃着来自阿普尔盖特公司的自然牛肉热狗，夹热狗的面包来自佛蒙特面包公司的纯自然面包，面包上涂着"自然承诺"公司出品的番茄酱和芥末。他们还把热狗跟自然乐事薯片搭配到一起，就着汉森自然苏打水吞下肚。过了一会儿，他们可能会选择抽上一支来自自然美国精神的香烟，看着美国自然草坪公司的技术人员打理自己的草坪。到了夜里，要是消化不良，他们还可以服用"自然好"牌自然胃药。

美国第一次登月期间，从早餐饮料到除臭剂，所有商品都忙不迭地跟太空项目攀亲戚。而且，这种联系的感知价值经受住了时间的检验：2019年是美国登月50周年，欧米茄手表、IBM和吉米·迪恩香肠都发布了整版广告，宣称自己跟这一著名事件有关。

每逢开奥运会的年份，美国体育代表团指定用什么发胶和纸巾我们都会知道。想获得进行这类关联的权利，代价可不菲。企业会花上数百万美元竞夺奥运会赞助权。而说到宣传自家产品使其跟奥运赛事联系所需的费用，几百万美元最多只算得上个零头。这些企业赞助商卖东西所得的利润比上述数字要大得多。《广告时代》的一项调查发现，1/3受访的消费者都说自己更愿意购买一种跟奥运会联系在一起的产品。

与此类似，1997年美国"拓荒者"号火箭在火星放出探测器后，火星探测器玩具销量猛增，其实这倒没什么好奇怪的，可连"马尔斯"棒棒糖这种跟太空项目根本毫无关系的东西（它的名字来自棒棒糖公司的创始人，富兰克林·马尔斯①），其销量也来了个大跃进，这就让人感到不可思议了。2016年星球大战系列电影之一《星球大战外传：侠盗一号》（Rogue One: A Star Wars Story）上映后，日产汽车旗下的"侠盗"SUV的销量也出现了类似大幅

---

① 在英语里，"马尔斯"（Mars）也是"火星"的意思。

增长（如果没想到是这个原因的话，该车销量的增长简直叫人感到费解）。此外还有一种相关的效应，研究者发现，打着"特卖"的促销标语之所以能增加购买量（哪怕价格并没有降多少），不仅是因为购物者有意识地想到"我买这个可以省钱"，还因为这类标语跟购物者过去所得的便宜价格产生了关联。因此，凡是跟"特卖"标语联系起来的产品，购物者都会下意识地觉得更划算。

把产品跟名人联系在一起，是广告商利用关联原理赚钱的另一种办法。他们付钱给职业运动员，把他们跟运动员角色直接相关（如运动鞋、网球拍、高尔夫球等）或不相关（如饮料、爆米花、连裤袜等）的东西联系起来。对广告商来说，重要的是把联系建立起来，合不合逻辑无关紧要，只要是正面、积极的关联就行了。毕竟，老虎伍兹对别克汽车真能说得上有什么了解吗？

商家还乐意花大价钱让自己的产品跟当红明星联系起来（见图3-7）。最近，政治家们也意识到，跟名人拉好关系更方便拉选票。总统候选人总是会找来一大堆跟政治无关的知名人物，这些人有些是该政客竞选活动的积极参与者，有些则只是借出自己的名号罢了。就算是州和地方一级的政治造势活动，也要玩这类把戏。这里有个好玩的证据，洛杉矶的一位妇女曾向我表达了她对加利福尼亚州限制在公共场所抽烟政策的公投的矛盾心情："真难决定啊！有些大明星支持这么做，有些却又反对它。简直不知道该怎么投票了。"[1]

---

[1] 企业花大手笔赞助的体育赛事，不光只有奥运会。在2018—2019赛季，美国国家橄榄球联盟获得的企业赞助总额高达13.9亿美元。当华尔街投资者注意到棒约翰比萨不再是美国国家橄榄球联盟的赞助商后，前者股价立刻下跌了8%。当时的记者记录下了马尔斯棒棒糖和日产"侠盗"SUV这两个流行文化现象偶然影响了消费品销量的故事。研究者也发现，"特卖"标语同仅仅降低价格相比，能带来更多的销量。

图 3-7　让产品和积极的因素联系起来

你能发现这则广告将百年灵手表与积极实体联系起来的两种方法吗？第一种显而易见：跟富有魅力的明星挂钩。第二种关联不那么明显，但很可能仍然有效：广告中手表指针的位置使手表看起来像是在微笑。这种微笑的形式会带来各种有利的联想，几乎已经成为所有钟表广告的标准做法。这么做的原因很简单：上述位置的指针会让人在观看广告时体验到更多的乐趣，并对手表产生更强烈的购买意愿。

尽管政治家们素来不遗余力地让自己跟母亲、祖国、苹果派等东西靠拢，但最后一种联系，即跟食物的联系，恐怕才是他们最擅长设计的。举例来说，白宫一直有个传统，靠一顿美餐来拉到摇摆不定的议员的选票，它可以是一顿室外午餐、一顿丰盛的早宴或是一场优雅的晚宴。总之，每当重要的法案需要拉选票的时候，精致的银质餐具就会摆出来。近来政治筹款活动也照例要吃吃喝喝。还要注意，在典型的筹款晚宴上，呼吁人们进一步捐款、再接再厉的演说从来不会在餐点还没上桌前开始，而只会出现在宴会当中或众人吃喝完毕的时候。这么做大有好处：一来节省时间，二来利用了互惠原则。但这其中还有最不为人所知的一点好处。来看看 20 世纪 30 年代杰出心理学家格雷戈里·拉茨兰（Gregory Razran）在研究中的发现。

拉茨兰把这套手法叫作"午宴术",他发现,人们对就餐期间接触到的人或事物会更为喜爱。跟我们的论述最相关的一个例子是这样的:

> 研究者给参与者看一些他们从前批评过的政治声明。在实验结束的时候,所有的声明都罗列完毕,拉茨兰发现,参与者只对很少的一部分声明改变了看法,也就是那些他们吃饭时过目的声明。参与者似乎是在无意识中改变态度的,因为他们根本不记得自己在就餐期间看过哪些声明。为了说明关联原理也适用于不愉快的体验,拉茨兰还在实验里加入了一项条件:在给一部分参与者看政治声明时,他会往房间里喷腐烂的气味。此时,这些声明的支持率下降了。新近的研究发现,就算气味轻微得不足以引起人们的注意,但它还是能发挥影响。当看照片上的面孔时,人们要是闻到潜意识里觉得愉快的味道,那么对这些面孔就更容易产生好感;要是闻到潜意识里觉得不快的味道,好感也会随之下降。

拉茨兰是怎么想出午宴术这一招的呢?是什么让他觉得这一套能管用呢?答案可能跟他在职业生涯里扮演的跨界经历有关。他不仅是一位受人尊敬的独立研究者,还是最早把俄国开创性心理学文献带入英语世界的译者之一。这部分文献恰好跟关联原理的研究有关,并主要来自杰出的学者伊万·巴甫洛夫。

巴甫洛夫是一位兴趣广泛的天才科学家,还曾因研究消化系统得过诺贝尔奖,但他最重要的贡献还在于他通过一些极为简单的实验一目了然地论证了他的理论。巴甫洛夫证明,他能让动物冲着一些跟食物完全无关的东西(铃铛)产生对食物的典型反应(分泌唾液),只要把这两样东西在动物的体验中关联起来就行了(见图3-8)。倘若端食物给狗的时候总是伴随着铃铛的响声,过不了多久,狗一听到铃铛响就会分泌唾液,哪怕根本没见着食物。

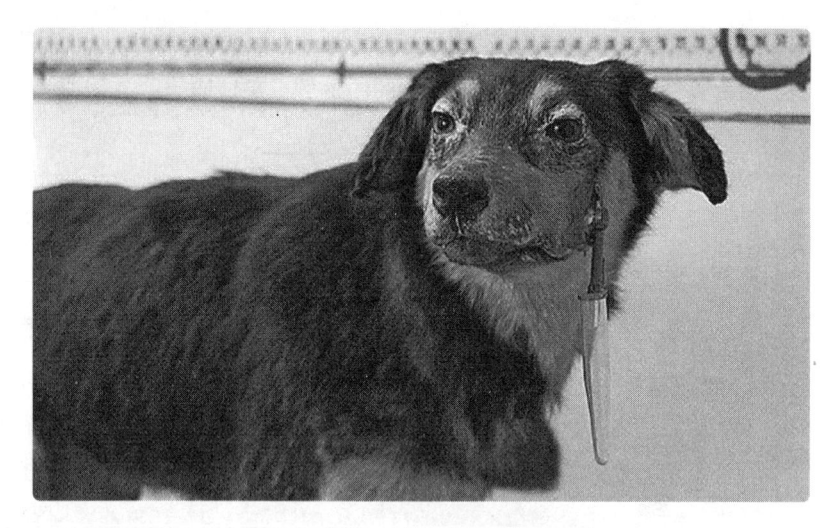

图 3-8　等等，听起来像是食物的味道

图中为巴甫洛夫的一条狗，它嘴上挂着唾液收集管，用来测量它对食物产生的唾液反应，能在多大程度上转移到铃铛声上（经典条件作用）。

从巴甫洛夫的条件反射说转到拉茨兰的午宴术，用不着花多大的工夫。显然，对食物的正常反应可以通过原始的关联过程转换到其他东西上。拉茨兰认为，除了分泌唾液，对食物的正常反应还有许多，其中之一就是赞许、舒服的感觉。因此，把这种愉快的感受、这种积极的态度转向跟美食紧密相连的东西（政治声明只是其中之一）上是很容易产生效果的。

值得一提的是，巴甫洛夫的条件反射研究先于拉茨兰的"午宴术"研究，前者是后者的基础。后来的研究者又将拉茨兰的成果扩展到参与者根本无法察觉的微弱气味。有充分的证据表明，人就和巴甫洛夫的狗一样，很容易受这种策略性配对的影响，而且对此毫无觉察。例如，把一种比利时品牌的啤酒跟愉悦活动的照片，如航海、冲浪和拥抱等一起重复显示 5 次，就能提升观众对该啤酒的积极感觉。同样，把一种品牌的漱口水跟美丽的自然风光一起重复显示 6 次，会让观众立刻对该品牌产生更多好感，而且这种好感能持续到 3 个星期以后。在向口渴的观众提供新款饮料之前，向一部分人展示了 8 次幸福面孔的照片，向另一部分人展示了8次愤怒面孔的照片，统计显示，前者消费了更多饮料，而且在商店购买该饮料时愿意花费的金额也提升了3倍。值得注意的是，这些研究里的参与者无一意识到自己受到了配对展示的影响。我们常常在不知不觉间受到单纯关联的影响，但这并不意味着我们不知道它们是怎么发挥作用的。研究表明，人会强烈地倾向于将自己跟好消息联系起来，并竭力避开和坏消息的关联。

把午宴术应用到影响力专家的实践当中并非难事。那就是，**各种美好的东西都可以拿来替换食物的角色，把它们讨人喜欢的特质"出借"给跟它们联系在一起的东西，如观念、产品和人民**。总而言之，这就是为什么杂志广告里总站着漂亮的模特，电台编导总会在播放热门歌曲前插入宣传本电台的广告片段。这也就是为什么在特百惠家庭聚会上，妇女们玩"疯狂农场"游戏冲到房间中央拿奖品时，嘴里会不喊"中奖啦"，而喊"特百惠啦"！其实玩家喊的是"特百惠啦"，可公司却"中奖啦"。

我们经常在无意识里成为影响力专家和关联原理的"受害者"，但我们并非不懂它是怎么回事，事实上，我们自己也经常用它。有充分的证据表明，我们完全明白古波斯帝国信使或当今气象预报员传来坏消息时面对的尴尬处境。事实上，我们甚至会采取措施，避免自己碰到类似的麻烦。佐治亚大学做过一项研究，看人们碰到传递好坏消息的任务时会如何操作。

实验一开始，等候的学生会接到一项指派的任务，去通知一名同学，说有一通重要的电话。电话有一半的可能带来的是好消息，一半的可能带来的是坏消息。研究者发现，根据消息的好坏，学生传达信息的方式会很不一样。倘若碰到的是好消息，传话的学生保准会提到这一点："快去接电话，你有好消息啦，快去找实验负责人打听详情吧！"倘若消息不好，传话的学生就闭口不提了："有电话找你。详细情况你最好是去找实验负责人问问。"显然，学生们早就明白，要想得到他人的好感，必须把自己跟好消息联系起来，而对坏消息闭口不提。

从新闻、天气预报到体育

人们深明关联原理的奥妙,并会努力把自己跟积极的事情联系起来,跟消极的事情保持距离,哪怕他们并非事情的起因。好多奇怪的行为都可以用这一点来解释。这类行为里最怪异的一部分,发生在竞技体育的大世界。不过,这里要说的不是运动员们的行动。毕竟,在激烈的比赛交手当中,偶尔做出些古怪举动无可厚非。更多的时候,暴躁狂怒、失去理性又热情无限的体育迷们才显得怪不可言。欧洲爆发的体育骚乱,南美疯狂的足球迷杀死了球员和裁判,还有本地球迷在特殊日子给本来就很有钱的球员赠送奢侈的礼品。这些事情要怎么理解呢?用理性的眼光来看,这一切毫无道理。只是一场比赛而已,对不对?

非也非也。体育和狂热粉丝之间的关系,远远不止一场比赛那么简单,这种关系严肃至死。以安德烈斯·埃斯科巴(Andres Escobar)一案为例。埃斯科巴是哥伦比亚国家队的一员,1994 年足球世界杯比赛期间,他误将一球送入己方大门。因为这个乌龙球,对手美国队获胜了,本来很被人看好的哥伦比亚队断送了晋级前程。回到家的两个星期之后,埃斯科巴在一家餐馆里被两名枪手打死。一记乌龙球让他付出了生命的代价,而且挨了整整 12 颗子弹。

因此,我们想要自己支持的运动队赢得胜利,是为了证明自己的优越性,但是我们是想向谁证明呢?当然是向我们自己,也是向其他所有人。**根据关联原理,倘若我们能用一些哪怕是非常表面的方式,比如我们的居住地,让自己跟成功联系起来,我们的公共形象也将显得光辉起来。**

这一切说明,我们会有意识地操纵我们跟输赢双方的联系,这样,在目睹这些关联的人眼里,我们会显得更好看些。我们展示积极的联系,隐藏消极的联系,努力让旁观者觉得我们更高大、更喜欢我们。我们这样做的方式方法多种多样,但最简单也最常用的一种就是巧妙地选择代名词。举个例子,你有没有注意过,主队胜利后,总有狂热的球迷冲进摄像机镜头,高高地伸出食指,大声叫道："我们是第一！我们是第一！"请注意，球迷喊的不是"他们是第一"，也不是"我们队是第一"。这里用的代名词是"我们"，意在尽可能地拉拢跟得胜球队的距离和认同（见图 3-9）。

图 3-9　体育迷们

团队精神可不光是穿着相同的校队队服，阿拉巴马大学的学生们在自己球队获胜后，直接把学校名字写在了身上。

我们还要注意，碰到输球的时候，可不会出现类似的事情。没有哪位电视观众听到球迷大叫："我们是倒数第一！我们是倒数第一！"要是主队失利，我们最好是跟它保持距离。这时，代名词"我们"就不如疏远的"他们"好了。为了证明这一点，我曾在亚利桑那州立大学的学生中做过一个小实验。

影响力研究　INFLUENCE NEW AND EXPANDED

我给学生们打电话，要他们描述一下几个星期前校队打橄榄球赛的结果。有些学生被问到的是一场校队输了的比赛；有些学生被问到的则是赢了的比赛。我和同事阿夫里尔·索恩（Avril Thorne）把他们说的话录音，记录学生使用代词"我们"的比例。统计出来的结果很

第 3 章　喜好　｜　125

明显，学生们会在自己校队获胜的时候使用代词"我们"，把自己跟成功联系起来，"我们打败了休斯敦，17∶14"，或是"我们赢了"。可输球的时候，学生就很少用"我们"了。相反，他们会有意识地让自己跟输掉比赛的校队保持距离，"他们输给了密苏里队，30∶20"，或是"我不知道具体的比分，但亚利桑那队输了"。有个学生的回答绝妙地把亲近赢家、疏远失败者的双重愿望暴露无遗。他先是冷冰冰地报出了主队失利的分数："亚利桑那输了，30∶20。"接着他分外痛苦地脱口说道："他们断送了我们夺取全国冠军的机会！"

不仅体育赛场上存在这种吹嘘自己跟胜利者联系的倾向，政治场上也如此。比利时大选后，研究者想看看居民要过多久才会取下插在自己门口的支持这方或那方政党的标示牌。调查结果显示，要是标示牌上写的是获胜一方的政党，沉浸在积极关联中的户主保留它的时间会更长。

虽说所有人都或多或少想沾染一点荣耀的光彩，但有些人似乎走得太远了些。是什么样的人呢？倘若我猜得没错，这些人不仅是热情的体育迷，也是一些有着隐性人格缺陷——自我意识太差的人。他们内心深处的个人价值感过低，没办法靠推动或实现自身成就来追求荣誉，而只能靠着吹嘘自己与他人成就的关系找回尊严。我们的文化中有好几类这样的群体。爱跟名人套近乎，每次说起名人总是假装很熟的样子，这是典型的一类。不管采取什么样的形式，这类人的行为都具有一个共同的特征：他们的成就并不来自本身。这可真是可悲啊！

这类人里有些还会以一种略有不同的方式来运用关联原理。他们并不会尽力抬高他人成功与自己之间的可见联系，而是会尽力抬高与自己有着明显联系的人的成功。最明显的例子大概要数那些一心想让自家孩子变成大明星的"星妈"了。当然，这么做的也不光是女性。几年前，在艾奥瓦州的达文波特，一位妇产科医生中止了对三名学校官员妻子的服务，据说是因为他的儿子在学校篮球比赛里没有获得足够多的上场时间。①

READER'S REPORT | 读者报告

致西奥迪尼先生：

　　我是个超级电影迷，又在这一行工作。对我来说，每年最重要的日子就是奥斯卡颁奖之夜。我甚至会把颁奖仪式录下来，重放我喜欢的演员的得奖感言。我最喜欢的一段感言是1991年凯文·科斯特纳在《与狼共舞》夺下最佳影片之后说的话。我喜欢这段感言，是因为科斯特纳回应了那些说电影没什么重要性的批评家。确切地说，我真是太喜欢它了，干脆把整段致辞抄了下来，但致辞里有一段话我以前一直搞不懂。科斯特纳对于获得最佳影片奖是这么说的：

　　"尽管这项奖或许不像世界上的其他事情那么重要，但它对我们来说却始终是最为重要的。我的家人永远不会忘记此刻发生的这一幕；我的美洲原住民兄弟姐妹们，尤其是我的苏族同胞们，永远不会忘记；还有，当年跟我一起上高中的同学们，也永远不会忘记。"

　　好吧，我明白为什么科斯特纳永远不会忘记这巨大的荣誉，而且我也知道为什么他的家人永远不会忘记，我甚至知道为什么美洲原住民会记得它，因为这部电影就是讲他们的，但我怎么也搞不懂为什么他会提到他的高中同学们。

>>>

---

① 我的研究团队最初是在美国橄榄球迷身上进行"沾染荣耀光彩"效应研究的，随后又在法国和英国足球球迷身上做了重复研究。另一项研究证实了这种做法的有效性：能够跟成功的运动队建立起联系的人会更受旁观者的青睐。不过关联原理也表明，如果旁观者对成功的运动队并无好感，那这种效应就会发生逆转。研究者发现，"沾染荣耀光彩"效应适用于一种特定的、来自他人的理想评价形式。在旁观者眼里，声称自己跟成功的篮球选手有紧密关系（"好朋友"）的人，本身也会显得更成功。

> 后来，当我在《影响力》中读到体育迷们觉得自己"分沾"了主队球星、球队获胜带来的荣耀时，才明白是怎么一回事。所有跟科斯特纳一起上过高中的人，在他得奖之后都会马不停蹄地告诉自己认识的每一个人：我跟科斯特纳是同学！他们觉得自己也分享了这至上的荣耀，哪怕他们没为电影出过一分力。而且，他们这么想也是对的，因为事情就是这样的。要想得到荣耀，你用不着非得当个大明星，有时候，你只需跟某个明星有点联系就成了。这多么有趣啊！

洛杉矶某电影工作室的这名员工：

这类事情，在我自己的生活里也有不少。我曾经告诉我的建筑师朋友，我跟了不起的弗兰克·劳埃德·赖特（Frank Lloyd Wright），就是那位设计"流水别墅"的建筑师，是在同一个地方出生的。实际上，我本人连条线都画不直，可我总能从朋友眼里看到我想要的那种赞许的反应。"哇，"他们似乎是在说，"你和赖特是老乡？"

如何防范

用很多手段都可以增加好感，而要招架那些刻意对我们采用喜好原则的人，方法反倒十分简单，短短一条就够了。

影响好感的途径多种多样，逐一设计反击策略是毫无必要的，指望这种一对一的策略把每条路都堵死简直不现实。此外，一些导致好感的因素，如外表魅力、熟悉感和关联，都是在潜意识中影响我们的，我们不太可能找出一种合适的防御措施。

我们需要的是一种通用的方法，所有借助好感因素来影响我们做出顺从决策的手腕，都能靠它挡在门外。这种方法的奥妙在于使用的时机。我们不需要识别出所有导致好感的因素，严防死守地不让它们对我们发挥作用。恰恰相反，我建议你听之任之，顺其自然。影响力专家用来诱使我们产生好感的东西，我们不必提防，只要当心它们带来的过度好感就行。一旦我们觉得自己对他人的好感超出了该场合下的正常程度，那就到了唤出防御机制的时机了。

把注意力放在效果而非成因上，我们就用不着去辨别、转移针对好感的多种心理影响力了，这本来也是一个近乎不可能完成的烦琐任务。在跟影响力专家接触的时候，我们只需关注跟好感有关的一件事就行，即我们是不是觉得自己超乎寻常的迅速、热烈地喜欢上了对方？只要发现这种感觉，我们就该警惕了，因为对方可能采用了某种手法，而这时我们就可以采取必要的反击对策。

请注意，我建议使用的策略其实就是影响力专家最青睐的社交柔道术：**不去压抑好感因素产生的影响力，听凭这些因素发挥力量，然后用这股力量反过来对付那些想从中获利的人**。这股力量越大，其反作用也就越明显，对我们的戒备防御也就越有帮助。

假设我们正跟交易员丹商谈一辆新车的价格。丹是继吉拉德之后有望摘取"最伟大的汽车推销员"称号的谈判高手。谈了一会儿，磋商了一阵，丹想要结束交易了，他希望我们打定买车的主意。在做出这类决定之前，我们首先要问自己一个关键的问题："认识这家伙才不过25分钟，我是不是有点超乎预期地喜欢他了呢？"如果答案是肯定的，我们或许还会回想一下丹在这期间的表现。我们大概会想起他给我们递了吃的（咖啡、甜甜圈），赞美我们选择的配件和颜色，逗我们笑，帮我们一起对付销售经理，给我们争取更优惠的价格。

这样把事情从头到尾地回顾一番，或许能给你提供不少信息，但这并不是保护自己不为喜好原则所动的必要步骤。一旦我们发现自己对丹产生了超乎预期的好感，我们并不见得非得知道为什么。知道这种好感来历可疑，就足够我们做出反应了。反应之一是逆转这一进程，主动地讨厌丹，但这对他或许不大公平，也不符合我们的利益。毕竟，总有些人天生就讨人喜欢，丹说不定就是其中之一。非要讨厌那些碰巧很招人喜欢的影响力专家，好像不大对头。再说，为了自己考虑，我们并不想断绝了跟这些好人的商业关系，尤其是他们能帮我们达成一桩划算生意的时候。

我推荐采用另一种反应。倘若我们对关键问题的回答是："没错，在当前这种情况下，我挺喜欢这家伙的。"那么这应该是一个迅速采取还击策略的信号，是时候在心智上把丹和他销售的丰田或雪佛兰区分开来了。这时你务必要记住，要是我们选择了丹的车，把这辆车从经销商店里开出去的人可是我们，而不是丹。不管出于什么原因，我们喜欢上了丹。他长得好看，他好玩，他对我们的个人爱好感兴趣，他有亲戚住在我们的老家，凡此种种，跟我们是否做出了明智的购车决策完全不相干。

因此我们恰当的反应，就是有意识地把注意力放在这笔生意的好处上，放在丹推荐给我们的这辆车的优点上。**在我们做出决定时，把提出请求的人和请求本身从感性上分开，这是很明智的。**可一旦我们跟提出请求的人有过当面的社交接触，哪怕时间十分短暂，也会很容易使我们忽视这其中的区别。在我们对请求者还没什么感觉的情况下，忘掉两者的区别不会造成什么太大的偏差。可要是我们喜欢那个提要求的人，分不清两者的界限，那就有可能酿成大错了。

这就是为什么有必要当心对影响力专家的过度好感。意识到这种好感，能提醒我们把交易者和交易分开，只根据生意本身的好坏做决定。如果我们都能遵循这样的做法，我敢保证，我们会对与影响力专家的交易结果更为满意，当然，我猜交易员丹就不那么满意了。

本章小结

- 人们倾向于答应自己认识和喜欢的人提的要求。影响力专家已经意识到这条原则的威力，他们会通过强调几个能提升个人全面吸引力和好感的因素，来增加自己的影响力。

- 影响好感的第一点因素是外表魅力。虽说人们早就意识到外表漂亮能带来社交优势，但研究表明，这种优势恐怕比我们想得要大得多。外表魅力似乎能造成一种光环效应，把好印象延伸到诸如天赋、善意、智力等其他特点上去。因此，长得好看的人在提请求和改变他人态度方面说服力更强。

- 影响好感的第二点因素是相似性。我们喜欢跟我们相似的人，更愿意轻率地答应他们的请求。

- 影响好感的第三点因素是赞美。一般而言，赞美有助于我们获得他人的好感和顺从。真诚的赞美有两种特别有用的类型，其一是在背后说出来；其二是，让接受你赞美的人获得一种他渴望恪守的声誉，从而继续做出对你有利的行为。

- 影响好感的第四点因素是通过与他人反复接触增强熟悉感。尤其是当双方在积极而非消极的氛围下进行接触时，事情更是如此。互助和成功的合作是最为有效的一种积极氛围。

- 影响好感的第五点因素是关联。广告商、政治家和厂商靠着把自己或自己的产品跟积极的东西联系起来，力求通过关联的过程分享他人积极的观感。其他一些人如体育迷也似乎认识到了这种简单的联系带来的效果，努力在他人眼中把自己跟有利的事情关联起来，疏远不利的事情。

- 要想在做决定时消除好感带来的不必要影响，有效策略之一是警惕对提要求者的过度好感。只要发现自己在当前情况下对请求者产生了不相称的好感，我们就应该从社会互动中退后一步，在心智上把请求者和他所提的请求分开，而只根据这个请求是否对自己有好处来做出决定。

第 4 章
社会认同

人们在可以自由行事时，往往互相模仿。

——埃里克·霍弗（Eric Hoffer）

影响力研究

INFLUENCE NEW AND EXPANDED

几年前，北京一家连锁餐厅的经理与研究者合作完成了一项研究，旨在找出在既有效又不花钱的情况下增加某些菜品销量的办法。他们想看看，能不能在不降低菜品价格、不使用更昂贵的食材升级菜谱、不新增更有经验的大厨，也不聘请顾问对菜品的品质大肆宣传的情况下，就能让顾客更频繁地选择特定菜品。他们想通过直接给菜品贴上一个标签就搞定这件事。经理和研究者的确找到了一种效果特别好的标签，不过和之前预想的诸如"本店特色菜"或"厨师今日特别推荐"这样的标签不同，他们只是给该菜品标上了"最受欢迎"字样。

结果令人印象深刻。每道菜的平均销量都增长了13%～20%。显然，这些菜因为受欢迎而变得更加受欢迎。值得一提的是，菜品的销量增长，靠的是一种既廉价又完全合乎道德（这些菜品的确是最受欢迎的品目）的说服手法，它便于执行，只是此前从来没有经理以这么明显的方式提醒顾客。类似的事情也发生在伦敦。当地一家啤酒厂的酒吧与研究者一起进行了一项实验。酒吧入口处的告示牌如实指出，该啤酒厂当周最受欢迎的酒品是波特。统计发现，波特的销量立刻翻了一番。

这样的结果让我很好奇，为什么其他零售商不提供类似的信息呢？在冰激凌店或冻酸奶店，顾客通常可以点完甜品后再自选巧克力粉末、椰子片、饼干渣等配料。既然受欢迎程度的带动力那么强，你或许以为，经理们应该知道贴

第4章 社会认同 | 135

出海报，说明当月哪些配料或配料组合最受欢迎。很遗憾，他们并没有这么做。其实尤其是对那些不点配料或是只点一种配料的顾客来说，受欢迎度的真实信息会让他们更多地选择加入配料。举个例子，麦当劳的不少门店都提供一种叫"麦旋风"的甜点。当服务员告诉一组顾客："来份甜点怎么样？麦旋风是最受欢迎的。"它的销量就激增了55%。当顾客点了麦旋风，店员接着说，"某某口味的配料顾客最喜欢"，那么，顾客购买的额外配料还会再提升48%。值得一提的是，北京的一家连锁餐厅眉州东坡酒楼受此启发，将"最受欢迎菜品"策略纳入了所有的分店，以测量该策略的可行性和影响力度。

EBOX | 线上影响力

奈飞为何要"泄露商机"

虽然不是所有的零售商都会利用受欢迎度来赚钱，但媒体巨头奈飞（Netflix）从自己的数据中了解到了这一点，并立刻付诸实践。据科技与娱乐记者尼克尔-拉波特（Nicole LaPorte）报道，该公司"素以高度保密观看时长和收视率等方面信息为傲，它高兴地坦言，由于奈飞无须回应广告客户，所以不需要透露任何数据"。但到了2018年，奈飞的态度突然来了个大逆转，它开始大量公布自己最成功的影视产品的相关信息。拉波特说："奈飞在致股东的信中一口气说出了那些成功影片的名称及其播放量，那感觉就像一名喝醉了的水手接管了一艘平常戒备森严的战舰，一夜间泄露商业机密。"

为什么要这样做呢？因为这时公司高层已经看出，人气会提升人气。首席产品官格雷格·彼得斯（Greg Peters）透露了内部测试的结果。奈飞会根据测试结果告知其会员哪些节目受欢迎，从而这使受欢迎的节目变得更受欢迎。公司的其他高管也很快领悟到了这一奥妙。内容负责人泰德·萨兰多斯（Ted Sarandros）宣称，日后奈飞将更乐于公布"世界各地的人们正在观看些什么内容"。奈飞董事长兼首席执行官里德·哈斯廷斯（Reed Hastings）证实了这一承诺，他表示："我们才刚开始分享这些数据，而且将一个季度一个季度地朝这一目标迈进。"

作者点评： 奈飞高管的这些发言表明，该公司的领导层里没有笨蛋。但萨兰多斯还有一句话让我印象深刻："受欢迎度是一个人们可以选择使用的数据点……如果它对会员有帮助，我们就不会秘而不宣。"这里的关键在于，像过去那样对公司产品真实的受欢迎度秘而不宣，不仅无益于创造直接利润，也无益于用户的审慎选择和由此带来的满意度——对公司的长期利润同样没有好处。

社会认同原则

要揭示为什么受欢迎度有这样的作用，我们首先需要了解另一种强大影响力武器的性质：社会认同原则。该原则指出，**在判断何为正确时，我们会根据别人的意见行事。**这一原则尤其适用于我们对正确行为的判断。特定情形下在判断某一行为是否正确时，我们的看法往往会取决于其他人是怎么做的。因此，广告商乐于让我们知道某种产品"销量增长最快"或"销量最大"，因为这样一来，他们就没必要直接说服我们这种产品的质量有多好，而只需要说其他很多人是这么认为的就足够了。

看到别人正在做，就觉得这种行为是恰当的，这种倾向通常都运作得挺不错。以符合社会规范的方式行事，总比跟它对着干犯的错误少。大多数时候，很多人都在做的事情，也的确是应该做的事情。社会认同原则的这一特点，既是它的强项，也是它的主要弱点。和其他影响力武器一样，它为我们判断如何行事提供了一条方便的捷径，与此同时，选择这条捷径的人，也很容易遭到沿途伺机出手的牟利者的设计。

问题出在这儿：**我们对社会认同的反应方式完全是无意识的、条件反射式的，这样一来，偏颇甚至伪造的证据也能愚弄我们。**我们利用其他人的行为来帮助自己判断在某种情况下该怎么做；这完全吻合证据确凿的社会认同原则。但遗憾的是，大多数人在面对明显是牟利者伪造出来的证据时也自动做出了同样的反应。

例子太多了。一些夜总会的老板在会所里还很空的时候，故意让门口排起长队，为自家夜总会的品质制造可见的社会认同感。销售员也受到指点，要多多提到已经有多少多少客户购买了自家的产品。每晚开始营业前，调酒师常常会在自己的小费罐子里放上几张之前客户给的钞票，给后来的客人留下印象，提醒他们其他的客人已经给过小费了，他们也应该这样做。出于同样的原因，教会募款员也会在筹款箱里放上一些钱，以期产生同样的积极影响。基督教传教士也有一套广为人知的做法：他们在听众当中会安排"托儿"，到了特定的时间，这些"托儿"就会走上台做见证或捐款。当然，产品评论网站也常常受到虚假评论的污染，这些虚假的评论要么是制造商自己编的，要么是花钱请人提交的。

同样，对音乐下载选择的研究也表明流行会带来流行。在音乐网站上，当一首此前从来没有人听过的歌被研究者随机设定为流行歌，它就变得更加流行。这一结果证实了人们的普遍认识：跟着人群走一般是正确的。

榜样的力量

为什么这些牟利者这么乐意利用社会认同来捞钱呢？因为他们知道，人们在许多情况下都强烈地倾向于认为，如果一件事别人也在做，那它就更正确了。销售兼励志顾问卡维特·罗伯特（Cavett Robert）在对销售学员的建议中准确地总结了社会认同原则："95%的人都爱模仿别人，只有5%的人能率先发起行动，所以，要想说服别人，我们提供任何证据的效果都比不上别人的行动。"证据简直不胜枚举，我们不妨来看看。

道德：在一项研究中，如果参与者得知大多数同龄人支持军队使用酷刑来获取必要信息之后，80%的人在公开意见和私人观点里都会表示对酷刑更能接受、更支持了。

犯罪行为：如果更多的人认为其他人经常酒后驾车、在残疾人专用车位停车、在商店行窃、交通肇事后逃逸，那么，他们就有更大的可能性做出上述行为。

个人行为问题：如果人们认为对亲密伴侣的暴力行为很普遍，那他日后更可能亲自施暴。

健康饮食：在得知绝大多数同龄人都尝试靠吃水果保持健康之后，荷兰高中生的水果消耗量提高了35%（虽然他们秉持典型的青少年态度，声称自己无意改变）。

网络购物：虽然产品推荐不是什么新鲜事物，但互联网改变了游戏规则，它让潜在客户随时都能接触到此前众多用户对产品的评价。于是，98%的网络购物者表示，真实的顾客评论是影响他们购买决定最重要的因素。

支付罚单：肯塔基州路易斯维尔市向收到停车罚单的人发送了一封信，指出大多数此类罚单都在两个星期内被缴清，此举使付款人数增加了130%，让该市停车罚款收入翻了两倍多。

科学建议：2020年新型冠状病毒肺炎疫情暴发期间，日本研究者调查了决定国民戴口罩频率的原因。研究考察了各种原因，如疾病的严重性、保护自己免受感染、保护他人免受感染等，但只有一个原因对戴口罩的频率造成了重大影响，那就是看到其他人戴口罩。

环保行为：如果人们认为许多人都在通过回收垃圾、节约水电等行为来保护环境，那他们自己也会采取类似的行动。

就环保行为而言，社会认同同样适用于组织。许多国家的政府耗费了大量资源调控、监管、制裁那些污染空气和水源的企业。可对一些违规公司来说，这些功夫都是白费劲，它们要么彻底无视法规，要么就甘愿支付比合规成本略低一些的罚款。但也有国家设计出了有效的方案，通过发动社会认同引擎来促使企业停止污染。该方案组织各个行业内部对排污企业的环境绩效进行评估后公布分数，让相应行业所有企业都能看到自己跟同行比较起来做得如何。此举带来的整体效果非常明显，改善幅度高达 30%，几乎所有的变化都来自那些相对来说最严重的污染大户，因为他们意识到了自己跟同行比起来成绩是多么糟糕。①

研究者还发现，基于社会认同原则的手法，在小孩身上也能发挥作用，有时甚至能取得相当惊人的效果。心理学家艾伯特·班杜拉（Albert Bandura）一直在运用此类手法消除不受欢迎的行为。班杜拉和同事们介绍了一套十分简单的方法，让患有恐惧症的人摆脱极端的害怕情绪。

影响力研究 INFLUENCE NEW AND EXPANDED

在初始研究中，班杜拉和同事选出了一些害怕狗的学龄儿童，让他们看一个小男孩快乐地跟狗玩耍，每天看 20 分钟。通过这样的展示，害怕狗的孩子们在反应上出现了明显变化，仅过了 4 天，67% 的孩子都愿意爬进围栏跟狗玩耍了，等其他人都离开了房间，他们也仍然会继续抚摸、逗弄狗。此外，一个月后，研究者再次测试了孩子们对狗的害怕程度。他们发现，孩子们对狗的恐惧情绪的好转并未随着时间的推移而有所减退，孩子们甚至比从前更乐意跟狗互动了。

---

① 利用社会认同减少企业排污的国家包括印度尼西亚和印度。

研究者又对另一组极端怕狗的孩子做了实验，发现了一项极具实践价值的重要情况：要减少孩子们的恐惧情绪，不一定非得让另一个孩子在现场跟狗玩耍，播放电影片段也具有同样的效果。若电影片段里有许多孩子在跟狗互动，效果会更好。显然，此时社会认同原则发挥了作用。

关于"人多"的放大作用，我们稍后会进行更多探讨。①

READER'S REPORT ｜ 读者报告

致西奥迪尼先生：

我为俄克拉何马州最大的汽车零售商工作，目前面临的最大挑战是如何获得高质量的销售人才。我和同事发现在报纸上刊登广告的回复率很低，所以决定在下班后的通勤时段，在电台上播放招聘广告。我们播放的一则广告重点介绍了顾客对我们所销售车辆的巨大需求，以及有多少人在购买，所以我们需要扩大销售队伍跟进这些需求。如我们所愿，申请加入我们销售团队的人数大幅提升。

但这些广告带给我们最大的影响是客户现场人流量的增加，新车和二手车的销量都在增加，客户态度也有了明显变化。最疯狂的是，当月的销售总量比去年1月增加了41.7%！在汽车市场萎缩4.4%的同时，我们的业务量却几乎是去年的1.5倍。当然，我们的成功可能还有其他原因，比如管理层的变动、设施的更新。可即便如此，不管我们什么时候发布招聘广告，如果在广告中说明我们需

>>>

---

① 研究表明，对他人犯罪频率的感知与潜在犯罪者自己实施犯罪的可能性有关。如果一个人认为对伴侣施暴是件常见的事，那他自己更有可能做出此种行为，但好消息是，如果他通过证据得知不良行为并非社会规范，便会自我克制。98%的网络购物者表示，真实的顾客评论是影响他们购买决定最重要的因素。

> 要人手来满足市场对我们汽车的需求,那几个月的汽车销量总会出现明显的增长。

俄克拉何马州塔尔萨市丰田汽车经销店的招聘和培训主管:

消费者对该经销商的汽车需求量大的说法,极大地影响了顾客对其汽车品牌的态度与行动,这跟我们本章所介绍的社会认同原则一致。但这里还有一个重要信息,有助于解释这种现象。汽车需求量大的信息,是招聘销售员的广告"无意间"透露的。它的大获成功与以下证据相吻合:如果人们认为信息(包括社会认同信息)不是用来说服自己的,就更有可能被这些信息所说服。我敢肯定,如果你们投放的广告直接呼吁顾客购买,并说:"人们正在疯狂购买我们的车!你也快来买吧!"它的效果一定没这么好。

末日过后

为了说明社会认同的影响力有多大,这里有一个我最喜欢的例子。它的吸引力表现在以下几个方面:第一,它是典型的参与式观察。所谓参与式观察,指的是科学家亲身涉足某件事的自然发生过程当中,观察整个过程,但这种方法尚未得到普遍应用。第二,这个例子能为历史学家、心理学家和神学家等不同群体提供各自感兴趣的信息。第三,也是最为重要的一点,它表明我们自己,是的,就是我们自己,不是别人,会怎样使用社会认同来进行自我宽慰,把幻想当成事实。

这是一个古老的故事,不妨翻翻从前的资料,它在过去数千年的宗教活动里从来就没绝迹过。各教派和邪教都有过预言:到了一个特定的日子,信奉本教教义的人就能获得拯救,享受极乐。所有的预言都说,这一天会发生一件重要得不容置疑的大事,通常,它指的是世界末日的到来。不过,让信众感到绝望的是,事实证明,此类预言从来没有应验过。

可是，从历史记录来看，预言落空之后紧接着就会出现一种令人难以理解的情形。大多数时候，信众们并不会因为幻想破灭而如鸟兽散，反倒会越发坚定信仰。他们顶着普通人的嘲笑，走上街头，公开宣讲他们的教条，怀着强烈的热情发展皈依者。总之，哪怕教派的基本教义都成了泡影，信众的狂热也丝毫不曾减退。公元 2 世纪的土耳其孟他努教派是这样，19 世纪的美国米勒教派是这样，16 世纪的荷兰再洗礼教派是这样，17 世纪的伊兹密尔沙巴泰教派还是这样。所以，有三名对此感兴趣的社会学家认为，当代芝加哥的一支末日邪教恐怕也会这样。这三名社会学家是利昂·费斯廷格（Leon Festinger）、亨利·雷根（Henry Riecken）和斯坦利·沙克特（Stanley Schachter），他们当时都就职于明尼苏达大学。在听说了芝加哥邪教之后，他们觉得有必要仔细做一番研究，于是他们决定改名假扮成新信众，加入该邪教做调查，还额外出钱安插了一些研究者到里面去。这样一来，对预言末日到来前后所发生的一切，他们掌握了丰富的第一手资料。

影响力研究 INFLUENCE NEW AND EXPANDED

芝加哥末日邪教的信众很少，成员从未超过 30 人。为首的是一对中年男女，研究者将两人分别称为托马斯·阿姆斯特朗医生和玛丽安·基奇夫人。阿姆斯特朗医生在一所大学的学生健康中心就职，对神秘主义、超自然现象和飞碟一直很感兴趣。所以，说到这些议题，他是邪教组织里受人尊重的权威。不过，基奇夫人才是大家关注的焦点，教派活动也以她为中心。这一年，她开始收到一些来自其他星球神明（被她称为"守护神"）的信息。这些信息，通过所谓的"自动书写"设备从基奇夫人手里源源不断地流出来，构成了该教派宗教信仰体系的主体。"守护神"的教诲是"新时代概念"[①]的集合，跟传统的基督教教义有着或多或少的联系，就好像"守护神"在到访北加利福尼亚州时刚好把《圣经》读了一遍。

---

① 这是一种去中心化的宗教及灵性概念，发源于 20 世纪 70 年代到 80 年代的西方社会。——译者注

"守护神"传来的信息，本来就是教派信众有诸多讨论和阐释的主题，可当它预言即将发生一场大灾难，暴发一场始于西半球、最终将淹没整个世界的特大洪水时，它们立刻获得了新的意义。出于可以理解的原因，信众一开始非常惊恐，可随后的信息宽慰他们说，凡相信基奇夫人所传教诲的人，都能幸免。灾难降临之前，会有太空人出现，用飞碟把信众带去安全的地方，那地方有可能是另一个星球。有关营救行动的其他细节很少，但信众要做好登上飞碟的准备，预先排练特定的口令，如"我把帽子留在家里了""你有什么问题吗""我就是自己的挑夫"。要把衣服上的所有金属配件取下来，因为携带金属物品会使飞碟在飞行时"极其危险"。

费斯廷格、雷根和沙克特研究者观察了信众在洪水暴发日到来之前数个星期的准备，注意到他们的行为有两个特别重要的方面。第一，信众们对邪教信仰体系的投入程度极高。因为觉得就要离开即将毁灭的地球了，信众们采取了一些无法挽回的举措。大多数信众的家人和朋友都反对他们的信仰，可这些人却固执己见，哪怕失去旁人的关爱也义无反顾。有好几名成员的邻居和家人甚至威胁要对他们采取法律行动，宣告他们精神失常。比如，阿姆斯特朗医生的姐姐就曾向法院提出诉讼，要求取消阿姆斯特朗医生对两名年幼孩子的监护权。许多信众辞掉了工作，中断了学业，全职投入邪教活动中。有些人还觉得个人财产很快就没用了，于是要么将其送人，要么扔掉。这些人分外肯定真理掌握在自己手里，所以顶住了来自社会、经济和法律等各方面的巨大压力。而在跟所有压力对抗的同时，他们对教条的虔诚信奉也随之深化。

第二，洪水到来之前，这些信众的行为是一种古怪的无所作为。毫无疑问，他们深深相信自家的教义，但他们很少对外宣扬。虽说一开始他们公布了大难即将到来的消息，但并未积极尝试转化别人的观念。他们愿意发出警报，劝告那些主动做出回应的人，但至多如此。

这个小群体不愿招募新信众体现在方方面面。除了不愿劝说别人，他们还想方设法地保密，如将多余的教义复印件统统烧毁；制定密码和秘密手势；规定部分私人录音带的内容不得和外人讨论，这些录音带非常隐秘，连老信众都不得对其做笔记。他们想方设法地避免外界关注他们。随着灾难日的临近，聚在该教派总部，也就是基奇夫人家外的报纸、电视台和电台记者越来越多。大多数时候，这些信众把记者拒之门外，或是置之不理。要是有人问问题，最常见的回答是"无可奉告"。有一段时间，记者们感到很是气馁，但等阿姆斯特朗医生因为搞宗教活动被大学医疗中心开除之后，他们又报复般地蜂拥而至。有个特别固执的记者，甚至还受到了吃官司的威胁。预言中洪水来临的前一天晚上，记者们再度挤过来要这些信众透露信息，照例也被驱散了。事后，研究者总结了教派在洪水到来之前对公众曝光和吸纳新成员的立场："面对声势浩大的媒体宣传，他们想尽了一切办法保持低调，不为名声所动。明明有无数的机会可以发展信众，他们却回避、保密，呈现一种近乎超然的漠不关心的态度。"

终于，赶走了所有的记者和想来投奔的信众，信众开始为登上预计在午夜到达的飞碟做最后的准备。在费斯廷格、雷根和沙克特眼里，这场面简直是一出荒诞剧。本来是普普通通的人，包括家庭主妇、大学生、高中生、出版商、医生、五金店伙计和他的妈妈，现在却认认真真地参加着演出。他们从两名定期与"守护神"联系的成员那里接受命令，除了基奇夫人的书面信息，那天晚上还有伯莎做补充。伯莎从前是个美容师，通过她的嘴巴，"造物主"下达指示。他们勤奋地排练台词，齐声呼喊飞碟到来前的口号："我就是自己的挑夫。""我就是自己的指南针。"此时来了一名访客，自称是"录像船长"，这是当时一出电视剧里的虚构人物，此人说他带来了些口信。这些信众居然认真讨论起这到底是恶作剧，还是该把他说的话当成救援飞碟捎来的密报。

因为不能带任何金属物品上飞碟，这些信众把衣服上的所有金属零件都取下来了。鞋子上的金属扣眼挖掉了；妇女们要么不戴胸罩，要么就扯掉了胸罩里的金属撑架；男人们使劲拽掉了裤子上的拉链，皮带也不用了，改用绳子系住裤腰。

这些信众去除金属物件的狂热情形，有一位被安插在邪教中的研究者亲身体验过。还有25分钟就到午夜了，他忘了取下裤子上的拉链。这位研究者这样说："周围的人知道这件事后，立刻恐慌起来。他被推进卧室，阿姆斯特朗医生双手颤抖，眼睛每隔几秒就看看时钟，他用一把刀片把拉链割掉，又用钳子拧掉了金属扣。"紧张的行动结束之后，研究者回到客厅，他身上少了些金属器件，脸色更加苍白了。

很快就要到预言里离开地球的时间了，这些信众安静下来，无声无息地期待着。研究者详细地记录下了这一重要时间段里发生的事情。

最后10分钟，客厅里的信众分外紧张。他们什么也不做，只是把外套放在膝盖上，坐着等待。在紧张的沉默当中，两座时钟嘀嗒嘀嗒地走动着，声音十分响亮，有一座钟比另一座快了10分钟。走得快的那座钟指向了12点5分，一位在场的研究者大声地指出了这个事实。人群齐声答道，午夜还没到呢。鲍勃·伊斯曼（Bob Eastman）肯定地说，走得慢的那座钟计时准确，因为他下午才亲手校准过。而从时钟上看，还有4分钟就到午夜了。

这4分钟在一片死寂中流逝，只有一丝杂音冒出来。壁炉架上走得慢的时钟显示，离飞碟预计降临的时间只有1分钟了，基奇夫人紧张地高声叫了一嗓子："还没有哪次安排落了空！"时钟敲了12下，每一声敲击都清晰得令满怀期待的信众痛苦万分。他们一动不动地坐着。

人们或许指望着出现一些明显的反应。午夜过去了，什么事也没有发生。预言中的大洪水还有不到7小时就要来了，但此时却看不见屋里的人有什么反应。没人说话，没有声响。这些信众呆若木鸡地坐着，面部似乎凝固了，毫无表情。人群中还有唯一还能动弹的人，他躺在沙发上，闭着眼睛，但没有睡觉。过了一会儿，跟他说话的时候，他能哼哼出几句单音节的回答，可还是躺着一动不动。其他人表面上没有什么变化，可事后表明，当时他们受到了沉重的打击。

渐渐地，一种绝望和混乱的气氛在痛苦中笼罩了整个小团体。他们再三检查着预言和相关信息；阿姆斯特朗医生和基奇夫人又重申了信念。这些信众仔细审视了当前的困局，提出了一个又一个的解释，但都不满意。到了凌晨4点，基奇夫人崩溃了，痛哭起来。她抽泣着说，她知道有人开始起疑心了，但整个教派必须向最需要它的人给予支持，人们必须紧紧地团结起来。其余的信众也渐渐沉不住气了，他们颤抖着，好多人都快哭出来了。现在将近凌晨4点30分了，解决困境的办法却还没找到。这时候，午夜飞碟没能前来营救的事，大部分人也都公开地承认了。教派似乎面临解体。

在一片怀疑的阴云中，这些信众的信心好像马上就要瓦解了，研究者却接连目睹了两件不同寻常的事情。第一件事出现在凌晨4点45分左右，基奇夫人的手突然开始"自动书写"，记下了天上传来的神谕。她大声地朗读出来，事实证明，这段信息为当晚发生的事情做出了优雅的解释："小教团，你们独坐了整整一晚，你们散发出的光芒，让上帝拯救了世界，使之免于毁灭。"虽然这个解释简洁有力，但本身还不够令人满意。比方说，听了神谕以后，一名信众站起身来，戴上帽子，穿上外衣，一走了之，再也没有回来。要恢复信众的信心，还需要来点额外的东西才行。正是为了满足这一需求，第二件值得注意的事情出现了。在场的研究者再一次为读者们提供了生动的描述：

教派里的气氛顿时为之一变，信众的行为也跟着变了。宣读了解释预言不中的信息之后，短短几分钟里，基奇夫人就又收到了一段信息，要她将该条神谕公之于世。她拿起电话，拨给一家报社。在等电话接通的时候，有人问："基奇夫人，这是你第一次亲自打电话给报社吗？"她立刻回答："哦，是的，这是我第一回给他们打电话。以前我从来没什么可以告诉他们的，但现在我觉得事出紧迫。"整个小团体都对她的感觉有了共鸣，因为所有人都觉察出了一种紧迫感。基奇夫人打完电话后，其他成员也轮流给报社、通讯社、电台和全国范围发行的杂志社打电话，告知洪水未曾降临的原因。因为想要迅速而又轰动地把消息传播开来，这些信众把以前严加保密的事情公开了。就在几个小时之前，他们还使劲躲着报社记者，觉得媒体的关注让人痛苦，现在却热心地想要曝光了。

不仅长久以来的保密政策来了个大转弯，教派对转化潜在信众的态度也完全不同了。之前，对拜访总部、有意投靠的新人，这些信众要么是置之不理、拒之门外，要么就是马马虎虎地敷衍了事。可预言落空之后的这一天，一切都变了。他们接待了所有的访客，回答了所有的问题，想努力改变来访者的信仰。这些信众招纳新成员的愿望空前高涨，最能说明这一点的，是在第二天晚上 9 名高中生来找基奇夫人谈话的时候。

这几名高中生发现，基奇夫人正跟人在电话里讨论飞碟的事，过了一会儿才知道，基奇夫人认为对方是个外星人。基奇夫人既想继续跟他说下去，又急着招待新客人，于是就让他们也来参加谈话。在一个多小时里，她跟客厅里的客人和电话那头的"外星人"轮流说着话。她太想劝人改变信仰了，简直容不得放过任何机会。

这些信众在态度上发生了 180 度的大转弯，原因何在呢？一开始，他们沉默寡言、对神的旨意严加保密，可仅过了几个小时，他们就成了热心的宣传家，到处传播神的福音。预言里的大洪水根本没来，不信他们那一套的人反而会觉得这个教派及其教条全是闹剧。是什么使他们选择了这样一个完全不合适的时机呢？

一切的关键就发生在"洪水"之夜的某个时候,所有人都越来越清楚地意识到,预言不会成真。奇怪的是,驱使信众宣扬其信仰的,并不是先前的确定感,而是一种逐渐扩散的怀疑。他们稍微摸到了点头绪:要是飞碟和洪水的预言根本是错的,那么整个信仰体系恐怕都站不住脚。对蜷缩在基奇夫人客厅里的信众而言,这种很快就要变成现实的前景太恐怖了。

这些信众已经走得太远了。为了自己的信念,他们放弃了太多东西,要是信仰破产了,他们也完了。由此而来的耻辱感、经济损失和旁人的嘲弄,都让人承受不起。从他们自己的话里,就可以看出坚持信仰是这些信众的关键需求。一位带着三岁小孩的年轻妇女说:"我非得相信洪水会在 21 日来袭不可,因为我已经用光了所有的钱。我辞了工作,从计算机学校退了学,我不能不信。"

在外星人预计到达的时间过去 4 小时之后,阿姆斯特朗医生对一位研究者说:"我已经走了好长的一段路了。我几乎放弃了一切,我跟所有人都断了交。我拆掉了回头的每一座桥,我背弃了世界。我绝不能怀疑,我只能相信。事实只有这一个,其他的全是假的。"

想象一下阿姆斯特朗医生和其他的信众在清晨来临时陷入了什么样的窘境吧!他们为自己的信仰许下了太多承诺,以至于已经容不下其他的真相了。然而,这套信仰刚刚遭到了现实的无情冲击,没有飞碟降落,没有外星人敲门,预言说的一切都没发生。既然唯一可以接受的真理被现实证据彻底否定了,信众要摆脱困境就只有一条路可走了。它必须为信仰的有效性建立另一种证明形式:社会的认同。

这样就解释了他们为什么会从保守秘密变成狂热宣传,同时也说明了他们态度的转变为什么会发生在这个关头。信仰直接遭到否定,最是难以说服外人的时候,他们必须冒险直面外界的嘲笑和轻视,因为宣传和吸纳新人是他们唯一的指望。要是他们能传播神谕,告诉那些不知情的人,说服持有怀疑态度的人，并在这个过程中拉拢新人，那么，他们遭到威胁的宝贵信仰便能更加真实。社会认同原则这样说，**认为一种想法正确的人越多，持有这种想法的人就越会觉得它正确**。教派的任务很明确，既然事实证据无法更改，那就只有改变社会证据了。你能说服别人，自己也必然信服。

不过，大概是因为接下任务时太过绝望，这些信众招募新人的努力彻底失败了，他们没拉拢到一个愿意皈依的人。到了这时候，整个教派在物质和社会上面临着双重失败，很快就解体了。洪水预言破灭后不到三个星期，教派成员就如鸟兽散，只在彼此间维持着零星的沟通。最后的预言落空了，整个教派却灭亡在了从未发生的在洪水中，真有些讽刺。

预言失灵的世界末日教派也不一定全是这个下场。要是他们能行之有效地招募到新人，为自己的信仰建立起社会认同，那就还能继续繁荣发展下去。举例来说，荷兰的再洗礼教派预言1533年世界会毁灭，但那一年太平无事地过去了，之后，教徒狂热地招募皈依者，为此投入了前所未有的精力。据说，有个叫雅各布·范·康朋的传教士口才超凡，一天之内就给100人施了洗礼。社会认同的力量如同滚雪球般越来越大，巩固了再洗礼教派的地位，并很快逆转了他们预言落空的不利局面，荷兰大城市里2/3的人口都成了该教派的成员。

最佳条件

本书讨论的所有影响力武器都有适用的条件，在有些条件下效果好些，有些条件下效果差些。倘若我们要保护自己免受这类武器所伤，那么了解它的最佳适用条件，明确我们在什么时候最容易受它影响，毋庸置疑是最为重要的。社会认同原则最佳适用条件有三项：当我们不确定怎么做才最好时（不确定感）；当最佳做法的证据来自大量其他人时（从众）；当证据来自跟我们类似的人时（相似性）。

条件1：不确定感

关于社会认同原则的最佳适用条件，我们已经可以从芝加哥末日邪教的例子中看出一点端倪。引发信众吸纳新人需求的，是信心的动摇，这是产生不确定感的其中一个原因。也就是说，**在自己不确定、情况不明或含糊不清、意外性太大时，我们会产生不确定感，这个时候最有可能觉得别人的行为是正确的**。

对环境不熟悉，是不确定感扩散的另一个原因。在这种情况下，人们特别容易跟着别人走。还记得前文介绍过的北京连锁餐厅实验吗？经理给菜单上的某些菜品贴上"最受欢迎"的标签后，大大增加了这些菜品的点单率。尽管菜品"最受欢迎"标签提高了各类就餐者（男性、女性、各年龄段顾客）的点单率，但有一种顾客最有可能按受欢迎程度来下单，即不常光顾、对餐厅并不熟悉的顾客群体。顾客此时无法依赖现有经验来做决策，便会强烈地倾向于寻求社会认同。

有人光凭这一点洞见就变成了千万富翁，此人名叫西尔万·戈德曼（Sylvan Goldman）。

> **影响力研究　INFLUENCE NEW AND EXPANDED**
>
> 1934年，戈德曼收购了几家小型杂货店。他注意到，要是顾客觉得手提购物篮太重，就会停止购物。通过这一点，他得到启发，发明了购物车。购物车最早的样子是一把带有轮子的折叠椅，上面载着一对沉重的金属篮。起初，这套装置太标新立异了，戈德曼的顾客们都不愿使用，哪怕他在店里提供充足的购物车，把它们放在显眼的地方，还竖起告示牌，说明其用途和好处也无济于事。戈德曼十分沮丧，但在打算放弃的时候，想出了一个通过社会认同原则减少顾客不确定感的办法：他请店员推着购物车在店里四处走。结果，他的顾客们都竞

相效仿。这一发明很快就席卷全国,到戈德曼去世以前,他已经变得非常富有了,资产超过了 4 亿美元。

除了对特定环境的不熟悉,另一种不确定感来自我们对自己在某一问题上的既有偏好缺乏信心。这时,我们同样特别容易受社会认同的影响。我的同事马丁和曼金在拉丁美洲麦当劳餐厅所做的另一项研究可为此提供证据。大多数来到麦当劳的顾客点餐时并不买甜品,这使他们对自己的甜品偏好没有信心。因此,当社会认同信息告诉他们麦旋风是最受欢迎的甜品时,他们购买麦旋风的概率便明显提高了。不过,因为大多数麦当劳顾客更熟悉店里的汉堡,也就会对自己选择汉堡的决定很有信心,所以就算告诉他们哪一种汉堡最受欢迎,也不会影响他们对汉堡的选择。

在一项研究中,研究者为参与者接入了大脑成像设备,通过观察大脑与感知价值相关的区域——前额叶皮层的背侧区来监测大脑反应。研究者要求参与者浏览亚马逊上各种产品的评价,然后发现,如果参与者对自己关于产品的观点缺乏信心,就更有可能认同大多数人对这个产品的评价。

READER'S REPORT | 读者报告

致西奥迪尼先生:

　　有一次,我要坐火车去伦敦找我女朋友。那列火车没能准时发车,而且没有说明原因,我就坐在停着的火车里。不一会儿,站台对面的另一列火车也停了下来。接着发生了一件奇怪的事。一些人离开了我坐着的那列火车,登上了另一列,这引发了一种自发的、放大的效应,让包括我在内的大约 200 人都从我坐着的那列火车走下来,登上了另一列。过了几分钟,一件更奇怪的事情发生了:一些人开始离开第二列车,而整个流程以相反的顺序又来了一次,让

> 包括我在内的每个人回到了原来的火车上,哪怕没有任何通知能证明这么做的合理性。
>
> 不用说,这给我带来了一种相当愚蠢的感觉,觉得自己是一只愚蠢盲目的火鸡,追随着社会认同的每一波集体冲动。

这名丹麦的大学生:

在不熟悉、缺乏客观线索进行判断的情况下,人们会产生不确定感。例如,在这个例子中,因为火车站工作人员没有发布通知,所以社会认同便开始接手引导行为,不管这有多可笑。

在审视他人反应,消除不确定感的过程中,我们很容易忽视一点微妙而重要的事实,即其他人有可能也在寻找社会证据。尤其是在局面模糊不清的时候,人人都倾向于观察别人在做什么,这会导致一种叫作"多元无知"的有趣现象。深入理解"多元无知"现象,能帮我们解释一道在全美国频频出现的谜题:受害者迫切需要帮助,全体旁观者却无动于衷。

看客袖手旁观的经典报告,始于《纽约时报》的一篇文章,它在新闻界、政治界和科学界掀起了轩然大波。20多岁的姑娘凯瑟琳·吉诺维斯(Catherine Genovese)深夜下班回家,在其住所所在的街道上被杀害。令人吃惊的是,她的38名邻居只是透过窗户眼睁睁地旁观了这一切,而没有一个人动动手指打电话报警。这起案件引发了一场全美的骚动,并使得学术界做了一系列的科学研究,以调查旁观者什么时候会在突然事件中出手相助,什么时候不会。近些年来,研究者已经深入探讨了邻居们之所以无动于衷的细节,以及他们是否真的无动于衷。就这一案件而言,研究者甚至揭穿了劣质新闻夸大社会矛盾等无良的报道方法。然而,由于此类事件频繁发生,旁观者在紧急情况下何时出手干预的问题,仍然有其重要意义。答案之一就是"多元无知"效应有可能导致悲剧性后果。芝加哥合众国际社也曾报道过类似事件:

警方星期六说，一名女大学生在本市最受欢迎的一处旅游景点，于光天化日之下遭到殴打并被勒死。

星期五，一名12岁男孩在艺术学院围墙边的浓密灌木丛中玩耍，发现了23岁的李·亚历克西斯·威尔森的裸尸。

警方推论，威尔森遭到袭击时，有可能正坐在或站在艺术学院南广场的喷泉附近，而后，行凶者将她拖进了灌木丛中。警方说，她明显遭到了性侵犯。

警方表示，有好几千人从案发地点经过，一名男子曾报告说在下午两点前后听到一声尖叫，但并未深究，因为似乎没有其他人注意到。

很多时候，紧急情况乍看起来并不会显得十分紧急。 倒在小巷里的男人，是心脏病发作了，还是只是喝醉了酒？隔壁的喧闹是需要报警的暴力打斗，还是只是无须外人干涉的夫妻俩的小打小闹？到底是怎么回事？碰到这种不确定的情况，人们很自然地会根据周围其他人的行动来加以判断。我们可以根据其他目击者的反应方式，得知事情到底够不够紧急。

可我们很容易忘记，其他旁观该事件的人恐怕也正在寻找同样的社会证据。因为我们所有人都喜欢装出一副镇定自若、从容不迫的样子，所以我们可能只是暗中瞟着周围的人，不动声色地寻找着证据。这样一来，在每一个人眼里，其他的人全都是镇定自若的，没打算采取什么行动。于是，在社会认同原则的作用下，人们会觉得这起事件没什么紧急的。

紧急情况下的最佳策略

关于旁观者什么时候会提供紧急援助，社会学家们已经有了明确的结论：**只要消除了不确定感，目击者们确信出现了紧急情况，那他们就很可能会出手相助。** 在这种情况下，自己帮忙或叫人帮忙的旁观者人数，都是令人颇感欣慰的。以佛罗里达州的 4 次独立实验为例。研究者模拟事故现场，叫一位维修工人出演。在其中的两次实验中，当该名男子明确表示受了伤，需要帮忙时，100%的旁观者都伸出了援手。在另外两次实验里，旁观者要帮忙，就有可能会触电，但仍有 90% 的旁观者伸出了援手。而且，不管旁观者是一个人还是一群人，主动帮忙的概率都很高。

可要是旁观者无法肯定看到的是不是紧急情况，局面就大不相同了（见图 4-1）。

图 4-1　他们是受害者吗？

类似图中的这种情况，无法肯定当事人是否需要紧急救助，因此就算此人真的需要帮助，人群中恐怕也很难会有人伸出援助之手。想想看，如果你是图中的第二个过路人，恐怕你也会受到第一个过路人的影响，觉得倒在地上的人并不需要帮助。

用科学术语解释现代生活的危险，并不能消除这些危险。好在我们对旁观者的"冷漠"有了新的理解，带来了真正的指望。靠着这一科学认识，紧急事件的受害者可以极大地提高自己获得他人救助的概率。这里的关键是要意识到，**旁观者群体没能帮忙，不是因为他们无情，而是因为他们不能确定**现在是不是处于一种紧急情况，所以就无法进一步确定，此时是否需要自己采取行动。只要他们明确地意识到自己有责任插手干预紧急事件，他们便大有可能采取行动。

既然我们现在知道，"敌人"只是单纯的不确定状态，那么紧急事件的受害者就要尽可能减少不确定状态，保护自己。设想一个夏天的午后，你在公园里参加音乐会。音乐会结束时，人们开始离场，你发现自己的一只胳膊略感麻木，但你以为没什么好大惊小怪的。然而，当你随着人群朝着远处的停车场走去时，你感觉麻木的范围在扩展，手也僵了，半边的脸也硬了。你困惑不解，决定靠在树下休息片刻。很快，你意识到麻烦大了。坐下来没有丝毫帮助，事实上，你的肌肉控制力和协调力越来越差，你逐渐连嘴巴都难以动弹，快说不出话来了，你想站却站不起来。一个可怕的想法冒了出来："啊，天哪，我中风了！"人们成群结队地经过你身边，可大部分人都没注意到你。少数几个人注意到了你跌倒在树下的古怪样子，或是你脸上难看的表情，但他们看了看周围的人，想寻找社会证据，却发现他人并没露出关心的样子，于是也觉得没出什么事儿，径直走开了。这样一来你就只能靠自己了。

要是你发现自己正处在这样的困境中，你该怎么做才能获得救助呢？由于你的身体能力正在退化，抓紧时间至关重要。要是你在找到救助之前丧失了说话能力、行动能力，甚至连意识也没了，那你获得帮助、恢复健康的概率必然大幅下降。因此，赶紧得到帮助非常重要。那么什么样的求救形式最有效呢？呻吟、叹息或喊叫恐怕无济于事，它们能让别人注意到你，但其信息量还不足以让路人确信你存在真正的紧急情况。

如果光是呼喊难以引来过路群众的援手，你恐怕应该更有针对性一些。事实上，你要做的不仅仅是吸引别人的注意，你应当清楚地喊出你需要帮助。你不能让旁观者来判断你的情况，不能让他们认为你没什么要紧的，要用"救命"这样的字眼来表现你需要紧急救助的事实，别担心会不会是自己搞错了。这个时候，尴尬是你要镇压的头号敌人。如果你认为自己中风了，那你可没工夫顾忌自己是不是把问题说得太严重了。你是愿意承受一时的尴尬，还是愿意就这么死掉，或是终身瘫痪？

就算是高声呼救，也不见得是最有效的手法。它或许可以让旁观者不再怀疑你此刻是否存在紧急状况，但无法消除他人心目中另外几个重要的疑点：你需要什么样的救助？我应该上前帮忙，还是让其他更有专业资格的人来做？是否已经有其他人去找专业人士来帮忙了，还是该我去找？旁观者怀着这些困惑呆呆地望着你，对你来说生死攸关的时间就这样转瞬即逝。

很明显，身为受害者，除了提醒旁观者你需要紧急救助之外，你还必须多做点什么，消除他们的不确定感，告诉他们怎样提供救助，谁该提供救助。那么，什么样的办法才最有效、最可靠呢？

根据我们已经看过的研究结果，我建议是从人群里找出一个人来，盯着他，直接指着他说："你，穿蓝夹克的那位先生，我需要帮助。请叫救护车来。"这样一句话，消除了一切有可能阻碍或拖延救助的不确定状态。你把穿蓝夹克的先生放在了"救助者"的位置上。他现在应该明白，紧急救助是必要的；他也应当理解，负责提供救助的不是别人，而正是他本人；最后，他还应该很清楚自己要如何提供救助。各项科学证据表明，只要你这样做，就应该会得到快速、有效的帮助。

READER'S REPORT | 读者报告

致西奥迪尼先生：

有一次我从一条灯火通明的大街上走过，看到似乎有人掉到了施工中的地沟里。地沟的保护措施做得很好，我并不肯定自己当真看到了，或许只是我眼花，只是在胡思乱想呢。要是在一年前，我会继续走我的路，以为离得更近的人会看得更清楚。但现在我看过了您的书，所以，我停下脚步，回过头去看看自己是不是真的眼花了。结果真的是有人出事了，一个男人掉进了沟里，昏迷不醒。地沟很深，所以旁边走过的行人很难发现他。我正努力想做点什么的时候，两个途经此地的人已经帮忙把他拉了上来。

今天的报纸上说，在过去3个星期里，寒潮让全波兰冻死了120个人，如果我们不救那个家伙出来，他很有可能是第121个，那天晚上的温度是零下21℃。

他应该感谢您的书救了他的命。

波兰弗罗茨瓦夫的这位女士：

几年前，我在十字路口发生了一场严重的车祸。我和对方司机全都受了伤。他倒在方向盘上昏迷不醒，我脚步踉跄地下了车，血滴滴答答地洒在路上。周围的汽车慢慢从我们身边开过去，司机们目瞪口呆，却并未停车。和这位波兰女士一样，我也读过自己的书，所以，我知道该怎么办。我径直指着一辆车的司机："打电话报警。"又指着第二辆和第三辆车的司机："停车，我们需要帮助。"不仅他们飞快地过来帮了忙，人们的善意也传染开来，更多的司机自发停了车，去照看另一位伤者。

因此，一般而言，**在需要紧急救助的时候，你的最佳策略就是减少旁观者的不确定状态，让周围的人注意到你的状况，搞清楚他们的责任**。尽可能精确地说明你需要什么样的帮助，不要让旁观者自己判断，因为尤其是在人群里，社会认同原则以及由此产生的"多元无知"效应很可能会使他们认为你的情况并不紧急。在本书提到的所有说服技巧里，这一条恐怕最为重要，必须记住。毕竟，要是没得到紧急救助，说不定你就没命了。

除了这一宽泛的建议外，还有一种形式特殊的不确定状态，只有女性需要在特殊紧急情况下加以消除，那就是女性在公共场合受到男性肢体攻击时的对抗。相关的研究者怀疑目击者会因为不确定这两人关系的性质而不加以援助，因为他们觉得，干预情侣吵架是一件费力不讨好的事。为检验这种可能性，研究者让参与者观看了一场男女之间的公开斗殴。如果没有明确线索表明两人之间的关系，近70%的男女参与者都认为这两人是恋爱关系，只有4%的人认为他们完全是陌生人。另一些实验提供了一些线索定义两人之间的关系，比如让女性大叫"真不知道我为什么会嫁给了你"或是"我不认识你"，研究者发现旁观者群体产生了并不乐观的反应。虽然打架的严重程度一样，但旁观者不太愿意帮助已婚女性，因为他们认为这是夫妇之间的私事，妄加干涉只会让大家都感觉尴尬和不快。

因此，一名女性如果与一名男性发生肢体冲突，绝不应该指望通过简单的喊叫来获得旁观者的帮助。旁观者很可能会把这件事看成家庭争吵，因而觉得出手帮忙会不合时宜。幸运的是，研究数据为解决这一问题提供了一条思路：要大声地给攻击者贴上"陌生人标签"——"我不认识你！"，如此一来，女性获得帮助的机会将大大增加（见图4-2）。①

---

① 关于吉诺维斯邻居们的"冷漠"的文章最先被作为长篇报道发表在《纽约时报》的头版，这篇先红极一时后又臭名昭著的报道还被《纽约时报》当时都市版的编辑亚伯拉罕·迈克尔·罗森塔尔（Abraham Michael Rosenthal）收录进了自己的书中。一些研究者推翻了这一记叙的许多核心细节。另有证据表明，如果旁观者确信存在紧急状况，是不太可能无动于衷的。

图 4-2　想得到帮助，你就必须正确地大喊

一男一女发生冲突，旁观者通常会认为这两人是恋爱关系，外人出手干预没有必要，或是不恰当。为了消除这种感知，获得帮助，当事女性应该大喊："我不认识你！"

从众

正如我之前所说，跟其他影响力武器一样，社会认同原则也有最适用的条件。我们已经探讨了这些条件中的一个：不确定感。毫无疑问，在人们不确定的时候，更容易根据其他人的行为来判断自己该怎么做。除此以外，还有一个重要的适用条件：人多。同一种行为，做的人越多就显得越正确。如果你怀疑这一点，就不妨来做个小实验（见图 4-3）。请站在川流不息的人行道上，凝视着天空或高层建筑，保持整整一分钟。这期间可能不会发生什么，大多数人会头也不抬地从你身边走过，几乎没人会停下来跟你一起凝望同样的地方。第二天，请你到同一个地方，带上 4 个朋友跟你一起抬头望天。60 秒内，肯定会有一群路人停下来，跟你们一起朝上看。行人就算不跟你们一起发傻，也抵挡不了暂时朝上看一看的压力。纽约的 3 名社会心理学家曾经做过这个实验，要是你尝试的结果跟他们一样，那你和朋友们能使 80% 的路人一起抬头朝那空空如也的地方看。而且，如果人数多到一定的程度（20 人左右），召集的朋友越多，加入的路人就越多。近半个世纪后，牛津的调查人员也观察到了跟纽约市人群里抬头望天的研究类似的模式。

图 4-3 追随人群"向上看"

群体的吸引力太强大了！

社会认同信息不一定非得是视觉形式才能影响人们。让我们来看看，在大型歌剧这一人类最古老、最庄严的艺术表现形式的历史里，从业者是怎样大肆利用社会认同原则的吧。他们用的就是所谓的"捧场"现象。

影响力研究 INFLUENCE NEW AND EXPANDED

"捧场"是 1820 年巴黎歌剧院的一对常客首创的，这两人名叫索通和波奇尔。不过他们可不光是歌剧看客，还是生产掌声的商人，并且知道怎样构建社会认同来诱发更多的掌声。

他们成立了一家叫作"歌剧演出成功"的保险公司，向希望得到观众积极反馈的歌手和剧院经理提供服务。索通和波奇尔极为成功地靠着通过预先安排的反应激发出了观众的真实反应，没过多久，"捧场"（一般会有个"首席喝彩"，再加上几个附和的）就变成了整个歌剧世界的惯例和传统。

音乐历史学家罗伯特·萨宾（Robert Sabin）指出："到了 1830 年，捧场制度达到全盛时期。各家机构白天收钱，晚上鼓掌，一切都在光天化日之下进行……但不管是索通，还是他的盟友波奇尔，都没想过自己设计的这套付费鼓掌的做法，会在歌剧界蔓延到如此轰轰烈烈的程度。"

随着捧场制度的发展，从业者们开始提供形式和强度不一的各种服务项目。有能一声令下说哭就哭的"哭娘"；有能用狂喜的声调高喝"再来一个"的"喝彩人"；还有如今录制笑声音轨的演员的老祖宗，笑声极具感染力的"笑匠"。不过，在索通、波奇尔及其接班人所创造的商业模式里，我们可以观察到最具启发意义的一点：散坐在观众里的捧场客越多，给人留下"还有许多人喜欢这场演出"的印象越强，也就越具有说服力。所以，托儿们，喝彩吧！

同样地，当今政治事件（比如美国总统竞选辩论）的旁观者也有可能受到观众反应程度的极大影响。在美国总统竞选辩论中，观众对候选人表现的感知对选举结果至关重要，政治学者也注意到了辩论的重大影响。为此，研究者调查了造成辩论成功或失败的因素。其中一个因素是，辩论现场观众的反应，会影响远程观众（一般是通过电视、广播或流媒体[①]视频）的反应。研究者展示候选人真实的表现，但借助技术调整了现场观众的反应（鼓掌、欢呼、大笑），进而考察远程观众对候选人的看法会受这些人为调整过的反应怎样的影响。研究结果显而易见：从辩论表现、领导才能和好感度的角度来看，不管是 1984 年里根对蒙代尔的辩论还是 1992 年克林顿对布什的辩论，哪个候选人收获了现场观众最强烈的反应，就能赢得当天远程观众的心。一些研究者甚至有些担心总统辩论中出现的一种倾向：候选人故意在现场辩论的观众里插派喜欢大声闹腾的追随者，这些人的热烈反应会给人一种大厅里的支持度大于实际情况的印象。只要允许，"捧场"的做法远不会消亡。

[①] 流媒体是指将一连串的媒体数据压缩后，通过网络分段发送数据，在网上即时传输影音以供观赏的一种技术与过程。——编者注

致西奥迪尼先生：

读到关于社会认同原则这一章时，我想起了一个有趣的例子。在我的祖国厄瓜多尔，你可以雇用一个人或一群人（传统上均由女性组成）来出席家庭成员或朋友的葬礼。这些人的工作是在死者下葬时号啕大哭，其目的是让更多的人哭起来。几年前，这种工作相当热门，干这行最出名的人会得到"乌拉纳斯"（Uoronas）的称号，也就是"哭丧人"的意思。

中美洲的这位营销高管：

我们可以看出，在不同的时代和不同的文化中，都有人可能利用伪造的社会证据来渔利。在今天的情景喜剧节目里，我们不再需要"捧场人"来引导观众笑得更大声更用力了。但我们会用音频技术工作人员来放大录影棚里观众的笑声，让节目的喜剧效果在真实观众（也就是像你我这样的电视观众）里显得比实际上更可乐。说起来可悲，我们挺容易受这类把戏愚弄的。实验表明，使用加工过的欢乐效果让观众笑得更频繁、更持久，并认为这出喜剧更有趣。

为什么"人多"的效果这么好

几年前，英国埃塞克斯的一家购物中心遇到了一个问题。在正常的午餐时间，它的美食广场会变得非常拥挤，顾客们需要等待很长时间，餐桌也不够用。商场经理们向研究者寻求了帮助。研究者使用"人多"带来的心理吸引力提供了一套简单的解决方案。这套解决方案包含了社会认同原则的三大因素：有效性、可行性和社会接受度。

研究者制作了两张海报，敦促购物中心的顾客早早前往美食广场享用午餐。其中一张海报上是一个人在美食广场享用午餐的照片，另一张海报则将一个人换成了好几个人。事实证明，提醒顾客尽早去吃午餐的第一张海报很成功，美食广场中午前的顾客活跃度增加了25%。但真正成功的是第二张海报，它使美食广场中午前的顾客活跃度提高了75%。

有效性 遵从身边大多数人的建议或行为，往往被视为做出良好决策的捷径。我们往往会利用他人的行为作为验证，帮助自己做出正确的选择。如果人人都对一家新餐馆赞不绝口，那它大概也会是我们喜欢的好餐馆。如果大多数在线评论都在推荐一款产品，那我们也或许会更干脆地买下它。以购物中心的海报为例，当顾客看到一张许多人提早吃午餐的照片时，似乎就更容易顺从，并认为这是个好主意。更多的研究表明，如果广告表现出喜欢某个品牌的消费者的比例越来越高（"7个人里有4个"、"7个人里有5个"或"7个人里有6个"），那么偏好该品牌的旁观者也会越来越多。出现这种情况的原因是，旁观者认为，受较多消费者喜爱的品牌，肯定是正确的选择。此外，统计数据表明，广告效力越强，人们对广告品牌的偏爱程度就越高。

通常，借助他人的选择来做决策并不需要复杂的认知操作，这个过程可以更加自动化。例如，果蝇没有复杂的认知能力，当雌果蝇看到另一些雌果蝇跟研究者做了特殊染色（粉色或绿色）的雄果蝇交配，它们就会更乐于选择另一只同样颜色的配偶，这一概率高达70%。无须认知指导就对社会认同做出自动反应的可不只有果蝇。著名旅行作家道格·兰斯基（Doug Lansky）承认，在参观英国皇家阿斯科特赛马会时，他看见了不列颠王室就准备拍上一张照片。"我的镜头对准了女王，以及坐在她身边查尔斯王子和菲利普王子。可我突然想到：我干吗要拍这张照片？世界上又不缺王室照片。没有哪家小报会为这张照片付给我大价钱，而且我也不是狗仔队。但我周围的快门如同冲锋枪一般'哒哒哒'地响了起来，我也加入了这股狂热之中，完全是情不自禁。"

让我们继续留在英国，从具有启发性的历史案例中，看看"人多"在验证选择和引发传染性效应上的力量。几个世纪以来，人们都遭受着各式各样非理性的癫狂、狂躁和恐慌的折磨。在经典作品《大癫狂》一书中，作者查尔斯·麦凯（Charles MacKay）列举了在该书1841年首次出版之前发生的数百件事。大多数事件都有一个极具启发性的特点——传染性。他人的行为传播给了旁观者，旁观者因此做出行动，进而在其他旁观者眼里验证了该行为的正确性，于是后者也相应地做出行动。

1761年，伦敦经历了两次中等规模的地震，时间恰好相隔一个月。这一巧合使得一个名叫贝尔的士兵坚信，一个月后的同一天将发生第三次规模更大的地震，于是他便开始散布自己的预言：4月5日，伦敦将毁于一旦。起初，没有几个人拿它当真。但相信他预言的人却开始采取预防措施，把家人和财产转移到周围地区。看到这一小群人逃亡，其他人也相继效仿。在接下来的一个星期里，人们一拨一拨地出逃，引发了近乎恐慌的一场大规模疏散。大量伦敦人拥入周边村庄，花了天价争抢住所。按麦凯的说法，惊慌失措的人群里，有不少"一个星期前还在嘲笑这一预言的人，但当他们看到别人这样做，也收拾好行装，慌张出逃"。

等4月5日平安过去后，逃亡的市民们回到伦敦城里，对误导自己的贝尔异常愤怒。可麦凯的叙述清楚地表明，他们的愤怒找错了对象。疯子贝尔并没有什么可信性，只是伦敦人自己向彼此证实了贝尔的说辞。

还有其他证据可以证实社会认同的有效性。在一项研究中，研究者对一群6～11岁的孩子说，参与研究的其他孩子吃了很多胡萝卜。听到这一消息后，这些孩子也吃了更多的胡萝卜——因为这个消息让他们相信，吃胡萝卜是个好选择。一项在线消费者选择实验也表现出了类似的结果。如果参与者知道一款红酒已经售出了总量的2/3，那么跟那些得知同一款酒只售出了总量的1/3的人比起来，前者更乐意购买此种酒。为什么呢？因为消费者觉得，如果销量可观，那红酒的质量也一定好。

EBOX ｜ 线上影响力

"可怕的"白色货柜车司机

因社会认同引发的毫无根据的恐慌，我们用不着到 18 世纪的英国去找例子。实际上，由于互联网的特点和能力，我们完全可以从身边看到无数个例子。

2019 年底到 2020 年初，有一个令人担忧的谣言在网上迅速传播，该谣言说有驾驶白色货柜车的男子绑架女性进行性交易，甚至出售被绑女性的身体器官。社交媒体巨头 Facebook 的算法，让这个成了热门话题的帖子出现在了页面最明显的位置上，得到了网民们的广泛分享。于是，这个始于巴尔的摩的故事滚雪球般传遍了美国乃至世界各地。结果，很多城市的白色货柜车司机报告说，随着谣言在自己社区传播开来，他们受到了当地居民的威胁和骚扰。一名白色货柜车司机在 Facebook 的一篇帖子里被攻击，最终丢了工作。另一名白色货柜车司机则被两名男子枪杀，而后者声称自己是在面临绑架威胁时才开的枪。然而事实却是，当局从未发现过哪怕一起与白色货柜车司机传言相关的案件。

但这不重要。巴尔的摩市市长伯纳德·扬（Bernard Young）也被故事影响，向该市女性发布了一则令人不安的电视警告："不要把车停在白色货柜车附近。一定要随身带好手机，以防有人绑架。"伯纳德市长的这些说法有证据吗？他自己所辖市内的警察可没这么说。

可他却说，"Facebook 上到处都是这样的传言。"

作者点评：这生动地说明，人们相信谣言往往是因为心中毫无根据的恐慌，而且谣言通过人们频繁的社交媒体动态变得更具传染性。很多时候，人们认定真相靠的并不是真实的证据，而是社会认同。

有句老话很切题：如果一个人说你长了尾巴，你会笑那人说蠢话；可要是有三个人都这么说，你会忍不住摸摸自己的屁股。

可行性 如果我们看到很多人在做某件事，这并不仅意味着它或许是个好主意，还意味着我们或许也可以这么做。就英国购物中心的例子而言，游客们看到一张许多人提前吃午餐的海报后很可能会对自己说："这个想法似乎可行。重新安排一下购物计划或工作时间去提前吃午餐，好像也不是什么大不了的事。"所以，除了感知有效性，"人多"会影响人们决策的另一个原因在于它传达出了可行性：如果很多人都能那么做，那它应该不难做。一项针对意大利卡利亚里、特尔尼和马科梅尔几座城市的居民的研究发现，如果居民相信自己有很多邻居会在家里做好垃圾分类，那他们自己也会更乐于垃圾分类，因为他们看到垃圾分类并没有那么难。

影响力研究　INFLUENCE NEW AND EXPANDED

在一些值得尊敬的同事的引导下，我曾做过一项研究，想看看什么样的说辞能最好地动员人们节约家庭能源。我们在一个月内，每星期向居民发送四条号召减少能源消耗的信息。前三条信息中包含着常见的节能理由：造福环境、对社会负责、节省电费。第四条信息打的是社会认同牌：社区内的大多数居民都在努力节约能源。我们在月底进行统计后发现，以社会认同为基础的信息带来的节能量，是其他信息的3.5倍。二者差异之大，让参与研究的我和同事乃至业主都吓了一跳。事实上，业主们原本以为基于社会认同的信息应该是效果最差的。

我向政府部门的官员们汇报了这一研究，可因为"人类行为的最强动力来自经济利益"这一根深蒂固的观念，他们总是不相信我的结论。他们说："得了吧，跟业主说他们的邻居比他们多节约3倍的能源，居然比说节能可以大幅减少电费更管用？这叫我们怎么相信呢？"面对这一合理的质疑，能予以回击的方式不少，但有一种对我来说说服力最强，即基于社会认同的信息效果好的第二个原因：可行性。如果我告诉业主，节能降耗可以让他们省下不少钱，这并不意味着他们真的能做到。毕竟，如果把家里所有的电器都关掉，在黑屋中的地板上蜷缩一个月，我能把电费降到零。可我并不愿意这么做。基于社会认

第4章 社会认同　167

同的信息的一个优势在于，它解决了"能否实现"这一不确定的问题。如果人们得知许多跟自己差不多的人都节约了能源，那这么做无疑是可行的，因为它显得现实且具有可执行性。

值得一提的是，这个节能研究是我和同事们在加利福尼亚州圣马科斯的中产阶级社区进行的，除了上述结果，我们还发现了另一点。我们的研究包括两个对照组：一组居民收到敦促他们节约能源的信息，但该信息并未说出明确的理由；第二组居民则没有收到任何信息。结果表明，这两个对照组随后的能源使用情况并无不同。换句话说，光是劝诫人们节约和什么都不做，效果是一样的。人们需要付诸行动的理由。当然，最重要的问题在于，"什么原因的动员效果最好"。在我们的研究中，家庭节能最具说服力的原因是，大多数邻居都在这么做。

社会接受度　成为"众人"中的一员，我们会感觉更被社会所接纳。原因很简单。还是就英国购物中心的研究来说。顾客看到的海报内容，要么是一个购物者到购物中心的美食区提前吃午餐，要么是多个购物者这么做。效仿第一张海报，旁观者有可能会承受社会不赞成的风险，被视为"独狼"、怪人或局外人。效仿第二张海报的则恰恰相反，它会让旁观者因为感觉置身在人群中而觉得自如。两种体验之间的情绪差异非常明显。**较之保持与集体相同的观点，持有出格观点会使人产生心理上的痛苦。**

在一项研究中，参与者的大脑被接入一台大脑扫描仪，同时从其他人那里接收与自己意见相左的信息。冲突信息有时来自其他 4 名参与者，有时来自 4 台电脑。尽管参与者认为两种判断同样可靠，但如果冲突信息来自其他人而非计算机，他们就更愿意顺从。如果参与者认为两种信息源的可靠性相同，那是什么使得他们更乐于顺从其他参与者的选择呢？答案在于他们违背他人共识时会出现的生理反应。此时，接收冲突信息的参与者大脑中与负面情绪相关的区域——杏仁核会被激活，这就是研究者所称的"独立之痛"。违背他人似乎会产生一种痛苦的情绪状态，从而强迫参与者顺从。而违背一组电脑就没有同样的行为后果，因为它没有相同的社会接受后果。说到群体动力，老话说得好："要想处得好，就得跟着走。"

例如，心理学家欧文·贾尼斯（Irving Janis）记录了一群老烟民去诊所接受治疗的事。在戒烟小组第二次见面时，几乎所有人都表示，抽烟太叫人上瘾了，没人能一次性戒烟。但一名男子反驳了大多数人的观点，他声称自己从上个星期加入小组以来，彻底戒了烟，所以其他人也能做得到。此话一出，他从前的"战友"们禁不住联合起来反对他，并对他的立场发起了一连串愤怒的攻击。到下一次开会时，这个发表不同意见的人报告说，斟酌了其他人的观点之后，他做出了一个重要决定："我又恢复了每天抽两包烟的状态。从上一次开会之后，我再也不会努力戒烟了。"其他成员立刻对他的回归表示欢迎，并为他的决定鼓起掌来。

促进社会接受、逃避社会排斥的双重需求，有助于解释为什么邪教组织可以高效地招募和挽留成员。最初对潜在成员倾注感情，被称为"关爱轰炸"，这是邪教诱导的典型做法。"关爱轰炸"在一定程度上解释了这些团体在吸引新成员，尤其是那些感到孤独或被隔绝的人方面的成功。随后，邪教组织又威胁撤回这种关爱，这一做法解释了一些成员愿意留在团体中的原因：当成员们在邪教组织的鼓动下切断自己与外界的联系后，他们除了该组织，就再也没有可以寻求社会接纳的地方了。①

条件3：相似性

我们在观察与自己类似的人的行为时，社会认同原则能发挥出最大的影响力。这类人的行为让我们意识到自己该怎样做才正确。和"人多"一样，如果一种行

---

① 人们如果渴望得到社会认同，就更有可能在一件事上与群体观念保持一致；更危险的是，他们还可能顺从群体的饮酒水平。

为出自跟我们相似的其他人，我们就会对它更有信心，认为自己照着它做也会有效、可行，并得到社会的接受。因此，我们更倾向于效仿与自己相似的人，这种现象叫"同侪说服"。

研究表明，担心自己的成绩或适应学校环境能力的学生，在得知有许多学生跟自己有着同样的担忧并最终得以克服后，他们的成绩会明显提高。如果消费者在购买太阳镜时听说其他许多消费者都买了某一品牌，那他们更有可能随大溜地购买该品牌的太阳镜。还有，如果班里有些男孩子很好斗，那么就很容易影响其他男孩子也变得好斗，但这对女孩子的好斗性几乎没有影响，反之亦然。如果员工看到其他同事（而不是经理）常常分享工作信息，他们就更有可能参与进来。喜欢过度开具抗生素或抗精神病药物处方的医生，不太可能彻底改变自己的行为，除非他们听说自己的相关处方率比同侪高。经济学家罗伯特·H. 弗兰克（Robert H. Frank）[1]对环保行为改变做了大范围调研后指出："到目前为止，能够最有力地预测我们是否安装太阳能电池板、购买电动汽车、吃得更负责（如不吃野生动物）、支持气候友好政策的指标，是采取这些措施的同侪百分比。"[2]

而且值得一提的是，我们往往认为，青少年思想叛逆且独立。可事实上，这种态度其实只是针对家长。在同龄人群体中，青少年同样要根据社会认同来判断自己怎么做才合适（见图 4-4）。

我认为，近来电视上商家用普通人做广告的现象越来越普遍，原因就在这里。商家现在知道，要向普通观众（这些人构成了最大的潜在市场）推销一种

---

[1] 弗兰克是通俗经济学鼻祖，想了解其更多观点，欢迎阅读由湛庐策划、北京联合出版公司等出版的通俗经济学开山之作"牛奶可乐经济学"系列。——编者注
[2] 几支研究小组均已证实，如果告诉焦虑的学生，有很多跟他们一样的学生克服了自己类似的担忧，那焦虑的学生就能更好地适应学校环境。另外大学生对少数群体的态度，会因其同侪的态度而发生改变。

产品，最好的办法就是表现其他"普通人"喜欢它、爱用它。所以，我们频繁看到电视上的老张、老李、老王在盛赞某个品牌的饮料、止痛药或汽车。

图 4-4 "独立思考的年轻人"

有充足的证据表明，相似性在决定我们是否效仿他人行为中的重要意义。有人在校园里对筹款活动做了研究，提供了极为切题的例证。要是筹款人声称自己跟筹款对象一样，说"我也是这里的学生"，那么筹款数额就能翻不止一倍，因为这句话暗示对方也会支持同样的活动。这些结果揭示了社会认同原则的一个重要限定条件。我们会用他人的行为判断自己做出怎样的行为才恰当，尤其是在我们觉得别人跟自己一样的时候。

我曾在欧维达（Opower）公司担任了 3 年首席科学家，这是一家家庭能源数据分析公司，当时它尚属初创阶段。在工作中，我考虑到了同侪说服的因素。在我的建议下，欧维达与公用电力公司合作，向居民发送本户与邻居的能源消耗信息。这里的关键点在于，我们并不是向他发送任意一户邻居的信息，而是会选择跟他的房子相近、住房面积也差不多的邻居。换句话说，这是"与你家情况类似的邻居"。这一做法在节能方面带来了极佳的结果。如果居民的能耗大于同侪近邻，那他们就会努力减少自己家的能耗。到最后一次统计时，同侪说服手法使整个社区减少了 360 多亿磅的二氧化碳排放量，每小时的电力消耗减少了 23 万多亿瓦。而且，这一手法每年为居民节省了近 7 亿美元的账单。

同侪说服不光适用于成年人，也适用于孩子。例如，健康研究者发现，在学校开展反吸烟活动时，只有当同龄的孩子王以身作则，活动才能实现持久的效果。另一项研究发现，在孩子们去看牙医之前，让他先去看一部小孩主动去看牙医的影片之后，跟片中小孩同龄的儿童去看牙医时的焦虑感会大幅降低。几年前，我曾想方设法地减少我儿子克里斯的另一种焦虑情绪，要是那时候我就知道这一项研究结果就好了，虽说那时它还没发表。

影响力研究 / INFLUENCE NEW AND EXPANDED

我住在亚利桑那州，那里家家户户的后院都有泳池。遗憾的是，每年总会有几个孩子跌入无人看管的泳池溺水而亡。所以，我下定决心，要趁早教会克里斯游泳。克里斯倒是不怕水，他还很喜欢水；可问题在于，只要不带游泳圈，他就不肯进泳池。不管我怎么劝他、哄他，他就是不肯放弃游泳圈。我白忙活了两个月，什么进展也没有。于是我雇了我的一个研究生来帮忙，虽说他当过救生员和游泳教练，但也跟我一样失败了，他甚至没法劝克里斯脱下游泳圈划一下水。

就在这个时候，克里斯参加了一次户外野营，组织者提供了一系列的活动，包括到一个大型游泳池去游泳，克里斯因为很害怕，所以没敢去。有一天，就在我的研究生无功而返之后没多久，我去营地接克里斯，惊讶地看到他从跳板上纵身一跃，跳进了深深的游泳池里。我惊慌失措地快速脱了鞋，想跳进去救他，却看见他顺顺当当地从水里露出脑袋，划到了泳池边上。

"克里斯，你会游泳了！"我冲过去兴奋地说，"你会游泳了！"

"是呀，"他若无其事地回答，"今天刚学会的。"

"太了不起啦！太了不起啦！"我兴高采烈，手舞足蹈，"但你怎么今天不再需要游泳圈了呢？"

"我都3岁了，汤米也3岁。既然汤米可以不带游泳圈游泳，我想我也可以！"

我真想狠狠踹自己一脚。毫无疑问，在寻求自己能做什么、应该做什么的相关信息时，克里斯会去参考小汤米，而不是一个身高一米八的研究生。要是我好好想想，早点让小汤米来给克里斯当榜样，就用不着这么徒劳无功地忙活好几个月了。我应该早点注意到野营里的小汤米会游泳，然后跟他的父母安排一下，找个周末让男孩们在我家的游泳池玩上一下午。我猜如果那样的话，在那天结束之后，克里斯应该就能甩掉游泳圈了。

READER'S REPORT | 读者报告

致西奥迪尼先生：

在我上大学时，每年放暑假，我都会到田纳西州、密西西比州、南卡罗来纳州和堪萨斯州挨家挨户地卖《圣经》。我想出了一个办法，在卖书时向女性潜在客户提及先前女客户的名字或女推荐人的名字，向男性潜在客户提及男客户的名字或男推荐人的名字，如果潜在客户是夫妇，则提及先前买了书的夫妇的名字。有趣的事情发生了，我的销售业绩有了极大改善。

在最初推销《圣经》的15个星期里，我严格按照公司教我们的统一推销说辞进行销售，即强调我们图书的特点，那时每个星期的平均销售额是550.80美元。但是，一个新的销售经理教我们在陈述里提及从前客户的名字，比方说："苏·约翰逊就买了一套，这样她就好给孩子们讲《圣经》故事了。"从第16个星期开始我采用这套做法，我发现，在第16～19个星期，每星期的销售额提高到了893美元，增加

>>>

了 62.13%！当然，不只有这些改变，还有些别的事儿。我清楚地记得，在第 19 个星期我醍醐灌顶般地意识到，尽管引述他人名字的做法提高了我的总销售额，但也令我损失了一些生意。有一天，我向一位家庭主妇做推销，她似乎对书很感兴趣，但没法决定该不该马上下订单。这时，我提到她的一些已婚朋友已经买了书，结果她这样说："玛丽和比尔买了？那我还是跟我的丈夫哈罗德谈谈再决定好了，我们一起拿主意会更好。"

接下来的好几天，我都在琢磨这件事，并有了些认识。我告诉一位家庭主妇另外一对夫妇已经买了书，这无意中给了她一个不马上买书的好理由，即她得先跟丈夫谈谈。但要是许多跟她一样的家庭主妇都买了，她买肯定就没问题了。从这一刻起，我下了决心，在向家庭主妇做陈述的时候，我只提及其他家庭主妇的名字。接下来的一个星期，我的销售额飙升到了 1 506.1 美元。我很快把这一战略扩展到其他用户身上，向男性做推销的时候只提男客户的名字，向夫妇做介绍的时候只提夫妇客户的名字。在接下来的 20 个星期里，我每个星期的平均销售额达到了 1 209.15 美元。到了末期，我的销售额有所下降，是因为我已经挣了太多钱了，我发现没办法再激励自己天天出门努力干活了。

毫无疑问，在整个销售过程中，我还学到了其他一些有助于提高销售额的知识。然而，在亲身体验了这些快速的变化之后，我确信，我的销售额之所以提高 119.67%，最重要的就是社会认同原则在发挥作用，尤其是同侪说服这个手段，帮了我的大忙。

阿肯色州的这位大学教师：

作为我的朋友，你曾当面对我讲述这个神奇的故事。我觉得当时你肯定察觉到我对此有所怀疑，于是把 4 年暑假里每个月的销售记录拿给我看（你当时就记下来，而且保存了几十年），用来支持自己的说法。不愧是在大学里教统计学的啊！

利用未来的社会认同

我在针对社会认同原则发表公众讲演时,一两位听众问了我一个重要的问题:"如果我没有切题的社会认同,该怎么做呢?"如果我开办了一家没什么名气的初创公司,或者我有一款新产品,在市场份额、销售数据或整体受欢迎程度方面都没有什么令人印象深刻的东西,那该怎么办呢?我总是回答:"好吧,如果你的确没有社会认同加持,当然不应该在这件事上撒谎。但你可以利用一些其他对你有利的原则,比如权威或喜好。稀缺性也是个好理由。"

然而,新近的研究表明,我关于如果尚未获得充分的社会认同证据那就回避它的建议是错的。**与其仅仅依赖于现有的社会认同,不如通过未来社会认同的证据来达到同样目的。**

研究者发现了一种人类在感知上的相应偏好。如果我们留心到一种变化,并发现它像是一种趋势,那我们就会期待该变化继续朝着同样的方向发展下去。这种简单的假设引导了历史上每一轮的金融投资牛市和房地产泡沫。观察到估值不断上涨的人预测,未来估值将进一步抬升。连续赢了几次的赌徒们会想象自己正处于好手气的连胜状态,下一场赌局还会再赢。像我这样的业余高尔夫玩家也可以证明同样的现象:看到自己前两轮的成绩提高了,我们便期望自己下一次的成绩还会再提高,而完全罔顾概率问题和个人历史成绩。事实上,人们相信各种各样的行为趋势都会顺着相同的轨迹继续下去,包括那些如今只有少数人在做的事,比如节约用水、吃素、无偿完成调查问卷等。

如前文所说,如果人们得知,只有少数人在做一件事,那他们也不愿去做。但要是他们得知,虽然现在做这件事的人还属少数,但会有越来越多的人参与其中,他们就会跳上潮流的大车去做这件事。以我最熟悉的一项研究为例。我们邀请了一些大学生作为参与者,一部分人读到的信息暗示,同学中只有少数人在家里节约用水。而另一部分人读到的信息暗示,虽然节约用水的学生现在还是少数，但这么做的人的比例在过去两年里一直在提高。最后，最后一部分人（对照组）没有得到任何有关节约用水的信息。

此时，我们暗中准备好测试，观察这3种信息将对参与者的用水量造成怎样的影响。我们要求所有人都参加一款新品牌牙膏的消费者偏好测试，在实验室水槽前刷牙后对牙膏进行评价。他们不知道，我们在水槽里安装了水表，用以记录他们测试新牙膏时用了多少水。

结果很清楚。与对照组的参与者相比，知道只有少数同学努力节约用水的人，使用了更多的水。实际上，他们用的水是最多的。他们大概是暗自盘算了一番，认为既然只有少数人费心节约用水，那大多数人就不必费心了，所以他们听从了大多数人的引领。但另一些参与者听说，虽然只有少数人节约用水，但其人数在不断增多，所以他们也加入了节约用水的行列。结果显示，该组参与者刷牙时用水最少。

我们该怎样理解这一项发现呢？这似乎跟我们前文所说的人们倾向于随大溜的研究结果背道而驰。这是否暗示，如果一种趋势明显可见，社会认同就不再是万能的？是，也不是。现在的社会认同或许不再占上风，但未来的社会认同或许会乘势而起。因为我们认为趋势将朝着同一个方向发展，它不光能告诉我们别人的行为过去怎么样、现在怎么样，还能告诉我们其他人的行为未来将变成什么样。因此，趋势让我们知道了另一种特殊而有力的社会认同——未来的社会认同。我们请研究对象预测同事中有多少人会在未来6年内节约家庭用水，结果显示，只有那些了解节约用水趋势的人预测这一比例会提高。而且，这类研究对象中有不少人预测，节约用水在未来将成为主流行为。

基于以上结果，对那些不能在当下提供太多受欢迎的新东西的人，我的建议跟从前不一样了。我不再劝他们回避社会认同原则，转向别的原则，而是问他们：在一段合理的时间内，他们能否拿出诚实的证据，证明自己会越来越受欢迎。如果答案是肯定的，那我会建议他们把这一事实作为其所传达信息的核心点，因为他们的受众会假定，这些证据表明了他们所提供东西的真正的价值，也暗示了其将来的受欢迎程度。如果经过一段合理的时间之后，他们的答案是不，那我会请他们重新思考自己提供的东西，要么做大幅的调整，要么彻底放弃使用社会认同原则。①

负面事件效应

我居住的亚利桑那州自称"大峡谷之州"，得名于位于该州北部边缘著名又壮观的旅游景点。大峡谷看起来就像是一条向下倾覆的山脉。该州境内还有其他许多鬼斧神工的景观。其中之一是石化森林国家公园，这一地质奇观由2.25亿年前三叠纪晚期形成的数千个石化圆木、碎片和晶体构成。当时，被水卷携着倒下的树木和注入二氧化硅的火山沉积物结合到一起，最终石英和氧化铁取代了这些东西内部的有机物质，使之变成壮观、五彩斑斓的化石。

该公园的生态既强健又脆弱。虽然化石的结构坚固重达数吨，但是很容易遭到游客们的损毁，很多游客经常会从地面上挪动、搬运，甚至是偷窃石化圆木、岩石碎片和晶体（见图4-5）。虽说挪动和搬运化石这两种行为看似微不足道，但也颇让在公园中研究树木远古运动模式的科学家感到头疼。当然，对公园构成持续性根本威胁的行为仍然是偷窃，这也是最让人担忧的问题。作为回应，公园管理人员在景区入口处立了一块巨大的禁止游客偷窃化石的告示牌。

---

① 我们对节约用水趋势影响的研究，还收录了一项关于无偿完成问卷调查的意愿的研究，两项研究结果类此外，研究者还证明了趋势对其他不太普遍的行为的积极影响，如吃素食、减少糖分摄入、在食堂选择可重复使用的杯子以及高中和大学里的女学生选择在理工科领域继续深造等。

图 4-5　偷石头

　　游客到石化森林国家公园本是为了拍摄石化木化石的照片,但有些游客会把化石拿走。

　　不久前,我从前的一名学生带着自己的未婚妻到公园游览,他说,未婚妻是自己认识的最诚实的人,哪怕是借来的曲别针或橡皮筋都不会不还。然而,他们在公园的入口阅读"请勿偷窃"的大告示牌时,牌子上的一些措辞激起了这个未婚妻完全不符合其性格的反应,这让我的学生大感震惊。告示牌上诚恳地写道:

　　　　这里的遗迹每天都在遭到破坏。虽说一次往往只丢失一小块,但每年因盗窃损失的石化木材多达 14 吨。

　　于是,这叫那位本性诚实的未婚妻低声说道:"我们最好也拿上一块。"

　　告示牌上的措辞,怎么就把一位可敬的年轻女士变成了一个存心要偷窃国家宝藏的环境罪犯了呢?这显然是社会认同的力量,只可惜用错了地方。措辞里包含了一个弥天大错，而它又是公共服务沟通人员经常犯的错误。为动员公众避免一种不可取的行为，他们控诉这种行为发生得太过频繁。例如，在一份长期使用、名为"国民生产总值"的印刷广告里，美国林务局借自己的吉祥物"森林猫头鹰"宣称："今年，美国将生产比以往任何时候都多的垃圾和污染。"在我的家乡亚利桑那州，交通部把每个星期收集到的路面垃圾堆在高速公路旁的"垃圾之塔"里，好让所有人都看到。在一次为期6个星期的宣传"亚利桑那州的污染"的系列活动中，该州发行量最大的报纸向居民征集各地垃圾堆放最为严重地点的照片，用以刊发。

这种错误并不仅限于环保领域。各类宣传运动强调，滥用酒精和毒品的情况严重得让人无法忍受，青少年的自杀率令人震惊，行使投票权的公民太少……尽管这些说法可能是真实且出于善意的，但这些活动的发起者忽略了一件至关重要的事情：在"看看所有做这些不可取之事的人哪"的哀叹中，也暗含着削弱性的信息——"看哪，有这么多人都在做这件事"。公共服务沟通人员为了提醒公众注意一个广泛存在的问题，反倒因为社会认同原则而让问题更加恶化了。

影响力研究 INFLUENCE NEW AND EXPANDED

为了证明传播不当行为会带来负面影响力，我和同事们在石化森林国家公园进行了一项实验，当时，那里平均每天有2.95%的游客会盗窃化石。我们在公园里盗窃行为频发的地方交替放置了两块告示牌，想通过这些告示牌来记录两种效果，一块告示牌告诉游客有许多人都在公园里偷东西，另一块告示牌暗示只有少数人这么做。我们的第一块告示牌呼应了公园入口告示牌上的信息，它敦促游客不得盗走化石，同时又描绘了两三名小偷行窃的场面。它几乎使盗窃行为翻了3倍，达到7.92%。另一块告示牌也号召游客不可盗走化石，但与前述适得其反的社会认同信息相反，它表现的是一名鬼鬼祟祟且孤零零的小偷，暗示只有极少人从公园偷走化石。这块告示牌将偷窃行为边缘化而非正常化了，从而将偷窃率降到了1.67%。

一些研究同样记录了试图让人们远离有害行为的宣传，反而带来了意想不到的负面后果。在一个教育项目中，几名年轻女性描述了自己饮食失调的情况，事后，项目中的其他参与者也出现了失调症状。一个自杀预防项目告知参与者，新泽西州的青少年自杀人数惊人，参与者被发现事后有更大可能把自杀视为解决个人问题的潜在方法。初中生们参加了一个劝阻滥用酒精的项目，一些演员去扮演劝孩子们喝酒的角色，这些演员在表演的过程中透露的信息，让孩子们意识到同龄人喝酒的情况比他们原以为的更普遍，这反而提高了他们喝酒的可能性。简而言之，劝导性沟通不可在信息里把不良行为渲染得过分普遍，反而让它变得"正常"起来。

谴责不可取活动的严重性，这种倾向从另一重意义上来说同样是充满误导性的。通常，很多活动有可能根本就不普遍，只有在生动而激烈地描述此事发生时，它才会显得突出。以石化森林国家公园偷窃化石的行为为例。一般而言，从公园拿走化石的游客并不多，只占了不到3%。然而，由于公园每年接待的游客总数是60多万人次，所以盗窃行为的总数还是很高的。因此，公园入口的广告牌上说有大量化石被游客带走，并没有什么错。可即便如此，公园管理方让游客聚焦于盗窃行为经常发生这一事实，或许仍然犯下了两重错。他们不仅使社会认同的力量跟公园的目标对着干（即错误地暗示偷窃行为十分普遍），还错过了驾驭社会认同力量来支持公园目标的机会（即未能把遵纪守法的游客定义为大多数人）。真是个弥天大错。[①]

遗憾的是，我们向公园管理方报告了研究结果，但他们却决定不对告示牌上的相关内容做更改。因为他们做了一项问卷调查，询问几名游客的意见，游客表示，有关公园存在严重盗窃问题的信息，并不会增加自己盗窃化石的可能性，反而会降低它。我们对此感到很失望，但也并不意外，公园方面更看重游

[①] 在一项旨在减少刻板印象的研究中，研究者告知参与者，"虽说让人感到遗憾，但刻板印象是普遍存在的"，这使参与者表现出了更强烈的刻板印象。

客对假设问题的主观反应，而不是我们基于实验证据所得的结果，这证明了一点：社会公众对应该信任什么样的研究结果，是缺乏认识的。

自杀模仿

尽管我们已经看过了社会认同对人类决定的强大影响，可在我看来，最能说明这一影响的例子，来自一则看似荒诞的统计：**每当自杀事件上了头条新闻，飞机，不管是私人小飞机、企业的喷气机，还是商业航班，就会以惊人的速度从空中掉下来。**

例如，研究显示，每当自杀新闻炒得热火朝天时，死于商业客机坠毁事故的人数便会激增 10 倍！更惊人的是，不仅坠机而死的人会增多，发生致命车祸的人数也会急剧增加。这到底是怎么一回事呢？

有这样一种现成的解释马上冒了出来，即能让某些人自杀的社会条件，同样也能让另一些人死于意外。比方说，面对紧张的社会压力（经济衰退、犯罪率上升、国际局势紧张等），某个人可能会以自杀来结束这一切。而面对同样的事情，其他人会做出不同的反应，他们可能会愤怒、急躁、紧张或分心。要是这样的人在驾驶、修理我们的汽车或飞机，那这些交通工具的安全性必然会有所降低，死于空难和车祸的人数就会猛增。

按照这种"社会条件论"的解释，使人自杀的社会条件同样也会导致事故发生，这也是为什么自杀新闻和致命事故之间会存在强烈的联系。可是另一组有趣的统计数据表明，这种解释并不正确。致命事故激增的现象仅仅局限于自杀事件广为报道的地区，而在其他地方，就算存在类似的社会条件，可当地媒体如果没有曝出自杀的消息，类似的致命事故激增现象就不会出现。而且，在报道了自杀事件的地区，曝光力度越大，其后发生的致命事故增幅也就越大。因此，刺激自杀又引发致命事故的原因，并不是社会条件，而是对自杀事件的宣传，这导致了更多的车祸和坠机。

于是，又有人提出了所谓的"丧亲说"来解释自杀新闻报道和致命事故之间存在的强烈联系。它认为，由于能上报纸头条的自杀消息往往涉及广受尊敬的知名公众人物，也许他们自杀的消息让许多人感到既震惊又悲痛。如此一来，这些人因为惊讶和分神，在开车和开飞机的时候就会粗心大意。所以，每当有自杀新闻上了头条，交通工具发生致命事故的情况就会急剧增多。诚然，"丧亲说"能解释自杀事件曝光力度和致命事故之间的联系，知悉自杀消息的人越多，悲痛和粗心大意的人也就越多，可它无法解释另一个触目惊心的事实：**要是新闻报道的是一个人自杀的消息，之后增加的也大多是一个人出事的事故；要是新闻报道的是一个人自杀并导致多人死亡的消息，之后增加的往往就是导致多人死亡的车祸或坠机事故。**倘若人们单纯是因为丧亲、悲痛、出神而发生了事故，那就不可能有这样一种事实出现。

这样看来，自杀新闻对车祸和坠机事故的影响还具有令人难以置信的针对性。单纯的自杀，只有一个人死掉，会带来只有一个人死掉的事故；自杀的同时又导致多人死亡的新闻，则会带来多人致死的事故。倘若"社会条件论"和"丧亲说"都无法解释这种诡异的联系，那么它到底是怎么一回事呢？加州大学圣地亚哥分校的一位叫大卫·菲利普斯（David Phillips）的社会学家认为自己找到了答案，他认为罪魁祸首是所谓的"维特效应"（Werther Effect）。

"维特效应"的故事既惊悚，又有趣。两个多世纪以前，德国大文豪歌德出版了一本小说，叫《少年维特之烦恼》。该小说轰动一时，但故事以书中的主人公维特自杀而告终。它让歌德名声大震，也在欧洲引发了一阵自杀浪潮。因为影响太过强烈，好几个国家都把这本书列为禁书。

菲利普斯对当代的"维特效应"做了跟踪研究。他的研究证明，只要报纸头版一登出自杀新闻，在新闻曝光率高的地区，自杀率就会激增。菲利普斯认为，这是因为一些内心饱受折磨的人读了别人自杀而死的报道后，就效仿了这种做法，了断了自己。**这是社会认同原则的一个病态例证：这些人根据其他陷入困境的人的行动，决定了自己该怎么做。**

菲利普斯考察了美国整整20年间的自杀统计数据，为当代"维特效应"找到了证据。他发现，每次自杀事件上了头版，其后两个月里自杀的平均人数就会比通常情况下的多58个。从某个角度上来说，每条自杀新闻会"杀掉"58个本来能够活下去的人。菲利普斯还发现，自杀诱发自杀的倾向主要集中在大肆报道第一起自杀事件的地方。他指出，头一起自杀事件的曝光率越高，其后自杀的人数也就会越多（见图4-6）。又有研究表明，这种模式不仅限于报纸报道。2017年3月31日，奈飞公司推出了系列网剧《13个原因》（*13 Reasons Why*）。在这部剧中，一名自杀的高中生留下了13盘录音带，详细讲述其自杀的原因。网剧播出后的30天里，青少年自杀率上升了28.9%，这个数字比研究者分析的5年内的任何一个月都要高，这个现象驳斥了"社会条件"是导致自杀率上升的原因。

你是否觉得"维特效应"跟自杀新闻导致陆空交通事故激增的现象未免太过相似？菲利普斯也注意到了这种巧合。事实上，他声称，轰动的自杀新闻之所以会引发事故热潮，原因其实是同一个：模仿自杀。知道别人自杀之后，一大批人觉得，对自己来说，自杀也是一条不错的出路。于是，有些人采取了直接的行动，不加掩饰地自杀了，随之而来的便是自杀率猛增。

然而，其他一些人就不那么直白了。出于这样那样的原因，如保护自己的声誉、不让家人蒙羞受伤害或让家人享受到意外保险金，他们不希望自己显得像是自杀死的，而更想显得像是死于意外。所以，他们暗中故意让自己驾驶或乘坐的车辆、飞机出事。要实现这一目的，有太多方法可以选择：商业航班的飞行员可以在起飞的关键时刻倾斜机头，违背控制塔的指示，令人费解地把飞机降落在停着其他飞机的跑道上；开车的司机可以冷不防地撞到树上，驶入对面的车道；搭乘汽车或飞机的旅客可以弄晕驾驶员，造成致命冲撞；私人飞机的飞行员可以不顾所有通信设备里传来的警报，撞向另一架飞机。因此根据菲利普斯的说法，轰动的自杀新闻过后，致命交通事故的发生率陡增，很有可能是"维特效应"在偷偷搞鬼。

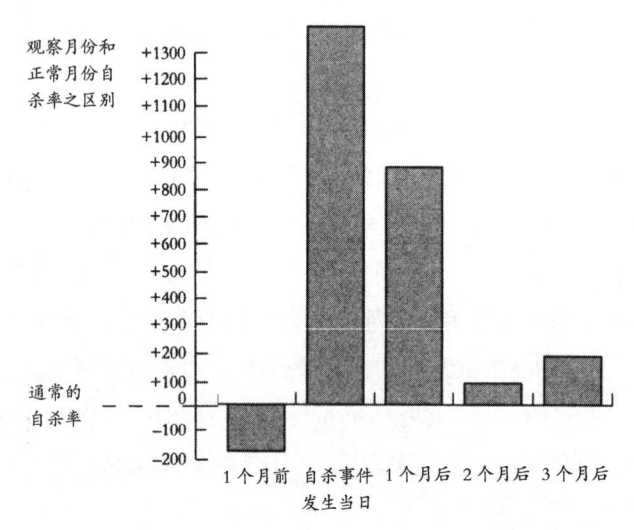

图 4-6 自杀新闻出现之前、期间和之后数个月的自杀人数

上图提出了一个重要的伦理问题。仿效新闻自杀而死的人，本来是不该死的。自杀率在最初的猛增过后，虽然有所下降，但再也不会回到传统的水平。看到这样的统计，大肆炒作自杀消息的新闻编辑们应该停下来反思一下，因为相关报道有可能导致数十人死亡。最新的数据表明，除了报纸编辑，电视从业人员也该思考一下自杀新闻造成的负面效应。不管自杀消息是出现在新闻报道、信息特写还是虚构的电影里，它都能引发自杀狂潮，有模仿倾向的敏感青少年尤其容易成为受害者。

我认为菲利普斯的见解十分精辟。首先，它完美地解释了所有数据。倘若这些致命事故真的是隐性的模仿自杀，我们也就能够理解为什么自杀新闻见报之后事故率会升高了。我们同样也能理解，为什么自杀新闻闹得沸沸扬扬之后，事故率的增幅会最大。至于为什么只有在自杀新闻炒作得最厉害的地区，车祸、坠机次数才会出现猛增，单人自杀只会导致单人事故，多人死亡的自杀则会导致造成多人死亡的事故，这些谜题全都解释得通了。模仿是其中的关键。

其次，菲利普斯的认识还有另一点重要的地方。它不仅能帮我们解释已经存在的事实，还能帮我们预测从来没出现过的全新事实。举例来说，倘若轰动的自杀新闻之后频频出现的反常事故真的是模仿而非意外，那么它们必然会更为严重。也就是说，那些想把自杀伪装成事故的人，会选择更为致命的死法。开车时一脚踩在油门而不是刹车上，飞机下降时机头冲下而不是朝上，这样才能死个痛快。根据这一预测，菲利普斯核查了事故记录，发现了这样一种模式：较之发生在轰动性自杀新闻一个星期前的商业航班事故，发生在轰动性自杀新闻一个星期后的事故，其平均死亡人数要高出 3 倍之多。从交通统计数据中也可以看到类似的现象，轰动性自杀新闻过后的车祸更为致命，这一类车祸受害者的死亡速度比一般情况下的要快 4 倍。

最后，菲利普斯的想法还引出了另一些有趣的预测。要是自杀新闻后增多的事故真的意味着有人在蓄意模仿，那么，这些跟风模仿者最可能效法的是跟自己类似的人。社会认同原则指出，我们会参考他人的行为方式，判断自己该怎么做。校园慈善捐款实验也表明，我们最容易受跟自己类似的人（同侪说服）的影响。

因此，菲利普斯推断，要是整个现象背后藏着社会认同原则，那么，轰动性自杀新闻的主角应该跟之后导致事故的人存在显而易见的相似之处。菲利普斯意识到，要验证这一可能性，最简单的方法是看只涉及单车单人的车祸记录，于是他比较了自杀新闻里自杀者的年龄，和新闻见报后死于单人车祸的司机的年龄。他的预测再一次准得出奇，每当报纸详细报道了一名年轻人的自杀事件，其后就会有年轻司机开着车撞到树上、栽进洞里、滚下河堤；而若新闻报道的是老年人自杀，那么死于这类车祸的就是年龄较长的司机。

最后一项统计把我彻底说服了。我完全相信了，同时也为它感到十足的震惊。很明显，社会认同原则这么普遍又有力，连是生是死这样的问题都要受它左右。菲利普斯的研究结果说明了一点令人痛心的倾向，**报道自杀的消息，促使一部**

分跟自杀者类似的人走向了绝路，因为现在他们发现自杀的念头更加站得住脚了。更可怕的是，数据显示，在这个过程中，往往会有许多无辜者白白死掉（见图 4-7）。

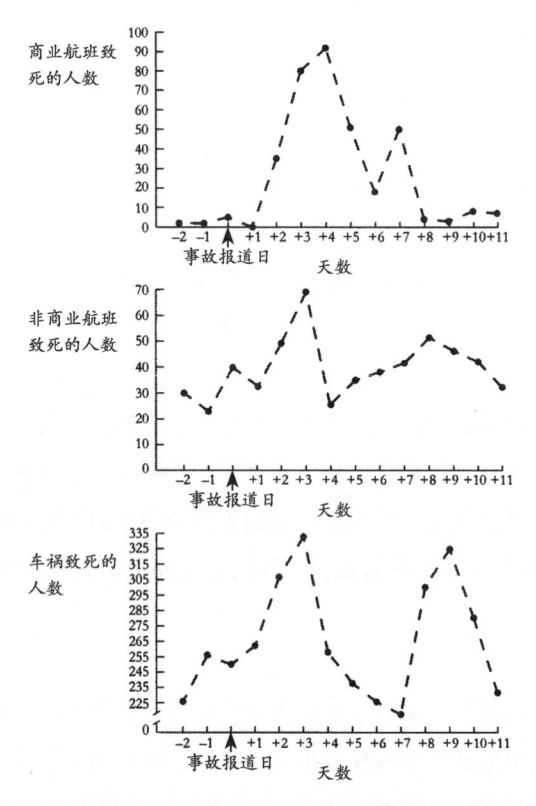

图 4-7　自杀新闻上报之前、当天和之后的事故死亡人数波动情况

从上图可以清楚地看出，新闻报道刊出后的 3～4 天最为危险。短暂回落之后，过上大约一个星期又会出现一波高峰。到了第 11 天，"维特效应"就消失了。好几种类型的数据都表现出了同样的模式，暗示了隐性自杀有些值得注意的地方。想用意外来掩盖自己效仿自杀行为的人，要隔上几天才会采取行动，或许是为了积蓄勇气、策划事故或是安排后事。不管这一模式到底为什么呈现出这样的规律性，我们可以知道，在自杀并导致他人死亡的新闻报道刊出后的 3～4 天里，乘客的安全受到了最大的威胁。之后的几天也会很危险，但程度稍低。因此，我们建议，在这些时候外出旅行要特别当心。

让我们来看看地方媒体报道的一起自杀事件带来的致命后果吧。在这起事件中，一名青少年撞上了高速行驶的火车。接下来的 6 个月里，来自同一所高中的第二、第三、第四名学生相继追随他的脚步，以同样的方式死去。第五名学生的母亲注意到儿子不见了，并怀疑他有意自杀，这才阻止了另一场惨剧的发生。而她是怎么知道要去哪儿出手干预，拦住孩子求死的行动呢？她直接去了他同学丧命的铁道路口。

说到社会认同原则的负面影响，最戏剧性的事件恐怕要数模仿犯罪了。20世纪70年代，我们注意到劫机事件就像病毒一样，能通过空气传染。20世纪80年代，在产品里下毒又成了热门，比如往泰诺胶囊里注入氰化物，往嘉宝儿童食品里掺玻璃碴等著名案件。据美国联邦调查局的法医专家所说，每发生一件全国曝光的大案，便平均会多冒出30件同类案件。自此以后，具有传染性的大规模枪杀事件又把我们给吓坏了。这类暴力事件先是发生在职场，之后又不可思议地蔓延到了学校里。

例如，在科罗拉多州里特尔顿的两名高中生制造了血腥的校园枪击案之后，警方紧接着又处理了数十宗类似的威胁、密谋和尝试犯罪事件，全都是问题学生干的。有两名学生尝试成功了，就在里特尔顿校园枪击案之后不到10天，艾伯塔省泰伯的一名14岁男孩和佐治亚州科尼尔斯的一名15岁男孩打死、打伤了8名同学。同样，美国弗吉尼亚理工大学可怕的凶杀案发生后的一星期内，全国各地的报纸纷纷报道了更多类似事件，光是在休斯敦就发生了3起。值得注意的是，弗吉尼亚理工大学杀人并自杀案件之后，接下来的同类事件就不光发生在高中了，北伊利诺伊州的一所大学也遭了殃。近些年来，大规模枪击事件甚至蔓延到了剧院和夜总会等娱乐场所。

这些事件数量如此之多，必须对其加以解释。为了搞清楚其中的原因，有必要理出一些共同的线索。就职场杀人案而言，观察家们注意到，杀戮现场大多是在美国邮政局的库房。所以，美国邮局"令人难以承受的紧张环境"成了千夫所指。而对于校园大屠杀，评论家总会谈到一个奇怪的共同点，所有受波及的学校都位于农村或郊区，城里那些总是吵吵闹闹没个消停的学校反倒平安无事。所以，媒体告诉我们，美国小城镇或郊区的青少年在成长期有着"难以承受的紧张压力"。根据这些说法，正是邮局工作和小镇生活的压力使得那里的人们做出了过激的爆炸式反应。这种解释很直白，类似的社会条件造就了类似的反应。

但此前，在理解致命事故的异常模式时，你我已经驳倒了"社会条件论"这个说法。特定环境下相同的社会条件能解释自杀现象的猛增吗？菲利普斯想过这种可能性，但这个解释并不令人满意，我认为，用它来解释接二连三发生的枪击事件恐怕也不怎么样。我们还是再回到现实，看看能不能找到更好的答案吧。在邮局、郊区工作和生活，真的存在"无法承受的紧张压力"吗？跟在煤矿里工作相比，跟在黑帮横行、到处藏着危险的城里生活相比，这里的"压力"到底有多无法承受呢？好好想想吧，毫无疑问，发生大规模枪击事件的特定环境里的确有这样那样的紧张压力，但它们并不比没有发生此类事件的其他诸多环境更严重，而且往往也没有那么严重，"社会条件论"论是站不住脚的。

那到底是怎么回事呢？我赞同社会认同原则，它认为，**人们会效仿跟自己类似的其他人，尤其是在对自己不确信的时候**（见图 4-8）。

图 4-8　同侪模仿造成的青少年犯罪

影响力研究 INFLUENCE NEW AND EXPANDED

1999年5月20日,学校开始上课前5分钟,15岁的托马斯·所罗门(Thomas Solomon)朝同学们开了枪。在击中了6名同学之后,他才被一位勇敢的老师拦下。为了理解这其中的根本原因,我们必须意识到,在为期1年的时间里,一连串的同类事件曝光给托马斯造成了影响。先是阿肯色州的琼斯伯勒,接着是俄勒冈州的斯普林菲尔德,再接着是科罗拉多州的里特尔,最后是两天前艾伯塔州的泰伯。有人问托马斯的一个朋友,为什么好好的学生突然之间会变成学校里的杀人狂,此人回答说:"像托马斯这样的孩子,一直都听到、看到同样的事情。校园枪击像是成了他们的一个新选择。"

对一个心怀不满的邮局员工来说,有谁能比另一个心怀不满的邮局员工更像他自己呢?对一个饱受困扰的美国小镇青少年来说,有谁能比另一个饱受困扰的美国小镇青少年更像他自己呢?在现代生活中,总有很多人生活在心理痛苦当中。他们如何应对这些痛苦,取决于多方面的因素,其中之一是观察类似的其他人怎样应对。正如我们从菲利普斯的数据中看到的,大肆报道自杀新闻,会让其他类似的人竞相仿效,走上自杀之路。我相信,大肆报道群体枪击案也有同样的效果。和自杀案件中一样,媒体从业人员必须仔细想想该如何报道凶杀案件,该把它们摆在什么样的高度上进行报道。目前的报道方式太精彩、太具轰动性、太有新闻价值,也太过有害了——大量研究表明,它们具有传染性。

模仿之岛

诸如菲利普斯等人的工作可以帮助我们理解相似者行为的可怕影响力。一旦你意识到它的强大,也就有可能理解当代最惨绝人寰的悲剧——圭亚那琼斯镇的集体自杀事件是怎么发生的了。让我们来回顾一下这起事件的几点重要特征。

第4章 社会认同 189

"人民圣殿教"是以旧金山为基地的一个邪教组织，成员主要来自该市的穷人。1977年，该组织无可争议的政治、社会和精神领袖琼斯动员大部分信众跟他一起搬到了南美圭亚那的一处丛林里。在那里，"人民圣殿教"的活动相对低调。直到1978年11月18日，加利福尼亚州众议院的里奥·瑞安（Leo Ryan）和调查小组随行的三名成员，在结束了对这个教派的调查之后，与一名邪教的叛逃者一起准备搭乘飞机离开琼斯镇时遭到杀害，"人民圣殿教"才成了大众目光的焦点。邪教头领琼斯确信自己肯定会被逮捕，牵连到凶杀案里，到时候，"人民圣殿教"自然也难免解散。于是，他决心照自己的方式来控制圣殿教的结局。他把教派的所有信众全召集到身边，要大家采取统一行动，集体自杀。

头一个响应者是个年轻的女性，她平静地走到带有草莓味的毒药桶跟前（现在这一点是尽人皆知了），先给孩子喂了一勺，自己也喝了。之后，她坐在地上，和孩子抽搐了4分钟，死了。其他人也一一效法。尽管有少数人逃跑了，据说还有几个人做了抵抗，可按幸存者的说法，910名死者里，绝大部分人是心甘情愿、秩序井然地赴死的。

这一事件震惊了全世界。广播媒体和报纸提供了全方位的报道、跟进和分析。好些天，人们的谈话都围着这个主题："他们现在发现死了多少人了？""有个逃掉的家伙说，他们像是受了催眠一样把毒药喝了。""他们到底在南美洲干吗呀？""真是太难以置信了，怎么会这样呢？"

是的，"怎么会这样"的确是最关键的问题。我们该如何说明如此惊人的顺从行为？人们给出了各种各样的解释，有的侧重于琼斯的个人魅力，说他有一种风度，能让信众像救世主一样爱戴他、像父亲一般信任他、像帝王那般对待他；另有解释指出，"人民圣殿教"吸引的教徒是有共同特点的，他们大多数是穷人，没受过什么教育，愿意放弃他们思考和行动的自由去一个安全的地方，让琼斯代他们做一切决定；还有的解释强调"人民圣殿教"的准宗教本质，这样的组织最推崇的就是对邪教领导者不容置疑的效忠。

毫无疑问，琼斯镇之所以发生惨剧，上述每一个原因都或多或少起到了推波助澜的作用，但我认为，光凭这些还不够。毕竟，全世界到处都有领导者魅力惊人、追随者盲从盲信的邪教组织。更何况，这一类组织在历史上也从不少见。然而我们却几乎找不到证据，说明这类团体发生过哪怕是与琼斯镇事件类似的惨剧，肯定还有点别的什么关键因素。

有研究者提出了一个关键问题："要是这个邪教依然留在旧金山，人们还会服从邪教头领琼斯下达的自杀命令吗？"显然，这完全是个推测性的问题，但最熟悉"人民圣殿教"的专家却确凿地知道答案。时任加州大学洛杉矶分校精神病学和生物行为学系主任兼神经精神病学研究所主任的路易斯·乔利恩·韦斯特博士（Louis Jolyon West），是研究邪教的权威人士。在琼斯镇惨剧发生之前，他曾观察"人民圣殿教"8年时间。事后不久我采访了他，他指出："这件事不会发生在加利福尼亚。之所以会发生在圭亚那，是因为他们身处的是一个对他们怀有敌意的国家，他们居住的丛林与世隔绝。"

尽管惨剧发生后，各路评论铺天盖地，几乎叫人没了头绪，可在我看来，韦斯特的意见，再加上我们对社会认同原则的现有认识，似乎能为信众顺从地走向自杀提供一个满意的解释。我以为，那些信众之所以能盲目顺从琼斯，最大的一点原因就在于"人民圣殿教"于一年之前搬到了一个人地两生的丛林国家。倘若我们相信琼斯真的具有邪恶的天分，那么，他必然完全理解这样的举动会给信众造成多大的心理冲击。突然之间，他们来到了一个一无所知的陌生地方。南美洲，尤其是圭亚那的热带雨林，跟他们在旧金山的人生经历完全不同。他们落入的环境，包括自然和社会环境必然使人极具不确定感。

不确定感，这可是社会认同原则的左膀右臂！我们已经看到，人们在不确定的时候，会根据他人的行动来指导自己的行为。因此，在圭亚那的陌生环境里，教派信众会很乐意追随自己的头领。也正如我们所知，人们最容易效仿的是一种特别的人，即跟自己类似的人的行为。这才是琼斯搬迁战略里最可怕的地方。在圭亚那这样的国家，琼斯镇的居民们没有类似的人可以效仿，能效仿的只有琼斯镇的其他信众。

信众要怎样做才正确，这在很大程度上由受琼斯影响极深的其他教派信众所决定。从这个角度看，这些人井然有序、毫不惊慌、镇定自若地走向毒药桶、走向死亡，似乎更容易理解了一些。他们并不是被琼斯催眠了，只不过，琼斯和社会认同原则（这一点更为重要）说服了他们：自杀是正确的做法。最初听到死亡命令，他们肯定感到疑心重重，也必然会东张西望，想从他人身上知道自己怎样做才恰当。

值得特别注意的是，韦斯特博士找到了两条令人印象深刻的社会证据，每一条都指着相同的方向。

第一，有些人立刻心甘情愿地喝下了毒药。在所有由强势领导人掌控的群体里，总会有少数狂热追随的人。在本例中，不管这些人是事先听从了专门的指示来充当榜样的，还是本来就最顺从琼斯的意愿（我们现在已经很难知道了），这已经无关紧要了，这些人的行为，给他人造成的心理影响不容小觑。既然新闻报道里同类人自杀的消息都能让陌生人自寻死路，可以想象，在琼斯镇那样的地方，眼见自己的邻居毫不犹豫地踏上了黄泉路，会给人带来怎样巨大的心理冲击。

第二，来自人群本身的反应。从当时的情况看，我怀疑那儿是出现了一场大规模的"多元无知"效应。琼斯镇的每个信众都通过观察周围人的行动来评估当前局势，在他们眼里，其他所有人都挺平静，其实这些人也不过是在不动声色地暗暗观察、评估罢了。于是，他们"得知"，耐心地排队等死是正确的行为。显然，正是因为信众对社会证据做出了以上可信却错误的解读，才导致了圭亚那丛林里的可怕一幕：所有人异常镇定地、有条不紊地走向死亡（见图 4-9）。

图 4-9　琼斯镇的成排尸体

琼斯镇躺着的成排尸体，向我们展示了顺从行为在当代酿造的一幕最大惨剧。

依我看，对琼斯镇惨剧的大多数分析，都太过强调琼斯的个人素质了。毫无疑问，他的确是个罕见的煽动家，可他运用的力量，与其说是来自他独特的个人风度，倒不如说是来自他对心理学基本原理的认识。身为领导者，琼斯真正的天赋体现在他意识到了个人领导的局限之处。没有哪个领导者能单枪匹马地说服群体里的所有成员，然而，一个强有力的领导者应该能说服群体里占相当大比例的一部分成员。"大量群体成员已经被说服了"，这一信息本身就足以令剩下的人信服。所以，**影响力最强的领导者是那些知道怎样安排群体内部条件、让社会认同原则朝对自己有利的方向发挥作用的人。**

第 4 章　193
社会认同

琼斯似乎正是从这一点上汲取了灵感。他的神来之笔是决定把人民圣殿教总部从旧金山市搬到遥远的南美洲,在那个地方,不确定感和教派成员独一无二的相似性可以让社会认同原则发挥出最大的功效。光靠一个人的个性力量一般是难以掌控上千名居民的,可因为圭亚那的特殊地理环境,上千名居民从追随的信众变成了一群牲口。经营屠宰场的人早就知道,靠着从众心理,管理牲口很容易。只要你能让一部分牲口朝着预期的方向走,其他牲口就能机械地跟上去。与其说这些牲口是在跟随打头阵的,倒不如说它们是随波逐流,让大部队拖着走罢了。因此要理解琼斯的神奇力量,不仅要看到他独特的个人风度,还要看到他对同侪说服术炉火纯青的掌握与运用。

尽管没有那么令人痛心,但也有类似的证据显示,有同类居住的地方给人们带来的强大影响。一项在全美范围内针对影响品牌市场份额因素的分析显示,时间的流逝对品牌绩效的影响力小得出奇,3 年的数值波动还不到 5%。而对品牌的市场份额影响最大的因素是地理区域,在所有的因素当中,它的重要性占到了 80%。换句话说,人们对品牌的选择,会受到居住在附近的人的影响。这个研究产生的结论,甚至让专家们怀疑"全国性品牌"这个概念是否还应该存在。"营销人员也许应该考虑新的策略,这些策略应该能够适应不同的地区,应该是去中心化的。因为,就像研究者发现的那样,**同一地区的人们,在态度、价值观和个性上都会趋同,这个现象是有很强的传染性的。**"[1]

---

[1] 对维特效应的研究是菲利普斯的系列研究的开始,现代的研究手法,可以在对奈飞的系列网剧《13 个原因》的研究中看到。此后,他还继续考察了大规模报道飞机和汽车蓄意自杀事故给公众带来的影响。加利福尼亚州高中生传染性卧轨自杀的报道出自《洛杉矶时报》的记者,其对媒体在传染性自杀中扮演的角色进行了回顾。美国大规模谋杀事件在近年来愈演愈烈。2017 年丧命于此类事件的总人数创下了 224 人的纪录,而有记录以来发生此类案件最多的年份是 2019 年,达到了 41 起。关于影响品牌市场份额因素的相关研究显示,不同地区居民的受影响因素和程度存在很大的个性和态度差异。

如何防范

本章以餐厅对菜单进行小小调整的故事说起，接着介绍了成功推销《圣经》的手法，进而讲到了凶杀和自杀的例子，它们全都可以用社会认同原则来解释。如此之多的行为里都渗入了这种影响力武器，我们怎么才能抵挡它呢？更叫人头痛的是，大多数时候，我们并不愿防范社会认同提供的信息。它提供的行为方式信息，通常是正当且有价值的。靠着它，我们可以自信满满地在生活里穿梭自如，做出无数决定，而不必仔仔细细地考察每个决定的优劣利弊。从这个角度来看，社会认同原则为我们配备了一种奇妙的自动导航仪，就跟大多数飞机上装的那种差不多。

但自动导航偶尔也会出问题。倘若输入操控机制的飞行信息是错的，那这些问题就会冒出来。这时候，我们会偏离航线。误差的大小决定了结果的严重程度，但由于社会认同原则提供的自动导航仪更多的时候是朋友而非敌人，我们并不想彻底切断它。因此，我们面对的是一个经典的问题，怎样使用一台既对我们有好处又对我们有坏处的设备呢？

好在这里有一条走出困境的道路。由于自动导航仪的弊端主要出在控制系统输入错误数据的时候，那么识别错误数据，就是我们对抗其弊端的最佳方式。要是我们能敏锐地察觉出社会认同自动导航仪采用失准信息时的状态，那就可以在必要时关闭它，自己接管控制权。

不正确的数据会导致社会认同原则导航失准，这分为两类情况。一类情况出现在社会证据是蓄意伪造出来的时候，另一类与盲目从众有关。

警惕伪造的证据

第一类情况全是牟利者制造出来的,他们想给我们留下一种印象:很多人都在怎样怎样做(实际上可能根本不是这么一回事),而他们正好也希望我们那样做。情景喜剧节目里放的"罐头笑声",就属于此类伪造的数据之一。同类的伪造数据还很多,大部分都假得一目了然。

由于自动导航仪可以随意切换和取消,我们可以按照社会认同原则设计的路线巡航游荡,但要是发现它使用了不正确的数据,我们完全可以接管控制权,对错误信息做出必要的修正,重启自动导航仪。由于伪造的社会证据大多一目了然,我们很容易知道该在什么时候执行这一简单的调整。**面对明显是伪造的社会证据,我们只要多保持一点警惕性,就能很好地保护自己。**回想一下在我们第 1 章提到的,虚假的在线产品评论有一些诸如缺乏细节、使用大量第一人称代词和动词多于名词等特征,把这些特征结合起来,我们就能发现它们是假货。

我们还可以利用一些信息源来保护自己。例如,2019 年,美国联邦贸易委员会成功指控某家化妆品公司自己发布客户对其产品的正面评价,而这些评价都是在公司领导的施压下由员工撰写的。此案被多家媒体广泛报道。因此,我们应该多注意这种有关虚假产品评论的新闻报道。

再举一个例子。前阵子,我注意到在街上拉普通人做广告的做法很是流行,也就是找许多普通人大谈一种产品的好处,不过这些普通人一般并不知道自己说的话会被录下来。图 4-10 就是个幽默的例子。根据社会认同原则,我们可以预料到,这些来自"跟你我一样的普通人"的推荐能发挥相当有效的广告作用,但实际上它们对现实做了较为微妙的歪曲。我们只听到了那些喜欢该产品的人的意见,因此我们所得的印象也存在极度的偏差。

伙计们，别换台：接下来是来自火星的消费者

戴维·巴里/文

最近我看电视，总会插进一个广告，播音员用一种"波斯湾又发现大油田了"的兴奋声音说道："现在消费者可以向安杰拉·兰斯伯里提出有关巴菲林镇痛药的问题啦！"

身为一个正常的人，听到这样的说法，自然的反应大概会是："啊？"也就是说："安杰拉·兰斯伯里跟巴菲林有哪门子的关系？"但在这段广告里，几个一看就是从大街上随便拦下的消费者，居然都有关于巴菲林的问题要问兰斯伯里。基本上，他们问的问题是这样："兰斯伯里小姐，巴菲林这种产品，我买合适吗？"诸如此类。

这些消费者看起来很热切，就好像他们好几个月以来都坐立不安，死死绞着双手说："我有一个关于巴菲林的问题！让我问问兰斯伯里！"

我们在这里看到的是一个日益严重的问题。长久以来，全美国都把这个问题用地毯遮起来，假装看不见——这就是火星消费者入侵的问题。火星人看起来像是人类，但不像人类那么做事，而他们现在正接管了地球！

图 4-10 大街上只是普通的火星人

更粗糙、更赤裸裸的伪造行为也出现了。广告制片人或许根本懒得费心去找真正的消费者做评价，他们会直接雇人扮演普通消费者，让他们在接受采访时假装成没彩排过的样子。索尼影业在一则广告中安排员工假扮影迷，称赞索尼拍摄的电影《爱国者》(*The Patriot*)，广告随后在电视网上播出，但被明眼人揭穿了真相。这些员工的老板开脱说，雇用演员或员工做假广告的欺骗性做法是"业界标配"，甚至并不仅限于索尼影业或者娱乐行业。此类造假还有一种形式是，雇用演员在电影院或商店外排队，以引起路人的兴趣。第一代苹果手机在波兰的发布活动，就是牟利者有时会用人为手段捏造自己产品受欢迎程度的证明。负责代理苹果业务的广告公司承认伪造了有利于这款手机社会认同的证据。他们是怎么做的呢？一位发言人表示，在发布当天，"我们在全波兰

20家商店前有偿找人员排长队，以求激发人们的兴趣"。

每当碰到这一类有人想愚弄我的情况，就会有一道清晰的指令叫我转入警惕状态："当心！当心！遭遇假冒社会认同，暂时切断自动导航仪。"这是很容易的，我们只需要有意识地警惕造假的社会证据即可。平常的时候我们尽可以放松心情，等识别出奸商显而易见的造假，我们就可以还击了。

还击的时候要咄咄逼人。我说的可不光是无视对方的误导，尽管这种防御性策略很有必要，但我说的是主动反击。只要有可能，我们就应该狠狠戳一下那些伪造社会证据的人。我们不仅应该拒绝打虚假"即兴采访"广告的产品，还应向这些产品的制造商写信抗议，建议他们别再跟做这类广告的机构合作。

尽管我们并不总需要依靠他人的行动来指导自己怎么做，尤其是在事情很重要，必须亲自权衡优劣得失的时候，或者我们本身就是该领域专家的时候。但还有很多场合，我们的确需要把别人的行为当成有效的信息来源。要是我们发现自己处在这种证据经人蓄意篡改、信息不可靠的情况下时，我们便应做好还击的准备。我个人碰到这类事情，会觉得比单纯的上当受骗还讨厌。一想到有人利用我应对繁忙现代生活的决策捷径把我逼得无路可走，我就会怒发冲冠。只要有人胆敢尝试，我一定会厉声怒斥，并从中感到一种伸张正义的崇高感。如果你跟我一样，那你也应当这么做。

拒绝盲目从众

除了人为伪造社会证据的情况，社会认同原则在另一个情况下也会导向失误。此时，一个纯属无心的失误会像雪球一样越滚越大，逼我们做出错误的决定。"多元无知"效应就是这种情况下的一个例子，明明出现了紧急事件，可人人都觉得没什么好惊慌的。比如下面这个例子。

几年前，新加坡一家银行的客户突然出现疯狂挤兑行为。这家银行本来声誉很好，出了这种事他们也觉得莫名其妙。直到后来，研究者采访挤兑者的时候才发现了出事的原因。那天，公交系统突然罢工，银行大门前的汽车站一反常态地站了一大群人。路人误以为这里聚集的人是为了从即将倒闭的银行里取钱，于是他们也慌乱地赶紧排队取起钱来，见此情形，越来越多的过路人产生了误解，纷纷加入了挤兑的行列。于是这家银行开门后不久，就被迫关了门，以免彻底倒闭。

这个例子有助于我们理解人们响应社会认同的方式方法。**第一，我们似乎持有这样的假设：要是很多人在做相同的事情，他们必然知道一些我们不知道的事情。尤其是在我们并不确定的时候，我们很乐意对这种集体智慧投入极大的信任。第二，人群的反应很多时候都是错的，因为群体成员并不是根据优质信息才采取行动的，而只是基于社会认同原则在做反应。**

这里有一点教训，人们绝对不应该完全信任类似社会认同这样的自动导航装置，哪怕没有坏分子故意往里面添加错误信息，有时候它自己也会发生故障。我们需要不定时地检查这台机器，用该环境下的其他证据来源，如客观事实、先前的经验及我们自己的判断等与之进行对比，确保它没有出乱子。

幸运的是，以上预防措施并不需要花很多精力，也不需要用太多时间，只要抽空迅速打量一下周围就行了。花点工夫采取这个小小的预防措施，是物有所值的，一根筋地依赖社会证据，有可能导致极为可怕的后果。比方说，许多坠机事故的发生，都是因为飞行员在天气条件不合适的时候做出了错误的着陆决定。航空安全研究者对此类飞机事故进行了深入的分析，并做出了解释。飞行员在决定着陆时，对物理证据考虑得并不充分，他们把重点放在了社会证据上，因为以前好多飞机全都这样安全着陆了。

显然，跟着其他飞机驾驶的飞行员最好还是偶尔看看仪表盘和窗外。同样的道理，在采纳群体证据时，我们也有必要周期性地四处看看。面对误导的社会认同，如果不使用这种简单的防护措施，我们很可能会跟这些不幸的飞行员和先前的那家新加坡银行落得一样的下场：坠毁。

值得一提的是，银行挤兑这件事发生在新加坡或许并非偶然，因为研究表明，东方社会的公民比来自西方文化背景的人更容易根据社会认同信息做出反应。其实，看重群体多于个体的文化都表现出了类似的敏感性。几年前，我和一些同事的研究显示了这类倾向在波兰是怎样发挥作用的。波兰这个国家的价值观正慢慢西方化，但民众的心态仍比普通美国人更依赖集体。我们问波兰和美国的大学生是否愿意参加一个市场调查。要预测美国学生的决定，主要是看他们以前是否经常答应同类市场调查的请求，这符合大多数美国人的个人主义偏好；可要预测波兰学生的决定，就主要得看他们的朋友过去是否经常答应同类市场调查的请求，这也符合该国更强调集体主义的价值观倾向。当然，本章的证据表明，社会认同在以个人主义为主的文化（如美国）中同样发挥着有力的影响。例如，表明社会认同对飞行员决策造成致命影响的数据，就来自美国的航班。

READER'S REPORT | 读者报告

致西奥迪尼先生：

在一家跑马场工作的时候，我洞悉了一种伪造社会证据牟取私利的方法。为了降低风险，赚更多的钱，有些投注者能煽动公众把赌注押在劣马上。

跑马场的赔率是根据马身上下的赌注来确定的。一匹马身上押的钱越多，赔率就越低。好多赌马的人对赛马或下注策略的知识少得可怜。因此，尤其是当他们对参赛的马匹没什么了解的时候，他们就会把注下在最受欢迎的那匹马上。由于计分板每分钟都会更新赔率，公众随时都能判断出目前哪匹马最受欢迎。赌马老手改动赔率的手法其

> 实非常简单,这家伙早就看准了哪匹马赢的机会大。但是,他却挑选一匹赔率很大(比如15∶1)、根本没机会赢的马,等下注的窗口一打开,这人就把100美元投在这匹劣马上,于是计分板上显示的赔率一下就降到了2∶1,创造出"这匹马很受欢迎"的假象。
>
> 现在,社会认同原则开始发挥作用了。不确定把钱押到哪匹马上的人会观察计分板,根据先前赌客的投注判断哪匹马最受欢迎,然后自己再跟进。等其他人继续把钱押在这匹"最受欢迎的马"的身上时,滚雪球效应就出现了。此时,赌马老手可以回到投注窗口,在他真正看中的马身上下重注,现在,这匹马的赔率会比较高,因为计分板上已经是另一匹马成为"最受欢迎的马"了。要是这家伙赢了,先前的100美元投资就能赚回好多倍来。
>
> 我亲眼见识过这套把戏。有一回,一个人把100美元押在了赛前赔率是10∶1的一匹马上,把它弄成了初期的大热门。赛场上流传起了谣言,说最早下注的这个家伙有内幕消息。接下来的事情你应该猜得到,人人(我也在内)都在这匹马上押钱。结果它跑了最后一名,还把腿给跑瘸了。很多人亏了大把的钱,可有人却赚了个盆满钵满。我们永远不会知道那人是谁,但他一个人把所有的钱都捞走了。这家伙把社会认同原则吃得很透。

这位前跑马场雇员:

我们再一次看到,对那些在特定环境下感到不熟悉、不肯定的人来说,社会认同最有说服力,因为这些人必须观察周围,寻找自己该怎么做的证据。本例中,我们可以看到牟利者是怎样利用趋势的。

本章小结

- 社会认同原则指出,人们用来判断自己在某个环境下该相信什么、该怎么做的一条重要途径,就是看其他人在这个环境下相信什么、怎么做。不管是成年人还是儿童,身上都存在强大的从众效应,而且这一效应适用于购物决定、慈善捐款、缓解恐惧等多种活动。社会认同原则可以用来使一个人顺从要求，只要告诉他其他很多人（人越多越好）都这么做了就行。因此，光是指出一样东西的受欢迎程度，就能提升它的受欢迎程度。

- 社会认同在三种情况下影响力最强。第一种是不确定感。如果人们不确定，掌握的情况模糊，他们就更有可能关注他人行为，并认为这些行为是正确的。例如，较之一目了然的紧急情况，倘若形势暧昧不明，这时旁观者是否出手帮忙的决定会受到其他旁观者行为的极大影响。

- 第二种与"人多"有关：人们更倾向于依据群体人数的多少选择追随目标。如果人们看到很多人在做某事，就往往愿意追随，因为该行为显得更正确或有效、更具可行性、社会接受程度更高。

- 第三种是相似性：我们更倾向于顺从与自己相似者的信念和行为，这种现象叫"同侪说服"。从社会学家菲利普斯汇集的自杀统计数据中，我们可以清楚地看到同类人的行为对人们会产生多大的影响。这些统计数字显示：倘若其他陷入困境的人自杀的消息高度曝光，跟这个人相似的人也会决定走上绝路。有人对圭亚那琼斯镇的集体自杀事件做了分析，认为该组织的领导者琼斯利用了不确定感和相似性这两个因素来引诱当地的绝大部分民众顺从地自杀。

- 许多说服人士在社会认同方面犯下的一个弥天大错是：声讨一种不可取行为（酒后驾驶、青少年自杀等）的发生频率，希望借此阻止它。然而，他们没有意识到，谴责声中（看看做这些事的这些人！）暗含着另一条削弱自己立场的信息："看啊！居然有这么多人在做这件事。"因为社会认同原则的力量，情况可能会变得更加糟糕。

- 如果你由于观念、事业或产品尚未得到广泛支持而无法借助现有的社会认同，或许可以通过诚实地描述发展趋势（受众希望持续下去的趋势）的支持，借用将来社会认同的力量。

- 要想避免太过依赖不完善的社会认同，我的建议是：警惕明显是伪造的社会证据，比如与自己类似的其他人在做什么，并意识到我们的决定不应该仅仅建立在"其他人怎么做"的基础之上。

第 5 章

权威

跟着权威走。

——维吉尔（Virgil）

不久前，一位韩国记者问我："为什么行为科学现在这么火？"我认为原因很多，但其中之一与全球政府、商业、法律、医疗、教育和非营利组织行为科学研究部门的运作有关。最新统计显示，在不到10年的时间里，大约新增了200个此类研究单位，每个都致力于测试如何将行为科学原理用于解决各种现实世界的问题。它们中的第一家是英国政府设立的行为洞察团队（Behavioural Insights Team），这个团队的研究颇有成效。

例如，它们想研究怎样才能帮助那些更值得被赞助的组织获得更多的捐款。其中最重要的，就是要号召那些有持续捐赠能力的个人为这些组织增加捐款。于是，这个研究团队比较了几种不同的说服技巧，想弄明白它们到底在效果上有什么不同。研究者们选择了一家大型国际银行的伦敦办公室开展实验。投行专家们收到了一份捐款请求，请他们为两家主旨为"帮助伦敦儿童"和"英国脑膜炎研究"的慈善机构举办的筹资活动捐款。第一组对照组里的投行专家收到的是一封请求捐赠的标准信函，结果只有5%的人应允。针对第二组投行专家，研究者邀请了一位受人尊敬、支持该项目的名人去拜访，这种基于喜好的策略让应允率提高到了7%。第三组投行专家面对的是基于互惠的请求。他们一走进大厦，一名志愿者就走上去先给了他们每人一包糖果，接着请他们参与该项目，此时应允率提高到了11%。第四组投行专家收到了来自自己组织首席执行官所写的信件，信中强调这一项目对银行的重要性，以及该慈善机构对社会的价值。这一手法结合了权威原则，带来了12%的应允率。最后一组投行专家得到的是基于互惠原则和权威原则的混合技术：志愿者送糖果，并送上来自首席执行官的私人信件，应允率此时飙升到了17%。

很明显，首席执行官的信，不管是单独使用，还是跟另一条影响力原则搭配使用，都对捐款者的决定产生了重大影响。这是因为，信的源头在收件人心目中同时具备了两种权威性。第一，首席执行官是掌权者，他可以影响收件人在组织内所获的成就，而且因为是针对收信人写的私人信件，他也会知道这些收件人是否遵从了自己的要求。第二，他还是所议主题上的权威，他表明了自己懂得该慈善活动对银行具有什么样的价值，也懂得该慈善机构的内在意义。正是以上这两种权威，让投行专家们表现出了明显的顺从。实际上，行为科学史上的一个令人震惊的发现，就可以用这种组合式的权威影响力来进行解释。①

假设你在翻看本地报纸的时候，留意到一则招募志愿者到附近大学的心理系参加"记忆研究"的广告。又假设你觉得这个实验会很有趣，于是你联系到了研究负责人斯坦利·米尔格拉姆教授（Stanley Milgram），安排好去参加一小时的实验。你刚到实验室，就碰到了两个男人。一个是负责实验的研究者，他身上穿着的灰色实验室大褂和带着的记录板都清楚地表明了这一点；另一个则是跟你一样普普通通的志愿者。

一番问候和寒暄后，研究者开始向你们解释要遵照的程序。他说，该实验的目的是研究惩罚对学习和记忆有什么样的影响。一位参与者要完成的任务是学习一张超长清单上的成对单词，直到能把每对单词完美地记住，这个人是"学生"。另一名参与者的任务则是检验学习者的记忆进度，每当后者犯错就加强电击力度，这个人是"老师"。

---

① 英国内阁行为透视团队的慈善研究中，两条影响力原则结合起来产生了较大的影响，但如果认为在说服信息里加入多条原则总能增加其影响力，这就错了。把多种策略硬塞到同一次交流里，会让接受者意识到对方在努力劝说自己，从而造成适得其反的效果。

听到这个消息，你有点紧张。跟另一位志愿者抽签之后，你更恐慌了，因为你抽到了"学生"的角色。你从没想过参加这个实验还要挨电击，所以有那么一瞬间你想到了离开。但你又转念一想，真有必要的话，你随时都能走，再说一道电击能有多强呢？

等你学了一阵要记忆的单词组之后，研究者用皮带把你绑到了一张椅子上，让"老师"看着，将电极插入了你的胳膊。这下子你真的担心起电击的强度了，你提出了严厉的质询。研究者的态度更令你恐慌了，他说，电击确实有可能让你感到非常疼痛，但不会给你"造成永久性的组织损伤"。说完，他就和"老师"离开了，只剩你一个人在房间里。他们在隔壁，"老师"通过对讲装置向你提问，每当你回答错误，就电击你，算是惩罚。

于是"老师"接连提出问题，一旦你出了错，他就会拉下电闸惩罚你。最让人担忧的是，你每多犯一次错，电击强度就会增加15伏。

一开始，电击让你感到有点不适，但还可以容忍。可没过多久，你犯的错误越来越多，电击强度也随之攀升，此刻的惩罚强度扰乱了你的注意力，令你犯下更多错误，承受越来越痛苦的电击。等电击强度到了75伏、90伏和105伏时，你已经痛苦得呻吟起来。到了120伏，你冲着对讲系统痛苦地大叫，电击让你感到难以忍受。你又呻吟着接受了一轮惩罚，你拿定主意不再忍受下去了。等"老师"按下150伏的电压后，你向对讲机叫喊道："够了！让我离开这里，请让我离开这里！让我出去！"

"老师"并没有如你预期的那样宽慰你，马上就来放你出去，相反，他只是提出了下一个问题，要你继续回答。你在惊讶和困惑中念叨出最先冲进脑子的答案。当然，它是错的。"老师"放出了165伏的电击。你尖叫着要他住手，放你出去。他却只用下一个问题来回应你，你在崩溃的边缘给出的答案当然是不正确的，于是他就又给了一轮电击。

第 5 章
权威

你再也压抑不住恐慌了，此刻的电击已经强得让你全身扭曲并厉声尖叫了。你踢墙，你要人来放你，你求"老师"帮帮忙。但测试却照常进行下去，可怕的电击强度也在继续攀升，195 伏，210 伏，225 伏，240 伏，255 伏，270 伏，300 伏。你意识到自己绝无可能正确地回答问题，于是你向"老师"大吼，你不再回答他的问题了，可一切还是照旧。"老师"把你的默不作声视为回答错误，又放出了一道电击。

酷刑就这样持续着，直到电击的强度令你几乎昏迷过去。你再也叫不出声了，也不再挣扎了，你只能感觉到每一轮可怕的电蛇撕咬。也许，你会想，"老师"看到你都不动弹了，总该会停止了，没有理由再把实验进行下去了吧！可他却毫不留情地照章办事，提出问题，报出可怕的电击强度，并拉下电闸，这时已经在 400 伏以上了。你在混乱中想，这个人到底是什么样的魔鬼啊？他为什么不帮我？他为什么不停下来？

权威高压的力量

对于我们大多数人来说，以上的场景听起来十足是一场噩梦。可要说到它到底有多可怕，我们只要明白一点就行了：大体而言，这一切都是千真万确的。心理学教授米尔格拉姆的确做过这么一个实验，确切地说，是整整一个系列的实验（见图 5-1）。实验里扮演"老师"一角的参与者真的会向尖叫、挣扎、哀求的"学生"施加连续不断的强烈电击，电击强度足以致人死亡。实验只有一个地方跟前面的描述不同，"学生"并不是真的挨了电击，那个痛苦呼喊、哀求怜悯的人不是真正的参与者，而是假装遭到电击的演员。米尔格拉姆研究的真正目的，并不是惩罚对学习与记忆的影响，相反，它和一个完全不同的问题有关：一个普普通通的人在履行职责的时候，会愿意向完全无辜的其他人施加多大的痛苦？

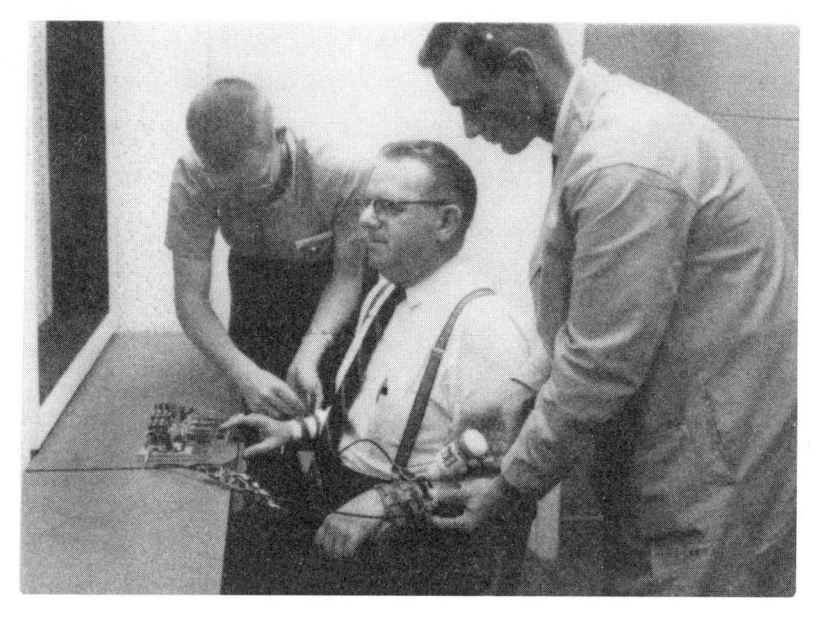

图 5-1 米尔格拉姆实验

图为"学生"被绑在一张椅子上,身着实验室大褂的研究者和真正的参与者(他将担任"学生"的"老师")正把电极安装到他身上。

答案极其令人不安。在跟前面那场"噩梦"一模一样的情形下,大部分"老师"都会把对"学生"的折磨施加到可用的最大限度。

米尔格拉姆实验里 2/3 的参与者都没有听从"学生"的请求,而是把面前整整 30 挡强度的电闸全部按了个遍,直到按下最后一挡 450 伏、研究者主动要求他结束实验为止。更可怕的是,从"学生"最开始要求放了自己,到稍后的苦苦哀求,再到每一次电击都令"学生""发出绝对的厉声惨叫"(这是米尔格拉姆的原话),该研究中的 40 名参与者都几乎无动于衷,不曾主动放弃"老师"之职。

这样的结果把参与该项目的每个人都吓坏了,米尔格拉姆本人也不例外。事实上,研究开始之前,他分别让同事、研究生和耶鲁大学

（实验就是在这里进行的）主修心理学的学生看该实验的程序说明，并估算有多少参与者会按下最后一挡电击强度为 450 伏的电闸。人们给出的答案基本上都在 1%～2%。米尔格拉姆甚至找了 39 名精神科医生，根据他们独立做出的预测，1 000 个人里也只会有一个人愿意把电闸按到底。也就是说，参与者在实验中真正表现出来的行为模式是谁也没有预料到的。

我们该如何解释这种惊人的行为模式呢？有些人认为原因可能跟几种因素有关。所有参与者都是男性，而众所周知，男性全都有侵略倾向；又或者，参与者们没有意识到那么高的电压会带来什么样的严重伤害；再不然就是，参与者是一群变态的疯子，很享受折磨人的过程。但证据充分驳斥了这几种可能性。

首先，后继实验表明，参与者是否愿意一次次地电击"学生"，跟性别无关，女性"老师"采取相同做法的可能性跟米尔格拉姆实验中的男性"老师"们一样高。

其次，另一项实验针对"参与者没有意识到电击对'学生'的危险性"这一看法做了研究。在这轮实验中，"学生"会说自己有心脏病，他的心脏承受不了这么强的电击："够了！快让我出去。我告诉你，我有心脏病。我的心脏开始难受了，我拒绝继续进行实验。快放我出去。"可结果还是一样，65%的参与者忠实地履行了自己的职责，依次按到了电闸的最大挡。

最后，认为米格尔拉姆找来的参与者全是心理扭曲的虐待狂，不能代表普通人，这个借口也是不成立的。看了米尔格拉姆广告来报名参加"记忆"实验的人涵盖了各个年龄、职业和教育程度。而且，实验之后他们还做了一系列的人格测试，测试显示这些人心理十分正常，并不是一群疯子。事实上，他们就跟你我一样。套用米尔格拉姆的说法，他们就是你和我。倘若他的看法没错，那么，我们每个人都有可能做出实验中那样可怕的事情来。这就引出了一个更加令人感到不舒服的问题："什么能让我们做出这样的事情来呢？"

米尔格拉姆确信自己知道答案。他说，这必然跟我们对权威根深蒂固的责任感有关。据米尔格拉姆的观点，实验的真正罪魁祸首出在以下这一点上：参与者没办法公然违抗自己的上级，也就是那些穿实验室大褂的研究者。研究者要求参与者履行职责，完全不管这么做是否会给他人造成情绪和身体上的伤害。

米尔格拉姆的这套"服从权威"解释，得到了强有力的证据支持。首先，事情很清楚，若没有研究者的指示，参与者们很快就会中止实验。他们痛恨自己的所作所为，并为"学生"遭受的折磨感到痛苦。他们恳求研究者让自己停下来。研究者拒绝之后，他们继续照吩咐做，可在此期间，他们会颤抖着，汗流不止，并结结巴巴地提出抗议，还请求把"学生"放掉。他们把指甲深深地嵌进了自己的肉里；他们的牙齿紧紧咬着嘴唇，都咬出血来了；他们用手托着脑袋；还有些人用大笑来掩饰自己的紧张和尴尬。在米尔格拉姆最初进行的实验里，一名旁观者对有一名参与者做了以下描述：

> 我看到一个成熟稳重的商人面带微笑，自信满满地走进了实验室。短短20分钟，他完全成了另一副模样。他颤抖不停，说话结结巴巴，似乎马上就要精神崩溃了。他一会儿一个劲儿地扯耳垂，一会儿握紧双手。有一回，他甚至用拳头砸自己的脑袋，并喃喃自语："哦，天哪，让我们停下来吧！"可研究者所说的每一句话，他都照着做了，而且一路服从到底。

除了上述观察，米尔格拉姆还提供了更确凿的证据，证明参与者的行为是顺从权威的结果。例如，在稍后的一轮实验中，他要研究者和"学生"交换台词，也就是研究者告诉"老师"，停止电击"学生"，而"学生"却勇敢地让"老师"继续。结果再清楚不过了，面对"学生"提出的请求，100%的"老师"都拒绝再按下电闸。另一个版本的实验也出现了同样的结果，研究者和"学生"扮演者互换角色，研究者被绑在椅子上，"学生"让"老师"不听研究者的抗议，继续电击。这一回，仍然没有任何一个"老师"按下更高一挡的电闸。

还有一轮改编版的实验，记录下了米尔格拉姆研究中的参与者顺从权威到了何等极端的程度。这一回，有两名研究者向"老师"下达互相矛盾的命令：一人要"老师"在"学生"大叫"放我出去"的时候中止电击，另一人却告诉"老师"实验应该继续进行。这些矛盾的指示成了整个研究项目唯一可笑的地方，参与者悲喜交加，眼光困惑不解地从这个研究者身上转到那个研究者身上，不知道该服从谁才好。"等一下，等一下。这是怎么回事？一个说停，一个说继续。到底该怎么办？"趁着研究者争执不休的时候，参与者拼命想要判断谁的级别更高。最后，由于没法找出到底该服从哪一个权威，所有的参与者都听从了直觉，放弃了电击。和其他这类实验一样，倘若参与者本身就是虐待狂，或者具有神经质的攻击性，这样的结果是不可能出现的。

在米尔格拉姆不断积累的实验数据当中，一个令人心寒的现象反复出现。"我们的研究发现，**在权威的命令下，成年人几乎愿意干任何事情**。"早有一些人担心另一种形式的权威，也就是政府，有能力从普通公民身上压榨出可怕的百依百顺，对他们而言，这样的结果显然具有更为严肃的引申意义。更何况，这个结果还告诉我们，权威的压力能够全然控制我们的行为。看到米尔格拉姆实验中的参与者因为良知而汗如雨下、备受折磨，但还是不折不扣地执行电击指令时，还有谁会怀疑这一点呢？

要是还有人表示怀疑，布莱恩·威尔逊（Brian Willson）的故事大概会有些启发意义。

影响力研究
INFLUENCE NEW AND EXPANDED

1987年9月1日，为抗议美国向尼加拉瓜运输军事装备，威尔逊先生和另外两名男子跑到加利福尼亚州康科德的海军兵站，躺到了铁轨上面。他们满心以为这么做能让当天开出的列车取消，因为他们在三天前就向海军和铁路官员说明了自己将会来示威。可驾驶火车的非军方工作人员却接到命令，说不能停车。所以，即使他们在不到200米的地方就看到了抗议者，他们也并未减慢速度。另外两名抗议者及时爬出了铁轨，没有受伤，可威尔逊先生却慢了一步，两条腿从膝盖以下都被火车硬生生地压断了。由于现场的海军医护员拒绝治疗他，也不肯用军方的救护车把他送到医院去，围观者们和威尔逊先生的妻儿，只好自行给他止血，直到45分钟之后，私立医院的救护车才赶到。

出人意料的是，曾经当过4年兵的威尔逊先生却并不怪罪火车司乘人员，也没有责怪海军医护兵。相反，他谴责的是施加压力、让人盲目顺从的制度。"他们做的事情，跟我在战场上做的没什么不同。他们只是在服从命令罢了。他们也是牺牲品。"尽管火车司乘班组也同意威尔逊先生的看法，觉得自己是牺牲品，却并不像他那么有雅量。事实上，整个事件里最令人瞠目结舌的地方也出在他们身上，司乘班组对威尔逊先生提出了控诉，要求他赔偿他们的损失，因为他们"不压断他的腿就没法执行命令"，因此承受了"精神上的痛苦和肉体上的压力"。庆幸的是，这起诉讼很快遭到了法院的驳回。

米尔格拉姆最初进行这个实验的目的，是想弄明白为什么在纳粹统治期间，德国公民竟然会参与害死了上百万无辜者的集中营大屠杀。在美国完成了电击实验之后，米尔格拉姆曾打算去德国进行实验，他认为，这个国家的民众肯定会表现出十足的顺从，好让他对整个概念进行完整的科学分析。然而，在美国进行的第一轮实验便让米尔格拉姆大跌眼镜，他一下子明白：到德国去的经费完全可以省下，在家乡做实验就够了。"顺从的参与者太多了，"他说，"完全没必要到德国去做实验。"可顺从权威也不是美国人的专利。后来，米尔格拉姆的基本实验程序曾在荷兰、德国、西班牙、意大利、澳大利亚和约旦等地反复进行，结果相差无几。如今，几十年过去了，依然有研究者在重复米尔格拉姆的实验，实验结果并无明显的差异。

长达几十年的米尔格拉姆传奇，有个侦探故事般的结局。记者吉娜·佩里（Gina Perry）得以进入耶鲁大学档案馆，那里保存着米尔格拉姆论文。她在那里发现了米尔格拉姆此前从未发表过的一项实验的流程和结果。在此实验中，研究者曾经找来一些朋友或者是邻居，请他们分别扮演"老师"和"学生"。结果，人们对研究者命令的服从程度截然不同。在米尔格拉姆公开结果的实验中，65%的参与者自始至终都服从研究者，而在这份未公开的研究中，只有15%的人始终服从。这一结果与我们将在第8章中看到的证据十分吻合，即较之陌生人或普通的熟人，人们更有可能站在自己有着联盟感的一方，如朋友、邻居或亲属。除了佩里的长篇记述，还有其他学者撰写过介绍米尔格拉姆的"秘密研究"的学术文章。①

盲目服从的诱惑和危险

每当面对人类行为背后的一种强力推动因素时，我们便会很自然地想到，这种推动因素的存在是有充分理由的。就顺从权威一例而言，稍微思考一下人类社会的组织方式，我们就能找出许多说得过去的解释。被人类普遍接受的多层次权威体制能赋予社会巨大的优势，有了它，适于资源生产、贸易、国防、扩张和社会控制的成熟社会结构才得以建立并巩固。倘若没有它，就会导致无

---

① 有人对米尔格拉姆研究之后进行的一系列关于服从的研究做了综述，得出结论认为：20 世纪 60 年代米尔格拉姆在美国所做的研究中发现的服从程度，跟更晚近时代的研究结果有着惊人的相似性。假酷刑类的电视游戏节目同样揭示了人们在相关情境中的服从意愿，与同类研究的结果一致。

政府状态。无政府状态对文化群体是没什么好处的，社会哲学家托马斯·霍布斯（Thomas Hobbes）就言之凿凿地说，它必然会让生活变得"孤独、贫乏、污秽、粗野和短暂"。因此，自出生之日起，社会就教导我们，顺从权威是正确的，违抗权威是不对的。父母的教诲、校舍里风传的小曲、故事和儿歌，甚至我们成年后碰到的法律、军事行动和政治制度，都充斥着这样的教化。而所有这些"教化"，无不把服从和忠于正当规则摆到了极高的地位。

宗教教义也是一样。比如《圣经》开篇就提到，因为不服从至上的权威，亚当、夏娃还有整个人类失去了乐园。如果说这个隐喻太微妙了，那么让我们再来看看《旧约》。《旧约》用恭敬的叙述讲述了一个跟米尔格拉姆实验最为接近的故事，只因为上帝有了吩咐（哪怕没有半点儿解释），亚伯拉罕就愿意把利剑插入自己小儿子的心脏。通过这个故事，我们知道判断一个行为的正确与否，跟它有没有意义、有没有危害、公不公正、符不符合通常的道德标准没有关系，只要它来自更高权威的命令，那就是对的。亚伯拉罕遭受的痛苦折磨，是考验他是否服从上帝，而他则像米尔格拉姆实验里的参与者们一样通过了这场考验，说不定，参与者们就是从这个《旧约》故事里学会服从权威的。

从亚伯拉罕和米尔格拉姆实验参与者的故事里，我们可以看出顺从的能量和它在文化中的价值。然而，在另一种意义上，这样的故事又有可能造成误导。现实当中，我们其实很少对权威的要求痛苦地举棋不定。确切地说，我们往往没怎么思考，就下意识地顺从了，颇有"按一下就播放"的势头。来自公认权威的信息能为我们判断如何行动提供宝贵的捷径。

毕竟，正如米尔格拉姆所说，**服从权威人士的命令，总是能给我们一些实际的好处**。从小开始，这些人（家长、老师）就比我们懂得更多，我们发现，采纳他们的建议是有益的，部分原因是他们更有智慧，另一部分原因是他们手里攥着对我们奖惩的权力。成年之后的情况也是一样，只不过此时的权威人士变成了老板、法官、政府领袖。他们因为所处地位更高的缘故，得以接触到更多的信息并掌握更多权力，因此按照正当权威的愿望去做是有道理的。正是因为它太有道理了，很多时候，哪怕权威人士说的完全没道理，我们也会照着去做。

当然，这种矛盾，正好也是影响力武器要借助的东西。一旦我们意识到服从权威在大多数情况下是有好处的，就会很容易不假思索地去服从。盲目服从这种机械做法，既有好的一面，也有糟的一面。盲目服从，我们就用不着思考了，省心又省力。可尽管它大部分时候都能让我们做出适当行为，例外的情况也有不少。

就从生活里找个权威压力强大又明显的方面吧：医疗领域。健康对我们极为重要，因此在医疗领域里掌握了丰富知识、具备强大影响力的医生，往往拥有着受人尊重的权威地位。此外，医疗机构本身也有着等级分明的权力和威望结构。不同的医疗工作者很明白自己的工作处在这个结构里的什么位置，也很明白"医生"处在这个结构的最高层。没人能驳回医生对病例的判断，除非是另一个级别更高的医生。因此，医务工作人员素来有一套历史悠久的传统——自动服从医生的指示。

这么一来，就有可能出现这样的情况：医生犯下了明显的错误，层级较低的人却没想过要提出质疑。这是因为一旦正统的权威下达了命令，下属就用不着再思考，只管照着做就是了。这种"按一下就播放"的下意识反应跟医院这样复杂的环境结合到一起，出错简直不可避免。事实上，为美国国会提供医疗政策咨询的"医学研究会"所提供的数据表明，就诊的病患每天至少会碰到一次用药失当。其他数据同样令人震惊：美国每年因医疗失误死亡的人数超过了所有事故的死亡人数，而全世界每年有40%的轻症患者和门诊患者因医疗失误而受到伤害。

患者拿到错误的药物，原因有很多。不过，人类学家、坦普尔大学药学教授迈克尔·科恩（Michael Cohen）和内尔·戴维斯（Neil Davis）却在《用药失误：成因和预防》中把大部分问题归结到患者对主治医师的盲目服从。据科恩所说："在一起又一起的案例中，（多是因为）患者、护士、药剂师和其他医护人员没有对处方提出怀疑。"科恩和戴维斯报告了一起"肛门耳痛"的奇怪病例。一名患者右耳感染发炎，医生给他开了滴剂，让他点入右耳。但他在处方上并未把"right ear"（右耳）这个词写完整，而是写了个缩写"Rear"（"rear"在英文中有"屁股"的意思）。看到处方，值班护士立刻把规定的药水剂量点入了患者的肛门。

显然，耳朵痛却对肛门猛下药，实在不合情理，但不管是患者还是护士都没有丝毫的怀疑。这个故事给我们上的重要一课是：**很多情况下，只要有正统的权威说了话，本来该考虑的事情反而没人考虑了。**这种时候，我们并不会从整体上来审视局面，而只会对其中的一个方面给予关注，做出反应。①

———————————————— READER'S REPORT | 读者报告

致西奥迪尼先生：
　　我在宾夕法尼亚州沃伦的一个意大利人聚居区长大。长大后，我偶尔会回家探访亲戚朋友。跟如今的大多数地方一样，小型的意大利商店消失了，取而代之的是较大的超市。有一回，我妈妈让我去超市买番茄罐头，我发现，几乎所有的"法玛诺"牌意大利切块番茄罐头都卖光了。我在货架上翻拣了一番，很快就在空货架的最

\>\>\>

---

① 遗憾的是，自从20多年前美国国家卫生研究院发布第一份关于医疗失误严重程度的报告《人非圣贤》（*To Err is Human*）以来，情况并无好转。一如研究者指出的那样，大部分问题不在于医生的操作手法而在于其心理状况。

> 下一层，找到了整整一排（还摆得满满当当的）"法玛"牌切块番茄罐头。我仔细看了看标签，意识到"法玛诺"和"法玛"是同一家公司。这家公司在经销部分产品的时候，会在自己的名字后面加个"诺"。我猜，这肯定是因为在销售意大利风格的食物时，名字里带个"诺"或者"奥"的厂商会让人觉得更权威。

得克萨斯州的这位大学教授：
　　感谢来信，我必须把你的这段评论也分享给读者："从影响力触发因素的角度来看，新加的'诺'完成了双份的任务。它不仅让厂商在'意大利聚居区'显得更有权威，也让消费者感觉这家公司跟自己更亲近，从而调动了喜好原则。"

每当我们的行为受这种不假思索的态度控制时，有一点保准没错：影响力专家会跑来利用它。比如，广告商经常利用我们对医生的信任，找演员来假扮医生，宣传他们的产品。我最喜欢的例子是息可舒止咳糖浆的一则电视广告，该广告由曾在著名连续剧《综合医院》中扮演重要角色里克·韦伯医生的演员克里斯·罗宾逊出演。这段广告一开头，罗宾逊就说，"我不是个医生，我只是在电视里扮演了医生"（见图 5-2），接着，他向一位年轻的母亲介绍息可舒止咳糖浆有些什么好处。这则广告非常成功，大幅提高了息可舒止咳糖浆的销量。

为什么这则广告的效果会这么好呢？人们到底为什么这么相信演员罗宾逊所说的话？因为聘请他的广告公司知道，他在观众的心目中是跟广受欢迎的电视剧里的重要角色联系在一起的。客观来看，我们明明知道这个人不过是个扮过医生的演员罢了，没道理被他的意见左右，可正是因为我们对权威产生的不假思索的反应，才让止咳糖浆在这个人的引导下卖得热火朝天。

图 5-2 我不是医生，我只是在电视里扮演了医生

治疗日常健康问题（如头痛、过敏和感冒）的药物广告中，经常使用类似上图这样用演员扮演医生的照片。广告无须明确声称该演员是医生，便可使用广告中的描述（包括展示医生用的许多配件，如白大褂、听诊器等）。

作为对这段广告效力的旁证，1986年，罗宾逊因逃税入狱，息可舒止咳糖浆并没有停止播放当年设计好的广告，而是找来另一位著名的电视演员彼得·伯格曼重新出演了这则广告，伯格曼曾在连续剧《我的孩子们》里扮演医生。除了更换了扮演医生的演员，新版广告的内容跟之前几乎毫无二致。值得注意的是，尽管遭到定罪，罗宾逊仍按监狱的假释制度，获准继续在《综合医院》一剧中出演自己的角色。该怎么解释他得到的宽大处理呢？要知道，其他任何正在服刑的演员都不曾享受过这样的法网开恩。或许，是因为他在电视上扮演了一名医生吧。

"权威象征"的力量

第一次看到息可舒止咳糖浆的广告我就觉得很有趣，因为它利用了权威原则带来的影响力，却根本不曾拿出一个真正的权威，光是看起来像权威就足够了。这说明，我们对权威人士的下意识反应有一点很重要的特性：**一旦处在"按一下就播放"的自动模式，只要有人拿出权威的象征，就足以把我们降服。**

有几种象征权威的符号能十分有效地触发我们的顺从态度，因此，那些缺乏真才实学的人会对这几种符号爱不释手。比如，骗子大多喜欢给自己冠上各种头衔，穿上权威人士的行头，戴上相关的身份标识；衣冠楚楚地从高档汽车里钻出来，自我介绍说是某某医生、法官或专员，这是他们最常用的把戏了。他们明白，一旦如此包装了自己，对方顺从的概率便会立刻大大增加。让我们分别来探讨一下以上三种象征符号：头衔、衣着和身份标识，它们各自都有一大堆故事可讲。

头衔

头衔是最难却又是最容易得到的权威象征。正常来说，要得到真正的头衔必须付出多年的艰苦努力。然而，也有人毫不费力地就给自己贴上了个标签，轻松得到了他人的自动顺从。正如我们所见，电视广告里的演员和骗子们全是这么做的，而且做得都很成功。

最近，我跟一位朋友聊天时，从他那儿听到了一个很有说服力的故事，这个故事说明：**头衔比当事人本人更能影响他人的行为。**

> 我的这位朋友是一所著名大学的教授，他的行程总是很满，经常在酒吧、餐馆和机场跟陌生人闲聊。他说，从他这么多年的经验来看，最好别在谈话里透露"教授"的头衔。每当他一说自己是教授，交流气氛马上就变了。前半个小时里风趣自然的话友就像是换了个人似的，立马对他毕恭毕敬，言听计从，沟通变得乏味透顶。之前他提出自己的某种看法，可能会引出一场热烈的讨论，现在却只能带来一连串文

绉绉的附和。这个现象让他感到有些懊恼和不解，因为他说："我不还是同一个人吗？我都跟他们聊了30分钟了，对吗？"总之，如今他再碰到类似的情况，他对自己的职业就守口如瓶了。

像他这种情况其实挺罕见的，更典型的模式是，某些影响力专家谎称自己具有某某头衔，但事实上根本就没有。不过，其实不管有没有真实的头衔，只要你亮出这种权威的象征，就能影响人的行为。

头衔除了能让他人对你表现得更恭顺，还能让你在他们眼里显得身材高大威猛。要是我的朋友知道这一点，不晓得他还会不会那么热衷于隐瞒自己的头衔，他个头可有点矮。有人研究过权威地位会怎样影响他人对当事者身材的判断。调查表明，头衔越是显赫，别人就越觉得有头衔的这个人高大威猛。以下是在澳大利亚一所大学进行的实验。

影响力研究 INFLUENCE NEW AND EXPANDED

英国剑桥大学的一名访客先后来到5个不同的班级。在不同的班上，研究者对这个人的身份做了不同的介绍。在第一个班，这名访客是剑桥的学生；在第二个班，他是剑桥的助教；在第三个班，他是讲师；在第四个班，他是高级讲师；在第五个班，他是教授。当此人离开教室之后，研究者要班上的学生评估他的身高。结果发现，他的身份地位每往上提升一级，他在同学们眼中的身高也平均会提高1厘米，他是"教授"的时候足足比是"学生"的时候高出了6厘米。另一些相似研究发现，政治家选举获胜之后，在公众的眼中也会显得更高大。甚至一个人对自己身高的感知，也会受到类似的影响。在一些实验当中，大学生被分配到扮演"经理"（与"员工"相对）这一地位更高的角色后，会认为自己个子也更高。

既然我们觉得身材体格与地位是挂钩的，那么肯定有人会靠虚张声势来获得影响力。在一些动物种群当中，动物的地位来自它是否有能力控制其他动物。因此，动物的体格就成了决定它能否获得地位的重要因素了（见图 5-3）。跟对手打斗时，通常块头更大、力量更强的动物会赢。然而，为了避免这类肢体冲突给整个群体带来有害影响，许多物种都会采用一些打斗之外的办法来分出高下。两个对手相遇，必定会做出一些炫耀性的攻击姿态，这其中便包括一些增大块头的小伎俩。有些哺乳动物会拱起背，把毛根根竖起来；有些鱼会张开鳍，用水把自己胀得鼓鼓的；有些鸟则会伸展翅膀，并使劲拍动。很多时候，光是这么虚张声势一番，就能把对手吓跑，而人人都觊觎的地位，则落到了那个看起来个头更大、更强壮的战士手里。①

图 5-3 高度期望

漫画家斯科特·亚当斯（Scott Adams）的描述并不见得有多夸张。研究表明，高个子男性比矮个子男性的收入更高，也更有可能晋升到领导岗位。而且，虽说没有数据能直接证实，但我认为亚当斯对银色头发的看法也没错。

皮毛、鳍和羽翼，这些最脆弱的部位却能用来给人留下强壮有力的印象，难道不是挺有趣的吗？从这里面，我们可以得到两点启发。

第一，**体格和地位之间存在联系**。因此，肯定会有人通过伪造某种特征，营造自己具备某种地位的假象，从中渔利。这就是为什么哪怕骗子本来的身材在中等或中等偏上，也往往穿着增高鞋的原因。

---

① 研究表明，教师、政客和任务中的参与者会基于其感知地位而表现出身体上的"变高"。此外，比对手高的政客往往能获得更多选票。例如，在自 1900 年以来的美国总统选举中，90% 都是长得更高的候选人胜出。因此，在人们心目中，地位不光能增加身高，身高同样能提升地位。

第二点启发更具概括性：**权力和权威的外部象征，说不定是靠假冒伪劣的材料编造出来的。**让我们再举一个例子，回到"头衔"这个话题上。据我所知，从若干角度来看，这个例子都相当可怕。有一群由医生和护士组成的研究者，他们十分关注护士机械刻板地服从医生的现象。通过对美国中西部三家医院的研究，这些研究者发现，即便是高度训练有素的护士，也不会充分地应用自己的经验和技能去核对医生的判断。相反，每当医生给出指示，他们便一概照做。

正因为这样，才出现了前文谈到的往肛门里点耳用药水的案例。不过，这群研究者把事情更深入地推进了几步。首先，他们想知道这种情况是孤立的个案，还是代表了一种普遍现象；其次，他们想看看如果造成的后果更为严重，那么还会不会出现这种问题。比如，当医生对住院患者开出过量的未批准药物的时候，护士们还会不会照做呢？最后，他们还想试试，要是权威人士根本不在现场，而只是电话里一个自称是"医生"的陌生声音（这种时候，能表明对方是权威的证据是最为薄弱的），情况会怎样。

影响力研究　INFLUENCE NEW AND EXPANDED

有一位研究者给外科、内科、儿科和精神科等 22 个不同的护士站打去电话，电话内容都一样。他说自己是医院的医生，并要接电话的护士向指定病房的某个患者用 20 毫克的药。面对这样的吩咐，护士原本有 4 种很好的理由拒绝执行：一是通过电话传达处方，直接违反了医院的规定；二是这种药本身是没通过批准的，不得大范围使用，而且也不在病房用药的清单上；三是处方的剂量明显超标，药品的容器上清楚地写着，"每日最大剂量"仅为 10 毫克，医生说的剂量却是它的一倍；四是护士从来没见过这位通过电话下达命令的医生，甚至从未在电话里跟他交谈过。然而，95% 的护士都径直奔到药房，按吩咐拿出了相应剂量的药物，准备去病房里给药了。直到这个时候，在一旁不动声色的观察员才出手阻止了他们，并说出实验的真正目的。

这样的结果真够吓人的。95% 的正规护士毫不犹豫地服从了一道漏洞百出的指示，我们实在很有必要关注一下。毕竟，人人都可能住院看病啊！这项研究表明，用药失误并不仅限于往屁股里点耳用滴剂一类的琐碎事情，还可能造成更严重、更危险的后果。

在阐释上述令人不安的调查结果时，研究者得出了如下振聋发聩的结论：

> 在医院这样的环境中，从理论上讲，应该是两种专业知识（医生的和护士的）结合到一起，才能确保采取的治疗措施对患者有好处，或至少不会有害处。可实验却清楚地表明，护士的专业知识在实际当中起不了作用。

看起来，面对医生的指示，护士们放下了自己的"专业知识"，进入了"按一下就播放"的自动响应模式。工作的时候该做些什么？他们接受的医学训练和所学的知识完全没派上用场。由于在他们的工作环境中，顺从正统权威总是最有效率、最受青睐的做法，因此他们宁愿自动顺从，不惜犯错。更发人深省的是，他们朝这个方向走得太远了，连一个最容易假冒的头衔（根本不是什么真正的权威），也能诱使他们做出错误的响应。①

EBOX ｜ 线上影响力

> 五年来，一支安全系统黑客团队对美国近 1 000 家地方银行和信用合作社的计算机网络发起了协同攻击，他们的成功率高得惊人。其中有 963 起案
>
> >>>

---

① 研究者在对护士研究结果表明，护士们本身可能并没有充分意识到，他们的判断和行为会受到"医生"头衔的多大摆布。研究者另外采访了 33 名护士和实习护士，问他们在相同的条件下会怎么做，他们的回答和实际调查结果相去甚远，只有 2% 的人认为自己会按电话里的吩咐去给药。

件，黑客得以入侵银行的安全系统，盗走诸如受保护的内部文件、贷款申请和客户数据库等资料。既然银行已经借助了先进的技术和软件，严密防范、侦测和防止数字入侵，为什么黑客还能在96%的案件中得手呢？答案在于黑客使用的方法。这些黑客并没有采用更为先进的数字技术来入侵银行先进的数字安全系统。事实上，他们根本就没有使用数字技术，而是利用了人们对权威的盲从心理。

事实上，这些黑客是受银行雇用而来的，我们也因此得以了解他们的手法为什么这么有效。他们给自己置办了消防检查员、政府安全检查员和灭虫人员诸如制服、徽章和标志这样的装备，没有预约就进入银行机构，由银行员工陪同进入受限区域，之后员工还会离开、让黑客们自己开展工作。只不过，他们做的并不是银行人员期待中的工作。黑客们从无人值守的计算机上下载了敏感的程序和数据，有时还会携带着硬盘、笔记本电脑甚至大型计算机服务器离开银行。黑客团队的老板吉姆·斯蒂克利（Jim Stickley）对此振聋发聩地指出："人们总觉得，随着互联网的崛起，安保注意力和经费应该转移到计算机网络和来自黑客的威胁上。可'此事'对此提出了一些不同意见。人们可能忘了一些基本的东西。"在顺从领域，服从权威就是最基本的原则。

作者点评：在获准进入银行机构的权威人士里，不光有本身被视为权威的角色，如消防检查员或政府安全监察员，也有那些只能称之为手握职权的人，如害虫控制专家。具有启发意义的是，这两种形式的权威都能发挥作用。

衣着

第二种可以触发我们机械顺从的权威象征是衣着。虽说相较于头衔，这种权威的外衣更"有形"，可要伪造起来也很容易。警方的诈骗犯罪档案里，换装行骗的手段比比皆是。这些骗子像变色龙一样，一会儿穿上医院的白大褂，一会儿穿上神职人员的黑长袍，一会儿穿上军人的国防绿，一会儿又穿上警察的蓝制服。他们根据形势，穿上对自己最有利的服装。等受害者意识到衣着打扮只是像个权威但并没有实质意义时，往往为时已晚。

社会心理学家伦纳德·比克曼（Leonard Bickman）进行的一系列研究，表明了抵挡身着权威装束的人物提出的要求有多困难。比克曼实验的基本流程是请街上的行人照着一些古怪的要求做，比如，拾起一个废弃的纸袋，或是站在公交站牌的背面。而提出这些要求的人，有一半是个穿着普通的年轻男性，而另外一半则是一身警卫制服的年轻男性。不管提出的是哪一类请求，穿着警卫制服的人获得的顺从都更多。倘若把提要求的人换成女性，同样是穿制服的效果会更好。在比克曼所做的实验中，有一个版本的实验最能说明问题。

影响力研究

研究者拦下路人，指着站在15米开外一处停车计费器前的男人，对身旁的这位路人说："你看到站在计费器前的那个人了吗？他停车超时了，可没有零钱。给他一毛钱吧！"之后，研究者便转过街角走开了，这样等行人走到计费器那里的时候，他已经从行人的视线里消失了，不过，哪怕他的人早就没影了，制服蕴含的力量却延续了下来。在研究者穿警卫制服提出要求的时候，几乎所有被他拦下的路人都照着他的请求做了，而当他穿便服时，顺从的路人还不到一半。有趣的是，后来，比克曼要大学生评估实验中路人顺从的百分比。研究者穿便服时，大学生们的判断相当准确，他们猜测路人顺从的概率是50%，实际概率为42%；可大学生们却大大低估了研究者穿制服时的成功率，他们猜测的概率为63%，而实际概率高达92%。

在人类文化中，还有一种衣着打扮，尽管内涵不如制服那么一目了然，但照样能暗示出权威的地位，也能唤起陌生人的顺从与尊重，它就是剪裁合体的西装。例如，在得克萨斯州曾进行过一项研究，研究者安排一名31岁的男人在好几处地方违反交通法规，像是横穿马路，闯红灯等等。在一半的情况下，他身着笔挺的西装，打着领带；而在另一半时间里，他穿的是工装衬衫和长裤。研究者在远处观察，并记下有多少行人跟着这个人一起违反了交通规则。结果发现，当这个人身着西服的时候，跟着他一起违反交通规则的人，是他穿便装时的3.5倍。

值得注意的是，诈骗犯在一种叫"银行核查员方案"的骗局中，将以上两类经研究证明的具有强大影响力的权威装束天衣无缝地结合在了一起。诈骗的目标可以是任何人，但骗子最偏爱的是独居老人。

骗局是这样开始的：一名穿着保守得体的男士出现在受害者的门口，骗子衣着的方方面面都表明他是个有地位、受敬重的人，白衬衫是上了浆的，皮鞋尖闪闪发亮。他的西装虽然不时髦，却是经典款。翻领不宽不窄正好；料子沉甸甸的有分量（哪怕当时是盛夏）；色调是蓝色、灰色或黑色等商务色系。

骗子向受害者解释说，他是银行的专业核查员，正在审计他银行的账目，并发现了一些异常。他认为自己已经找出了幕后黑手，有个银行工作人员经常篡改某些账户的交易报告。他说，受害者的账户或许就是其中之一，但除非找到确凿的证据，否则他也拿不准。因此，他来征求这位受害者的合作，希望他能帮忙把账户里的存款都取出来。这样等嫌疑人经手交易时，核查员和银行的负责人员就能顺着线索追查了。

通常情况下，骗子伪装的"银行核查员"的外貌和言谈都给受害者留下了深刻的印象。他根本没想过打一通电话问问真假，就立刻开车前往银行，把所有的钱都取了出来，然后回到家跟核查员一起，静待他们一起布下的陷阱捕到猎物。最后，一名穿着制服的"银行警卫"在银行关门之后带着消息回来了，他说，受害者的账户没问题，并没有被"坏人"篡改。"核查员"大大松了一口气，他亲切地道谢，并吩咐"银行警卫"把受害者的钱送回金库去（因为现在银行已经关门了），免得受害者第二天还要受累再去银行存钱。"银行警卫"

面带微笑，跟众人一一握手，离开了。"核查员"又道了几分钟的谢，之后也消失了。

自然，受害者最后终于发现，"警卫"并不是真的警卫，"核查员"也不是真的核查员，他们只是一对骗子，而自己之所以受骗，是因为他们身着制服，自带魔力，以权威的姿态，轻松开启了受害者顺从的大门。

READER'S REPORT ｜ 读者报告

致西奥迪尼先生：

起初，我讨厌穿白大褂，但后来我在职业生涯中逐渐意识到了这件衣服蕴含的力量。有了"医生"这个头衔，如果再穿上一件白大褂，就显得更加权威了。有很多次，我到新的医院轮岗，总会穿上白大褂，交接班无一例外进行得顺顺当当。有趣的是，医生们也很明白这一点，甚至还创造出了一套等级排序。医学院的学生穿的白大褂最短，在实习期的住院医生的白大褂为中等长度，主任医师的白大褂最长。医院里的护士也察觉到了这种高低等级，很少质疑"长大褂"医生下的命令，而在跟"短大褂"医生交流互动时，护士和其他医护人员会公开做出不同的医疗诊断，提出不同的治疗建议，有时态度甚至很粗暴。

佛罗里达州的这位医生：

你的来信提出了一个重要观点：**在等级制组织中，享有权威地位的人会得到尊重，而没有权威地位的人则会得到无礼对待**。我们在本文和接下来的内容中都会看到，人的衣着能发送信号，告知他人该用什么态度对待他们。

身份标识

衣着除了可以发挥制服的作用，还可以作为装饰，表现更广义上的权威。风格精致、昂贵的服装承载着地位和身份的光环，珠宝和汽车等类似的身份标识也一样。你在商场购物时，如果身穿名牌服饰的人向你提出一项要求，希望你参与一项没有报酬的调查，那么你大概率就会顺从；同样的道理，如果身穿名牌服饰的人敲响了你的房门，请你为慈善事业捐款；或者他们作为应聘者，来到你的公司面试，你也会有很大的概率同意他们的请求，付出更多的金钱。实验表明，在这样的情况之下，答应参加调查的人多了79%，乐于慈善捐款的房主多了400%，面试官开给求职者的起薪高了10%。另一组研究指出了上述面试结果的原因：人们会认为穿着高品质衣服（哪怕仅仅是高质量T恤）的人，比穿着低劣质量衣服的人更有能力，而且，这种判断会在不到一秒的瞬间里自动做出。

另一些有关装饰的例子，比如高价珠宝和汽车，更能发挥类似作用。在美国，汽车作为地位象征尤其突出，因为"美国人对汽车的爱恋"赋予了豪车非同寻常的意义。旧金山湾区的一项研究显示，豪车车主能得到他人的特殊尊重。

> 影响力研究 INFLUENCE NEW AND EXPANDED

研究者发现，如果是一辆崭新的豪车堵在路口，当绿灯亮起的时候迟迟没有起步，那么后面的驾驶员会愿意等待更长的时间。一半的驾驶员会恭恭敬敬地等在豪车的后面，甚至会等上足足15秒，直到他终于开动，也没有人按过喇叭。而如果是一辆旧款的经济型轿车这么做，那么排在他后面的驾驶员就没什么耐心了。几乎所有人都会立刻按响喇叭，而且还会此起彼伏的按好一阵，甚至有两次后面的车干脆不耐烦地直接撞上了前面车的后保险杠。

后来，研究者又询问大学生碰到这种情况会怎么做。相对于实验所得出的实际结果，学生们严重低估了自己碰到豪车的时候所能表现出的耐心。男学生们的估计尤其不准，他们觉得自己碰到豪车会比碰到经济车更快地按响喇叭，当然，研究的实际结果恰恰相反。请注意，在其他许多关于权威施加压力的研究中，也展现出了同样的研究结果。在米尔格拉姆的研究里、美国中西部医院护士的研究里、警卫制服的实验里，人们都无法正确预测自己或他人面对权威的影响力会做出什么样的反应。每一次，人们都严重低估了权威对自己施加的影响力。权威地位的这种性质或许可以说明把它当成顺从策略为什么会如此成功。它不仅对我们很管用，而且还躲在我们的意识之外。①

READER'S REPORT ｜ 读者报告

致西奥迪尼先生：

　　我的工作单位是一家大型经纪公司，在全国各地设有数百家办事处。我所从事的财务顾问工作，主要就是要帮助客户选择最适合他们的财务目标和理财策略，尤其是在客户的个人境遇或者是经济状况发生改变的时候，需要帮助他们及时调整自己长期坚持的一些做法，并且帮助他们找到最适合自己的解决方案。读完了你书中关于权威的章节后，我从以往只根据自己的观点向客户提供建议的基础上，新增了来自金融专家关于这一问题的观点。很多时候，这位专家是我们公司的首席经济学家，但他们有时也可能是来自彭博社或美国消费者新闻与商业频道（CNBC）等金融频道的专家，或是发表过相关文章的作者。这一招很管用，我的成功率比从前多出了15%～20%。不过老实说，按你那一章中的说法，我本以为结果会更好一些。我是做错了些什么吗？如果这种错误得到纠正，我能获得更好的结果吗？

>>>

---

① 研究发现，如果员工穿着制服提供服务，那么得到糟糕服务的人就有更大可能责怪组织，而不是员工本人。人们几乎是一瞬间就认定了穿着高品质服装与低品质服装的人的能力，从而影响面试结果。这一研究的作者指出了其中令人感到不安的一个方面：经济背景较差的人买不起昂贵的衣服，在面试中就明确地陷入了劣势，而且这一切完全是自动发生的。

> **密歇根的这位财务顾问:**
>
> 这是一份不同寻常的读者报告。出于多种原因,我很少回应读者就个人事务寻求建议的请求。比如一位大学生想完成与影响力相关的家庭作业,还有一位女士向我求助怎样"一劳永逸"地说服任性的配偶结束一段婚外情。但你的请求不一样,主要是因为你提到了两个跟其他读者普遍有关的问题。第一,对于那些你想要改变的人,如果他们秉承某种特定的目标或者是方法已经有很长时间了,那么你就很难改变他们,你已经把自己的成功率提高了15%～20%,我已经觉得很不错了。这一点和影响力的另一个武器"承诺与一致"密切相关,我们在第 7 章会做更深入的探讨。第二,是我真的想推荐给读者们一种更好的方法,来充分发挥专家所带来的权威影响力。那就是,你不要只提供来自一位专家的建议,是要提供自多位专家的建议。较之来自一位专家的建议,人们对来自一群专家的建议更信任、更乐于遵从。

让权威更加可信

我们已经看到,如果一个人在他人眼里手握职权或本身就是权威,他就会拥有很强的影响力。但对于权威地位是因为手里掌握职权这种情况来说,以上方法还存在一些问题。一般而言,人们不习惯听吩咐去做事,这经常会带来抵触和怨恨情绪。出于这个原因,大多数商学院会告诉未来的管理者们要避免"命令与控制"的领导方式,而采用旨在促进自愿合作的方式。这就是我要介绍的第二种权威影响力,也就是见多识广、博学多识所带来的影响力。面对在某一个专业领域里有更多知识和经验的人,人们一般都会很乐意甚至是很热切地听从他们建议。

现代艺术专家米歇尔·斯特劳斯(Michel Strauss)讲过一个故事,很好地说明了人们追随专家的强烈倾向。

在著名表现主义画家埃贡·席勒（Egon Schiele）一幅画作的拍卖会上，斯特劳斯陷入了一场竞价之战。虽然这幅作品最初的估价是 20～25 万美元，但为了跟另一位著名的席勒专家对着干，斯特劳斯的出价远高于此数，他认为，对方想要拍下这幅画，是因为知道一些自己不知道的事情。最终，竞价上升到 62 万美元时，斯特劳斯退出了。后来，他向自己的竞拍对手问起这幅画的情况，对方承认，自己之所以出价这么高，是觉得斯特劳斯可能知道一些自己不知道的事情。

由此可见，第二种权威影响力的力量也很巨大。专家把这种权威影响力叫作可信权威。它主要通过两个方面来发挥作用，一是专业知识，二是可信赖感。人们除了希望专家能够为自己提供必要的信息之外，也相信他们所提供的信息是值得信赖的。

专业知识

虽然我们已经讨论过专业知识发挥重大影响力的能力，但为确保可信赖感这第一根支柱得到应有的重视，我们可以额外补充一些有益的证据。例如，专业知识似乎能为拥有它的人造就光环效应：如果治疗师诊室的墙上挂着多种文凭和专业证书，那它不仅能为治疗师的能力带来更高的评价，也会为他的和善、友好、对客户的关注等带来更高的评价。此外，专家在报纸上发表的文章能对读者的观点造成持久的巨大影响。在一项研究中，它将普通读者对专家观点的认同度提高了近 20%，而且这种影响力无关读者的性别、年龄和政治倾向。

可信赖感

除了希望权威人物为我们提供专业知识，我们还希望他们是值得信赖的信息来源。我们想要相信，他们诚实而公正地在提供专家意见，即他们在竭力准确地描绘现实，而不是为个人利益服务（见图 5-4）。

图 5-4　权威人士的说服力

这则广告的说服力来自：该领域的权威人士证明了这一产品的专业可信度，且他们与这一产品没有利益关联，所以其评论具有可信赖感。

多年来，我参加过许多有关影响力技能的培训项目。几乎每一个项目都强调，让人感觉到值得信赖，是提升自身影响力的有效途径，而要培养起这种信赖感，得花一定的时间。尽管前一点尚有待证实，但越来越多的研究表明，后一点是存在明显特例的。只要采用一种聪明的策略，就有可能获得即时的可信赖感。如果沟通者在陈述一开始就提到自己的提议或观点的缺陷，而不是只描述优点、在陈述末尾才少许提到缺点甚至完全不提，人们会立刻认为此人很值得信赖。采用这一介绍顺序的优点在于，人们产生信赖感之后，沟通者再提出自己观点的主要优势，人们会更容易相信。毕竟，这些信息是由一个值得信赖的人提出的，这个诚实的人不光愿意谈到积极面，也愿意谈到消极面，所以这会给他带来一种先发影响力。

这种方法的效力有案可查：在法庭上，抢在对手之前承认己方弱点的律师会显得更可信，打赢官司的次数更多；在竞选活动中，先赞赏对手积极方面的候选人，比如说"我相信我的对手拿出这份提案用心良苦……"更能赢得选民的信任感和投票意愿；在广告信息中，在强调产品优势之前先承认缺点的商家往往能带来大幅提升的销售量。2009年，达美乐在"新达美乐"的宣传活动中承认自己比萨质量不佳，结果反而使得比萨销量飙升，其股票也应声大涨。

在人们已经知道某人或某事存在某种缺点的时候，这一手法尤其管用。在这种情况下，坦白承认自己的缺点所造成的额外损害很小，因为它并不是什么新消息，承认它反倒能因此得到受众的信赖。接下来，可以使用"然而""但""却"这些转折词，把人们的注意力从缺点引开，转到自身的强项上。比如求职者可以说："我在这个领域的经验不够丰富，但我学得很快。"信息系统销售员可以说："我们的架设成本并不是最低的，但我们的系统效率极高，你很快就能收回成本。"

沃伦·巴菲特被公认为我们时代最成功的金融投资家，他和合作伙伴查理·芒格带领伯克希尔-哈撒韦公司创造了惊人的价值。巴菲特不满足于自己在专业方面取得的成就，还不断提醒现在和潜在的股东，自己拥有可信度的另一个要素：值得信赖。他通常会在公司年报的前两页介绍自己犯的某个错误，或是公司在过去一年里出现的问题，并探讨它可能对公司的未来造成什么样的影响。巴菲特从不像其他公司年报里经常做的那样，掩盖困难或者大事化小，他往往会表明：第一，他充分认识到了公司的问题；第二，他完全愿意揭露问题。随之而来的优势是，等他接下来介绍伯克希尔-哈撒韦公司的强大实力时，人们已被预先说服，对公司产生了更深的信任。毕竟，这些信息的源头有着显而易见的可信度。

巴菲特热衷于通过承认缺点来展示自己的可信度，最清晰的例证莫过于2016年的年报。这一年，他的公司股价比标准普尔500指数[1]的涨幅要高一倍，因此没有必要公开报告自己的投资失误，但他依然这么做了。在年报正文的第二页，他介绍了自己的一项投资失误。他说："尤其惊人的失误是1993年以4.34亿美元收购德克斯特鞋业（Dexter Shoe），该公司的价值很快跌到了零。"之后，他立刻详细解释了自己从这场惨败中学到的东西：他不仅错误判断了德克斯特的未来价值，还用伯克希尔-哈撒韦公司的股票支付了收购款项。他向股东们承诺，再也不会犯这个错误："今天，我宁可准备做结肠镜检查，也不再发行伯克希尔-哈撒韦公司的股票了。"在我看来，巴菲特先生知道的远不止如何做一名超级成功的投资家，他还知道怎样与人交流，并且知道如何做才能给人们留下更深刻的印象。[2]

主动揭露自己的弱点，这个手法不仅对企业有效，它在其他领域的作用也得到了反复验证。研究表明，在政治演讲中，使用负面词汇为信息建立框架（15%的人失业），跟使用正面词汇建立框架（85%的人获得了就业）相比，

---

[1] 标准普尔指数是一个记录美国500家上市公司的股票指数。——编者注
[2] 一篇专家文章对读者观点的重大影响，同时适用于普通读者和专业"精英"，如智库学者、记者、银行家、法学教授、国会工作人员和学者。追随那些似乎知道自己在做什么的人的倾向，人们从婴儿时期就表现出来了。

前者的说服力更强，因为它们显得更值得信任。恒美广告公司（DDB）曾率先通过承认弱点，制造出了大获成功的广告，比如为大众甲壳虫汽车设计的"丑，仅仅是表象""它很丑，但它能带你去目的地"等广告，以及为安飞士（AVIS）租车公司设计的改变游戏规则的"我们是第二，但我们更努力"广告。甚至加拿大的巴克利止咳糖浆等产品也设计了类似的促销用语（"真难喝，但真管用"），并取得了极佳效果。不过研究者证实，只有大家都公认你有这个缺点，而你又坦率地承认了这个缺点，这一招才能管用。

EBOX ｜ 线上影响力

网络评论的影响力也受到可信赖感的影响。西北大学斯皮格尔研究中心为营销传播的有效性提供了一些研究成果，它发表的一篇证据摘要，提到了网络评论在塑造顾客行为上的力量，他们认为，如果想通过网络评论建立可信度，影响顾客的购买行为，有三个关键点需要注意：

- 给出的评分星级如果太高，就会显得太假。一种产品的星级越高，顾客购买它的可能性就越高，但这里的"高"仅限于一定程度之内。如果平均评价超过了 4.2～4.7 的最优分值区间，买家就会怀疑评分是假的，从而不愿意购买。
- 保留适当的负面评价，反而有助于建立可信度。研究中心认为，接近完美的评价会削弱可信赖感，负面评价的存在则会增加产品评估的可信度。事实上，如果网站保留一定的负面评论，购买转化率会跃升 67%。
- 已经购买过这项产品的人，给出的评价更具有可信度。也就是说，如果潜在顾客确认评价人是从前的买家而非店家收买的评价者，就会觉得这些评价更可信。因此，网站上存在这种用户，会大幅提高销量。

>>>

> **作者点评：** 除了斯皮格尔研究中心的结论，另一组研究者对网络评论"先承认错误"（也就是将巴菲特的手法搬到了网上）的做法同样表示支持。如果评论者承认自己从前购物时犯过某类错误，那么潜在顾客就有更大概率去购买该评论者所推荐的产品。
>
> 值得注意的是，我并不推荐以下这样的做法：市场营销人员或销售员一开始就说："让我先把我、我的组织、我们的产品和服务的所有问题都给你讲一讲。"这样的做法并不理想，我建议的是以下两点。
>
> 第一，不要只说缺点。你可以先说缺点，但是一定要记得你说缺点的目的是提供可信度。然后接下来必须去说你真正想让顾客感知到的那些点，这些点提供的是产品真正的吸引力。
>
> 第二，一定要把自己的注意力，放在怎么能够去呈现对你最有利的论点上，怎么能够把你产品最好的特征说出来。这么做之后，你先前提到的缺点，就会显得不值一提了，或者至少显得没那么重要。如此一来，大家就能够最充分地接收到对你高度有利的信息要素。

如何防范

为免受权威地位的误导，防御策略之一是提前做好心理准备。因为我们一般都会低估权威及其象征对自己行为的影响，一旦它出现，我们往往会来不及提防。因此，解决这一问题的基本方法，就是提高对权威或权威象征的警惕性。有了这种警惕性，当碰到有人试图用权威的影响力左右我们的时候，我们就会更为谨慎。

听起来很简单，对吧？在某种程度上的确就这么简单。对权威影响力的运作有了更清晰的认识，理应能帮我们抵御它。可随之而来可能会有一种并发症，这是对付所有的影响力武器时都会碰到的，就是我们并不想彻底拒绝权威所带来的影响力，或者说，大多数时候都不想。一般来说，权威人士说的话都是很有道理的。医生、法官、领导、专家等，这些人绝大部分都是通过丰富的知识和卓越的判断力获得当前地位的。因此，他们的意见确实具有极佳的指导作用。

这也就是说，权威大多是各自领域的专家。事实上，"权威"一词，在字典里也真的有"专家"的意思。在大多数场合，用我们自己欠缺知识和信息的判断来替代专家、权威的判断，确实是自不量力。与此同时，我们又看到，不管是在街头巷尾还是在医院，随时都依赖权威的指点也很不明智。所以问题的关键就是**我们如何判断什么时候该遵循权威指示，什么时候该保持独立的见解**。不妨借助可信权威中专业知识和可信赖感这两个要素，向自己提出两个问题，帮助我们判断什么时候才应该听从权威的劝诫。

真正的权威

碰到貌似权威的人物试图发挥影响力的时候，我们要问的第一个问题是："这个人是真正的专家吗？"这个问题能让我们把焦点放在两点关键信息上：这个人权威的资格，以及这些资格是否跟眼前的主题有关。通过这种简单的办法，着眼于权威地位的证据，我们就能避免自动顺从带来的大部分问题。

让我们用这个方法审视一下息可舒止咳糖浆的电视广告。倘若人们不是看到那位演员就想起"哦，这是电视里的那位医生"，而是好好去想想他们的真实身份，我相信，这则广告就不会播放这么长时间，效果又这么好了。显然，扮演医生的演员并未接受过医生的培训，也不具备相关的知识。他拥有的只不过是个"医生"的头衔，而且还是个空头衔，是通过他在电视中扮演的角色得来的。我们完全明白这一点，可是，如果任由自己的大脑按下自动播放键，那么我们就会忽略掉这些显而易见的事实。只有我们特别提醒自己要注意到这一点的时候，我们才能注意到。这一点挺有趣的，不是吗？

"**这个人是真正的专家吗？**"这一问题的宝贵之处便在这里。它让我们把注意力放在该放的地方上。它轻轻松松地让我们从或许毫无意义的权威象征符号上挪开视线，转到真正的权威资格上。而且，这个问题还逼迫我们去搞清楚权威跟我们目前想判断的事情到底相不相关。在繁忙的现代生活里，碰到权威的压力，我们很容易忽视这一点。得克萨斯州的行人跟在衣冠楚楚的绅士后面违反交通规则就是个典型的例子，事实上就算这个人像他的穿着打扮暗示的那样，的确是个生意场上的权威，他也无权随意违反交通规则。在这件事上，他跟身后的行人没什么区别。

尽管如此，行人还是跟了上去，就好像绅士身上那套权威的标签抹去了这些区别似的。要是行人们稍微费心问问自己，他是不是当时情形下真正的专家，他的行动是否暗示他对当下局面的掌控，我想行人们随后的行为会完全不同。息可舒止咳糖浆广告里演员医生的例子也是一样。他并非不具备专业知识，虽然在演艺生涯里取得了许多成就，可他掌握的是演员的技能和知识，而不是医生的。如果观看那段著名的广告时，人们把焦点放在演员的真实资质上，就会很快意识到，他对息可舒止咳糖浆的赞许是靠不住的，他不过是一个有名的演员罢了。

我和同事们在一个研究项目中证明，通过训练，让人们专注于广告代言人的真实资质，能让人们变得比过去更擅长对广告进行正确的评估。如果广告里的代言人没有相关的资质，比如，让演员阿诺德·施瓦辛格推广一种互联网技术，让游戏节目主持人亚历克斯·崔贝克宣传牛奶有益健康的特点，接受过训练的人们就不再那么容易顺从。与此同时，如果代言人具备相关资质，比如让疼痛研究所的主任推荐止痛药，让首席执行官介绍自己的公司多年来使用一款商业保险时所积累的经验，也会让接受过训练的人更容易顺从。

这里给我们的启发是什么呢？为了保护自己不受虚假权威的误导，我们应该经常问："这个人是真正的专家吗？"不要自信地认为自己不会被权威的象征符号所蒙蔽，这些象征会自动在我们身上发挥作用。在我们的研究中，只有当人们认识到自己是多么容易陷入这种自动反应的过程中，他们才能产生怀疑，从而终止自己的这种自动反应，最终不被欺骗。

油滑的真诚

前面我们提到，碰到貌似权威的人物试图发挥影响力的时候，我们要问的第一个问题是："这个人是真正的专家吗？"假如答案是"真的"，我们碰到了一个真正的专家，那么在决定顺从这个权威带来的影响力之前，我们应该问出第二个简单的问题：**"这个专家说的是真话吗？"**哪怕是知识最丰富的权威，也不见得会诚实地把信息告知我们。因此，我们必须考虑一下他们在当前情形下的真实可信度。大多数时候我们都会这么做：我们一般更愿意听从那些看似公正的专家，而对那些想通过说服我们获得利益的专家保持戒心。研究表明，全世界的人都是这样，哪怕小学二年级的孩子也是这么做的。**多想一想专家会不会因为我们的顺从而得到好处，我们就为自己又设立了一道安全网，以此来防御权威带来的不必要影响**。即便是某个领域的资深权威也无法说服我们，除非我们确信他们阐述的信息如实反映了真相。

在评估权威可信度的时候，我们应当牢牢记住，影响力专家经常使用一种小策略，他们会偶尔说些有违自己利益的话来让我们相信他们真诚可靠。如果运用得当的话，这种方法可以微妙而有效地"证明"当事人的诚实。他们或许会提到其立场或产品存在某个小小的不足，但这一缺点必定是次要的，其他更突出的优点轻松地就能克服它（见图5-5）。看看这些广告词吧。汽车租赁公司安飞士：我们是第二，但我们更努力；欧莱雅：我们价格高，但你值得拥有。影响力专家们靠着暴露自己的一些小缺点来建立基本的诚实感，这样等之后强调更重要方面的时候，他们就显得更可信了。

这里有一点很重要：要区分这种对错误的披露是否诚实。沟通者在传递信息的早期就揭露自己的缺点或先前的错误，从而收获信赖感带来的回报，这本身并没有什么错，但绝不应该为此捏造信息。回想一下，谨慎正直的巴菲特在年报一开始的时候是怎么做的。定期让读者提前了解自己的实际情况，在我看来这并不是一种伎俩。相反，我认为这说明了值得信任的沟通者也可以有足够的社交智慧，通过及时、真实的披露来暗示可信的信任。

图5-5 适时地"露拙"

在很多场合，缺点都能变成优点。例如，各科成绩全是A，这很容易让人觉得分数掺了水。可是若有几个"C"，反倒把其他的"A"映衬得更地道了。有研究发现，送到大企业人事处的推荐信里要是除了夸奖，还能有一两句稍带负面的评价，那便能给求职者带来最有利的结果。

我们要警惕的是欺骗性地使用这一做法。我曾在一个餐厅里，见到有人借助一套迂回手法取得了辉煌战果。餐厅的服务员因为底薪太低，要靠客人给的小费补足收入，这早就不是什么秘密了。除了提供良好的服务之外，大部分成功的服务员都有一些多收小费的诀窍。他们知道，顾客的账单金额越高，自己得到的小费就可能越多。于是为了提高顾客的总消费额，并提高他们给小费的比例，服务员也会想方设法地使用一些方法。

因为想搞明白他们是怎么操作的，几年前，我曾到几家相当高档的餐厅应征当服务员。可惜我没有经验，只能当杂役。结果这份工作反而给了我一个很有利的位置观察和分析服务员的做法。没过多久，我就了解到了其他员工都知道的一件事，这里最厉害的服务员是文森特，他服务的顾客消费额很高，他收到的小费也总是很丰厚，其他服务员都比不过他。

所以我开始在干活的时候溜到文森特负责的桌子边观察他采用的手法。我很快发现，他的手法的确不一般。

文森特有一大堆方法，他会根据不同的情况有针对性地使用。如果顾客来的是一家人，他会表现得分外活泼，甚至稍带滑稽。他招呼大人，也不忘照顾孩子。如果来的是一对在约会的年轻男女，他会变得很讲礼仪，甚至有点专横地要挟男方点大餐，多给小费。这种时候，他只跟男方说话。如果来的是一对年纪较长的已婚夫妇，他仍然是彬彬有礼，但姿态会放得较低，对双方都表现出很尊敬。要是顾客是单独一人来就餐，文森特则会选用一种友好的态度，诚恳、健谈、热情。

面对8～12个人的大聚餐时，文森特的保留曲目就来了，他会说些看似有违自己利益的话。具体手法精彩至极。当第一个人，通常是女性点餐的时候，他就开始行动了。不管她选什么，文森特都会做出同样的反应：眉头紧锁，手在点餐单上打转，之后飞快地扭过头去瞅一眼经理在哪儿。这一番表演之后，他会稍稍朝餐桌倾过身子，用不高但整桌人都能听见的声音说："今晚这道菜恐怕不怎么好。我可以向您推荐这个或者那个吗（此时，文森特推荐了菜单上两道比顾客最初点的那个稍微便宜些的菜品）？它们今晚都不错。"

这套把戏调用了几条重要的影响力原则。第一，就算是没采纳他建议的人也会觉得文森特很为自己着想，提供了有助于点餐的宝贵信息，因此都很感激他。因此，等到了顾客决定给多少小费的时候，互惠原则就会发生作用了，人们会多给文森特一些小费。第二，除了能提高小费的百分比，他的态度还可能增加这桌人点菜的总金额。文森特表现得像是这家店里的权威人士，清楚今晚哪样菜好，哪样菜不好。而且，他那套做法看似是违背了自己饭店的利益，其实反而发挥了作用，它向顾客证明文森特是个值得信赖的内线，因为他推荐的菜比原本点的菜要稍微便宜一些。看起来，文森特并非只顾着往自己兜里赚小费，而是把顾客的最大利益放在了心上。

综合以上几方面，文森特立刻显得既专业又诚实，这就给他带来了很高的可信度。文森特很快就利用起这个新形象，等聚餐的众人点完菜，他会说："很好，你们愿意让我帮你们选些红酒来搭配刚才点的菜肴吗？"这一幕差不多每天都要来上一回，顾客们的反应也几乎一模一样，他们微笑着点头表示赞同。

我可以从顾客们脸上读出他们的想法。"当然，"他们好像是在说，"你知道这里有什么好东西，显然你是站在我们这一边的。那就告诉我们该点些什么吧！"文森特看起来很高兴，他的确知道哪些东西好，便推荐了几种出色的红酒（当然也很贵）。到了餐后甜点的阶段，他也会使出同样的方法。有些顾客本来并不想点甜点，或是打算跟朋友共吃一份的，此刻也被文森特打动了，他对火焰冰激凌和巧克力慕斯的描述真是叫人垂涎欲滴。毕竟，有谁能比一位诚实可靠的权威人士更可信呢？

文森特正是通过这些手法，把互惠原则和权威原则结合到了一起，既提高了顾客的消费总额，又提高了自己的小费。他靠这一招赚到的钱相当可观。

READER'S REPORT | 读者报告

致西奥迪尼先生：

　　我在一个商学院为雄心勃勃的 CEO 们上课，我教他们如何通过承认失败，来促进自己职业生涯的发展。一名学生把这个教训牢牢记在了心底，他把自己从前在一家网络公司失败的经历详尽地写进了自己的简历，并说明自己从这次经历中学到了什么。在此之前，他总想着把失败藏得越深越好，但这并没有给他带来真正的事业成功。可这么做了以后，好几个名声很大的公司都选中了他。

某《财富》500 强公司的前首席执行官：

　　主动承担失败的责任，这种策略不仅适用于组织中的人，也适用于组织本身。研究表明，那些在年报当中，主动提到公司的业绩不够好，并且通过认真的分析，为业绩不佳负责任的公司，在股价表现上会比其他公司更好。

本章小结

- 顺从权威的要求，是我们在社会生活当中受到的一种强大压力。很多心理健康的正常人，宁肯违背自己的意志，也要向他人施以危险又残忍的痛苦折磨，只因为旁边有权威人士要求他们这么做。这种顺从正统权威的强烈倾向，来自我们社会当中的约定俗成，它的目的是向社会成员灌输"这么做是正确的"这一印象。一般来说，按照真正权威的指示去做，大多数时候都是正确的，因为这些人往往拥有更多的知识、智慧和权力。基于这些原因，人们在做决定的时候往往会盲目地采用这一思考捷径。

- 人们很容易对权威的表面象征（而非实质）做出反应。研究发现，头衔、衣着以及配饰、汽车等身份标志的权威象征最有效。研究者针对这些权威象征符号的影响力做了独立研究，结果证明，只要拥有其中之一（无须正规的资质）的人，会得到他人更多的顺从和尊重。此外，研究还表明，几乎所有人都低估了权威压力对其行为的影响。

- 权威影响力有两个来源，一个是职务权威，一个是专家权威。职务权威存在的问题是，因为吩咐别人去做事往往会引起抵触和怨恨情绪。专家权威则避免了这一问题，因为人们认为这类权威掌握了充分的信息，而他们又往往乐于听从对自己正在从事的事情有更多知识的人提出的建议。

- 如果一个人不光是专家权威，还显得值得信赖，那他就会有更大的权威影响力。为了确立可信度，人们常常采取主动揭露自己弱点这种手法。他们会先承认自己在某方面存在不足（多为极小的缺点），但是紧接着他们就会提到自己真正想让大家意识到的关键信息，也就是自己到底有什么优点。正是因为先前提到的弱点，反而会让后面提到的优点显得更加的突出可信。

- 要保护自己免受权威影响力的负面影响，不妨问自己两个问题：这个人是真正的专家吗？这个专家说的是真话吗？第一个问题把我们的注意力从权威的象征符号转到证明他资历和资格的真正证据上；第二个问题建议我们不要光着眼于权威的知识，还要从当时的情境出发，考虑他的可信度。同时我们还要警惕，那些别有用心的人会先透露一点有关自己的负面消息，这样一来，他们就能给人留下一种诚实的印象，好让随后的信息显得更可信。

第 6 章

稀缺

> 不管是什么东西,只要你晓得会失去它,自然也就会爱上它了。
>
> ——G. K. 切斯特顿(G. K. Chesterton)

我有个朋友叫桑迪，是一位非常成功的离婚律师。通常，她会充当离婚双方的调解人，因为双方都希望在不耗费大量时间、不招惹无数麻烦、也不必付出高昂法庭审判费用的情况下，就离婚条款达成一致。在桑迪着手进行调解前，她会把伴侣双方及各自的律师带到不同的房间，以避免双方因置身同一空间而出现面红耳赤、大吵大闹的局面。双方事先都已向桑迪提交了书面提议，她负责在两个房间中穿梭调停、寻求妥协并最终达成协议。她说，这个过程更多的是靠她对人类心理而非离婚法律的认识。所以她希望我能试着帮忙预防谈判接近尾声时常常出现的致命僵局。僵局一旦出现，就很难化解，有时甚至会破坏整个调解过程，让双方不得不走上离婚法庭。

导致僵局的问题可能至关重要，例如，涉及孩子的监护权和探视协议的条款，或是以同等激烈的程度争夺一条圣伯纳宠物狗；它也可能是一件相对微不足道的事情，比如说，其中一方要花多少钱，去买断双方之前已经安排好的度假行程。不管怎么说，要是双方都固执己见，拒绝在协议的最后一项上做出任何有意义的让步，就会妨碍所有的进展。我问桑迪，碰到这种情况，她一般会对争执者说些什么。她说，她会把涉及问题的最后一轮提议从一个房间拿到另一房间说，"只要你同意这一条，协议就达成了"。我告诉桑迪，她需要把自己的措辞做一处小小的改动，就能够从很大程度上避免僵局的产生。她应该说："我们这就达成协议了，你只要同意这一条就行。"

几个月后，在一次聚会上，桑迪满面笑容地走过来告诉我，调整措辞之后非常成功。"每次都管用。"她说。我有些怀疑，问道："什么？每一次？"她用手拍了拍我的胳膊说："是的，每一次都管用。"

尽管我仍然对 100% 的成功率有所怀疑（我们讨论的是行为科学，而不是魔法），但毫无疑问，我仍为自己的提议所产生的效力感到高兴。不过老实说，我也并非大感意外。我提出这样的建议，是因为知道两件事。其一是我对行为科学相关研究工作的认识。例如，一项针对佛罗里达州立大学学生的研究，调查的内容是他们对校园食堂伙食质量的看法。第一次的调查结果表明，和大多数受调查的大学生一样，他们对校园食堂的伙食质量并不满意。9 天后，研究者做了第二次调查，大学生们改变了主意。这是为什么呢？很有意思，导致他们改变看法的原因，跟食堂的服务质量没有关系，因为食堂的供餐丝毫没有发生改变。原因在于，进行第二次调查的那一天，学生们得知，由于发生火灾，他们在接下来的两个星期都没有机会在学校食堂里吃饭了。

其二是我从本地电视台里看见的一件事，跟桑迪找我求助大约是同一时期。这幅场景现在很常见了：新一代苹果手机上市后，购买者会绕着门店所在的街区排起长龙，有些人还会带着睡袋守候一整晚，只等到商店开门后冲进去抢购（见图 6-1）。在 iPhone 5 推出的那天早晨，我所在城市的一家电视台派出记者前去报道这一现象。记者走到一位比她早到很多、排在队伍第 23 位的女士，问她是怎样熬过这段漫长的等待时间的，以及在等待的过程中，她和周围的人都聊了些什么？这位女士回答说，大家花了很多时间谈论 iPhone 5 的新功能，也聊了不少关于彼此的情况。她甚至透露，她原本排在队伍的第 25 位，到了半夜，她偶然跟排在第 23 位的人聊起天来。对方喜欢她价值 2 800 美元的单肩包。于是她抓住这个机会，提出做一笔交易："用我的包换你的排位吧。"她成功了。当这位女士颇为自得地讲完自己的故事之后，目瞪口呆的记者问："可是……为什么这么做呀？"那位女士给出了一个生动的答案："因为我听说这家店货源不足，我不想失去这个买到新款苹果手机的机会。"

图6-1 传染性竞争

这名男子买到了新一代的苹果手机,忍不住欢呼起来。为了保证自己能买到,他整晚都在排队等候苹果专卖店开门。

我当时一听到那位女士的回答就忍不住坐直了身子,因为它完美印证了长期研究所得的结果。这些研究表明,**在存在风险和不确定的情况之下,和获得某种东西相比,人们更想避免某种损失。**一想到有可能买不到一部人人都想要的手机,排在第25位的那位女士意识到了其中蕴含的不确定风险,所以,她宁愿接受一笔代价昂贵的交易,以免错失良机。诺贝尔经济学奖得主丹尼尔·卡尼曼(Daniel Kahneman)[1]提出的"前景理论",其核心就是"损失厌恶",即相对于即将获得某物的感觉,即将失去某物的感觉会让人们感到更加难受。而这种对损失的厌恶,会成为人们采取某种行动的驱动力。来自多个国家、多个领域(商业、军事和职业体育)的研究结果,均普遍支持前景理论。例如有研究发现,商业世界的管理者在做决定时更看重潜在损失而非潜在收益。同样的道

---

[1] 卡尼曼是行为经济学之父,对人类行为的本质有深刻的洞察,想了解其更多观点,欢迎阅读由湛庐策划、浙江教育出版社出版的《噪声》。——编者注

理也适用于体育行业，参加美国职业高尔夫巡回赛的球手，会花更多的时间和精力在推杆上，以防止标准杆失球（避免打出柏忌），而不是标准杆得球（打出小鸟球）。

科学研究告诉我什么是损失厌恶心理，而且又在前文提到的原本排在第25位的那位女士身上看到它发挥了强大的作用，这两点认识何以激发了我向桑迪提出那条建议呢？我认为，如此调整措辞能让客户一开始就意识到，自己拥有了想要的某种东西，"协议达成了"。如果他们不愿妥协，就会失去这个东西。而在桑迪原本的措辞里，协议还有待达成，"只要你同意这一条，协议就达成了"。鉴于我所了解的情况，调整措辞是我很容易想到的做法。

READER'S REPORT ｜ 读者报告

致西奥迪尼先生：

　　有一年，在采购圣诞礼物时，我看到一条自己挺喜欢的黑裙子。但我没钱买它，因为那时我是在帮别人买礼物。我问商店店员能不能先帮我留一条，等星期一放学之后，我带着妈妈一起来买。但是店员称他们不能这么做。

　　我回家就对妈妈说了这件事。她告诉我，她有事不能陪着我去，但是她可以把钱给我。星期一放学之后，我去了那家商店，却发现裙子没了，别人已经买走了。直到圣诞节的那一天我才知道，当星期一我还在学校的时候，妈妈就跑去了商店，把我喜欢的那条裙子买下来了。

　　尽管那年的圣诞节已经过去很久了，可我仍然觉得妈妈送我的那条裙子是我的最爱，因为我曾一度以为自己失去了它，这种失而复得的感觉让它变成了我的一件宝贝。

>>>

> **住在纽约上城区的这位妇女：**
> 我们有必要想一想，为什么损失能如此有力地影响人类的行为。从进化的角度来看，"避免损失"优先于"获得收益"。有个理论可以解释这一点：人需要足够的资源才可以生存下去，这时，资源增加只不过是锦上添花罢了，但资源减少却可能致命。因此，在适应性进化中，人变得对损失极其敏感。

虽然损失厌恶是稀缺原则的一个核心特征，但它只是这一原理包含的若干因素之一。我们不妨更完整地看看稀缺原则。

物以稀为贵

几乎人人都会受到稀缺原则的影响。各类收藏家，不管是收藏棒球卡的，还是收藏古董的，他们都很清楚稀缺原则在决定物品价值上的影响力。如果一样东西少见，或越来越少见，那它就更贵重，规律就是这样。最能说明稀缺性在收藏市场上影响力的是一种叫"珍贵的错误"的现象。有时候，瑕疵品（错版的邮票或者钱币）的价值最高。因此，倘若一张邮票上的乔治·华盛顿是三只眼，虽然这在解剖学上不正确，在美学上也缺乏吸引力，但它一定备受收藏家的追捧。让人感到讽刺的地方就在这儿，**倘若瑕疵把一样东西变得稀缺了，废品也能化身成值钱的宝贝。**

亲身经历了越稀缺价值就越高这个原则之后，我开始注意到它对我行为方方面面的影响。举例来说，我经常会中断有趣的面对面交谈，接听一通未知来电。此时，来电者拥有一种坐在我对面的客人所不具备的重要特点：如果我不接电话，就可能跟电话中的信息失之交臂。哪怕眼下的交谈是多么热烈、多么重要，又哪怕我通常接到的电话讲的都是些没什么大不了的事，可电话铃每多响一声，我接起它的机会就少一分。出于这个原因，在那一刻，我总是会优先拿起电话。

如我们所见，**对失去某种东西的恐惧，似乎要比对获得这种物品的渴望，更能激发人们的行动力。**比如，大学生们在想象自己失恋或者是考砸了的时候，情绪波动会比他们想象自己展开了一段新恋情，或者考出了好成绩的时候更强。在英国，如果更换新的能源供应商可以减少居民的账单损失，而不是节省能源，那么居民更换新能源供应商的意愿则会高出45%。在开展任务时，人们为了避免损失而作弊的可能性比为获得利益而作弊的可能性更大。需要注意的是，这其中涉及的损失不仅仅局限在金钱上，也会体现在其他方面。在一项研究中，团队成员为了避免在团队中地位下降而作弊的意愿，比为地位获得同等程度提升而作弊的意愿强82%。此外，相较于获得，损失对关注度（眼神的凝视）、生理唤醒（心率和瞳孔扩张）和大脑激活（皮层刺激）所产生的影响更大。

损失厌恶除了能更大地激发人们的行动力，还强有力地影响着人们的决定，尤其是当其面临风险和不确定性时（见图6-2）。健康研究者亚历山大·罗斯曼（Alexander Rothman）和彼得·沙洛维（Peter Salovey）把这个发现应用到了医疗领域。医生常常鼓励人们进行身体检查，如及早进行胸部肿瘤X光透视、艾滋病毒筛查、癌症自检等。由于体检可能会查出某些疾病，甚至可能发现一些很难治愈的疾病，所以，宣传时着重强调潜在损失最合适不过了。例如，建议年轻女性自检乳房癌症的小册子，如果是从"不这么做就有可能损失什么"的立场上宣传，效果明显要比强调"这么做能获得什么"要好得多。除了医疗健康领域之外，其他行业也不例外。比如，关于商界的研究就表明，管

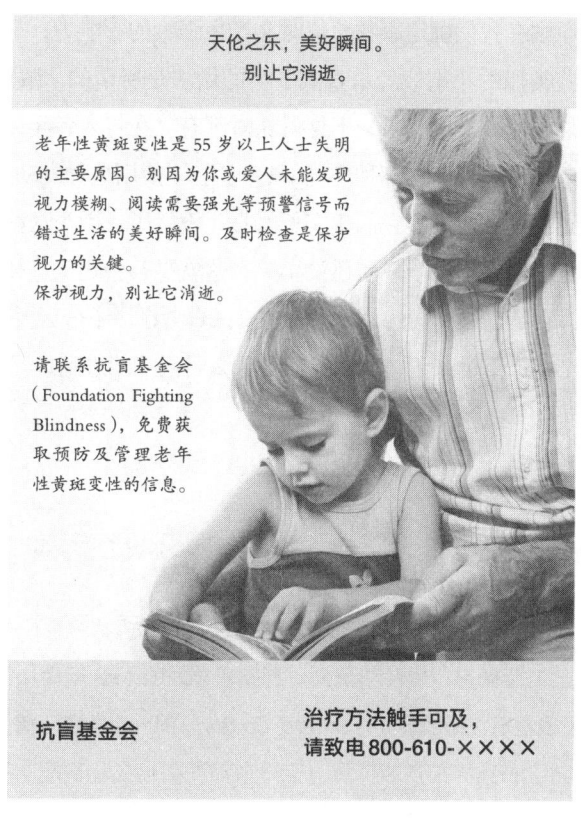

理者对潜在损失比潜在收益看得更重。①

图6-2 不要损失（视力）

　　这则广告的发布方是一家资助老年性黄斑变性相关研究工作的慈善基金会。它明智地借助互惠（免费提供应对病变的信息）和损失厌恶（描绘不容错失的美好瞬间）这两种心理，激发捐赠者慷慨解囊。

---

① 有关损失在心理上占主导地位的研究，如对大学食堂满意度、管理决策、职业高尔夫球手比赛、大学生情绪、更换电力供应商的偏好、执行任务者是否作弊的选择、个体身体反应的研究等，都揭示了前景理论的广泛适用性。来自多种背景的证据表明，如果风险很高，不确定感很强，损失厌恶情绪就会特别强烈，这同样适用于健康、医疗行业。然而，如果风险较低，不确定感较弱，那么，增进倾向相较于保护倾向就会占据主导地位，此时人们重视"得"甚于"失"。

数量有限

由于稀缺原则在我们确定事物价值时会产生强大的影响力，很自然地，影响力专家就会搞些类似的小把戏。最直截了当的做法是所谓的"数量有限"策略，即告诉顾客，某种商品供不应求，不见得随时都有。在打入各类组织研究说服策略期间，我曾亲眼见识过它在多种环境下的应用："使用这种发动机的敞篷汽车，我们州只有不到 5 辆。而且等它们卖完了就真正没货了，因为这种车型已经停产了。""整个楼盘里，只剩两个户型还没卖掉，这就是其中之一。另一个户型你肯定不想要，因为它是东西朝向的。""你大概得认真考虑一下今天要不要多买一箱，因为工厂那边已经忙不过来了，我们不知道什么时候才能进到货。"

──────────── READER'S REPORT | 读者报告

致西奥迪尼先生：

我一直在一家叫布克曼的二手商店运用稀缺性原则。这家店收售二手图书、唱片和玩具。我家有 20 世纪 90 年代儿童电视连续剧《理查德·斯凯瑞》（*Richard Scarry*）的一些角色玩偶，我把它们带到了布克曼二手店销售，但一个都没卖出去。于是，我决定每次只带一款玩偶单独寄卖。果然，每次都被买走了。现在，我已经把所有的玩偶都卖掉了。稀缺性原则实在好用！

我爸爸用棒球队的烈酒杯在易趣上也做过同样的事。他总共花了 35 美元买了一盒 24 支的烈酒杯，然后放到易趣上单独出售。第一支杯子就卖出了 35 美元，赚回了所有成本。等了一段时间后，他又把第二支酒杯放上网，卖了 26 美元。他又等了更长时间以后，以 51 美元的价格卖出了第 3 支酒杯。接着，他有些贪心，很快放上第 4 支酒杯，这一回只卖了 22 美元。他吸取了教训，至今仍留着几支酒杯，准备等它们足够稀缺的时候再出手。

> **亚利桑那州菲尼克斯的这位女士：**
>
> 把原本充足的商品分多次出手，每次只卖一个，这一招聪明的地方在于，使用者意识到了充足是稀缺的对立面，因此，一件商品如果数量多，会降低人们对它价值的感知。

有些时候，数量有限的信息是真的，可有时完全是假的。不过，不管信息是真是假，卖家的用意都一样：让顾客相信一样东西很紧俏，从而提高它们在顾客眼中的价值。影响力专家能把这种简单的手法玩出各种式样和风格来，我不得不承认，他们很叫人佩服。不过，令我印象最深的还是这种方法的一个加强版，它把这种逻辑延伸到了极端的程度，把商品在它最稀缺的点（即卖掉之后就没有了）上卖出去。我曾暗访过一家把这一手法应用得出神入化的家电商场，那儿 30%～50% 的存货都被打上了降价出售的标签。

如果销售员观察到店里有对夫妇似乎对某样待售的电器感兴趣，比如他们会近距离地检查电器，翻看与该电器相关的说明书，并且热烈地讨论，但他们并没有找销售员进一步了解情况。这时候销售员可能就会主动走过去说："我看到你们好像对这台电器很感兴趣，它确实质量好，价格又很优惠。但很遗憾，20 分钟之前，我已经把它卖给另一位顾客了。而且，要是我没记错的话，这是我们店里最后一台了。"

顾客听后一脸失望。因为买不到了，这台电器突然变得更具吸引力了。一般来讲，夫妇中有一个会问，店里的库房或其他分店是否还有这一型号的电器。"嗯，"销售员会说，"有可能。我去查查吧！但我不是很确定你们是否真的很想要它，如果我帮你按这个价格找到多余的一台，你们会马上把它买下来吗？"

这套手法最精彩的地方就在这儿。根据稀缺原则，务必要在一件商品最不可得、因此也显得吸引力最大的时候要顾客承诺购买。在这个奇妙的脆弱时刻，许多顾客也当真会答应购买。因此，销售员通常会带着好消息回来（从无例外），说找到了额外的库存，同时他们手里还握着笔和销售合同。当顾客听到有货的时候，实际上很有可能又一次觉得，这个商品没有那么大的魅力了。可这时，双方的交易已经进入大多数人都没法食言的程度了。在先前的关键时刻，顾客已经下定了购买的决心，又当众做了承诺，所以他们不买也不行了。

在向商业人士介绍稀缺原则时，我会强调，使用这个手法的时候，不要提供"数量有限"的虚假信息，这很重要。他们一般会问我："但要是我们卖的东西并不短缺呢？如果我们的商品数量完全能满足市场需求呢？那该怎样利用稀缺原则的影响力呢？"解决办法是要意识到，稀缺不光适用于物品的数量，也适用于物品的特征或组成要素。从你的产品或服务里找出一种独特或不常见的要素，该要素从其他地方根本无法以同样的价格买到。接着，在此基础上诚实地进行营销，告诉买家如果错过了机会，就会丧失随之而来的好处。如果所售的产品或服务没有这样的特征，但它很可能拥有一套竞争对手无法匹敌的独特的组合特征。如果是这样，诚实地宣传该独特组合特征的稀缺性即可。

时间有限

亚利桑那州的梅萨市最引人注目的地方，大概要数当地数量可观的摩门教徒了。这里摩门教徒的人数仅次于全世界最大的摩门教定居点盐湖城。此外，在环境优美的市中心，还耸立着一座宏伟的摩门教堂。虽说我从远处欣赏过那儿的风景和建筑，却从没想过要走进教堂看一看，因为我对它不怎么感兴趣。可有一天，我从报上读到了一篇文章，说凡是摩门教堂，都设有一处特别的暗室，只有虔诚的教徒方可入内。不过，这个规矩也有例外。教堂新修好之后的那几天，整座建筑都允许人参观，连那处暗室也不例外。

报道上还说，梅萨市中心的摩门教堂刚刚翻新，按教会的标准，"翻新"也属"新建"之列。因此，未来几天里，不是摩门教徒的游客也可以看到平常禁止入内的暗室。这篇文章对我产生的影响至今让我记忆犹新，我立刻决定去看一看，可等打电话约朋友盖斯一起去的时候，我才逐渐醒悟，明白了这是怎么一回事。

盖斯拒绝了我的邀请，他还很好奇我为什么会这么急切地想去参观教堂。我不得不承认，我从前从没想过要去教堂参观，我对摩门教没什么渴望了解的问题，对宗教建筑也丝毫不感兴趣，我也不指望在摩门教堂看到比本地区其他教堂更精彩、更具刺激性的东西。我一边说，一边回过了神，那儿吸引我的唯一原因是，要是我不赶快去看一眼，以后就不会有机会了。一样本来对我毫无吸引力的东西，仅仅因为以后恐怕看不到了，就立刻变得迷人起来。

EBOX | 线上影响力

在一份令人印象深刻的在线商业网站实验综述中，两名研究者汇总了超过 6 700 个 A/B 测试的结果。所谓 A/B 测试，检验的是同一个电子商务网站在包含或不包含某一特点（有时对比的是包含甲特点或含乙特点）时效力如何。接受评估的 29 种功能，即包括纯粹的技术（如是否包含搜索功能，是否有回到页面顶部的按钮，是否有默认设置），也涉及动机（如免费配送、产品徽章和行动呼吁）。在调查报告的结尾，两位研究者总结道："我们测试中的最大赢家都有着行为心理学的基础。"本书读者可以感到欣慰的是，测试中显示的最有效的 6 个特点，都涵盖于我们介绍过的影响力原则中：

稀缺——突出显示库存较低的品目。

>>>

第 6 章
稀缺 | 259

> 社会认同——描述最流行、最热门的品目。
>
> 紧急（稀缺）——时间有限，通常带有倒计时。
>
> 让步（互惠）——为网站访客提供折扣。
>
> 权威 / 专业知识——告知访客可选的替代产品。
>
> 喜好——在网站上展示产品受欢迎的信息。
>
> **作者点评**：早在电子商务出现之前，数量有限和时间有限这两种强调稀缺的做法就很盛行了，而且，两者都排在上述综述里总结的前三大特点当中。这很能说明问题。我们再一次看到，尽管施加影响力的平台可能发生了巨大变化，但这些原则给人类反应带来的影响并未改变。同样具有启发意义的是，这两种可操作的稀缺手法的效力大小，与其他研究结果吻合，即一般而言，数量有限比时间有限的效力更大。在接下来关于竞争的内容里，我将介绍其中的原因。

人往往会因为剩下的时间不多而变得更想要做某事。就跟我想去摩门教堂密室的情形差不多，人们经常发现，仅仅因为剩下的时间不多了，自己就会跑去做本来并不太喜欢做的事情。熟练的商家会利用这一倾向，对顾客设置最后期限并广而告之，激起顾客本来没有的兴趣。这种方法主要集中在电影宣传上。最近我看到一家电影院在只有短短一句话的传单上就运用了整整三次稀缺原则（这么做是什么目的，我们当然都知道）："专场放映，座位有限，欲订从速，过时不候！"

面对面推销的销售员，也会青睐这种"时间有限"的手法，因为它限定了顾客拿主意的最后时限——现在。销售员们经常告诉顾客，要赶紧下决心买，要不然之后的购买价会更高，甚至根本买不到了。

销售员或许会对有意参加健康俱乐部或购买汽车的顾客说，眼下他报出的交易价格很优惠，而且机会仅此一次，如果顾客放弃这个机会，这个机会就没有了。一家儿童肖像摄影公司力劝家长，对孩子拍下的各种姿势的照片要尽量多买，因为"我们的存储空间有限，你没有买下的照片，24小时内就会销毁"。上门卖杂志的推销员可能会说，他们只在顾客所处的地区待一天，之后他们就走了，顾客买这份杂志的机会也就没了。

我曾打入一家卖家用吸尘器的公司，他们教销售员对顾客说："我还有很多别的顾客要去拜访，每一家我只来一次，这是公司的规定。就算你之后决定要买这台机器，我也不能再回来卖给你了。"这当然是无稽之谈，既然这家公司和它的销售员是做买卖的，那么只要顾客肯请他们再来，他们定会很乐意。正如销售经理教销售员所说，说自己不能再来，实际上真正目的跟日程安排太紧毫无关系。这是"为了防止潜在顾客思前想后而吓唬他们，要他们相信现在不买，以后就买不到了"（见图6-3）。

多项实验结果都表明，虽然那些拥有独特元素的产品和体验对消费者具有强烈的吸引力，可一旦原本稀缺的物品实现充足供给后，它就失去了对人们的吸引力。我曾收到一位来自明尼阿波利斯的妇女的读者报告，它强有力地说明了另一个相关的观点：面对某一稀有物品，我们以为自己是因其固有特质而喜欢它，可一旦它失去稀缺性，我们便会大感失落，并因此对它不再感兴趣。报告中说："虽然我来自美国，但一直很喜欢玩伦敦大本钟的拼图。在美国，这种拼图很少见，我每次碰到都倍受吸引。但易趣出现之后，我能在网上搜到很多此类拼图。一开始，我每一款都买了，但很快就失去了兴趣。你的书让我意识到，大本钟拼图的稀缺性，是我对它产生迷恋的主要原因。我喜欢玩大本钟拼图足足有23年了，但等我能找到大量大本钟拼图之后，我再也没有玩它的欲望了。"

骗局

彼得·克尔 / 文 《纽约时报》

丹尼尔·居尔班已经记不得自己一辈子的储蓄是怎么消失的了。他只记得电话里传来一个温柔可人的声音，他还记得自己关于石油和白银期货的发财梦。但时至今日，这位81岁的电力局退休工人还没搞明白骗子是怎么说服他花掉18 000美元的。

"我只是想在我余下的日子里过得更好些，"家住加利福尼亚州霍尔德的居尔班说，"自从我受骗以来，我吃不下，睡不着，瘦了整整13公斤。我还是不相信我竟然会做出这样的事情来。"

居尔班就是警方所说的电话诈骗的受害者。这种骗局通常会找上几十个电话推销员，每天给上千个客户打电话。美国参议院下属的一支调查委员会在去年就此事发表过报告。据报告说，这种公司每年能从受害者那里捞到数亿美元。

"骗子们会使用一个令人印象深刻的华尔街地址，说一番天花乱坠的好听的话，骗人把钱投到各种冠冕堂皇的迷人计划里去。"纽约州总检察长罗伯特·艾布拉姆斯说。过去四年里，他经手了十多宗电话诈骗案件，"有些受害者被他们灌了迷魂汤，一辈子的积蓄都被骗走了"。

据投资者保护和安全局负责人、纽约助理总检察长奥列斯特斯·米哈伊说，这类公司的操作大多分为三个阶段。首先是"开场白"，伪装成推销员的骗子说自己代表一家名字和地址听起来就很气派的公司，他只简单地询问一下受害者是否愿意接收自己公司的宣传资料。

第二通电话里就包含有行骗的手法了。骗子先把能赚多少多少钱吹嘘一番，接着就告诉受害者，可惜这个项目已经不再接受投资了。第三通打给客户的电话说，现在还有机会参加这笔交易，但时间极为紧迫。

"他们的用意是在受害者眼前挂上一根胡萝卜，然后又把它拿走，"米哈伊说，"目的是让人不假思索地赶紧投资。"有时，第三通电话里的骗子会装出一副上气不接下气的样子，告诉受害者自己刚刚才从交易大厅回来。

就是这种策略说服了居尔班，让他把毕生的积蓄交了出去。居尔班说，一个陌生人反复打电话来，让他电汇1 756美元到纽约买白银。之后，销售员又打了好几轮电话，哄骗居尔班再电汇6 000美元买原油。他最终又汇出了9 740美元，可到头来一分钱利润也没看到。

图 6-3 稀缺骗局

请注意，第二通和第三通电话里应用到了稀缺原则，伪装成骗子的推销员要居尔班先生"别想太多尽快买"。

逆反心理

至此，证据已经很确凿了。影响力专家经常把稀缺当成影响力武器，其方式和用途多样，而且自成体系。一种原理会成为影响力武器，那么可以肯定它左右人行为的力量不容小觑。就稀缺原则而言，它的影响力主要来自两个方面。

第一个方面我们应该很熟悉了，和其他影响力武器一样，稀缺原则钻了我们思维捷径上的漏洞。这个漏洞本来也自有道理。我们都知道，难于得到的东西，一般都比能轻松得到的东西好。因此，**我们基本可以根据获得一样东西的难易程度，迅速准确地判断它的质量高低，因为我们往往不愿意失去质量高的东西**。这也就是说，稀缺原则成立的一个原因在于，根据它来做出判断，大部分时候是正确的。

因此，"稀缺的东西更珍贵"的观念在人们心中越发根深蒂固，而人们也会逐渐认为它反过来也成立，即珍贵的东西就稀缺。

此外，稀缺原则的影响力，还有第二个来源，是人们独特的一种心理机制：逆反。也就是说，**机会越来越少的话，我们的自由也会随之减少，而我们又痛恨失去本来拥有的自由。保住既得利益的愿望，是心理逆反理论的核心**。心理学家杰克·布雷姆（Jack Brehm）在20世纪60年代中期提出了心理逆反理论，以此解释人类在丧失个人控制权时做出的反应。根据这个理论，只要我们的自由受到了限制或威胁，保护自由的愿望就会越发的强烈。因此，一旦短缺或其他因素妨碍了我们获取某种商品或服务，我们就会比从前更想要得到它，更努力地想要占有它，跟这种妨碍对着干。

心理逆反理论的核心看似简单，但它却盘根错节地交织在各种社会环境当中。不管是年轻人在花园里谈情说爱，还是丛林里爆发的武装革命，又或者是市场里的水果交易，人类的大量行为都可以用逆反心理来解释。不过，在讨论开始之前，我们最好来看看人最初是从什么时候开始，表现出要跟限制自己自由的东西对着干的欲望的。

孩提逆反

儿童心理学家告诉我们，这种倾向可以追溯到两岁，家长们或许早就了解这个问题了，还给它起了个名字"可怕的两岁"。大多数家长都可以证明，自己的孩子在这一时期会有更多的逆反行为。两岁的孩子似乎掌握了抵挡外界压力的技巧，尤其会用在他们的父母身上。当父母告诉孩子这样做，他们却偏要那样做；给孩子一样玩具，他们却偏想要另一样；把孩子抱起来，他们却拼命挣扎着要下来；把他们放下来，他们又声嘶力竭地哭着想要你抱。

弗吉尼亚州进行的一项研究，巧妙地捕捉到了处在"可怕的两岁"时期的一群男孩是如何行事的。

影响力研究 / INFLUENCE NEW AND EXPANDED

男孩们在妈妈的陪同下，进入了一个房间。房间里摆着两件同样好玩的玩具，但一件玩具放在透明有机玻璃旁边，另一件则放在玻璃后面。有机玻璃板有 30 厘米高，和 60 厘米高的两种，孩子们能很容易地翻过 30 厘米高的玻璃障碍，拿到后面的玩具；而 60 厘米高的玻璃障碍却能够拦住男孩们，不让他们拿到玩具，除非他们绕过玻璃。研究者希望看一看，在两种条件下，男孩们想拿到玩具的愿望，能够驱使他们多快去拿到玩具。研究结果表明，在面对 30 厘米高的玻璃的时候，男孩们对玻璃旁边和玻璃后面的玩具，并没有表现出更偏好哪一个，他们拿到这两件玩具的速度差不多。可是一旦换成了 60 厘米高的玻璃，男孩们就显然对玻璃后面的玩具更感兴趣。他们跑向玻璃后面玩具的速度，比他们跑向玻璃旁边玩具的速度要快 3 倍。总之，在这项研究里面，对限制了自己自由的东西，男孩们表现出了典型的逆反心理的做法。

为什么逆反心理会出现在两岁的时候呢？或许答案跟这一时期大多数孩子经历的一种关键变化有关。到了这个年纪，他们才首次意识到自己是个体。他们不再把自己仅仅视为社会环境的延伸，而是把自己视为有自我意识的、独立的个体。伴随着这种自主意识的发展，自由的概念也形成了。独立的个体应当有选择的余地，一个刚刚发现这一点的孩子，迫切想要探索这种选择余地的深度和广度。

因此，看到两岁的小孩总是跟我们对着干，其实没必要惊讶，也不必烦恼。他们正在体验一件最令人兴奋的事情：他们是独立的人类个体。在他们小小的心灵里，有那么多有关选择、权利和控制的关键问题要去问，要去答。将他们力争自由、反抗限制的倾向理解成对信息的求索，恐怕是最合适的。当孩子们测试过自由的极限在哪里，顺便也测试了父母有多大的耐心，他们就能弄明白，在他们的世界里，自己能控制多大的地方，又有哪些地方必须受制于人。稍后我们就会看到，明智的父母总会尽力提供前后高度一致的信息。

研究者揭示了两岁男童在面临阻碍的时候表现出的行为倾向，在另一项研究中，面对同样的阻碍，两岁的女孩并未像男孩那样表现出逆反心理。女孩们不这么做，并不是因为她们不爱跟限制她们自由的东西对着干，而是因为她们的主要逆反心理并不是来自物理阻碍，而是来自其他人带给她们的限制。然而，不管是男孩还是女孩，当他们长到 18～24 个月，第一次"认知自我"时，便开始把自己视为独立个体。

尽管两岁可能是逆反心理非常明显的时期，但面对限制行动自由的举措，我们一辈子都会表现出强烈的反抗倾向。另一个反抗倾向最为突出的年纪是青春期。一个深明此理的邻居曾经给我建议："要是你很想做什么事情，那么有三种选择：自己做；出大价钱找人做；要不就故意禁止你家十几岁的孩子做。"和两岁一样，个性意识萌芽也是青春期的特点。对青少年而言，这种萌芽意味着走出儿童的角色，摆脱与此角色相伴的家长控制，迈向成人一角，获得随之而来的一切权利和义务。青少年对义务想得比较少，他们更关注的是身为一个年轻人应有的权利，这没什么出奇。如果在这些时候对其施加父母的权威，往往会适得其反。要是家长企图控制他们，那么青少年要么会阳奉阴违，要么会公然对抗。

最能说明家长施压造成青少年反抗的例子，大概要数"罗密欧与朱丽叶效应"了。大家都知道，罗密欧与朱丽叶是莎士比亚笔下的悲剧人物，两人相爱，但两个家族却是世仇。为了反抗父母拆散他们的企图，两个人双双自杀殉情，用这种最极端的悲剧方式来伸张自由意志。

这对年轻人感情和行为的强烈程度，一直为该剧的观众迷惑不解。他们这么年轻，怎么会在如此短的时间里发展出如此非同一般的浓烈感情呢？浪漫的人或许会说，他们之间是一种少有的理想爱情，可社会学家大概会说，这是父母的干涉及其带来的逆反心理所致。或许罗密欧和朱丽叶最初的感情也没有强到能超越家人设置的庞大障碍的地步。相反，正是因为这些障碍的存在，这段感情才发展到了如此白热化的程度。要是听凭这对青年男女自由恋爱，他们的浓情蜜意最后说不定只是初恋时短暂的冲动罢了。

因为罗密欧和朱丽叶的故事是虚构的，这类问题当然纯属假设，所谓的回答也只是妄加揣测。不过，对当代的"罗密欧"与"朱丽叶"们来说，提出并解答类似的问题倒是有可能的。少年男女碰到父母干涉，是不是会发展出更坚定的恋爱关系，彼此爱得更深呢？有人对科罗拉多州140对少年情侣做了研究，发现他们确实如此。研究者发现，尽管家长干涉会令感情关系出现某些问题：如情侣中的一方以更挑剔的眼光看待另一方，更多地抱怨对方的负面行为，但父母的干涉同时也让情侣双方觉得彼此更加相爱、更想结婚了。在研究过程中，随着父母的干涉越来越多，爱的体验也越来越强。而当干涉减少的时候，浪漫的感觉也会慢慢冷却。

出现"罗密欧与朱丽叶效应",并不意味着父母必须接受、包容,放手让自家处在青春期的孩子谈恋爱。爱情是一种微妙的游戏,新入场的玩家很可能会频频犯错,所以让更有经验、更有眼光的成年人指点一二是有好处的。家长在提供这类指导时应该意识到,青少年认为自己已经成年了,面对典型的家长—孩子式控制关系,他们不会做出很好的回应。尤其是在择偶这种显而易见的成人舞台上,用成年人的影响力武器(偏好和劝说)要比传统的家长控制(禁止和惩罚)的效果更佳。罗密欧与朱丽叶的家族固然是极端的例子,但对年轻情侣施以铁腕控制,也很有可能把它搞成一场炽热的地下恋爱悲剧。

READER'S REPORT | 读者报告

致西奥迪尼先生:

去年圣诞节,我碰到一个 27 岁的男人,那时我 19 岁。他其实并不是我喜欢的那种,但我还是跟他约会了,大概是因为跟年纪较大的男人约会显得很有面子吧。我本来对他没多大兴趣的,可我的家人却因为他的年龄而不接受我们的恋情。结果他们越是插手我的私生活,我就越是爱他。这段关系只持续了 5 个月,可要是我爸妈没说这说那的,能维持 1 个月就算好了。

>>>

弗吉尼亚州布莱克斯堡的这位女士:

莎士比亚笔下的罗密欧与朱丽叶虽然早就殉情离去了,但"罗密欧与朱丽叶效应"却延续至今,连在弗吉尼亚布莱克斯堡这样的地方都时不时地会露个面。

第 6 章 稀缺 267

成人逆反

对两岁的孩子和十几岁的青少年而言,逆反心理会贯穿他们的很多体验和经历,而且总是狂躁有力的。而对我们大多数成年人来说,逆反的能量池是平平静静、隐藏起来的,只是偶尔才像火山一样爆发一次。尽管如此,这些爆发仍然以各种各样有趣的方式表现出来,不仅研究人类行为的学者感到好奇,也能让制定法律和政策的人从中得到些启示。例如,超市购物者听说有联邦官员反对支持联邦价格管制的请愿书之后,会有更大概率对此请愿表示支持。比如违背交通规范的司机以今天是自己的生日为借口请求获得宽大处理,有权处罚他的警官很可能偏偏就要在这一天惩罚他。为什么会这样呢?因为警官们会觉得自己决定是否惩罚的自由受到了限制——这就是典型的逆反心理在作怪。

统计数据表明,警官有更大可能在违规者生日当天,尤其是违规者以过生日为由替自己开脱求情的情况下对其做出处罚。研究者对这一现象开展了6项研究,其中一项调查了华盛顿州13.4万名因醉驾被捕的司机,发现警察会在违规者生日当天对司机做出更严厉的处罚。

再来看看佐治亚州的肯纳索发生过的一件古怪例子。

影响力研究 INFLUENCE NEW AND EXPANDED

肯纳索镇政府制定了一项法律,要求本地所有成年居民都持有枪支和弹药,违者入狱6个月,并罚款200美元。肯纳索持枪法最大程度地激发了当地成年人的逆反心理,持有枪械本来是大多数美国公民长久以来认为自己享有的一项重要自由,但这项法律却硬性规定人人非得持枪不可,因此冒犯了自由。而且,肯纳索议会在通过这项法律时,只征求了极少数当地居民的意见。按照逆反理论预测,在这种情况下,镇上5 400名成年公民恐怕没几个会服从。然而,报道该消息的报纸却证实,该法通过以后的3~4个星期,肯纳索的枪支销售却变得很火爆。

我们该如何理解这个明显有违逆反心理的现象呢？答案要到那些在肯纳索买枪的客人身上去找。采访了肯纳索几家商店的老板之后，我们发现，原来买枪的人并不是镇上的居民，而是游客，不少人都是看到消息之后，禁不住诱惑跑来购买自己的第一支枪的。唐纳·格林是一家枪械店的经营者，报上形容她的这家店"简直就是个军火库"。唐纳说："生意棒极了。但大部分枪械都是镇外的人买去的。按法律规定来买枪的本地人只有两三个。"法律通过之后，购买枪支成了肯纳索的频繁活动，但买枪的人却并不是那些法律有意管辖的人。当地居民大多都在消极抵抗，只有那些自由并未受到此地法律限制的人才热衷在这里买枪。

十多年前，在离肯纳索几百公里以外的佛罗里达州迈阿密也出现过类似情况。

当时，为保护环境，迈阿密地区制定了一项条例，禁止使用和拥有含磷酸盐的洗衣剂或清洁剂。研究发现这项法律颁布之后，对迈阿密的居民产生了两种影响，改变了迈阿密居民原本的行为和认知。

首先是他们行为上的改变，不少迈阿密人会跟邻居和朋友一起开着"大篷车"，到相邻的县大宗买入磷酸盐洗衣剂。囤积现象迅速蔓延，好些人甚至为此着了迷，吹嘘自己已经囤积了足够使用20年的磷酸盐洗衣剂。

其次，他们对磷酸盐洗衣剂的认知发生了变化，这种反应比大量囤积磷酸盐洗衣剂的蓄意挑衅更为微妙而普遍。因为人们总是想要得不到的东西，迈阿密绝大多数的消费者逐渐对磷酸盐洗衣剂这种产品产生了质量更好的印象。跟相邻的坦帕市居民相比（坦帕市不受迈阿密条例的管辖），迈阿密市民会认为磷酸盐洗衣剂更温和，在冷水中使用效果更好，增白更佳，还能整旧如新，强力地清除污渍。甚至他们觉得磷酸盐洗衣剂更容易从瓶子里倒出来。

这类反应，对那些丧失了既得自由的人是很典型的。要理解逆反心理和稀缺原则的运作，理解这一点十分重要。**每当有东西获取起来比从前难时，说明我们拥有它的自由受到了限制，那么我们就会越发地想要得到它。**不过，我们很少意识到，是逆反心理带来了这种想要的迫切感，我们只知道自己就是想要。为了解释这种莫名的渴望，我们开始给它安上各种积极的特质。在迈阿密禁用磷酸盐洗衣剂以及其他类似的例子中，人们的渴望与东西本身具备的优点并没有什么因果关系。磷酸盐洗衣剂的清洁、漂白和是不是能很好地倒出来并没有在遭到禁止以后变得更好。我们之所以会这么想只是因为我们更想得到它罢了。

审查造就的逆反

因为一样东西遭到禁止而觉得它更有价值，这种倾向不仅限于洗衣剂等消费品，连信息的获取也是这样。当今时代，获取、存储和管理信息的能力对于财富和权力的分配产生了越来越大的影响，因此，我们有必要理解，当人们面对审查或限制他们获取信息的时候，他们会做出什么样的反应。通常人们会很关注自己被限制获取的是哪类信息，与此相关的研究数据也已经很多了。可是，人们对于自己被限制信息获取之后自身会产生什么样的反应，我们能够获取的数据和证据还是比较少。尽管如此，还是有几项相关的研究得出了非常一致的结果。那就是，一旦某类信息遭到禁止之后，几乎所有人都会变得更想得到这种信息，和这类信息被禁止之前相比，人们会对这类信息给出更有价值的评价。

所以说到信息审查对受众的影响，最耐人寻味的一点倒不是受众比从前更渴望得到这些信息，而是人们对得不到的信息变得更易接受、更包容了。例如，北卡罗来纳的大学生们在得知一场反对男女混住宿舍的演讲遭禁之后，尽管从来没能听到这场讲演，但是学生们对它的观点却更支持和同情了。这样一来，就有可能出现以下的情况，要是一些特别聪明的人发现公众可能会反对他们提出的某个问题，或其观点根本站不住脚，他们或许会做一些刻意的安排，让自己想散播的观点遭到禁止，从而博取大家的赞同。

所以当一些少数派人士想要表达自己观点的时候，对于他们来讲最有效的策略恐怕不是大肆宣传他们不受欢迎的意见，反倒应该让这些观点遭到官方的审查，再告知公众自己遭到封杀的消息。由此看来，美国国父们在起草宪法的时候，把保护言论自由写进了宪法第一修正案，不只体现了他们坚定地倡导自由主义的决心，还体现了他们对社会心理的透彻理解。因为他们拒绝对言论自由加以限制，也就减少了新的政治理念通过逆反心理这一非理性过程赢得支持的概率。

当然，政治理念并不是唯一容易遭到限制的东西，跟性有关的素材也一样。除了警方偶尔会打压"成人"书店和电影院之外，家长和公民团体也频频施压，要求审查教育资料（性教科书、生理卫生教科书，甚至学校图书馆收录的书籍）里有关性的内容。所有人似乎都有着良好的用意，但是想做好整件事情却很不简单，因为它牵涉了道德、艺术、家长对学校的控制、宪法第一修正案保障的自由等方方面面的议题。不过，从单纯的心理学角度出发，支持严格审查的人不妨来仔细看看在普渡大学本科生中完成的一项研究。

影响力研究 INFLUENCE NEW AND EXPANDED

研究者向大学生们出示了一本小说的不同广告版本。一半学生看到的广告文案中说"本书仅限21岁以上的成人阅读"，另一半学生看的广告里没有提及这样的年龄限制。稍后，研究者询问学生们对这本书有什么感受。学生们的反应就跟对其他禁令一样，较之以为能够随意阅读该书的学生，看到了年龄限制的学生更想读这本书，并觉得自己会更喜欢它。

支持从学校课程里正式取缔性相关内容的人或许会说，他们的目标是减少社会，尤其是年轻人的色情倾向。可从普渡大学以及其他有关禁令效应的研究来看，目前官方使用的审查手段恐怕并不能达到这一目标。倘若研究的结果是可信的，那么，审查反倒有可能提高学生对性相关内容的渴望度，令他们以为自己就是偏爱这一类内容。

"官方审查"这个词通常会让我们想到对政治性材料或性有关内容的检查，但还有一种常见的官方审查容易为我们忽视，大概是因为它会出现在事发之后。法庭议案时经常有这种情况，律师提出一份证据或证词，但法官却裁定它无效，还要陪审员们忽略这项证据。从这个角度看，法官就是审查员，尽管他审查的方式比较特别，他并不禁止把证据呈交给陪审团（因为已经太晚了），而是禁止陪审团使用该证据。法官下这样的指令管用吗？有没有这样的可能，陪审员认为自己有权考虑所有可用的证据，而法官要他们忽视某一证据的做法，激起了他们的逆反心理，于是，陪审员对遭禁的证据反而给予了更大的关注？很多时候，事实正是如此。

我们看重受到限制的信息，一旦认识到这一点，稀缺原则就能被应用到物质商品之外的领域，信息、沟通和知识都适用这条原理。从这个角度考虑，我们可以看出，**想让信息变得更宝贵，不一定非要封杀它，只要把它变得稀缺就行了**。根据稀缺原则，要是我们觉得没法从别处获取某条信息，就会认为它更具说服力。

据我所知，对"独家信息最能说服人"这一观点最有力的支持，来自我从前的一名学生所做的一个小实验。当时，这名学生是个成功的商人，开着一家牛肉进口公司。他又回到学校学习是想在市场营销方面再接受一些深入的训练。一天，在我的办公室里，我们谈起了信息的稀缺性和独占性，他决定用自己的销售员来做个研究。

影响力研究 INFLUENCE NEW AND EXPANDED

他让销售员照常给公司的牛肉购买客户打电话，但采取了三种不同的陈述方式。第一群客户听到的是标准销售陈述；第二群客户除了听到标准销售陈述，还知悉了未来几个月进口牛肉有可能短缺的信息；第三群客户除了听到标准销售陈述以及牛肉短缺的消息外，还了解到供应短缺消息的来源可不一般，是公司靠某条专门渠道获得的。所以，最后一组客户不仅认为产品的供应有限，还以为相关消息也只有少数人知道，这样就形成了一种双重稀缺状态。

实验的结果很快就出来了。公司的销售员要老板赶紧多采购一些牛肉，因为接到的订单太多，库存供应不了了。较之只听到标准销售陈述的客户，听说牛肉即将短缺的客户买下了双倍的牛肉。但真正推动销售量的，还要数那些通过"独家"信息知道牛肉供应吃紧的客户。他们购买的牛肉量，是第一种客户的 6 倍。很明显，供应短缺的独家消息显得特别具有说服力。

在以上研究中，出于道德上的原因，销售员向客户提供的消息是真实的。进口牛肉的确即将出现短缺，而且这个消息也的确是公司通过独家渠道得来的。

消除逆反心理

当人们听到一条信息，如果他们认为这条信息的存在为了说服自己，就不太可能立刻接受它。原因之一在于，他们产生了逆反心理，觉得说服者试图减少自己做决定的自由。因此，所有想要说服听众做出改变的人，必须先战胜逆反心理。有时候，说服者试图提供证据以证明改变是正确举动，为此，他们会暗示听众过去欠了说服者一笔人情债（互惠），或是说明说服者是个好人所以值得认同（喜好），或是其他人也做了同样的改变（社会认同），或是专家推荐做出改变（权威），以及采取行动的机会就快要没了（稀缺）。

不过，这里还有另一种方法可以战胜逆反心理，它不需要借助更强大的动机，而是靠减少逆反情绪来战胜它们。比如，说服者可以从一开始就提及拟议改变存在的缺陷。这种做法不仅能提高说服者的可信度，还给了听众正反两方面选项的信息，减少了后者被人朝着一个方向推的感觉。

在施加影响力时，为了让听众产生"自由选择"的感觉，人们专门设计了一种影响策略，叫"但随便你"技巧。这个技巧强调听众享有说"不"的自由。

在一组包含了42轮独立实验的系列实验中，如果说服者在提出请求后加上一句"要不要拒绝，随便你"，或是类似的"没问题，你想怎么做都行"，能明显提高听众的顺从度。这一技巧适用于各种请求，不管是给海啸救济基金捐款，邀请别人参加当面、电话或邮寄形式的无偿调查，为路上的行人购买公交车票，为乞讨者购买食物，甚至答应家庭垃圾分类并做一个月的记录。这种让人重新获得自由选择感的措辞影响相当大，它的成功率往往比不包括"选择自由"的话术高出一倍以上。

最佳条件

和其他有效的影响力武器一样，稀缺原则也有最为适用的条件。因此找出什么时候它对我们最起作用就是一种重要的防御措施。通过心理学家斯蒂芬·沃切尔（Stephen Worchel）和同事设计的饼干实验，我们可以了解不少这方面的信息。

影响力研究 INFLUENCE NEW AND EXPANDED

沃切尔和他的研究小组使用的基本程序很简单。他们给一群消费者偏好研究的参与者从罐子里拿了一块巧克力饼干，并让参与者给饼干的美味程度打分。有一半的参与者看到罐子里装着10块饼干；另一半则看到罐子里只有2块。正如稀缺原则预测的，参与者看到罐子里仅有2块饼干时，给出的评价更高。较之供应充裕的饼干，人们觉得短缺的饼干更美味、吸引力更大、价值更高，虽说两种饼干根本就是一模一样的。

照我的直觉看来，1985年，可口可乐公司在犯下《时代》杂志称为"这个十年最沉痛的营销惨败"时，一定很希望自己能及时知道上述科学发现。那一年的4月23日，该公司决定从市场上撤下传统的可口可乐配方，以"新可乐"取而代之。此举激怒了粉丝们。用一则新闻报道的话来说："可口可乐公司没能预见到这一行动在消费者心中掀起的全然狂怒和抵制。东起缅因州的班戈，西至加利福尼亚州的伯班克，从底特律到达拉斯，数十万的可口可乐爱好者们团结起来，痛斥新可乐的味道，要求老可乐回归。"

说到这种因为失去老可乐而产生愤怒与渴望交织的例子，我最喜欢的故事是关于西雅图一位叫盖伊·穆林斯（Gay Mullins）的退休投资者的。他因创办"美国老可口可乐饮用者协会"而成了全美的名人。这是一家成员广泛分布在各行各业的组织，他们不懈地努力，利用一切可以利用的民事、司法甚至立法手段，要求传统可乐配方重回市场。例如，穆林斯先生威胁要对可口可乐公司提起集体诉讼，以公开老配方；他向数万人分发了反对新可乐的胸针和T恤；他设立了一条电话热线，以便愤怒的粉丝发泄怒火、表达感受。即使穆林斯本人曾经接受过两次单独进行的盲品测试，结果都是他更喜欢新可乐而非老可乐的味道，但他觉得这无关紧要。穆林斯先生更喜欢的东西，对他而言反而不如他遭到剥夺的东西有价值，这是不是很有意思呢？

值得一提的是，哪怕可口可乐公司在屈服于粉丝的要求，将老可乐重新上架之后，麻烦也并没有完全消除。时任可口可乐公司总裁的唐纳德·基奥（Donald Keough）说："这是一道奇妙的美国谜题，一个可爱的美式费解。你没法衡量它，就像你无法衡量爱、自豪感或爱国主义一样。"对此，我并不认同基奥先生的看法。首先，只要你了解稀缺原则背后的心理学，这个现象完全没什么神秘可言。一种产品与一个人的历史与传统紧紧地联系在一起（一如可口可乐在这个国家一贯以来的地位），那么，一旦得不到这种产品，这个人也就更加想要它。其次，这种冲动并不是不能衡量的。事实上，我认为可口可乐公司在做出这个蹩脚的决定之前，已经在自己的市场调查中衡量过它了，但因为他们不了解影响力原则，所以没有发现这个行为将会引发的问题。

可口可乐公司在营销调研方面并不吝啬，它愿意花费数十万美元，甚至更多的费用，以确保为新产品做出正确的市场分析。在决定用新可乐替换老可乐之前，他们同样是这么做的。从1981年到1984年，他们在25座城市对近20万人进行了口味测试，仔细比较了新老配方。他们在盲品测试中发现，偏好新可乐口味的人占了55%，偏好老可乐的人占了45%。然而，在非盲品测试当中，也就是说，让测试者事先知道自己喝的是老可乐还是新可乐，在这种情况之下，偏好新可乐口味的人竟然更多，占到了61%，比盲品测试当中足足增加了6%。

你或许会说，"真奇怪，测试明明显示出人们更喜欢新可乐，可当公司最终推出新可乐，人们却对老可乐表达出了不容置疑的偏爱。他们的态度为何前后不一呢？"要解开这个谜，唯一的办法就是应用起稀缺性原则来：在口味测试期间，人们无法购买到的是新可乐，所以当他们知道哪种样品是新可乐时，便对自己无法得到的东西表现出了特别强烈的偏好。可随后，公司用新配方取代了老配方，这次人们得不到的成了老可乐，于是，老可乐又成了人们的最爱。

我想说的是，公司从盲测结果当中，看到人们更喜欢新可乐，从非盲测结果中看到了人们对新可乐的偏爱增加了6%，这些都没问题，但他们的阐释出了错。他们自言自语地说："呀，太好了，增加的这6%就意味着当人们知道自己在尝试某种新东西后，他们对它的欲望便直线上升了。"而实际上，这6%增幅的真正含意是，当人们知道自己不能拥有某种东西时，对它的欲望便会直线上升。

尽管这样的结果再次为稀缺原则提供了有力的证明，但并没有透露出什么我们还不知道的东西。我们只是又一次看到稀缺的东西更招人喜欢，显得更贵重。事实上，本节最开始所讲述的饼干实验的真正价值来自两点额外的发现。让我们来逐一看看。

新的稀缺：宝贵的饼干和民权冲突

第一点值得注意的结果，是在实验基本程序稍加改动之后出现的。此时，饼干的稀缺状态并不是一成不变的。

研究者先给部分参与者看装着 10 块饼干的罐子，然后在他们想要去拿的时候，又换成装有 2 块饼干的罐子。因此，在张嘴吃饼干之前，有些参与者眼睁睁看到饼干从供应充裕变成了短缺。而另一些参与者从最开始就知道供应短缺，因为他们的罐子里本来就只有 2 块饼干。靠着这样的做法，研究者想解答一个有关稀缺类型的问题：我们觉得新近变得短缺的东西更宝贵，还是一直就短缺的东西更宝贵？在改动程序后的饼干实验里，答案一目了然。较之一贯短缺，对从充裕变到短缺的饼干，人们会觉得它更加宝贵。

新出现的稀缺更能让人觉得迫切这个概念的适用范围，远远不只饼干实验。举例来说，社会科学家已经确定，这种稀缺是造成国家政治动荡和暴乱的主要原因。这一观点最重要的支持者詹姆斯·戴维斯（James C.Davies）曾指出，一个国家经济和社会条件改善后，要是在短期内出现剧烈逆转，最有可能爆发革命。而且，那些参与者不是传统上最受压迫的底层人民，因为这些人已经把自己的贫困潦倒看成社会的自然秩序了。相反，走上革命道路的，往往是曾经品尝过更美好生活的人。他们经历并习以为常的经济和社会进步突然之间可望不可求了，于是他们对改革产生了更为迫切的渴望，甚至不惜采取暴力来保护既得的利益。例如，很少有人知道，在美国独立战争时期，移民们的生活标准在西方世界是最高的，纳税也最低。据历史学家托马斯·弗莱明（Thomas Fleming）的说法，要不是英国人想通过加税从这种普遍繁荣里分上一杯羹，北美移民根本不会造反。

戴维斯从各地的革命、暴乱和内战中收集了一系列令人信服的证据。从法国、俄国和埃及的革命，以及 19 世纪罗得岛州的多尔叛乱、美国南北战争，到20世纪60年代的城市黑人反抗斗争……在上述每一个例子当中，较长的安定发展时期后都出现了一连串紧张的倒退，并最终引发了武力斗争事件。

20世纪60年代中期，美国城市的种族冲突，是一个我们许多人还能回想起来的好例子。当时经常能听到人们问："这种事情为什么会出现在这当口呢？"在美国300多年的历史里，黑人大部分时间都饱受奴役，生活贫困潦倒，可他们却选择在社会最为进步的60年代发出了反抗的怒吼。的确，正如戴维斯指出的，第二次世界大战结束后的20年给黑人群体带来了巨大的政治和社会利益。40年代，美国黑人在住房、交通和教育领域还都会受到严格的法律限制，而且，就算教育程度相同，黑人家庭的平均收入也只有白人家庭的一半多一点。15年后，情况有了很大的改观。联邦已经立法废除了学校、居民区、公共场合和工作环境下的正式及非正式种族隔离；黑人们的经济状况也有了很大的改善，黑人家庭的收入已经提高到同等教育程度的白人家庭的56%～80%。

根据戴维斯对当时社会状况的分析，之后出现的一连串事件阻碍了先前因为飞速进步所带来的昂扬乐观的氛围。首先，跟政治和法律上的变化比起来，社会现实的变化落在了后面。尽管20世纪四五十年代通过了一系列的进步立法，可大部分的街区、就业岗位和学校仍然把黑人摒弃在外。因此，跟政治上的胜利相比，黑人们身处的现实显得更像是一种挫败。例如，1954年，最高法院裁定，所有公立学校都必须取消种族隔离，可在这之后的4年里，为了阻挠学校的种族融合，出现了530起以黑人为目标的暴力事件，如直接威胁黑人儿童和家长的爆炸和纵火等。暴力行为让人感觉黑人民众的权益再一次出现了倒退。第二次世界大战之前，美国每年平均会出现78起针对黑人的私刑。但在60年代，黑人群体头一回担心起家人的基本安全来。新的暴力事件也并不仅限于教育领域，在和平的民权示威游行当中，黑人也频频跟充满敌意的人群和警察发生对峙。

其次，还出现了另一种形式的倒退，那就是黑人民众的经济状况。1962年，黑人家庭的平均收入下滑至同等教育程度的白人家庭的74%。按戴维斯的说法，本来，74%这个数字代表的是第二次世界大战结束后长期发展的一种进步结果，可在当时的黑人眼里，它意味着50年代中期兴旺繁荣后的短期倒退。1963年爆发了伯明翰骚乱，之后又断断续续地发生了多起后继的反暴力示威，最终累积导致了瓦茨、纽瓦克和底特律的大规模反暴运动。

跟革命历来的鲜明模式一样，长期的进步一旦表现出下滑趋势，美国黑人的反抗情绪就会比进步开始之前还要强烈。这种模式为政府提供了一条宝贵的经验：**自由这种东西，给一点又拿走，比完全不给更危险**。倘若政府想要从政治和经济上改善传统中受压迫群体的地位，问题就来了：在这么做的过程中，该群体得到了以前从来没有的自由，一旦有人想要夺走这些自由，那政府就注定要付出惨痛的代价。

这个道理不仅适用于国家政治，家庭也是一样。如果父母随随便便地许诺权利，有可能在无意之间给了孩子一些自由，之后再想设定规矩夺走这些自由的话，孩子们必然会反抗不休。像是让不让孩子吃零食这个问题，如果家长只是在想起来的时候才禁止，那么在大多数情况之下，孩子觉得吃些零食是理所当然的。这时，再想定规矩不让他们正餐之后吃零食，事情可就棘手、麻烦多了，因为孩子并非少了一种从来没享受过的权利，而是丧失了一种既得的权利。正如我们在政治自由以及（尤其切合当前的讨论）饼干实验当中所见，跟一贯的稀缺比起来，一样本来有后来没有了的东西，会让人变得更想得到它。既然如此，以下研究结果也就没什么好奇怪的了：**父母在管教孩子的时候，如果言行前后不一致，最容易让孩子们行为叛逆**。

要避免此问题，家长也无须过分严格、面对规矩毫不通融。举例来说，如果孩子老是错过午餐，那么晚餐之前可以来上一份饭前甜点，因为这并不违反孩子禁吃零食的正常规矩，也就不会确立起孩子吃零食的自由。这么做就不会让孩子觉得先享有了某种自由，而过后又失去了这种自由，也就不会激起他们的反抗。

READER'S REPORT ｜ 读者报告

致西奥迪尼先生：

我最近在《华尔街日报》上读到了一则报道，很好地阐释了稀缺原则以及人们对得不到的东西的渴望。报道里说，宝洁公司在纽约北部做了一个实验，取消了各类产品的优惠券，而是直接降低了产品的价格。此举招来了消费者的极大反感：他们抵制、抗议，写了无数的投诉信。尽管宝洁公司的数据表明，发出去的优惠券只有2%得到了使用；而且在取消优惠券期间，顾客消费宝洁的金额跟之前是大体相当的。更何况，无须使用优惠券，对消费者来说其实更方便快捷。按报道的说法，消费者反感是因为宝洁公司没有意识到一点："对很多人来说，优惠券其实是一项不可剥夺的权利。"哪怕人们从来不用它，一旦你想把东西拿走，人们的反应也会异常强烈。

纽约的这位投资经理：

虽然宝洁公司的负责人或许为消费者看似非理性的反应感到困惑，但归根结底，公司本身也要负一定的责任。一个多世纪以来，优惠券已经成了美国人生活的一部分，宝洁也主动为自己的产品发放了几十年的"优惠券"。这就难怪消费者觉得优惠券是自己天然的权利，面对长久以来已经确立的权利，人们总是会为了保护它而激烈抗争。

竞争稀缺资源：狂热愚行

让我们回到饼干实验，从另一个角度来探讨我们对稀缺的反应。从实验的结果当中我们已经看到，较之供应充足的饼干，稀缺的饼干会得到较高的评价；从充足转为稀缺的饼干，所得评价更高。那么，哪些饼干得到了最高的评价呢？就是那些由于需求造成供应短缺的饼干。

请记住，实验里，新出现的稀缺是如何出现的。研究者先给实验的参与者装着 10 块饼干的罐子，然后再换成装有 2 块饼干的罐子的时候，他们提供了两种说法。研究者告诉一部分参与者，饼干还要拿给其他评分者，以便确保本次研究中对饼干的需求。而另一部分参与者听到的说法是，饼干数量必须减少，因为研究者犯了个错误，最开始拿来的罐子不对。结果表明，前一种参与者对饼干的喜爱程度明显高于后一种参与者。这是因为听到了后一种说法的参与者，不会产生某种竞争感。

这一发现凸显了在追求有限资源时竞争的重要性。我们不仅在物品稀缺时想要它，而且，要是碰上有人竞争，那我们就更想要了。广告商经常利用我们的这种心理。在广告里，我们得知某样东西的"大众需求"极高，必须"赶紧来买"；我们看到商店开始营业之前，就有人群乌压压地围在门口；我们看到无数双手伸向货架，把产品一扫而空。这类图像不仅是想让社会认同原则发挥作用，传递出大家都觉得这件产品很好，所以它肯定很好的印象；除此以外，我们还要跟其他人竞争，才能得到这件产品。

参与竞争稀缺资源的感觉，有着强大的刺激性。对情人的态度本来不咸不淡，可听说有对手出现，那便会立刻热情四射。因此，恋爱中的男女常用的一个小手段，就是透露或编造自己有了新的爱慕者。销售员也会对举棋不定的客户采用同样的手法。比方说，要是房地产经纪人想把房子卖给一个犹豫不决的潜在客户，他可能会告诉客户说，有新的买家来看了房子，很是喜欢，还打算第二天来商谈细节条款。这个新买家当然是完全捏造出来的，销售员一般会说他们是很有钱的外地人，为了避税的外州投资客，或者刚搬到镇上的一位医生和他妻子。有些圈子把这一手法叫作"赶鸭子上架"，效果好到出奇。因为不想败给对手，好些迟迟不出手的买家立刻就会果断地签约（见图6-4）。

图6-4　有了竞争就来劲

从这幅漫画中可以清楚地看出，争夺有限资源的竞争才不会因为假期而停止呢。

渴望拥有一件众人竞争的东西，几乎是本能的身体反应。碰上商场结束营业前的大规模抛售或大降价特卖会，消费者们简直情不自禁地就参与进去了。在热火朝天的竞争氛围下，人们一窝蜂地拼抢平时根本不想买的商品。这类行为让我想起野生动物的"狂喂滥吃"现象。渔民们喜欢利用这种现象。他们先冲着鱼群撒下大量的鱼饵，用不了多久，水里就满是扑腾着鱼鳍、大张着嘴巴夺食的家伙们了。等它们陷入了疯癫的状态，连光秃秃的金属鱼钩也往肚里吞的时候，渔民们便把空鱼钩投入水中，顺顺当当地钓起鱼来，既省时间又省钱。

蓄意在想俘获的对象当中掀起狂热的竞争，渔民和百货公司的做法颇有异曲同工之处。为了吸引鱼群，渔民撒下切成小块的松散鱼饵。出于类似的目的，百货公司举办大减价特卖会，抛出一些价格特别优惠的商品，大肆宣传，招揽顾客。倘若这两种形式的诱饵发挥了作用，一大群饥渴的鱼或消费者很快就会聚集起来。受现场你争我夺的氛围影响，鱼群和人群会变得急躁不安，盲目、迫切地想要争抢。不管是人还是鱼，此时都会忘了自己想要的是什么，只要别人在抢的东西，自己也要冲上去争（见图6-5）。到了最后，金枪鱼嘴巴里含着没有鱼饵的空钩子躺在甲板上挣扎，消费者提着大包小包的打折货回到家,此时,他们脑袋里说不定有着同样的困惑:我到底是中了什么邪?

图 6-5 竞争会传染

这位闷闷不乐的员工刚经历了一场运动鞋清仓销售,据报道,消费者们"为争夺有时连尺码都没看到的鞋子而发狂、扭打和拼抢"。

别以为竞争有限资源的狂热症只出现在鱼群或贪图小便宜的消费者这类头脑简单的生命体上。来看看发生在美国广播公司副总裁、后来又执掌了派拉蒙电影公司和福克斯电视网的巴里·迪勒(Barry Diller)身上的一个小故事吧。

1973 年,迪勒在美国广播公司(ABC)负责黄金时段的节目时做了一个非同凡响的采购决策。他答应为电影《海神号历险记》支付 330 万美元的一次性电视播放费。这个数字大大超过了有史以来一次性电视播放费的最高纪录,即《巴顿将军》的 200 万美元。事实上,这笔钱高得太过离谱,美国广播公司估计要亏 100 万美元。时任美国全国广播公司(NBC)特别节目副总裁的比尔·斯托克(Bill Storke)当时就断言:"迪勒绝无可能给美国广播公司赚回本钱,想都别想。"

一个像迪勒这样经验丰富又老到的商人,怎么会做一笔铁定会亏掉100万美元的生意呢?答案恐怕藏在这笔交易中另一个值得注意的特点上。这是电影首次以公开拍卖的方式把播映权卖给电视广播公司,三大电视网从来没有这样被迫地争夺过一项稀缺资源。

想出拍卖这个新颖点子的,是《海神号历险记》浮夸的制片人欧文·艾伦(Irwin Allen)和20世纪福克斯公司的副总裁威廉·谢尔夫(William Self)。最终收获了330万美元的一个结局实在令他们大喜过望。但我们何以肯定,是拍卖的壮观形式而不是电影本身的质量带来了这惊人的成交价格呢?

一些拍卖参与者的言论为我们提供了有力的证据。夺下拍卖的迪勒为自家电视台定下规矩。他似乎是有点咬牙切齿地说:"美国广播公司将来决不再参与播映权的拍卖活动。"迪勒的对手,时任哥伦比亚广播公司(CBS)电视台总裁的罗伯特·伍德(Robert Wood)的评论更发人深省。在拍卖中,他几乎失去理智,开出了比美国广播公司和美国全国广播公司还要高的价钱:

> 开始的时候,我们都很理性。我们先根据电影能带给我们的利润定好了竞拍价格,再在这上面留出了一点回旋的余地。
>
> 之后拍卖开始了。美国广播公司开出了200万美元,我还以240万美元;美国广播公司提高到280万美元,这时候我们的脑袋都发起热来,我就像是失去了理智一样,不断开出高价;最后,我把价格抬到了320万美元。这时候,我内心冒出了一个声音:"老天爷!万一是我中了标,我该怎么办呀?"还好,美国广播公司的出价最终高过了我,我这才松了一口气。这件事很有教育意义。

据采访记者鲍勃·麦肯齐(Bob MacKenzie)的观察,伍德在说"这件事很有教育意义"的时候,脸上挂着欣欣然的笑容。我们可以保证,美国广播公司的迪勒在发誓"决不再参与播映权的拍卖活动"的时候，肯定是笑不出来的。两人显然都从"伟大的海神号拍卖"事件中吸取了教训。但之所以一个人能笑出来，另一个人笑不出来，是因为后者付出了亏损 100 万美元的代价。幸运的是，我们也能从这里吸取宝贵却不昂贵的一点教训。请注意，笑到最后的人居然是那个从竞争中败下阵来的家伙。作为一条一般性的规律，倘若尘埃落定之后，输家看起来像是赢家，说起话来也像是赢家，我们就该对掀起尘埃的原因多留个心眼。在这个故事中，也就是对稀缺资源的公开竞争留心眼。正如电视台的高级管理者们所学到的，**在碰到稀缺资源加竞争的魔鬼组合时，务必要小心谨慎**。

制造稀缺有两种手段，一种是强调数量有限，另一种是强调时间有限。相比数量有限的条件，广告商在信息中设定的时间有限的限制条件出现的频率更高，有研究考察了 13 594 则报纸广告，发现时间有限的出现次数是数量有限的 3 倍。然而，又有研究暗示，如果可以选择的话，使用数量有限作为限制条件的效果会更好，因为只有数量有限这个条件，才包含了引发人们竞争的因素并很可能导致疯狂竞争。

"独特性"的妙用

由于人们都重视稀缺资源，所以我们往往更乐意成为他人眼里拥有与众不同特点的人。在此种心境下，我们更愿意去那些能让我们显得出类拔萃的地方。我曾和其他研究者一起设计了一则广告，以敦促人们参观旧金山艺术博物馆。广告里包含了博物馆的名字和一张照片，当广告中加了"从人群中脱颖而出"这句话的时候，会有更多的人有意愿去参观博物馆。

倘若我们有可能跟他人发展出一段浪漫关系，那我们更希望自己与众不同（例如展示自己有着更大的创造力），以吸引对方兴趣。这一观点已经在动物研究和人类研究中都得到了验证。在后一种研究中，大学生身处恋爱当中时，会明显表现出更强烈的创造性。这种对人类的影响，并不仅限于大学生。例如，毕加索每一个高产的艺术创作时期（蓝色时期、立体派时期和超现实主义时期），背后都有着一样不变的事情——"每一个新时期都绽放着与一位不同女性相关的作品，这位女性不是模特而是情人，她们每一位都被吹捧为毕加索挚爱（虽然只是暂时）的缪斯"。

另一种让我们感到强烈需要表达独特性的场合，和品位有关。虽然信念和观点也能表达我们的品位，但是我们通常会为了获得社会认同，去改变自己的信念和观点，以求与他人相符。但在品位的其他方面，诸如服装、发型、香味、食物、音乐等问题上，出于对独特性的追求，我们往往会产生一种相反的动机，即跟群体保持距离。尽管在这种情况之下，人们会感到一定的群体压力。一项研究考察了此类群体成员会怎样做，来平衡"保持一致"与"展现个性"这两种欲望。如果某个圈子里大部分人都喜欢某一品牌的物品，那么其他人很有可能也会喜欢，但同时又会通过一个可见的维度（如物品的颜色）来区分自己。所以领导者在确保团队成员遵从核心工作目标的同时，最好把大家这种对独特性的渴望考虑在内，让成员不必用完全相同的方式去实现核心工作目标。

我们来看这样一个例子：如果领导者不注意保护团队成员的独特性，会发生些什么。

影响力研究 INFLUENCE NEW AND EXPANDED

2001年6月14日，几乎所有的美国士兵都将自己的标准野战头盔换成了黑色贝雷帽，而在以前，只有美国陆军游骑兵（这是一支经过特殊训练的精锐作战部队）才会佩戴黑色贝雷帽。这个改变是陆军参谋长埃里克·新关（Eric Shinseki）下令进行的一项调整，目的是提升军队士气，以团结军队，他想让黑色贝雷帽成为"军人卓越性的象征"。但是，除了得到一顶黑色贝雷帽，没有任何证据证明此举在成千上万名士兵中发挥了作用。相反，它激起了现役和退役游骑兵们的不满，因为他们感觉贝雷帽所代表的独特荣誉遭到了剥夺。游骑兵米歇尔·海尔（Michelle Hyer）中尉称："这是一场闹剧。黑色贝雷帽是游骑兵和其他特种作战人员付出辛苦努力才得到的，是表现自己与他人区别的东西。现在……戴贝雷帽没有任何意义了。"

新关的命令存在两方面的误导，而这两方面，也都说明了独特性标记是怎样起到作用的。与黑色贝雷帽挂钩的自豪感，来自它的独特性。对于原来没有黑色贝雷帽的人来讲，发给他们黑色贝雷帽对他们的自尊几乎没有影响。而对那些通过努力才赢得了贝雷帽的人来说，独特性的丧失深深地刺痛了他们，也招来了他们强烈的不满。新关将军是怎样解决这个问题的呢？他不能简单地撤回命令，因为他已经一次次地当众强调黑色贝雷帽对全军团结和部队精神的价值。再说，被迫收回说过的话对将军而言也不是什么光彩的事。

新关的解决办法很有启发意义。他允许游骑兵在黑色之外重新选择一种颜色，以彰显其精英部队成员的特殊身份。游骑兵选择了鹿皮古铜色，此后，这种色调就由他们的贝雷帽所独有，而且他们至今仍骄傲地戴在头上。干得漂亮！如新关所愿，他把黑色贝雷帽授予了绝大多数士兵，他们喜欢这种讨人喜欢的新风格；此外，游骑兵也在这种大范围的变化中保留了自己的独特性。双倍的漂亮！

如何防范

面对稀缺压力产生适当的警觉还算容易，但根据警觉采取行动就难得多了。一部分原因在于，我们对稀缺的典型反应阻碍了我们的思考能力。一看到想要的东西就要得不到了，我们的身体就会亢奋起来。尤其是在涉及直接竞争的环境下，我们更是会血脉偾张、眼光短浅、情绪激昂。这种内在的冲动一旦冒出来，我们知性、理性的一面就会后退。处在此种亢奋状态，人们很难平静下来思量对策。哥伦比亚广播公司总裁伍德在自己的"伟大的海神号拍卖"之后评论说："当你完全陷入了狂热，你的逻辑早就飞到爪哇国了。"

既然这是我们面临的困境，那么仅仅了解稀缺压力的成因和运作原理，或许还不足以保护我们，因为了解是一种认知行为，而认知过程是抵挡不了我们面对稀缺压力产生的情绪性反应的。事实上，这恐怕就是稀缺战术卓有成效的原因所在。只要稀缺战术运用得当，我们防御蠢行的第一道防线，即对形势加以深入分析的能力，就会溃不成军。

倘若因为糊涂虫钻进了脑瓜子，我们无法依靠对稀缺原则的知识来激发妥当谨慎的行为，又该怎么做呢？不妨还是用四两拨千斤的柔道手法，把情绪高涨本身当成重要线索吧！这样一来，我们便可以让敌人的力量为己所用。不靠对整个形势做深思熟虑的认知分析，而是倾听来自内心的警告信号。**一旦在我们被别人说服时体验到高涨的情绪，我们就应该提醒自己，说不定有人在玩弄稀缺手法，必须谨慎行事。**

不过，就算我们确实利用高涨的情绪信号，提醒自己平静下来，当心陷阱，那接下来又该怎么办呢？还有没有其他信息能帮助我们在碰到稀缺的时候做出明智决定呢？毕竟，光是意识到自己应该谨慎行事，并不能说明下一步该往哪个方向走，它只是提供了一个必要的背景，让你多想想再拿主意。

好在的确有这么一种信息，能帮助我们面对稀缺的时候做出合理决定，它仍然是从饼干实验里得来的。研究者在实验过程中发现了一件看似奇怪却千真万确的事情：尽管人们明显更想要稀缺的饼干，但并不认为它比供应充足的饼干更美味。因此，哪怕渴望程度会随着稀缺而提高（评分人表示，他们将来想要更多稀缺的饼干，还愿意多出钱），但也并不能让饼干变得更好吃。

这里隐藏着一点重要的洞见：**喜悦并非来自对稀缺商品的体验，而来自对它的占有**。我们千万不能把两者混为一谈。每当碰到某种稀缺压力时，我们也会面对一个问题，我们到底想从这样东西里获得什么呢？如果答案是占有这件稀缺的东西能让我们享受来自社会、经济或心理上的好处，那就去占有它吧！稀缺压力能相当准确地衡量我们愿意为它承担的价格，它越是难以得到，对我们来说也就越是宝贵。可更多时候，我们想要一样东西，并不是单纯地想要占有它。我们想要它，只是因为它的实用价值；我们想看它、喝它、摸它、听它、开它或者以各种方式用它。在这样的情况下，我们务必记住：**稀缺的东西并不因为难以弄到手，就会变得更好吃、更好听、更好开、更好用**。

尽管这一点非常简单，但在经历对稀缺物品强烈的渴望感时，我们常常会忽视它。我举个自己家里人的例子吧！我哥哥理查德就曾靠着大多数人的此种倾向，顺利地为自己挣得了学费。确切地说，他的策略管用得出奇，只需每个周末干上几个小时就能挣够钱，其他时间都可以拿来学习。

理查德的工作是卖车，但并不是在经销处或者专营摊点上卖。他会按报纸上的消息，在周末买进几辆二手车，再把车子用肥皂和水洗干净，下个周末在报纸上打出广告卖掉，从中赚取可观的差价。要做这桩买卖，他得了解三件事情：

- 他必须对汽车有足够的知识，以尽量低的价格买进车辆，同时在合法的范围内以较高的价格卖出；
- 一旦买下了车，他必须知道如何编写一则能刺激潜在买家兴趣的报纸广告；
- 等买家到了现场，他必须知道如何利用稀缺原则，刺激对方对汽车产生物超所值的购买欲望。

这三件事，理查德都很精通。不过，就本处讨论的目的而言，我们只需来看看他在第三点上的高超技艺。

因为广告写得特别高明，通常周末一早，他就能收到一大堆潜在买家打来的电话。他会安排让每个想看车的人都在同一个时间来。这也就是说，如果有6个人想看车，他会让这6个人全在当天下午两点来。

这种在时间安排上的小小技巧，为之后顺利卖出翻新的二手车铺平了道路，因为它创造了一种竞争有限资源的氛围。

一般而言，头一个到的潜在客户会对车况做一番详细的检查，展开标准的买车程序，比如指出车有哪些缺陷或不足，问价钱还有没有商量的余地。可等第二个买家一来，整个环境导致大家的心态马上就变了。因为竞争方的存在，第一和第二个买家把车买到手的可能性突然受到了限制。

很多时候，较早来的那个会在无意间煽动竞争意识，宣称自己有先到先得的权利。"只要一分钟就好，我先来的。"如果他不这么说，理查德也会帮他说。他会对着第二个买家解释说："真不好意思，但这位先生先来的。所以，麻烦你到对面去稍等几分钟，等他看完车再过来好吗？如果他决定不要，或是暂时拿不定主意，我就请你看车。"

理查德说，有时候，你能亲眼见到第一个买家脸上现出激动的神情。他本来正悠闲地评估着车子的好坏，突然之间，这车就成了一项有人竞争的资源，他得分秒必争地做出决定。如果他不按理查德的要价把车买下来，再过几分钟，他就有可能败在那个在一旁窥视的新到者手里。竞争和资源稀缺的组合，也同样搞得第二个买家十分激动。他会在路旁来回踱步，明显很紧张地想得到这坨突然变得紧俏起来的金属疙瘩。要是第一个买家不买车，或是不能当场拿定主意，二号买家便会立刻扑上前来。

倘若说光有这些条件还不够让买家立刻拿定主意，等三号买家赶到的时候，理查德的圈套就彻底收紧了。据他说，此时累积起来的竞争压力，往往会让最先来的买家没法承受。他要么答应理查德的要价，要么立刻走人，以此结束压力。如果碰到后一种情况，二号买家会为前一位买家没把车买走而长舒一口气，但同时也感觉到了在一旁窥视的三号买家带来的压力。

所有这些为我哥哥的大学学费做了贡献的买家，都没有意识到他们下决心买车的一点基本事实，那就是刺激他们出手买车的强烈欲望，跟车子自身的价值毫无关系。他们之所以没意识到这一点，有两个原因：

- 理查德设计的买车环境让他们产生了情绪反应，买家的脑袋不清醒了。
- 出于前一个原因，他们从来没停下来想过自己买车是为了使用，而不光是拥有它。理查德利用稀缺资源营造的竞争压力，只影响了他们对车的占有欲。但从买家买车的真正目的来看，这种压力并不会影响到车子的实际价值。

READER'S REPORT | 读者报告

致西奥迪尼先生：

几个星期前，我被你提到的技巧给坑了。这令我很吃惊，因为我并不是那种容易顺从的人，而且我又刚刚读了《影响力》，对那些策略相当敏感。

超市里有个小型试饮活动，一个漂亮女孩递给我一杯饮料。我尝了一下，口感的确不错。然后她问我喜不喜欢，我做了肯定回答，于是她建议我买4罐（一致性原理：既然喜欢，我就应该买；互惠原则：她先免费给了我东西）。我可没那么天真，我拒绝了她的请求。可这位售货员并不放弃，她说："那么只买1罐如何呢？"（用

>>>

第6章 稀缺 291

> 的是拒绝-后撤策略）我还是不松口。
>
> 漂亮女孩说，这种饮料是从巴西进口的，不知道以后超市里还能不能买到。这时，稀缺原则发挥作用了，我买了1罐。等回家再喝，我觉得味道还好，但也就是一般而已。幸运的是，大多数销售员可真的不会这么耐心又执着。

波特兰的这位女士：

尽管知道是稀缺原则，但你还是买了一件自己并不想要的东西。这是不是很有趣呢？最佳的防御做法是提醒自己：这跟饼干一样，饮料稀缺也不会变得更好喝。而且，事实上它也并不好喝。

如果我们发现自己受到了稀缺压力的包围，那么，我们最好是采用一套两步应对法。

第一步，一旦我们觉得稀缺产生的压力给我们带来了高度的情绪波动，我们就应该把这种波动当成暂停的信号。要做出明智的决定，恐慌、狂热的反应是不合适的。我们需要冷静下来，重拾理性的眼光。只要做到了这一点，我们就可以转入第二步，**问问自己，为什么我们想要那件东西**。如果我们想要它只是因为想拥有它，那么我们应当根据它的稀缺程度来判断该为它出多少钱。可倘若答案是我们想要它主要是为了它的功能，即想要驾驶它、喝它或吃它，那么我们必须牢记一点，该物品不管是稀缺还是充足，其功能都是一样的。简而言之，稀缺的饼干并没有变得更好吃。

值得一提的是，对稀缺伴随而来的情绪激发和焦点缩小，相关证据足以令人信服。同样，对产品进行欺骗性限制的营销手法（即"人为稀缺"），往往是不会对外公开的，但棉花糖米酥（Rice Krispies Treats）却选择在广告中（广告中的售货员故意将成堆的棉花糖米酥藏起来，只在柜台上放一个，以造成产品紧俏的假象）公开此类手法，以证明其产品的价值。

本章小结

- 按照稀缺原则，人们认为难以获得的机会价值更高。从"数量有限"和"时间有限"等技巧中，可以看到利用这一原则牟利的方式。此时，影响力专家试图让我们相信，如果我们现在不采取行动，就会损失某种有价值的东西。这调动了人类的损失厌恶倾向，即想到要损失某物比想到获得同等价值的某物的激励作用更强。

- 稀缺原则之所以有巨大的影响力，基于两个原因。首先，由于难以获得的东西通常更有价值，因此一样东西或一种体验的稀缺性，便可以视为判断其价值的捷径。其次，随着东西越来越难于获取，我们丧失了选择的自由。根据逆反心理理论，面对自由的丧失，我们的反应就是比从前更想要得到它们（以及与自由相关的商品和服务）。

- 在一生中的绝大部分时间里，人们都存在逆反心理这种行为动机。但有两个年龄段逆反心理表现得最为明显："可怕的两岁"和青春期。这两个年龄段都以个性意识觉醒为特点，控制、权利和自由等问题显得极为突出。因此，处在这两个年龄段的人，对限制特别敏感。

- 除了对商品价值的影响，稀缺原则也适用于对信息的评估。研究表明，限制对某一信息的获取，会让人更想得到它或对它产生更多的认同感。以审查为例，哪怕是人们根本得不到的信息，也会受到它的影响。反过来说，倘若人们感觉得到的信息中包含独家（稀缺）内容，这个信息的影响力会更强。

- 稀缺原则最适用于以下两种条件。其一，倘若物品是新近才变得稀缺的，那么在人们的感知里，它的价值会更高。也就是说，我们觉得新近受限的东西比素来受限的东西更宝贵。其二，当有人跟我们竞争时，稀缺资源对我们的吸引力最大。

- 人们很难用认知来抵御稀缺压力的影响，因为这种影响能使人情绪高涨，让人无法思考。要想抵御它，我们或许可以试着在稀缺环境中对高昂的情绪保持警惕。一旦得到警告，我们可以采取步骤平息高涨的情绪，从"为什么会想要它"这个角度来评估这个稀缺物品的价值。

第 7 章
承诺与一致

今日之我，确立自昨日或更久之前。
——詹姆斯·乔伊斯（James Joyce）

在全球最富有和绩效最佳公司类的排行榜上，亚马逊公司每年都名列前茅。然而，它每年都会向自己物流中心的员工（正是这些员工，帮助亚马逊取得了这样的成就）提供高达 5 000 美元的奖金，鼓励他们离职。这种员工离职可获现金奖励的做法，让许多观察人士感到困惑，因为员工离职后公司付出的成本非常高。不仅包括赔偿金，还包括重新招聘和培训新人的费用。这些费用加总起来，可占到员工年薪的 50%。此外，如果考虑到制度记忆流失（离职的老员工往往很熟悉公司的制度和流程）、生产中断、团队剩余成员士气低落等间接成本，代价甚至会进一步提高。

亚马逊如何从商业角度解释"付费离职"项目的合理性呢？公关发言人梅勒妮·埃切斯（Melanie Etches）对此说得很清楚："我们只希望愿意留在亚马逊的人留在这里工作。长远来看，那些待在一个你不愿意待的地方的人，对其他员工和公司都不健康。"亚马逊认为，为不开心、不满意或士气低落的员工提供一条诱人的退出道路，长远来看，其实能节省资金，因为公司为这些员工实际支付的医疗成本更高，而这些人的生产力也更低。这一逻辑没有什么可怀疑的。但我认为，这大概不是亚马逊推出这一项目的唯一理由。还有另外一个重要原因——员工留下即意味着做出了认同公司的承诺。关于这个原因的效力，我是从行为科学研究的结果中得知的。此外，我还亲眼见到（并且至今仍能看到）它在我身边有力地运作着。

举个例子，让我们来看看我的邻居莎拉和她同居男友蒂姆之间发生的故事吧。

> **影响力研究 INFLUENCE NEW AND EXPANDED**
>
> 莎拉和蒂姆相遇后约会了一段时间，最终搬到了一起。在此期间，蒂姆丢了工作。对莎拉而言，事情进展得一点儿也不顺当：她希望蒂姆跟她结婚，希望他戒掉酒瘾，可这两件事蒂姆都不同意。两人僵持了好一阵子，之后，莎拉结束了这段关系，蒂姆也搬走了。这时，莎拉的前任男友给她打来电话。他们又开始约会，并很快就订了婚，做了结婚的计划。等具体的日子都订好了，请帖也都发出去了，蒂姆却又打来电话。他后悔了，想跟莎拉和好。莎拉告诉他自己马上要结婚了，蒂姆恳求再给他一次机会，他希望两人再续前缘。莎拉拒绝了，说她不想再那样生活。蒂姆甚至提出要跟她结婚，可莎拉说，那她倒情愿跟前男友结婚。最后，蒂姆主动说，只要她松口，他就戒酒。听到他这么说，莎拉竟然取消了已经约定的婚礼，又跟蒂姆重归于好。
>
> 可还不到一个月的时间，蒂姆就告诉莎拉，他觉得自己没有必要戒酒。又过了些日子，他决定结婚的事儿也得"再等等看"。一眨眼，两年过去了，蒂姆和莎拉的生活还是老样子。蒂姆仍然酗酒，一点儿结婚的打算也没有，可莎拉对他却比从前更投入了。她说，正因为有过在前男友和蒂姆之间做选择的经历，她才知道蒂姆在自己心里其实排第一。所以，尽管当初蒂姆所做的承诺从未兑现，莎拉却还是觉得自己更幸福、更快乐了。

请注意，莎拉之所以更加确认了自己对蒂姆的感情，来自她做的一个艰难的个人选择（她在前男友和蒂姆之中选择了后者）。我相信，这也是亚马逊提供"付费离职"的原因。面对辞职奖金时选择留下还是离开，不仅是为了高效地识别出那些投入不足的员工，让他们把自己筛选出局，还有助于让那些主动选择留下的人变得更加忠诚。

为什么说后一种结果，也是"付费离职"项目的目的之一呢？我们怎么会这么肯定呢？不要只听公司公关发言人埃切斯女士对此事的说法，我们不妨把注意力放在亚马逊首席执行官杰夫·贝索斯的说法上。这是一个靠着商业头脑让自己成为世界首富的人。在一封致股东的公开信里，贝索斯先生指出，该项目的目的无非是鼓励员工"花些时间，想想自己真正想要的是什么"。他还提到，年度提案备忘录关于此项目的标题是，"请不要接受这项提议"。也就是说，贝索斯希望员工在考虑辞职时，主动选择不这么做，而事实情况也正是如此：很少有人接受离职奖金。在我看来，这个项目的主要目的正是让员工主动做出留下来的决定，原因也很充分：员工的承诺与其生产力高度相关。

贝索斯对人类心理的敏锐认识，在一系列研究中得到了证实。这些研究表明，**一旦做出了艰难的选择，人们总会很乐意地相信自己选对了**。两位加拿大心理学家完成的一项研究，揭示了赛马场上人们的奇妙心理。赛马时，只要一下注，人们对自己所选之马获胜的信心就会立时大增。当然，这些马的实际获胜概率并没有发生任何变化，马还是原先那匹马，站在跟原先相同的赛道上，赛马场也还是原先那个赛马场。只不过，在下注者看来，一旦下注，这匹马获胜的可能性就顿时变大了。类似地，在政治领域，投完票之后，选民们总是更加强烈地相信自己支持的候选人会获得胜利。在其他领域，比如人们主动当众做出了节约能源或水资源的决定，那么，他们会更专注于节约的理念，并想出更多理由来支持它，付出更多的努力以实现它。

一般而言，这种选择方向上的转变，跟一种常见的社会影响力原则相关。和其他影响力原则一样，这种"武器"也深深地扎根在我们心中，无声无息地指引着我们的行动。这其实很简单：**人人都有一种言行一致，同时也显得言行一致的愿望**。一旦我们做出了一个选择，或采取了某种立场，就会立刻感受到来自内心和周围的压力，迫使自己按照承诺去行事。而且，在这样的压力之下，我们还会想方设法地以行动证明自己先前的决定是正确的。① 这就是所谓的承诺与一致原则。

言出必行

心理学家早就认识到承诺与一致原则对人的行为有着强大的指引力量。许多杰出的理论家都把言行一致的欲望看成行为的一种重要驱动力。这种力求一致的观念，真的强大到能迫使我们做正常情况下不想做的事情吗？确实是这样。**保持并显得前后一致的动力，是一种威力巨大的社会影响力武器，它经常令我们做出明显有违自己最佳利益的行为。**

来看看下面这个实验吧！研究者在纽约市的一处沙滩导演了一起"偷窃"事件，观察旁观者是否会不顾个人安危来阻止犯罪。

研究者的助手在沙滩上随机选一个人，即实验的参与者，在离他两米开外的地方铺上一块沙滩浴巾。助手躺在浴巾上，用随身听听了一小会儿音乐，然后站起身，离开浴巾到海滩上去散步。过了一会儿，研究者会假装成小偷，走过去拿起随身听，试着把它带走。你可能已经猜到了，正常情况下，由于自己可能会受到伤害，参与者是不愿冒险去阻止小偷的。"偷窃"事件上演了 20 回，旁观者出手阻止却只有 4 回。但只要稍加调整，同样的过程再来上 20 回，结果却与之前大为不同。在后面的 20 回中，助手在离开浴巾之前要请参

---

① 做出承诺之后，承诺就驱使人做出随后的反应，相关证据见于赛马、政治选举、努力节约资源等活动中。各类研究都普遍证实了保持一致倾向给人们带来的压力。

与者"帮忙看着我的东西",所有参与者都答应了。这下,在承诺与一致原则的推动下,20个参与者中有19个成了事实上的义务警员,他们主动阻止了偷窃行为,要求对方给出解释,甚至出手拦住小偷,不让他拎着随身听逃跑。

要想理解为什么承诺与一致原则的影响力如此强大,我们应当意识到,在大多数环境下,言行一致都是一件既有价值又得当的事。依照人们的普遍感觉,言行不一是一种不可取的人格特征。**一方面,信仰、言语和行为前后不一的人,会被看成是思路混乱、表里不一,甚至精神有毛病;另一方面,言行高度一致大多跟个性坚强、智力出众挂钩,它是逻辑性、稳定性和诚实的象征。**伟大的英国化学家迈克尔·法拉第说过一句话,暗示了人们非常看重言行一致,有时甚至到了觉得它比做事正确还重要的程度。一次演讲之后,有人问法拉第,他刚才讲话的意思是不是说某个讨厌的学术对手总是爱出错?法拉第瞪着提问者回答说:"他做事才没有那么始终如一呢!"

所以,在我们的文化里,一个人高度的言行一致是备受称道的,也理应如此。大多数时候,要是我们在做事时始终如一、坚持不懈,肯定会做得很好。而如果言行缺乏一致性,我们的生活便会困难重重、混乱不堪。

捷径

由于承诺与一致一般来说符合我们的最佳利益,因此我们很容易养成自动保持一致的习惯,哪怕有时候这么做并不明智。不假思索地保持一致,有可能会给我们带来严重的后果。不过,就算是盲目地保持一致,也不乏迷人之处。

和大多数其他自动响应方式一样,保持一致为我们应对复杂的现代生活提供了一条捷径。只要我们对事情拿定了主意,死脑筋地坚持到底,就能给我们带来一种分外难得的好处:我们再不用苦苦地思考这件事了。我们不需要从每天接触的庞杂信息中挑挑拣拣来确定相关事实；我们不必再劳心费神地权衡利弊；我们也犯不着再做出任何棘手的抉择。相反，每当碰到同一类的事情，只需要按下我们的一致性磁带，让它哗啦啦地播放起来，我们就会立刻知道该去信什么、说什么和做什么。不管怎么样，我们的信念、说辞和行为，只要跟之前的决定保持一致就行。

千万别低估这种做法的吸引力。要知道，日常生活的纷繁复杂对我们的精力和能力都提出了苛刻的要求，可有了一致性我们就能以相对轻松、高效的便利方式来应对这一切了。这么一来，人们很难克制保持一致的下意识反应，也就不难理解了：它让我们有了逃避连续思考这桩苦差事的捷径。一旦保持一致的磁带播放起来，我们就可以开开心心地去做事，不用想太多。正如乔舒亚·雷诺兹爵士（Joshua Reynolds）所说："要是有什么办法能省掉动脑筋这档子真正的体力活儿，那人们断然不会放过它。"

愚昧的城堡

机械地保持一致还有另外一点迷人之处。有时候，我们逃避思考活动，不是因为它辛苦、要动脑筋，而是因为这么做了以后反而会招来严重的后果。**有时候，只要稍加思考，就能得出一连串显然不受人待见的该死答案。就因为这个，我们才懒得去思考。**所以有些烦人的事情，我们宁肯视而不见。由于自动保持一致是一种预先设置好的捷径，所以一旦碰到麻烦事，它就会为我们提供一处安全的藏身之所：躲在保持一致的城堡里面，我们总算可以逃过理性带来的折磨了。

一天晚上，我参加了一次介绍超自然冥想的讲座，亲眼看到了人们是怎么藏在一致性的城墙背后，不愿承担思考带来的恼人后果的。

主持讲座的是两个热心的年轻人，他们想招募一些新成员。他们说，自己的协会提供一种独有的冥想术，能让人得偿所愿。获得内心的平静自不必说，等修炼到了高级阶段，甚至能让人掌握超能力，比如腾空飞行，穿越墙壁一类的。

我来参加这个讲座的目的是观察此类招募会里使用到的说服技巧。这天，我带了一个感兴趣的同行朋友，他是数据统计和符号逻辑学的大学教授。随着会议的进行，讲师们解释起他们冥想术背后的理论来，我发现身边的逻辑学家朋友越来越焦躁。他如坐针毡，换了好多姿势，终于再也忍不住了。讲座结束之后，讲师们要大家提问题，他迫不及待地举起手，轻言细语但态度坚定地一一驳斥了我们刚刚听到的陈述。只用了短短两分钟，他便一针见血地指出讲师的复杂论证在哪些地方是互相矛盾的，以及为什么它们不合逻辑又欠缺证据。这对讲师们可真是不小的打击。他们手足无措地沉默了一阵之后，便开始尝试驳倒我朋友的观点。但他们的开脱苍白无力，而且说到中间还得跟伙伴商量一番。最终，他们无奈承认，我朋友的看法很好，他们"有必要进一步研究"。

不过，在我看来，更有趣的地方在于这个小插曲对听众的影响。提问时间过后，大量的听众围着两位讲师，竞相掏出 75 美元，报名参加他们的冥想培训。讲师们一边收钱，一边用胳膊肘碰碰对方，耸耸肩膀，窃窃私笑，显然，他俩也搞不明白这是怎么一回事。毫无疑问，先前的尴尬一幕搞砸了他们的陈述，可不知为什么会议却取得了空前的成功，听众们就像被灌了迷魂汤一般，对他们言听计从。我也一头雾水，以为听众没搞懂我朋友的反驳逻辑。然而，事实证明，情况恰恰相反。

讲座结束后，三名听众找到了我们。他们都在听完讲座后立刻付费报了名。他们问我们为什么来听这个讲座。我们做了解释，同时也向他们提出了同样的问题。三个人中有一个是胸怀大志的演员，很想在表演方面取得成功，他来是想看看冥想术能否帮他实现必要的自我控制，让他的演技上能更上一层楼。而讲师向他保证，这没问题。第二个人说自己患了严重的失眠症，她希望依靠冥想术来放松心情，晚上能轻松入睡。第三个人是一位大学生，他有几门课没通过考试，因为好像学习的时间总是不够用。他来听讲座是想了解冥想术能不能帮助他减少每晚的睡眠时间，这样多出来的时间就能用来学习了。讲师的说法当然跟先前告诉失眠者的一样：没问题。看起来，超自然冥想术似乎什么问题都能解决，不管这些问题是不是互相矛盾的。

这时，我仍旧以为这三个人报名是因为没听懂我的这位朋友的观点，于是就拿朋友所说的几点问了问他们。让我吃惊的是，我发现他们完全明白我朋友说的，实际上，是再清楚不过了，而且，正是因为朋友的论点太有说服力了，才促使他们赶紧在现场报了名。那位大学生说："我本来不会当场就掏腰包的，因为我现在穷得要命。我原本是打算等到下次听讲座时再说。可你的朋友一开始说话，我就明白了，最好还是现在就把钱给他们，要不然，只要一回家我就会想到你朋友说的话，今后便再也不会报名了。"

我这才明白过来。来听讲座的这些人都碰到了真正的问题，正拼命想办法解决这些问题。要是讲师的话值得一信，那么，超自然冥想术就不失为一种潜在的解决办法。在自身需求的驱动下，他们非常想要相信超自然冥想术就是他们的救星。

就在此时，我同事的理性之声传了出来，指出来听讲座的这些人认定的新办法似乎在理论上就不合理。他们惊慌起来！必须赶紧采取行动，要不然，等逻辑占了上风，他们的希望就又破灭了。赶紧，赶紧，筑起对抗理智的高墙来！即使修起来的是座愚昧的城堡，也无关紧要。"赶紧地，找个地方藏起来，再也不动脑筋了！来，拿着我的钱。好啦，这下子可就安全多啦。再也不想这些问题了。"既然决心已定，从现在起，一致性磁带就能在必要的时候自动播放起来了："超自然冥想术？它当然能帮到我，我当然想要继续下去，我当然相信超自然冥想术。瞧，我已经交了钱，报了名，不是吗？啊，不伤脑筋地保持一致真舒坦啊！我就在这儿休息一会儿好了。艰苦地寻觅各种方法实在太紧张、太焦虑了，现在感觉好多了。"

捉迷藏

要是下意识的保持一致真的是逃避思考的盔甲，那么那些想要我们不假思索便答应他们要求的人必然会利用它们。这没什么好奇怪的。面对他们的要求，倘若我们不假思索地做出机械反应，牟利的人可就有福了：**我们下意识的一致性倾向根本就是一座金矿**。所以，他们聪明地做了巧妙的安排，让我们一致性的磁带播放起来为他们赚钱，而我们自己却浑然不知。他们用高明的柔道手段来设计跟我们的交流互动，利用我们保持一致的自身需求赚得盆满钵满。

一些大型玩具制造商就用这种方法来减少淡季所带来的销售问题。玩具公司的销售旺季是在圣诞节假期之前，但是接下来的几个月，玩具的销售情况便会陷入可怕的低迷期，消费者已经花光了原本计划买玩具的钱，再也不愿花额外的钱给孩子买更多的玩具了。

于是玩具制造商面临着一个两难境地：如何保住高峰期的销售旺势，同时，也在随后的几个月里维持住一定的销量。刺激孩子过完圣诞节之后还想要更多的玩具对玩具制造商们来说显然没什么可犯难的，可问题在于，怎么才能让过完节又花光了钱的父母给玩具到处都是的孩子再买新的玩具。玩具公司要怎么做才能完成这个近乎不可能完成的任务呢？有些公司试过大幅提高广告宣传力度，有些公司则在淡季搞降价促销，但从实践来看，这些标准的销售策略都不怎么成功。这两种策略既费钱，又不能把销售量拉到一个理想的水平。家长的确没有买玩具的心情，广告或降价的影响不足以改变他们顽固的死脑筋。

可有些大型玩具制造商却觉得自己找到了解决的办法。这个办法很是巧妙，只需要正常的广告支出，外加理解人们保持一致的强大心理需求就足够了。我最初意识到玩具公司搞的这套操作手法，是在上过一回当之后，可还没等回过神来，我就又活生生地上了第二次当，我可真是个傻瓜蛋。

那是在1月，我来到了市中心最大的玩具店。就在一个月之前，我已经给儿子买了太多太多的礼物，我发誓，未来很长一段时间里，我再也不踏进这类商店了。然而，我不仅在之后不久再次来到了这个"残忍"的地方，还打算给儿子再买一件昂贵的玩具：一套大型电动赛车。在电动赛车的展柜前，我碰巧遇到了一位从前的邻居，他也正要给儿子买同样的玩具。奇怪的是，我们之前很少碰到对方。说起来，我俩上次见面已经是一年半之前了，那次也同样是在这家店，同样是在圣诞节之后，也同样是在给儿子买一样的贵玩具：一个能走路、能说话，甚至能排便便的机器人。想到我们一年里总是在同一时间、同一地点、做同一件事的时候碰到对方，我们不禁笑了起来。当天晚些时候，我跟一位朋友提到了这一巧合，他以前在玩具行业工作过。

"才不是什么巧合呢。"他一副深知内幕的样子。
"不是巧合？你说的是什么意思？"
"瞧，"他说，"我来问你几个问题，是关于你今年买的那套玩具赛车的。第一，你是不是答应了儿子，圣诞节给他买一套？"
"嗯，是呀。克里斯托弗在星期六早晨的卡通节目里看到了这玩意儿的好多广告，他说圣诞节就要这个。我自己也看过几段广告，看上去挺好玩的，所以我说行。"
"中了一条，"他说，"现在我来问第二个问题。等你去买的时候，是不是发现所有的商店都卖完了？"
"太对了，真是这样！商店说他们已经下了订单，可不知道货什么时候才能到。所以我给克里斯托弗买了其他玩具来代替。可你怎么知道呢？"

"中了两条，"他说，"让我问完最后一个问题。去年你买机器人时是不是也发生过这种事儿？"

"让我想想……你说的没错，就是这样。太奇怪了，你到底是怎么知道的？"

"我可不会什么读心术。只是，我刚好知道几家大玩具公司是怎么拉动一月和二月的销量的。圣诞节前，他们开始在电视上做一些特别玩具的广告。显然，孩子们挺想要的，他们缠着父母答应圣诞节买来送给自己。好了，这些玩具公司的精明之处就在于：他们故意不给商店提供足够的货品。这下子，大部分父母会发现这些玩具早就卖光了，所以只好被迫买下等值的其他玩具给孩子充数。当然了，对于这些充数的玩具，制造商们的货供应充足。接着，过完了圣诞节，公司又开始为前面那些特别的玩具打广告，这使得孩子们越发想要了。他们跑去跟父母哭诉：'你答应过的，你答应过的。'于是父母只好无奈地跑去玩具店兑现自己的诺言。"

"我算是明白了，"我气呼呼地说，"这就是为什么家长们总能在玩具店碰到一年多没见的老朋友，因为对方也落入了同一个圈套，对吧？"

"是呀。咦，你要去哪儿？"

"我去把这套赛车给退了。"我火冒三丈地吼道。

"别着急呀。你再考虑一分钟，你今早为什么去买它？"

"因为我不想让克里斯托弗的希望落空啊，还因为我想教育他，人得言出必行。"

"好了，现在有什么与今早不一样的地方吗？听我说，要是你把他的玩具退了，他是搞不懂为什么的，他只知道他老爸说了话却做不到。你想要这样的结果吗？"

"不，"我叹了口气说，"我不想。可想想看，你告诉我，过去两年里玩具公司在我身上赚了双倍的钱，可我却一无所知。好了，现在我明白了，但还是爬不出陷阱，而且还被自己说的话给套住了。照这样说来，我可真是三条全中啊。"

他点点头说："没错。所以你玩不过那些玩具商呀！"

从那以后，每年的圣诞节假期，我都观察到了不少类似我经历的那种父母忙着买玩具的热闹景象：芭比娃娃、挠我痒痒埃尔莫、菲比娃娃、Xbox游戏机、Wii游戏机等。但回顾历史，最符合上述销售模式的玩具还要数卷心菜娃娃。

20世纪80年代中期的圣诞节期间，制造商使劲为这种25美元一个的卷心菜娃娃打广告，但给商店的供货却少得可怜。结果，政府以虚假广告为由起诉了生产商，控告他们打广告卖一种买都买不到的玩具。而那些疯狂的父母们为了给孩子买到一个娃娃，甚至在商店里大打出手，把价格抬到了每个700美元。这家玩具制造商赚疯了，当年的销售总额高达1.5亿美元。甚至在圣诞节之后，卷心菜娃娃的热潮也没有消退。

1998年的圣诞节期间，每个孩子都想要，却最难买到的玩具是菲比娃娃，它是玩具制造巨头孩之宝的一家分公司设计的。有人问孩之宝的发言人，父母们买不到菲比娃娃，该怎么告诉孩子才好。她建议的回答是："我尽量吧，可要是我现在买不到，过一段时间总会给你弄到手的。"唉，几十年来，玩具商们不正是靠着那么多父母这样的承诺发大财的吗（见图7-1）？[①]

[①] 虽然费斯廷格并非第一个提出"一致性需求是人类行为中心"的著名理论家，但他是人们最容易想到的理论家。他的认知失调理论始于如下假设：我们会对自己的失调感到不舒服，并采取措施减少或消除它们，哪怕这需要自我欺骗。我们不仅把前后不一致视为自己身上的一种负面特质，也不喜欢别人前后不一。有充分的证据证明，一致反应会以自动的方式发生，以求避免理性思考可能带来的不合意结论，又或许这种自动仅是为了避免严谨的思考，因为严谨的思考是很累人的。机械地保持一致的倾向除了具备上述好处，阐释或选择保持一致，往往还能带来准确的决策。

图 7-1　善用父母的承诺

漫画里的游戏玩家贾森，成功地利用了索要节日礼物的策略，但我认为他把成功的原因搞错了。以我自己的经验来看，父母之所以会给贾森买许多其他的礼物作为补偿，不是为了缓解他的"痛苦"，而是为了缓解他们失信于儿子的痛苦。

承诺是关键

一旦我们意识到人类的行动不可避免地要受保持一致的强大力量所指引，那么一个具有实际意义的重要问题就会冒出来：这种力量到底是从哪里来的呢？是什么东西按下了播放键，激活了难以抵挡的一致性磁带呢？社会心理学家认为他们已经找到了答案：承诺。要是我能让你做出承诺，即选择立场、公开表明观点，就相当于帮你搭建好了舞台，促使你不假思索地自动照着先前的承诺去行事。只要立场站稳了，人们就自然地想要倔强地按照与该立场保持一致的方式去行事。

正如我们所见，明白承诺与一致之间联系的可不光只有社会心理学家，各行各业的影响力专家都会拿承诺策略来对付我们。这些策略都有着这样的目的：诱使我们采取某种行动或做出某种表态，从而通过我们内心保持一致的压力逼我们顺从。诱使我们做出承诺的手法多种多样，有些非常直接，有些则十分微妙。

第 7 章　承诺与一致

关于前者，可见阿尔伯克基一家汽车经销商的二手车销售经理杰克·斯坦科（Jack Stanko）的做法。在一次全美汽车经销商协会会议上，他做了一个名为"二手车销售手法"的演讲，对100多位渴望卖车的经销商提出了一个建议：把约定写在纸上。他说："只要客户答应了你的一项提议，就马上让他们写下来，这样就能很好地控制住这位客户，掌控交易的进行。比如，要问客户：'是不是只要价钱合适，你就会马上把车买回家？'只要他们同意，并且写在了纸面上，那么你就能抢先锁定交易，让客户无法反悔。"显然，斯坦科先生是这方面的行家，他很清楚怎样通过承诺来实现"控制"，进而让客户下单。

使用多重手腕进行叠加的做法同样有效。比方说，你正在帮助自己最喜欢的慈善组织筹款，想让更多的本地居民同意你上门收取捐款。去研究一下社会心理学家史蒂文·谢尔曼（Steven J. Sherman）采用的方法吧！

影响力研究 / INFLUENCE NEW AND EXPANDED

谢尔曼给印第安纳州卢布明顿地区抽选出来的居民打电话说，自己正在做一项调查，想知道他们的意愿：要是美国癌症协会需要筹款，他们是否愿意花3个小时帮忙。当然，大家都不愿显得自己缺乏爱心，所以很多人都说他们愿意。在通过如此微妙的手法征得承诺之后，过了几天，美国癌症协会真的打电话来要求社区组织募捐团，结果，帮忙的志愿者比从前多了足足7倍。另有一批研究者也采用了同一策略，请居民承诺自己是否会在选举日当天投票。结果，事先做出了承诺的居民，在选举日当天的投票率大幅提高。

律师们似乎也开始采用这种做法，依靠事先的承诺，刺激当事人在未来采取与承诺一致的行为。在为审判筛选合格的陪审员时，这一行里被公认为最佳咨询师的乔-艾伦·德米特利斯（Jo-Ellen Demitrius）问了一个十分巧妙的问题："要是陪审团里只有你一个人相信我的当事人是无辜的，你能顶住其他陪审员要你改变主意的压力吗？"面对这样的问题，有哪一个自尊自爱的准陪审员会说"不能"？再者，做了这样的公开承诺之后，又有哪一个自尊自爱的陪审员会公然反悔？

电话募捐人员获取承诺的手法就更加隐蔽了。不知道你注意过没有，如今他们打电话来募捐时，总会先问问你近况如何，身体好不好。他们会说："你好，先生/女士今晚心情如何？"或者"今天过得如何？"这样子的开场白，可不光是为了显得亲切友善。这样做是要让你像平常听到这类客套话时那样给个礼貌的回答，如"挺好的""还不错"，或者"谢谢，还算行吧"。一旦你公开表明"还不错"，募捐员提出让你资助那些过得不怎么样的人就容易多了："听您这么说我可真高兴，因为我打电话来是想问问，您愿不愿意捐款帮助某某不幸的人……"

这种手法暗含的逻辑是：人们要是刚刚说了自己感觉挺好或者过得不错，哪怕这么说只不过是出于社交时的客套，若之后马上就做出一副不愿意捐款帮助别人的小气样，未免会显得很尴尬。倘若你觉得这似乎太过牵强，不妨来看看专门研究消费者行为专家丹尼尔·霍华德（Daniel Howard）的发现，他亲自检验了以上逻辑。

影响力研究 INFLUENCE NEW AND EXPANDED

丹尼尔打电话给得克萨斯州达拉斯市的居民，问他们是否答应让饥荒救济委员会的代表上门销售饼干，所得收益将用来给贫困家庭提供伙食费。倘若电话工作人员只是提出这一要求，那这便是标准募捐方法，只有18%的居民会答应下来。但要是他一开始先问"今晚您感觉如何"，并等对方回答之后再展开标准的募捐话术，这时就会出现好几件引人注意的事情。首先，在120名接到电话的居民里，大多数人（90%）都给了客套回复，如"挺好""不错""非常好"等；其次，32%的人答应工作人员上门销售饼干，成功率比只采用标准募捐话术的时候高了差不多两倍；最后，根据承诺与一致原则，几乎所有答应销售员上门的人（89%）实际上都买了饼干。

承诺与一致原则还能在一个特别的方面发挥自己的影响力，那就是避免出轨。心理学家提醒我们，出轨、欺骗伴侣是恋爱关系中激烈冲突的根源，往往会导致愤怒、痛苦和关系的结束。好在研究者找到了一种有助于预防这种有害后果的方法，那就是祈祷。不过这不是泛泛而言的祈祷，而是一种很特殊的祈祷。如果一个人的恋人答应每天为对方祈求幸福，那么过上一段时间之后，进行祈祷的这个人出轨的可能性就大大降低了。毕竟，出轨行为有悖于每天主动为伴侣的幸福祈祷这一做法。①

READER'S REPORT ｜ 读者报告

致西奥迪尼先生：

　　我从您书中学到的对我最有效的一课就是承诺与一致原则了。几年前，我为一家电话销售中心培训电话保险推销员。可这里面最大的麻烦在于，我们没办法仅通过电话就切切实实地把保险卖掉，只能报个价，然后请客户到离家最近的公司办事处去做具体面谈。结果，答应会去办事处的客户却根本没露面。

　　后来，我教给一组新的电话保险推销员一种新的方法，其实我只是把其他推销员采用的销售方法调整了一下。那就是当他们在电话里讲完了标准话术之后，结束通话之前，要向客户多问一个额外的问题："我希望您能告诉我一下，为什么您选择购买我们公司的保险？"

　　我最初只是想收集客户的信息，但这些新推销员却比同期的其他推销员多卖出了 19% 的保险。后来，我们把这个问题整合到所有人的推销陈述里，连熟练的业务员也比从前多完成了 10% 的业务量。没看过您的书之前，我还搞不清楚这是怎么一回事呢。

>>>

---

① 在汽车销售、慈善志愿活动、选举日投票、居家购物、自我介绍、健康行为的选择和避免出轨等领域，相对较小的口头承诺能带来可观的行为改变，这既值得注意，也很有启发意义。

> **得克萨斯州的这位销售培训师：**
>
> 虽然是无意中用上的，但你的手法相当高明，因为它不仅让客户对自己的选择做了承诺，还让他们为自己所说的理由做了承诺。再者，诚如我们在第 1 章中所见，人们往往会看在理由的面子上去做某件事。
>
> 我在亚特兰大的一位熟人，也曾经使用过类似的手法。在应聘的时候，他曾遵循标准的建议，充分描述了自己应该获得聘用的所有理由，但在工作面试中仍一无所获。为了改变这样的结果，他开始主动采用承诺与一致原则。他在回答完面试官的所有问题之后，会问对方一个问题："我很好奇，我的哪些背景让您觉得我适合这个岗位呢？"他这么一问，面试官就会亲口对他的相关资历做出积极的肯定，换句话来说，面试官不自觉地就已经开始做出要聘用他的承诺了。我的这位朋友说，自从他这么做之后，他已经拿到了三份工作邀约了。

自设的牢笼

承诺为什么这么有效呢？原因很多。很多因素都会影响承诺对我们将来行为的限制程度。先来讲一个发生在半个世纪以前的真实故事，它可以说是系统化地应用了承诺与一致这个原理。虽然在那个时候人们对此毫无意识，更不要说对此进行相关研究了。

A、B 两国战争期间，许多被俘的 A 国士兵被关在 C 国人管理的战俘营里。B 国人喜欢用严刑拷打来迫使战俘顺从，可是 C 国人对待战俘的方式明显不同，他们并不采用这种残忍的做法，而是使用"宽大政策"，实际上，这也是一种专门设计的复杂心理攻势。

战争结束后，A 国心理学家对释放回国的战俘提出了连珠炮般的问题，想要搞清楚到底发生了什么，因为从某些方面来看，C 国的战俘政策取得了惊人的成功。比方说，C 国人非常有效地让 A 国战俘互相揭发，彼此监视。出于这个原因，当然也还有其他种种因素，要是有人想逃跑，计划很快就会暴露，逃跑的人几乎没有成功的。心理学家埃德加·沙因（Edgar Schein）是 A 国负责调查 C 国战俘改造项目的首席研究员，他写道："要是真有人逃跑了，只要 C 国人给告发他的人一袋子大米，就能轻轻松松地把人给找回来。"事实上，据说几乎所有关在 C 国战俘营里的 A 国俘虏都曾以这样那样的方式跟战俘营的管理者合作过。

在对 C 国战俘营做了研究之后，人们发现，C 国人大量依靠承诺与一致的压力来让战俘顺从。A 国士兵都受过训练，除了自己的姓名、军衔和编号之外，他们什么也不会说。C 国人并不施以肉体暴力，那他们到底是怎么让这些 A 国士兵透露军事情报、告发同房战友，甚至公开谴责自己的国家的呢？答案很简单：以小积大。

C 国人经常要战俘做一些态度温和地反对 A 国、支持和平的陈述，如"A 国并不完美""这里没有失业问题"等。表面上看起来，这些陈述没什么大不了的，可一旦顺从了这些小的要求，战俘们就马上发现，自己要被迫答应内容相关但更具实质性的要求。假设说，C 国审讯员要一个 A 国战俘同意 A 国并不完美这一说法，战俘认可了；紧接着，审讯员就要他谈一谈，在他看来，A 国有哪些地方不完美；等战俘做了解释，审讯员说不定又要他列一张"A 国的问题"清单，并签上名字；之后，他们又要他跟其他战俘结成小组，讨论自己的这张清单："毕竟，你自己也相信这些问题，对吧？"随后，他们又要他写一篇文章，扩充清单，更详尽地探讨 A 国存在的问题。

此后，C 国或许会通过广播电台向整个战俘营，以及 B 国的所有战俘营，甚至驻扎在邻国的 A 国军队播报这个人的名字和他写的文章。突然之间，这个战俘就发现自己成了"合作者"，给敌人帮了忙。因为他知道自己写这篇文章并非出于他人的要挟或胁迫，于是这人便会不断调整形象，好让自己的行为符合"合作者"这个新标签，如此又带来了更广泛的合作举动。所以，根据沙因的研究，"只有极少数的战俘能做到完全不跟对方合作，绝大多数人都做过一些自己看来没什么大不了的事情，都合作过一两次。C 国则把这些事情有效地利用了起来……在审讯中获取口供、要战俘自我批评、透露情报，这么做尤其管用"。[①]

其他对说服感兴趣的群体也知晓这种方法威力巨大又有效。例如，慈善组织常常要人们一步步做出越来越有分量的承诺，以最终让当事人捐甚为可观的数目。研究表明，最初看似琐碎的小承诺，如答应面谈，能打开"顺从动量"的闸门，诱使人们之后做出捐献器官和骨髓的行为来（见图 7-2）。

图 7-2　从小的承诺开始

猪喜欢泥巴，可它们并不吃泥巴。为此，似乎有必要让承诺逐渐升级。

许多商业组织也经常采用这种方法。对销售员来说，这就意味着从一笔小生意做起，最终达成了一笔大生意。商人做小生意几乎都不是为了贪图利润，而是为了让客户建立承诺。有了承诺，之后的生意自然而然地就来了，做成大生意也不是什么稀罕事。《美国销售员》杂志上有一篇文章写道：

---

① 这里有必要着重指出，在 A、C 两国交战期间的心理教化项目中，所谓的"合作"并不一定是有意识的。A 国调查人员把合作定义为"所有帮助了敌方的行为"，所以它包括多种活动，如签署和平请愿书、跑跑腿、在电台里发出呼吁、接受特别的待遇、做虚假供述、告发同狱战友、泄露军事信息等。

总体而言，小订单为全面推销铺平了道路……这样来看：有人签了订单，购买了你的商品，尽管利润微薄得不足以弥补你打电话所花的时间和精力，但他已经不再是潜在客户了，他成了你真正的客户。

这种从小请求开始、最终要人答应更大请求的手法，叫作"登门槛"。1966年，心理学家乔纳森·弗里德曼（Jonathan Freedman）和斯科特·弗雷泽（Scott Fraser）公布了一批令人吃惊的数据，社会科学家们这才首次意识到这种手法是多么有效。这两位心理学家做了一项实验，让研究者假扮成义工，到加利福尼亚州的一处居民区，当面向业主们提出一个荒谬的要求。

假扮成义工的研究者要业主们同意在自己的前院草坪上立一块公益告示牌。为了让业主们明白牌子是什么样子的，他们出示了一张照片，照片上的房子挺漂亮，可房子正面的视线完全被一块硕大的"小心驾驶"的告示牌给挡住了。研究者们把业主分成了两组，其中一组绝大多数的业主都拒绝了这个要求（只有17%的人答应下来）。但是，另一组业主的反应却大相径庭，76%的人都答应把自家的前院贡献出来，立上这么一块告示牌。

他们答应得如此爽快，主要是跟两个星期前发生的一件事有关：当时他们亲口承诺自己会做出一些行为来保障驾驶员的安全。当时，假扮成义工的研究者来到他们家，请他们在前院立一块长宽只有七八厘米的警示牌，上面写着"做一个安全的驾驶员"。这个要求实在是太微不足道了，几乎所有人都答应下来，但它给人造成的影响却极为惊人。由于几个星期前毫不知情地答应了一个有关安全驾驶的小小要求，这些业主对另一个分量重得多的要求居然也照单全收。

弗里德曼和弗雷泽并未止步于此。他们重新找了一组业主，尝试了一种稍有不同的程序。

起初，业主们收到了一份请愿书，要他们签名支持"保护加利福尼亚州的美丽环境"。显然，差不多人人都签了名，因为维持一个州的美丽环境，跟提高政府工作效率、进行合理的产前保健一类的议题一样，是不会有人反对的。过了大概两个星期，弗里德曼和弗雷泽派了一名新义工到这些家庭，请业主答应在自家前院草坪上竖一块硕大的"小心驾驶"的告示牌。从某些方面来看，这些业主的反应是本次研究里最出人意料的：将近一半的人都同意在自家院子里竖立"小心驾驶"的告示牌，尽管几个星期之前，他们做出的小小承诺跟小心驾驶毫无关系，而是关于另一项公共服务议题：保护环境。

起初，连弗里德曼和弗雷泽也被这样的研究结果弄糊涂了。为什么在支持保护本州美丽环境的请愿书上签了名，就可以让人乐意做出全然不同、分量更大的善举呢？经过思索，在排除了其他原因之后，弗里德曼和弗雷泽提出了一种解释：签署保护环境的请愿书，使这些人对自身的看法发生了改变。他们把自己看成了具有公益精神、履行公民职责的好市民。这样一来，等到两周以后，当有人要他们履行另一项公益使命，即竖起"小心驾驶"的告示牌时，为了符合新塑造起来的自我形象，他们都乖乖地答应了下来。弗里德曼和弗雷泽这样说：

> 发生变化的大概是人们对参与或采取行动的感觉。一旦答应了某个请求，他们的态度就可能改变。在他们看来，自己成了会做这种事情的人：答应陌生人提出的请求，对自己承诺的事情采取行动，配合有着高尚动机的善举。

弗里德曼和弗雷泽的发现告诉我们，**在接受琐碎的小请求时务必小心谨慎，因为一旦同意了，它就有可能影响我们的自我认知。它不仅能提高我们对分量更大的类似请求的顺从度，还能使我们更乐意去做一些跟先前答应的小要求毫不相关的事情。**正是后面这一种藏在小小承诺里的普遍影响力，叫我甚感惊恐。

它把我吓得都不怎么愿意在请愿书上签名了，哪怕请愿书的立场我原本就支持。因为这类行动不仅可能影响到我将来的形象，还可能会让我按照自己并不想要的方式去改变自身的形象。再者，一旦人的自我形象发生了改变，那些想要利用这一新形象的人就有了各种微妙的可乘之机（见图7-3）。

图 7-3　只要签个名就行

你考虑过各类社会团体要你在请愿书上签了名以后，会拿这些签名来干什么吗？大多数时候，他们并不会拿签名派什么具体的用场，因为请愿书的主要目的在于，让我们对该团体的立场做出承诺，以便我们以后会更乐意采取与承诺相一致的进一步举动。

研究表明，**哪怕是微不足道的承诺也能导致自我认知的改变。**弗里德曼和弗雷泽实验里的业主们有谁想过，那个要他们签署保护本州环境请愿书的义工，其真正的目的竟然是在两个星期以后让他们展示一块安全驾驶的告示牌？他们中又有谁会疑心自己答应展示这块广告牌的决定，居然跟签一份请愿书有着很大的关系？我猜没人会这么想。倘若告示牌竖起来以后他们觉得有点后悔，除了自己，以及除了自己那强烈得活见鬼的公民精神，他们还能怪谁呢？他们恐怕绝不会想到那个拿着"保护加州美丽环境"请愿书的家伙吧,更不会想到自己是中了"登门槛"这种手法的算计。

心理学家休·弗朗茨(Sue Frantz)描述过巴黎街头这种手法的邪恶版。一名骗子走近游客,请后者签署一份请愿书"支持聋哑人"。紧接着,他们就会要签了名的人捐款,不少人都会照做,以与刚刚表示支持的态度保持一致。但这一招完全是个骗局,因为慈善机构不会收到任何捐款——它们全都落入了骗子的腰包。更糟糕的是,请愿人的同伙会在一旁观察游客从什么地方掏出钱包(是口袋还是衣兜),并将其作为随后扒窃的靶子。

如何使之信守承诺

> 每当你做出一个选择,你都在把自己核心的部分,也就是进行选择的那部分,变成与此前稍有不同的东西。
> ——英国作家 C. S. 刘易斯(C. S. Lewis)

请注意,所有的"登门槛"专家似乎都对同一件事情感到兴奋不已:你可以利用一个小的承诺操纵一个人的自我形象;你可以利用它们把人们变成"公仆",把潜在客户变成"客户",把战俘变成"合作者"。只要你把一个人的自我形象设置在了你想要的位置上,那么这个人就会自然而然地遵从一整套与这一全新自我形象相一致的要求。

并非所有的承诺都会影响自我形象。**要想承诺达到这样的效果,必须满足一定的条件:它们得是当事人主动、公开、经过一番努力后自由选择的。**A、B两国战争中,C国的主要意图并不单纯是从战俘身上索取情报,而是要教化他们,改变他们对自己、对A国政治制度、对A国在战争中所扮演的角色等一系列问题的态度和看法。战争结束后，心理评估小组的负责人亨利·西格尔博士（Henry Segal）考察了被释放回国的战俘后报告说，这些人对战争的信念发生了根本性的转变，他们的政治态度也受到了重大影响。

看起来，C 国的真正目标是修正，至少是暂时性地修正战俘们的心灵和思想。西格尔得出结论，倘若我们从"变节、不忠、改变态度和信仰、败坏军纪、打消士气和团队精神、怀疑 A 国扮演的角色"这些角度来衡量他们的成绩，"C 国干得非常成功"。

主动承诺

要判断人的真正感觉和信仰，光听他们怎么说是不够的，还要看他们怎么做。想通过观察判断某人是个怎么样的人，必须仔细考察他的行为。研究者发现，人们自己也是依靠观察行为这一同样的方式，来对自己加以判断的。**行为是确定一个人自身信仰、价值观、态度以及他接下来想怎么做的主要信息源**。网站常常希望访客注册，提供自己的信息。但 86% 的用户表示，他们有时会因为要提供的信息表单太长、太暴露隐私而退出注册过程。网站开发人员要怎么做来克服这一障碍、又不减少从客户那里所得的信息量呢？他们减少了表单第一页上要求用户填写的信息项目，给用户一种已经快要完成注册过程的感觉。设计顾问迭戈·波扎（Diego Poza）指出："下一页是否有更多字段要填写（的确有）变得不重要了，出于承诺与一致原则，用户有更大概率完成整个注册过程。"现有数据证明他是对的：只要将注册表单第一页让用户填写的信息栏从 4 个减少到 3 个，注册完成率便会提高 50%。

行为会对人们的自我认知造成影响，反过来，自我认知又会影响到人们将来的行为。这种连锁推进现象，可以参见以下有关主动与被动承诺效应的研究。

有一项研究要大学生志愿到当地学校开展预防艾滋病的宣传。在研究者的组织下，有一半的大学生是自己主动报名的，他们填写了一张申请表，说自己想要参与；另一半的大学生则是被动登记的，因为他们没有填一张说自己不想参加的申请表。三四天之后，研究者让主动报名和被动报名的所有大学生们开展志愿活动，绝大部分（74%）真正来尽责的学生都是那些主动答应参加的。那些主动报名的人也更多地用个人价值观、喜好和个性来解释自己的决定。

总之，主动承诺似乎能给予我们用来塑造自我形象的合适信息，而自我形象又能塑造人们将来的行为，使之起到巩固自我形象的作用。

C国战俘营的管理层对自我认知的这种变化路线深知其详，他们对战俘营做了种种巧妙的安排，好让俘虏们总能按照他们想要的样子做事。C国人知道，过不了多长时间，这些行为就会起到作用，让战俘们把自我认识与自己做过的事情调整到一致。

写作就是C国人不断敦促战俘们进行承诺的一种做法。战俘们光是安静地倾听或者口头认同C国人的方针路线还远远不够，必须得把它写下来。沙因描述过C国采用的一种标准改造手法：让战俘把问题写出来，再要他自己给出（支持C国的）答案。要是他不愿自己写，从笔记本里摘抄也行，这似乎是个没什么恶意的让步。

唉，这些"没什么恶意的让步"啊。因为我们已经见识到，看似无关紧要的承诺能让人做出更深入的一致性行为。而书面宣言这种承诺方式的好处就更加明显了。**首先，它成了一个行为业已发生的物证。**只要战俘写下了C国人想要的内容，他就很难再剖白自己没这么干过。他或许可以忘记或否认自己的口头发言，但写下来之后，一切就成了白纸黑字。那上面是他自己的笔迹，再怎么开脱也没有用了。这样一份文档，会驱使他调整自身的信念和自我形象，使之与先前没法抵赖的行为达成一致。**其次，书面自白可以拿给其他人看。**当然，这就意味着可以用它来说服其他人，劝说别人朝着书面宣言里的方向改变态度。**最后，更重要的是，书面宣言能说服其他人：写这份东西的人，真心相信自己写下来的事情。**

人们有一种天然的倾向，总认为一个人的公开声明会反映当事人的真实态度。出奇的地方在于，哪怕他们明知道当事人作的声明并非出于自愿，他们还是这么认为。心理学家爱德华·琼斯（Edward Jones）和詹姆斯·哈里斯（James Harris）做过一次研究，为此提供了一些科学证据。

影响力研究　INFLUENCE NEW AND EXPANDED

研究者给实验的参与者看了一份支持菲德尔·卡斯特罗的文章，并要他们推断作者的真实感受。爱德华和哈里斯告诉部分参与者，作者是自愿写的；又告诉另一部分参与者，作者是出于胁迫才写的。奇怪的是，后一部分参与者明知道作者是被逼无奈的，还是觉得作者支持卡斯特罗。

看起来，一篇表明信念的声明能按下读者的自动反应播放键，除非另有强有力的反面证据，否则读者会自动假定写这份声明的人写的都是真心话。

想想看，一旦战俘写了支持 C 国或反对 A 国的声明，这对他的自我形象会造成什么样的双重效应？这份声明不仅会让他一直记着自己的行为，还能让他周围的人相信，这反映了他的真实信仰。我们在第 4 章里看到，周围的人认为我们什么样，对我们的自我认知起着十分重要的决定作用。例如，有人做了这么一项研究：康涅狄格州纽黑文市的一群家庭主妇听说人家觉得自己乐善好施，过了一个星期，当"多发性硬化症协会"的募捐员找她们捐款时，她们果然大方了许多。很明显，光是知道有人觉得自己乐善好施，就让这些主妇做出了与之一致的行为。

瑞典一家超市在果蔬区进行了一项研究，也得到了类似的结果。顾客们看到了两箱不同的香蕉，一箱贴有"生态种植"的标签，另一箱则没有。在这种情况下，只有32%的顾客会选择生态香蕉。另外两组顾客看到的是两口箱子之间插着一块告示牌。其中一组人看到的告示牌写着："生态香蕉与普通香蕉价格相同"，这将生态香蕉的购买率提高到了46%。另一组顾客看到告示牌上写着："你们好，各位环保主义者，我们的生态香蕉就在这里"，这个促销标语为购物者赋予了环保的公众形象，它将生态香蕉的购买率提高到了51%。

给人贴上标签，竟然具有这样的效果，精明的政客自然不会放过这个手段。埃及前总统穆罕默德·安瓦尔·萨达特就精通此道。每当开始国际谈判之前，萨达特总会对谈判对手说，天下人都知道，你们的国家和人民素来是讲求合作与公正的。靠着这样的赞美话，萨达特不仅创造了一种积极正面的形象，还把对手的身份跟有利于己方的行为联系了起来。按照谈判大师亨利·基辛格的说法，萨达特取得成功，主要是因为他先给了对方一个好名声，而对方为了维护这个好名声，总会采取对萨达特有利的行为。

一个人一旦主动做了承诺，那么，自我形象就要同时承受来自内部和外部的一致性压力。**一方面，人们内心有压力要把自我形象调整得与行为一致；另一方面，外部还存在一种更为隐蔽的压力，人们会按照他人对自己的感知来调整自我形象。**由于别人觉得我们相信自己写的东西，哪怕我们实际上是逼不得已才写的，这种力量也还是会再一次迫使我们把自我形象调整得跟书面声明一致。

在A、B两国战争中，C国并不靠直接的胁迫，而是采用了若干种微妙的方式来让战俘写出他们想要的东西。比方说，C国知道许多战俘迫切想要告诉家人自己还活着，同时，战俘们又知道C国会审查自己的往来信件，只有一部分符合规定的信件才能寄出战俘营。为了让自己的信件能够寄出，有些战俘开始在信里穿插呼吁和平的信息，说自己在这里挺好的，还表达了对 B、C 两国人民的同情。他们希望 C 国人允许这些信件寄出去，送到自己家人的手里。C 国人当然也乐得顺水推舟，因为这些信对他们的好处太大了。首先，A 国军人支持 B、C 两国的言论极大有助于 B、C 两国开展的全球宣传攻势；其次，在战俘改造过程中，C 国人毫不费力就得到了好些人支持他们事业的公开宣言。

类似的技巧还包括在战俘营里定期举办政治征文比赛。获胜的奖品没什么大不了的，几支香烟、一些水果，但这些在战俘营里也相当稀罕，因此战俘们还是非常感兴趣的。通常，获奖的文章都确凿无疑地站在支持 C 国的立场上……但也不一定。C 国人很聪明地意识到，要是比赛只有靠写支持 C 国的宣言才能得奖的话，大多数战俘是不会参赛的。此外，C 国人也很明白，只要能在战俘心里埋上一颗对和平承诺的小小种子，靠着悉心培育，以后是会结出果实的。所以，也有一些整体上支持 A 国立场，但对 C 国看法稍微附和了一两处的文章获奖。

这种策略完全带来了 C 国人想要看到的结果。战俘们一次又一次地自发参赛，因为他们发现，写赞美自己祖国的文章也能获奖。然而，在有意无意之间，他们逐渐把文章的基调调整得更加偏向 C 国了一些，以便得到更大的胜算。但凡是向 C 国立场让了步的文章，C 国人都很欢迎，因为这样他们才好向当事人施以承诺与一致的压力。从 C 国的立场来看，战俘们自愿写的这些文章是一份完美的承诺。靠着这份承诺，战俘们的合作性和立场转变很快就能顺理成章地确立下来。

其他影响力专家也深知书面声明的承诺力量。例如，极为成功的安利公司就有这么一套刺激销售员提高业绩目标的好办法。他们要员工拟定个人销售目标，而且得亲手写下来，建立起对这些目标的承诺感。

> 定下目标，把它写下来。无论你的目标是什么，关键是你定了这个目标，这样你就有了努力的方向。接着，把它写出来，你就能获得一种非凡的力量。等你达到了这个目标，再定另一个，也把它写下来。这样，你会进步如飞的。

既然安利的人都发现"把东西写下来有种非凡的力量"，其他的商业组织自然也知道这个奥妙。有些上门推销的公司利用书面承诺的魔力来对抗许多州颁布的"冷静期"法，这些法律允许消费者在买了东西几天之后取消交易，获得全额退款。起初，强买强卖的公司因为这种规定遭受了沉重的打击。由于使用了高压手法，让很多顾客买了并不是自己真正想要的产品，而是因为受了骗，在胁迫之下才答应成交的。当"冷静期"法生效以后，这部分顾客成群结队地取消了交易。

自从此类企业学会了一套简单漂亮的手法以后，顾客取消交易的数量就大幅下降了。方法很简单，只需要让顾客而不是推销员来填写销售协议就行了。根据某知名百科全书销售公司的销售培训课程：**顾客个人做出承诺是预防他们撕毁合同的一种重要心理机制**。和安利公司一样，这些企业发现，只要让人们把承诺写到纸上，就会出现神奇的事情：人们当真会照着写的去做。

还有一种看起来没什么不良企图的促销方式，也利用了书面声明的神奇魔力。在开始研究社会影响力武器之前，我根本搞不懂宝洁和通用食品这类大公司为什么总是要举办"25、50或100字"的宣传征文比赛。比赛全都大同小异，参赛者以"我喜欢某某产品，因为……"开头，写一篇短小的个人声明，把当时在售的某种蛋糕粉、地板蜡的特点吹嘘一番。公司对参赛文章进行挑选，并对获奖者颁奖。

我很困惑，这些公司这么做能得到什么好处呢？参加这种比赛又不必真正购买产品，只要提交一篇短文就够了。可是，各家公司似乎都很乐意掏腰包举办比赛，还办了一次又一次。比如，图 7-4 就反映了同类问题。

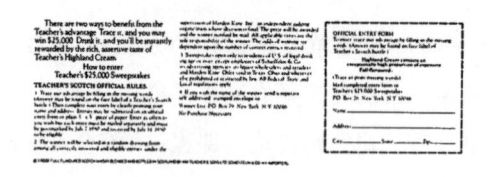

图 7-4 书写即相信

这则广告邀请读者手写出自己最喜欢的帝雀斯威士忌的特点，邀请其参与抽奖活动。

如今，我揭开了这个谜。征文比赛的目的是让尽量多的人写下对某种产品的表白，就跟 C 国人在战俘营搞政治征文比赛一样，这两种手法如出一辙。参赛者为了得到吸引人的奖品，尽管知道获胜的概率很小，也自愿写文章。他们知道，要想文章胜出，就必须赞美相关的产品。于是，他们开始寻找该产品值得称道的地方，并在文章里加以描述。随之而来的结果是，成千上万的人以书面的形式证明了该产品具有这样那样的优点。在书面文字的神奇推动之下，他们真正相信了自己所写的东西。

READER'S REPORT | 读者报告

致西奥迪尼先生：

20世纪90年代末，我问赛百味连锁餐厅的创办人兼CEO弗雷德·德鲁卡（Fred DeLucca），为什么他非要在每一家赛百味分店的餐巾纸上印上这样一句话：2001年开10 000家分店。这句话似乎没什么意义，一来因为我知道赛百味离目标还有很长的一段路要走；二来顾客们其实并不怎么关心赛百味的发展计划；三来加盟赛百味的商家们很有可能为与这一目标相关的竞争担忧。德鲁卡回答说："要是我把目标写下来，让全世界都知道，我就一定会很努力地去实现它。"不用说，他超乎预期地实现了这个目标。

某大型国际广告公司的创意总监：

到2021年1月1日，赛百味已经在全世界110个国家拥有38 000多家分店了。因此，把目标写下来，公开做出承诺，不仅能按你希望的方式影响其他人，还能影响到我们自己。

公之于众

书面声明能有效地使人发生改变，原因之一在于它们很容易把信息公之于众。A、B两国战争中A国战俘的经历，说明C国人清晰地意识到了一条重要的心理学原理：**公开承诺往往具有持久的效力**。C国人不断把战俘支持他们的声明拿给别人看，把声明贴在战俘营里，让写作者在战俘讨论小组里大声朗读，甚至通过战俘营的广播站加以宣传。反正，对C国人来说，这些声明弄得越多人知道越好。

每当一个人当众选择了一种立场，便会产生维持它的动机，因为这样才能显得前后一致。我在本章前面的部分提到过，前后一致是一种很好的为人特点，不具备这一特点的人，会被视为浮躁、多变、优柔寡断、糊涂、欠缺稳定；具备这一特点的人，则会显得理性、自信、可靠、值得信赖。考虑到这样的因素，也就怪不得人们总是避免显得前后不一了。因此，立场越是公开，人们就越不愿意对其做出改变。

由杰出心理学家莫顿·多伊奇（Morton Deutsch）和哈罗德·杰拉德（Harold Gerard）所做的一个著名实验，阐释了当众承诺是如何进一步带来与之一致的行为的。

影响力研究 INFLUENCE NEW AND EXPANDED

研究者会给参与实验的大学生们看一些直线，让他们先在脑子里估计一下直线的长度。此时，第一组学生需公开自己的最初判断，把估计值写出来，并签上名字，交给研究者。第二组学生也得对自己的估计做出承诺，但他们只需把数值悄悄写在一块磁性书写板上，并可趁没人注意时修改。第三组学生则完全不需要把它写下来，只需记住最初的估计值就行了。

通过这样的方式，研究者巧妙地做了安排，让第一组学生对自己的最初决定当众做了承诺，第二组学生私下做了承诺，第三组学生完全不做承诺。研究者想知道，三组学生里哪一组会在知悉自己的判断不正确的情况下，仍然对自己的决定坚持到底。所以，研究者拿出新的证据告诉所有的学生，他们原来的估计是不对的，现在有机会可以更正自己的估计值。

没把自己的最初估计写下来的第三组学生，表现得最无所谓。看到新的证据不支持他们脑子里做出的最初决定，这些学生便立刻受到影响，赶紧改成了看似"正确"的结果。较之这些没做过承诺的学生，把估计值写在磁性板上的第二组学生便不那么乐意改变主意了。尽管他们是在谁都不知道的情况下对自己做出的承诺，但把最初的估计写下来的行为，让他们对接受新的结果产生了抗拒情绪，他们坚持最初的选择不愿更改。最不情愿改变初始立场的，还要数那些把最初的估计值当众记录下来的第一组学生，公开承诺把他们变成了最顽固不化的人。

就算是在准确远远重要过保持一致的环境下，也不乏这种不愿改变自己主意的死脑筋。有人做过一个实验，他们找来6～12人组成陪审团，裁断一桩陈年旧案。较之无记名投票的方式，陪审员举手投票表达意见时，固执己见的人会更多。一旦公开了个人的最初看法，陪审员就不愿再当众做出改变。要是你有机会在陪审团里担任负责人，选择不记名投票而不是当众投票，能帮你减少碰上死脑筋陪审员的风险。

多伊奇和杰拉德的这项发现，即**人们会更忠于自己的公开决定**，可以善加利用。有些致力于帮助人们摆脱坏习惯的组织就做得很好。比如，不少减肥机构就明白，一个人私下决定减肥，大多是经不住诱惑的，经过面包房的橱窗、闻到饭菜的香味、半夜看到美食广告，意志力很容易就溃败了。所以，他们认为，减肥决定必须用公开承诺的大梁来加以支撑。他们要求客户写下短期内的减肥目标，拿给尽量多的朋友、亲戚和邻居看。机构报告表示，很多时候，其他方法都失效了，这种简单的小策略却能成功。

其实，要想跟公开承诺缔结盟约，没必要专门掏钱去某些机构报名。圣地亚哥的一位女士向我讲述了她是怎样靠着公开承诺戒掉烟瘾的。她找了好些空白卡片，在每张卡片的背面写道："我向你保证，再也不抽烟了。"并且签上了自己的名字。她把这种卡片交给"生活中所有我真正想要得到其尊重的人"。她说，此后每当她想要抽烟，就会想起要是自己没能信守承诺，那些人会怎么看待自己。于是她再也没抽过一根烟。如今，一些具有社交功能的行为改变应用程序，可以让我们在远比几张卡片能接触到的更大朋友圈中使用这种自我影响技巧。具体例子可参见"线上影响力"专栏。

EBOX ｜ 线上影响力

怎样改变你的生活

艾丽西亚·莫格 / 文

欧文·托马斯（Owen Thomas）最近在《纽约时报》上带着惊讶的口吻写到，他通过一款手机应用程序成功减掉了 38 公斤。他使用的这款应用叫 MyFitnessPal。这款应用程序的开发人员发现，把自己的热量数值透露给朋友的用户，比普通用户多减掉了 50% 的体重。

社交网络能帮你做出改变，看起来是毋庸置疑的，但它是怎么做到的，就不太为人所知了。许多人认为发挥作用的是社会认同原则（观察他人来判断自己应该怎样做），但承诺与一致原则，能更好地解释这一行为上的转变。

我们所做的承诺越是公开，我们就越是感到有压力要依照承诺行事，进而显得行为前后一致。按罗伯特·西奥迪尼的说法，它可以变成良性循环（但也可能变成恶性循环），"你可以利用很小的承诺来操纵一个人的自我形象"，一旦你改变了这个人的自我形象，你就能让对方去做任何与这一全新自我形象一致的事情。

想要改变你的生活吗？做出具体的承诺，利用社交网络来公开它，借助你内心所感受到的压力坚持到底。这反过来会让你以全新的方式看待自己，从而让你继续坚持。

托马斯先生的经历证明了这一理论在减肥方面的威力，不过，我认为它

〉〉〉

> 可以应用到任何地方。比如苦苦挣扎的西班牙裔高中生（他们的高中辍学率最高）。为什么不让他们做出上大学的公开承诺呢？或许真的有更多人考上大学。应该为此开发一款应用程序。
>
> **作者点评：** 在这篇博客文章中，作者正确地判断出，尽管存在同侪压力，但让托马斯先生减肥成功的原则，并非社会认同，而是承诺与一致。而且，有效的承诺是公开的，这与研究结果相吻合：减重目标的承诺越是公开，（无论长期还是短期的）成功率也就越高。

公开承诺往往会使坚持目标更长久，这一观点得到了充分的证据支持。在这些支持中，还有一种好玩的形式：研究表明，消费者对自己当众使用的品牌比私下使用的品牌更忠诚。而且有证据表明，我们既希望自己前后一致，也希望在他人面前保持一致。

然而，有一项研究的结果不支持以上的结论。该研究的数据表明，公开承诺目标，实际上会降低一个人达到目标的可能性。当我们仔细研究了这个实验的文献之后发现，支持这个结论的其实只有一组数据，但是这个结论却得到了学术圈之外非常广泛的报道——博客、畅销书以及一场有数百万人观看过的TED讲演。我们要怎样解释它的非典型性呢？我认为，逆反心理可能（见第6章）起到了一定作用。逆反理论认为，如果人们认为自己是否采取一项行动代表自己拥有某种自由，那么当他们感受到是外在环境或者其他人想让他们去采取某种行动的时候，他们就会认为自己的自由受到了干涉和威胁，所以他们就不太可能去采取这项行动了。

研究者要求实验的参与者说明自己将采取怎样的步骤来推进自己的学习计

第 7 章 承诺与一致 331

划。接下来，部分参与者还要把步骤交给研究者，以将步骤变成公开的信息。研究者会先对这些步骤进行判断，再让参与者继续推进。处在私密条件下的其他参与者，不需要研究者的批准即可推进自己的步骤。他们只需要提交计划步骤，不需要获得研究者的允许。结果表明，这样的流程使得处在公开条件下的参与者在这两种情况下不太可能采取特定步骤推进目标：第一，目标对他们十分重要；第二，他们碰到了要让研究者批准自己的步骤这样的外部障碍。这和逆反理论的预期完全相符。

READER'S REPORT | 读者报告

致西奥迪尼先生：

　　我刚刚在报上读到一篇文章，说的是一个餐馆老板如何靠公开承诺来解决顾客预订了座位却没来的大问题。我不知道他事先有没有看过您的书，但他做的事情，却完全吻合您讲的承诺与一致原则。他告诉负责接电话的服务员，以后别再说什么"要是您计划有变，请给我们来电"之类的话了，而要这样问："要是您计划有变，请给我们打个电话来好吗？"然后等对方做出回答。这下子，顾客订了座位却没来的比例立刻从 30% 降到了 10%。

加拿大的这位大学教授：

　　为什么这个微妙的变化竟能带来如此戏剧化的不同结果呢？在我看来，关键在于服务员要求并等待来电顾客做出一个承诺。这种方法能刺激顾客做出公开承诺，提高他们之后履行承诺的可能性。顺便一说，这位精明的老板是芝加哥戈登餐厅的戈登·辛克莱（Gordon Sinclair）。接下来的"线上影响力"专栏介绍了这一手法的网络版。

EBOX | 线上影响力

> **兴奋吗？你的预订就在明天。**
> 还打算来吗？
>
> 【我会来的！】
>
> 2019 年 8 月 31 日，星期六下午 6：30，4 人桌
> 确认 #：2019809112
> 看菜单 | 看路线
> 金水街北 4175 号
> 亚利桑那州斯科茨代尔
> 邮编 85251
> 电话（480）265-9814
>
> 日历　修改　取消
>
> 已订妥

作者点评：如今，越来越多的餐馆会要求顾客在预约日期到来之前，在网上做出主动和公开的承诺，以减少爽约的情况。近来，我的医生所在的诊所也开始做同样的事情，并附带了一项额外的要素。在确认预约的电子邮件中，护士给了一个主动做出公开承诺的理由："告诉我你能不能来，也是在帮忙确保其他所有患者能得到及时就诊的机会。"这一在线确认程序使爽约的患者减少了 81%。

付出额外的努力

有证据清楚地表明，**一个人为某个承诺付出的努力越多，这个承诺在他身上发挥的影响力就越大**。这样的证据比比皆是，近的就在身边，远的绕到地球对面也是一样。

让我们先从身边的案例开始：很多地方都要求居民将生活垃圾分类，这样有利于环保处理。而如何正确分类垃圾，各地的要求可能并不相同。中国杭州的情况就是这样，在该市的部分地区，正确的垃圾分类和处理步骤比其他地区更麻

烦。于是研究者做了这么一个实验，在向居民介绍了正确处理垃圾所带来的环保效益后，他们想看看，这些必须付出更多努力才能做到正确垃圾分类的居民，在整体上会不会更加注重环保（比如，减少家庭用电量）。情况果然如此。在生活垃圾分类上必须付出更多努力的居民，也会更努力地节约用电，支持环保行动。这一结果很重要，因为它表明，深化我们对一项使命的承诺（本例中指付出更多努力进行垃圾分类），可以激励我们从其他相关方面进一步推进这个使命。

有关需要付出更多努力做出承诺会带来更大影响这一结论，另一些研究发现，顾客在购买商品或服务时使用更不便利的支付方式（比如使用现金支付，而不是使用信用卡支付），会让人对这笔交易和相关品牌都变得更忠诚，进而让人有更大可能重复购买。

付出努力公开承诺的例子，在遥远的原始部落同样存在。非洲南部有个叫"汤加"（Thonga）的部落，要求部落里每一名男孩都要完成一套复杂的成年仪式，才能真正算是男人。跟许多其他原始部落的少年一样，汤加小伙子也要忍受许多折磨，方可得到族人的接纳，获得成年的资格。人类学家怀丁（Whiting）、克拉克洪（Kluckhohn）和安东尼（Anthony）简短而生动地描述了这场为期三个月的严峻考验。

影响力研究 INFLUENCE NEW AND EXPANDED

汤加的每一个男孩长到 10～16 岁，父母就会把他送到"割礼学校"，这种学校每隔 4～5 年办一届。在这里，男孩跟其他同龄人一道承受部落成年男性的侮辱和折磨。仪式的第一道关卡由两列手持棍棒的男人组成，男孩要从他们中间跑过去，接受他们的殴打。之后，男孩的衣服会被剥掉，头发也会被剪掉。仪式的第二通关卡，男孩要坐在一块石头上，面对一个全身覆盖着狮子毛的"狮人"。同时还会有人从背后偷袭他，等他转过头去看是谁的时候，"狮人"便会抓住他的包皮，两下便割掉它。其后的三个月，男孩会被隔离在"神秘院"里，只有已经通过成年仪式的人才能去看望他。

在整个成年仪式当中，男孩主要需经历6种考验：挨打、挨冻、挨渴、吃难以下咽的东西、受罚、承受死亡的威胁。只要稍微被人逮到一点借口，就会有个刚通过成年仪式的人狠狠揍他一顿。而这个打他的人，是部落里的长者专门指派的。男孩不能盖东西睡觉，只能硬生生地忍受冬天的严寒。整整三个月里，男孩不准喝一丁点儿的水，只能从其他有限的食物里面获取水分。他吃的东西通常会盖着一层从羚羊胃里掏出来的半消化的草，故意弄得十分恶心。如果男孩违反仪式里任何一条重要规则，他都会遭到严酷的惩罚。比方说，有一种惩罚是在触犯者的手指头之间夹上木头棍，一个壮汉把手合在男孩的手上使劲捏，几乎要把他的指头弄断。看管的人会告诉男孩们，从前想要逃跑的，或是把秘密泄露给妇女和未成年男孩的人，统统已被吊死烧成了灰。男孩们听了害怕，只能乖乖就范。

表面上看来，这些仪式显得十分怪异。不过，它们在原理和细节上，都跟学校兄弟会的入会仪式有着不少相似之处。大学校园里每年都要按传统举办"地狱周"，申请入会的新手，都要通过老会员设计的一连串活动，旨在试探他们生理、心理和社交上的承受极限。等这个"地狱周"过完了，只有坚持到底、通过了考验的新手才能跻身正式会员之列。大多数时候，这些折磨只不过会让人感到分外疲倦虚弱罢了，可出格的例子也不时可见。

有趣的是，"地狱周"活动的特点跟部落成年仪式几乎别无二致。刚才我们说了，人类学家发现，汤加男孩在"神秘院"里要承受6种考验。看看报纸上的新闻，每一种考验都能在兄弟会折腾人的入会仪式里找到。

- 挨打。14岁的迈克尔·卡罗格里斯在参加高中兄弟会奥米伽-伽马-德尔塔的"地狱之夜"入会仪式时受了伤，在医院待了三个星期。他被自己将来的兄弟们投了"原子弹"：他们要他把手高举过头，之后兄弟们蜂拥而上，一起狠揍他的肚子。

- 挨冻。一个冬天的晚上，加利福尼亚的一名大学新生弗雷德里克·布朗纳被他今后兄弟会的前辈们带进了国家森林公园十五六公里深处的一处山坡上。兄弟们把他留在山上，让他自己找路回去。弗雷德里克只穿着单薄的衬衣和便裤，在严寒中瑟瑟发抖，跌下了陡峭的溪谷，摔碎了骨头，磕伤了脑袋。因为受伤无法走动，他只好缩着身子抵挡寒冷，直到被活生生冻死。

- 挨渴。俄亥俄州立大学的新生因为在"地狱周"里违反了"新申请入兄弟会者吃饭时必须爬着进餐厅"的规定，于是被关进了"地牢"。"地牢"的门关上之后，在将近两天的时间里，新生们只有咸菜可吃，什么喝的东西也没有，他们只有两个塑料杯子，那是为他们接尿喝用的。

- 吃难以下咽的食物。在南加州大学校园的卡帕-西格马兄弟会之家，11名新入会的成员看到眼前恶心的任务不禁瞠目结舌。他们每人的盘子里放着100多克的生肝。生肝切得厚厚的，浸满了油，男孩们必须将它一口吞下。年轻的理查德·斯旺森把生肝吞下去后又吐了出来，连续三次都没吃下去。但他打定主意非把它吃下去不可，终于他把这块油浸过的肉塞进了喉咙里。可它却卡在了那里，怎么弄都上不来又下不去，斯旺森就这么被活活噎死了。

- 受罚。在威斯康星州，一个新申请入会的人因为忘了所有新人都必须在入会仪式上念的一段咒语，遭到了处罚。前辈们要他把脚放在一张折叠椅子的后腿下，然后让体重最重的兄弟会成员坐到椅子上喝啤酒。尽管这个人没有大喊大叫，但在接受惩罚的过程中，他两只脚的骨头都断了。

- 承受死亡的威胁。泽塔-贝塔-陶兄弟会的一名申请人被带到了新泽西州的一处海滩上，他被要求"自掘坟墓"。挖完坑以后，兄弟会的前辈们又要他躺进去，他照做了。几秒钟之后，大坑的侧面垮塌，把他给活埋了。等前辈们把他挖出来时，他已经没了呼吸。

部落的成年仪式和兄弟会的入会仪式之间还有另一个惊人的相似点：它们是不会消亡的。尽管人们想方设法地要取缔它们、打压它们，但这些仪式却异常顽强地存在着。当地政府或大学行政管理部门等权威机构什么办法都用过了，威胁、施加社会压力、采取法律行动、流放、收买、下禁令，想要劝说各方团体放弃入会或成年仪式里的这些既危险又羞辱人的做法，可是统统没用。权威机构严密监视的时候或许会有所改进，但那不过是做做表面文章，等周围的压力一过去，它们就又会故态复萌，只是会进行得更为隐蔽，更加严厉罢了。

南非汤加成年礼自 1958 年报道以来，这套严格的仪式并无太大改变。例如，2013 年，部落中的 23 名男孩在为期 9 天的成年礼中丧命后，南非政府才被迫叫停包括汤加在内的多个部落的成年礼。类似的结论也适用于大学兄弟会的欺辱性入会仪式。这类仪式自 1657 年在哈佛大学首次留下记录后便一直存在，难于根治，且有出人命的可能。关于入会的艰辛（无论其形式是让人感到尴尬还是痛苦）带给人积极影响的研究，已经扩展到了商业领域：如果消费者艰苦地（而非轻松地）得到了专享优惠，那他对这桩交易的态度就会更正面。

在有些大学，官方也曾经尝试用公益活动的"帮忙周"来取而代之，甚至直接插手管控入会仪式。但兄弟会不是狡猾地规避这类管理，就是直接搞对抗。例如，在斯旺森因吞食生肝窒息死亡之后，南加州大学的校长颁布新规定，要求所有入会仪式都必须由校方审定方可进行，在举办入会仪式期间，还要有成年辅导员在场。美国一份全国性杂志报道称："新规定引发的骚乱相当暴力，连本市的警察和消防队都不怎么敢进入校园了。"

看到了这种严重的后果，其他大学的管理者干脆打消了废除"地狱周"的念头。"既然普遍存在着通过忍受折磨，付出额外的努力，来达成一个得之不易的结果。那么恐怕找不到一种有效的办法来禁止它。你不让它公开进行，它就干脆转入地下。你不可能禁止人进行性行为，不可能禁止人喝酒，恐怕也不可能消除折磨！"

折磨到底有什么迷人的地方，让这些兄弟会看重到了如此地步？每当有人想要取缔入会仪式里有辱人格的危险做法时，这些团体就会想方设法地逃避、破坏、抗议，这到底是出于什么原因呢？有人认为，这些群体本身就是由心理扭曲、社交紊乱的人构成的，他们就是想看到别人受到伤害和羞辱。但证据并不支持这一观点。例如，有人研究了兄弟会成员的人格特质，发现他们在心理调整方面比其他大学生还稍微健康一些；再者，兄弟会在积极参加社会公益活动是出了名的，但他们就是不愿意把折磨人的环节从入会仪式里去掉。华盛顿大学进行的一项研究调查了许多兄弟会的章程，大部分兄弟会都有类似"帮忙周"的传统规定，但这种公益活动跟"地狱周"并行不悖。

这样看来，折磨仪式上作恶的那些家伙，大多是心理稳定、关心社会的正常人，只是到了某种特殊的时候，即新成员加入协会的时候，才会跟周围的人一起，变得超乎寻常的严苛。因此，证据似乎是在说，仪式本身才是罪魁祸首。它那么严格，必定是因为里面有些东西对整个团体至关重要。折磨新人肯定起到了某种作用，正是这种作用令兄弟会拼死也要将它维持下去。那这种作用究竟是什么呢？

我个人认为，有一项社会心理学圈外鲜为人知的研究给出了答案。两名年轻的研究者，阿伦森（Aronson）和贾德森·米尔斯（Judson Mills）想要验证他们观察到的一个现象："**费尽周折得到的东西会比轻而易举得到的东西更让人珍惜。**"他们的神来之笔是，选择兄弟会的入会仪式来检验这一猜想。他们发现，忍受了令人超尴尬的入会仪式才得以加入性学讨论小组的女大学生，会觉得自己新参加的这个小组及其讨论的东西是非常有价值的，尽管阿伦森和米尔斯预先安排好了，让其他小组成员表现出"要多无聊有多无聊，要多无趣有多无趣"；另一些女生经历的入会仪式比较温和，甚至她们完全没有通过入会仪式就参加了讨论会，她们就觉得自己新加入的这个小组非常"没意思"。阿伦森和米尔斯两人又做了进一步的研究，结果也是一样。当女生需要忍受痛苦才能入会时，在入会仪式上越痛苦，她们后来就越容易说服自己：新加入的这个小组及其活动非常有趣、聪明、可取。

这下子，入会仪式上的折磨、羞辱甚至殴打，就都变得有意义起来。汤加部落里的父亲眼里噙着泪水，眼睁睁地看着10岁大的儿子晚上躺在"神秘院"冰凉的地板上瑟瑟发抖；大学二年级学生在"地狱周"神经质地大笑着打断兄弟会"小兄弟"的发言。这些并不是什么虐待狂的行为，他们这么做，是为了维持团体的生存。奇怪的是，这样的举动却使得未来的成员觉得自己加入的团体更具吸引力、更有价值。只要人们一直珍惜并相信自己经过一番努力才得来的东西，这些团体就会继续安排困难重重的入会仪式。**团队成员的忠诚和奉献精神，能极大地提高团队的凝聚力和生存概率。**有人研究了54种部落文化，发现内部最为团结的部落，都有着最严格、最戏剧化的成年仪式。依照阿伦森和米尔斯的解释，严格的入会仪式极大地强化了新成员对团体的承诺感。因此不足为奇，各团体必然会想方设法地维系这一事关组织将来存活的纽带，倘若有人想取消它，那可是万万不能应允的。

军事团体和组织也照样不能免俗。"新兵训练营"里的痛苦极具传奇意味，但又卓有成效。小说家威廉·斯蒂伦（William Styron）回忆了自己在美国海军陆战队新兵营的"集训噩梦"，同时也证明了它的效力：

> 在我认识的前海军陆战队队员里……没有一个人不认为新兵训练是一口严酷的大熔炉，但经过这个熔炉的淬炼之后，他们会变得更坚强、更勇敢、更能承受磨难了。

> 致西奥迪尼先生：
> 　　我想告诉你上个月发生在我身上的一件事。我当时和男友在伦敦，看到一家文身工作室在招牌上自称"全伦敦最便宜的眉环穿孔"。想到那么疼，我有点害怕，但还是决定要去穿孔。刺穿的疼痛让我几乎昏迷，我没法动弹，也睁不开眼。我难受极了，鼓足勇气说："快送我去看医生。"医生来了，她对我说没什么事。过了 10 分钟，我感觉好些了，但我向你保证，那是我人生中最可怕的 10 分钟！
> 　　接着，我想到了父母，他们是不会为我做的这件事感到高兴的。但我想，或许我可以在去见他们的时候把眉环取下来。最终我还是决定算了，不取了，因为取下来太疼了。

意大利的平面设计师葆拉：
　　跟阿伦森和米尔斯研究中的年轻姑娘们差不多，你对自己忍痛获得的东西感到很满意，而且忠心不二。

自觉自愿

　　不管是 C 国人改造战俘，还是大学兄弟会坚持入会仪式，只要对此类活动加以考察，就可以看出一些有关承诺的宝贵信息。能有效改变一个人自我形象和将来行为的承诺，似乎都是当事人当着众人的面，付出努力主动做的。然而，有效的承诺还有一个比上述三点，即主动、公开和付出努力更重要的特征。为了搞清楚它到底是什么，我们首先要解决 C 国战俘管理人员和大学兄弟会所做的一些怪异举动。

　　头一桩怪事，是兄弟会的章程当中，拒绝把公益活动纳入入会仪式。前面我们提到过，有调查报告说，兄弟会经常开展公益活动，但这些活动跟入会仪式几乎总是独立开来的。这是为什么呢？倘若兄弟会的入会仪式追求的是付出了努力的承诺，那肯定可以在里头包含一些艰苦、麻烦的公益活动，如修葺一下破旧的房子，到心理健康中心扫院子，去医院帮忙倒痰盂，这些事儿都是足够累人又不好玩的。再说，这类公益活动能极大地改善兄弟会"地狱周"仪式在公众心目中和媒体上的负面形象。调查显示，报纸上每登出一则有关"地狱周"的正面新闻，就会登出与其相关的另外五则负面新闻。就算光从公共关系的角度出发，兄弟会也应该把公益活动纳到入会仪式里，但他们偏不。

要看第二桩怪事，我们得回到C国战俘营和那儿为A国战俘举办的政治征文比赛上。C国希望能让尽量多的A国人参加比赛，让他们不知不觉地写一些支持C国的文章。然而，既然想吸引更多的人参与，为什么奖品却这么小气呢？征文比赛的获胜者最多只能得到一些额外的香烟和少量的新鲜水果。从战俘营的环境看，尽管这些奖品还算有价值，但设些更大的奖励也是很容易达到的：保暖的衣物、通信时的特别待遇、更多的行动自由，这些东西都可以用来吸引人参加征文比赛。可C国人却特意选择了小气的奖品，不选更大、更吸引人的奖品。

尽管背景全然不同，但兄弟会拒绝在入会仪式里纳入公益活动，跟C国人不为征文比赛设置更刺激的奖品的原因是一样的：**他们希望参与者对自己的所作所为负责，一旦做了，就没有借口可找，没有退路可选。**新会员在入会仪式上主动承受了非人的折磨，他不可能说自己这么做只是出于热心公益；同样，也不能让写了反对自己国家的政治文章的战俘有机会在事后耸耸肩说，"我只是贪图那份大奖罢了"。绝对不行。兄弟会的章程和C国战俘营的征文比赛都是要让人做了以后就回不了头，光让兄弟们、战俘们写出承诺还不够，还得让他们发自内心地为自己做过的事承担责任。

社会科学家已经确定了一点：**只有在认为外界不存在强大的压力时，我们才会**

为自己的行为发自内心地负责任。

优厚的奖品就属于此类外部压力，它可以让我们去执行某一行动，但并不足以让我们自觉自愿地对此行动负责任。顺理成章地，我们也不会觉得该对它有什么承诺感。强大的威胁也一样：它能叫人当场顺从，却不大可能带来长期的承诺感。事实上，优厚的物质奖励或强大的威胁甚至可能减少或"破坏"我们对某一行为的内在责任心，一旦奖励或惩罚不存在了，我们就不愿意再去做它。

这些认识对教育孩子具有重要意义。它表明，对于我们希望孩子真心相信的事情，绝不能靠奖励或威胁让他们去做，奖励和威胁的压力只会让孩子暂时顺从我们的愿望。倘若我们不仅希望他们暂时顺从，还希望孩子相信自己做的事情是正确的，就算我们不在现场提供外部压力，他们也会继续照着我们乐于见到的方式去做，那么，我们就得做一些安排，让他们为自己的行为负起责任来。心理学家弗里德曼就做过一个实验，为我们在这方面提供了一些启示。

影响力研究 INFLUENCE NEW AND EXPANDED

弗里德曼找来一种诱人的玩具，是一个昂贵的遥控机器人，对一群二到四年级的小男孩说，没有经过允许就玩这个机器人是不对的。他想看看6个星期后自己说的话是不是还管用。熟悉7～9岁小男孩的人，想必都知道这项任务是何等艰巨，但弗里德曼有个计划。他觉得，倘若能够先把男孩们说服，让他们发自内心地觉得玩这种玩具是错的，或许他们之后真的不会再去玩它。麻烦的是，怎样才能让孩子们相信玩这种玩具（昂贵的遥控机器人）确实不对。

弗里德曼知道，让男孩暂时听话很简单。只需威胁他们说，要是逮到他偷玩机器人，他会遭到很严厉的惩罚。之后，大人会待在附近假装严厉"执法"，这样就很少有孩子会冒险去碰机器人了。弗里德曼猜得没错。

弗里德曼给男孩依次看了5种玩具，并警告说："玩机器人是不对的。要是你玩了它，我会很生气，那时候我做的事情恐怕会让你不好受。"之后，弗里德曼离开了房间几分钟。在此期间，他通过一面单向玻璃暗中观察男孩。他先后找了 22 个不同的男孩做此尝试，在他离开的那几分钟里，有 21 个孩子摸都没摸过机器人。

所以，只要孩子们觉得有可能被逮到并挨罚，强大的威胁就管用。当然，弗里德曼早就猜到了这一点。他真正感兴趣的是，等过上一段时间，当他不在周围的时候，威胁还能不能有效指导孩子们的行为。出于这一目的，6 个星期之后，他派了一名年轻的女助手又来到男孩们的学校。

女助手把孩子们从班上逐一叫出来，参与一项实验。她并未提及自己跟弗里德曼有任何关系，只是带着孩子们回到那间放有 5 种玩具的房间，说要给他们做个画画的测试。她一边给测试打分，一边告诉男孩，想玩哪种玩具都行。当然了，几乎所有的男孩都玩了玩具。有趣的地方在于，所有玩了玩具的孩子中，77% 都选了先前禁止他们玩的机器人。因为弗里德曼不能回来执行惩罚，6 星期前非常管用的威胁，这下子差不多完全没用了。

弗里德曼的实验并未到此结束。他另选了一组男孩，把程序稍微调整了一下。他仍然先给孩子们看了 5 种玩具，也对他们说，在自己离开房间期间，别玩机器人，因为"那是不对的"。这一次，他并未威胁孩子非要他们服从。他只是离开房间，通过单向玻璃观察，看看他的指示是否管用。结果指示同样管用。和前一组男孩一样，弗里德曼短暂离开期间，22 人里只有 1 个孩子玩了机器人。

6 个星期之后，弗里德曼的女助手又来重复了之前的实验，孩子们有机会跟机器人玩了，这个时候，两组男孩的真正区别显现了出来。先前没有施以强烈威胁的男孩做出了一件令人惊讶的事情：他们明明被允许想玩哪种玩具都可以，可大多数人都没去碰那个昂贵的遥控机器人。尽管在 5 件玩具里，机器人的吸引力是最大的。其他 4 种玩具分别是：一艘便宜的塑料潜水艇、一只儿童棒球手套但没有球、一把没上子弹的玩具来复枪和一辆玩具拖拉机。孩子们被允许选择其中之一来玩时，只有 33% 的孩子选了机器人。

两组男孩身上都出现了戏剧性的结果。对第一组男孩来说，弗里德曼告诉他们，不经过允许玩机器人"是不对的"，为了支持这一说法，他向孩子们施以严厉的威胁。在弗里德曼有可能逮到孩子们犯规的时候，威胁很管用。可之后他不在现场观察孩子们的行为了，威胁就没用了，他定的规矩自然也就作废了。换句话说：威胁并未让男孩们懂得玩机器人是错的，只不过，要是存在挨罚的可能性，玩它便不够明智。

对另一组孩子来说，带来这种戏剧性不同的原因来自他们内心，而非外部。弗里德曼同样曾告诉过他们，玩机器人是错的，但他并未施以额外的威胁，说要惩罚不照做的孩子。最终结果有两点很重要：第一，光靠弗里德曼的指示，就足以在他短暂离开房间的时候，阻止男孩们玩机器人了；第二，自那以后，男孩们为自己不玩机器人的选择负起了责任。他们认为，不玩机器人是因为他们不想那么做。毕竟，就算他们玩了玩具，也不会受重罚，所以不能用这一点来解释他们的行为。因此，几个星期之后，即使弗里德曼不在场，他们仍然不玩机器人，因为他们已经从内心相信自己不想玩了。

家长要想教育孩子，可以从弗里德曼的研究里获取一点心得。假设父母想告诉女儿"说谎不对"。要是父母在场，或女儿觉得会被发现，那么明明白白的严肃威胁会很管用，比如，"宝贝儿，说谎不好，要是我逮到你说谎，我会把你的舌头给割掉"。但威胁没法实现说服小姑娘的长远目标，也没法让她打心眼里认为：因为说谎是错的，所以自己才不想做。所以，父母需要采用一种更奇妙而有效的方法。你得找一个有力的理由，足以让她在大多数时候保持诚实，可这个理由又不能强大到让孩子觉得，自己完全是为了它才保持诚实的。

这有点棘手，因为不同的孩子需要的理由也不一样。对有些孩子来说，可能光是请求就够了（"宝贝儿啊，说谎不好，所以我希望你别说谎了"）；另一些孩子，可能要加上一个稍微强烈些的理由（"……要是你说谎，我会对你失望的"）；还有些孩子，或许还得给予适当的警告（"……要是你说谎，我恐怕不得不做些我不想做的事情")。明智的父母自然知道哪种理由对自家的孩子适合。要点是找出一个理由，能让孩子从一开始就照着父母的意愿去做，同时又让他对这一行为自觉自愿地负责。也就是说，这种理由里蕴含的可察觉外部压力越少，效果就越好。对父母而言，选择一个合适的理由并不容易，但这番努力应该是物有所值的。它决定了孩子是会在短期内顺从，还是会做出长久的承诺。正如塞缪尔·巴特勒（Samuel Butler）300多年前说过的一句话："人违心答应倒是不难，可他的看法还是老样子。"

值得注意的是，人们为自己采取的立场支付小额报酬（与丰厚报酬相对），反倒能激发他们更大的承诺感，这一设想自首次被发现以来就得到了连续不断的支持。例如，在最近的一项实验中，向朋友推荐某个品牌后可获得小额金钱奖励的参与者，会对品牌更加青睐和忠诚。出于类似的思路，让人们做出自由选择可带来更大的忠诚感，这一设想也自阐述之初便得到了不断的支持。自愿选择会强化承诺的原因之一在于，它激活了我们大脑的奖励区。研究显示，出于外部压力（如丰厚金钱奖励或惩罚）所做的承诺的效力会受到削弱。最后，出于内部原因而非外部原因做出的承诺，会给当事人带来更高的心理健康水平。

自己长出腿来

从影响力的角度来说，那些能够带来内心变化的承诺也是影响力最大的。**一来，内心变化一旦出现，就不再局限于当下的情况了，它能涵盖所有相关的情况；二来，内心变化所带来的效果是长期的，持久的。**因此，一旦人们受到启发，采取能改变自我形象的行为，比如说变成具有公益精神的好市民，那他们在其他多种情况下就都有可能热心公益，此时，说不定正好有人想要他们这么做呢！而且，只要新的自我形象能维持下来，他们就很可能会继续从事热心公益的行为。

那些能够带来内心改变的承诺还能带来一项重要的结果：这些承诺能自己

"长出腿来"。影响力专家不需要费时费力地花功夫来不断强化人们的内心变化，靠保持一致的压力就足够了，它会搞定一切。等人们逐渐认为自己是热心公益的好市民，就会自觉自愿地变换不同的角度来看问题。他们会说服自己，人就该这么做。跟社区服务有关的事情，以前他们根本注意不到，现在却会给予关注。他们会听取有利于公益行为的论点，并觉得这些论点比以前更有说服力了。**一般来说，由于人们的内心信仰系统需要保持一致，于是他们会宽慰自己：我选择的行为是正确的。** 同时，他们还会不断为自己找到新的理由来为承诺的正当性辩护。因此，就算采取公益行为的初始原因没有了，这些新发现的理由也足以让人们继续认为自己的行为是正确的。

这一点会被很多别有用心的人利用，因为我们会寻找新的论据来巩固内心做出承诺的选择。有人便利用这一点，诱惑我们做出这种选择。一旦我们做好决定，那人便会取消诱因，他知道，我们的决定应该已经自动长出了腿，足够站得稳稳当当了。汽车经销商经常通过一种叫"抛低球"的伎俩从这一过程中渔利。我头一回碰到这套手法，是在本地一家雪佛兰汽车经销商那里当销售学员的时候。经过一个星期的基本训练，领导允许我旁观正式的销售员工作，我立刻注意到了他们"抛低球"的做法。

影响力研究　INFLUENCE NEW AND EXPANDED

汽车经销商对某些客户会提供十分优惠的价格，比如某款车比竞争对手的价格要低上 700 美元。不过，这笔划算的交易可不是真的，经销商根本无意兑现，它的唯一目的是让潜在客户决定在本店买车。一旦客户做了决定，经销商就会采取一系列的活动，培养客户的个人承诺感：填写一大堆购车表；安排各方面的贷款条件；有时候，还鼓励客户试驾一整天的车，之后再签合同，"这样你就有了拥有这辆车的感觉，还开着它给邻居和同事看了"。经销商知道，在此期间，客户一般会找出大把的新理由来支持自己的选择，证明自己在这里买车很划算。

之后，他们的其他手段就会一一登场了。有时，销售员会在计算中发现一个"错误"，比如忘了把导航设备算到成本里，倘若买家还是需要这些设备，那就得把 700 美元重新加到价格当中。为了撇清自己的嫌疑，有些经销商会让银行批贷款的工作人员发现错误。还有些时候，交易到了最后关头突然被驳回了。因为销售员跟老板汇报工作，老板唱了黑脸："这样子卖车会亏钱的。"作为客户来说，买一辆车要好几千甚至上万美元，多上 700 美元似乎也没那么肉疼，再说了，销售员会强调，价格跟竞争对手是一样的："这可是你选的车呀，对吧？"

还有更阴险的"抛低球"手法。当潜在客户开着旧车来买新车时，销售员答应以旧换新，故意抬高旧车的估价。客户觉得这笔交易太划算了，立刻就想成交。之后，等快要签订合同的时候，二手车经理却说，销售员对旧车的估价高了 700 美元，并把换购补贴降到了正常水平。客户知道旧车估价降低之后的交易仍然是公平的，也就接受了，有时还会为自己想占销售员的便宜感到愧疚。我亲眼看到过一位妇女向对自己使用了"抛低球"伎俩的销售员道歉——而这时候，她正在签购车合同，销售员马上就能得到一大笔佣金呢！但是这个销售员还是会装出有点受伤的样子，并努力挤出了一个宽容的微笑。

不管用的是哪种"抛低球"手法，行动的顺序总是千篇一律。先给人一个甜头，诱使人做出有利的购买决定；而后，等决定做好了，交易却还没最终拍板时，卖方再巧妙地取消最初的甜头。在这种情况下，客户还是会达成交易。看起来似乎不可思议，可它真的管用。当然，不是对所有人都管用，但效果也足够好了，许多汽车卖场都把它当成一项基本的销售手段。汽车经销商意识到，**个人承诺能建立起一套自圆其说的系统，能为最初的承诺找到新的理由**。大多数时候，这些理由会像粗壮的腿一样，牢牢地支撑起最初的决定，就算经销商把最初的那根腿给抽走，决定也不会坍塌。面对损失，客户会耸耸肩一笑而过，甚至挺开心，因为还有那么多上佳的理由支持着他们的选择。买家们从来没有想过，要不是最初先做了选择，这些额外的理由根本就不会出现。

看到"抛低球"手法在汽车销售上的威力之后，我决定换一种情境来检验它的效力。我想知道，对这一手法稍加调整之后，它的基本原理是否还站得住脚。倘若我的看法没错，我应该可以让它换一种不同的方式来发挥作用。如果我先给出一个优惠条件，让对方做出至关重要的决定，然后再给最初的协议加上一项令人不快的限制。由于"抛低球"手法的作用是使人们坚持先前的决定，那么哪怕情况发生了变化，变得不那么有利了，"抛低球"手法都应该管用。

为了验证我的猜想，我跟同事约翰·卡乔波（John Cacioppo）、罗德·巴塞特（Rod Bassett）、约翰·米勒（John Miller）在俄亥俄州立大学做了一次实验。

影响力研究 / INFLUENCE NEW AND EXPANDED

该实验是让心理系的同学们答应做一件不大愉快的事情：大清早起来参加早晨 7 点的"思维过程"研究。我们叫来第一组学生，当场就告诉他们早晨 7 点要出席研究会议的消息，只有 24% 的人愿意参加；接着，我们叫来第二组学生，抛出一记低球：先问他们是否想要参加"思维过程"的研究，等他们答应了之后（56% 的人给出了正面回应），我们再提早晨 7 点出席的事实，并给他们反悔的机会。结果，没有一个人改变主意，而且，95% 被抛了低球的学生都准时在早晨 7 点来到了心理系教学楼，履行了自己的承诺。我知道这一点是因为我招了两名研究助理到现场进行"思维过程"实验，并记下了到场的学生的名字。①

"抛低球"手法最令人印象深刻的一点在于，当事人明明做了一个糟糕的选择，却还觉得挺高兴。那些没法提供什么好选择给我们的人最喜欢这一套

---

① 这里，我要澄清一个谣言：有人说，我为这个任务招聘研究助理时，先问他们是否乐意主持"思维过程"实验，等他们答应了以后，才告诉他们开始时间是早晨 7 点。这个说法毫无根据。

了。不管是在生意、社交还是私人场合，我们都能发现他们在"抛低球"。我的邻居蒂姆就是个真正的"抛低球"爱好者。大家想必还记得，他答应改变自己的行为方式，好让女朋友莎拉回心转意，取消跟别人的婚礼，再次选择了他。自从莎拉决定选蒂姆以后，她对他更百依百顺了，尽管蒂姆当初的承诺从未兑现。莎拉解释说，她发现蒂姆身上有好些她从前没注意到的优点。

莎拉是个"抛低球"手法的受害者，我心知肚明。正如我在汽车展示厅看到买家们上了"给你甜头又拿走"策略的当一样，我知道莎拉也同样中了蒂姆的招。蒂姆从来就是老样子，丝毫没有什么改变。可由于莎拉在他身上发现了不少对她来说实实在在的新优点，所以她对现况深感满意。选择蒂姆的决定，从客观上看实在够糟糕的，可它已经长出了腿，站起来了，还让莎拉感到挺幸福。我从来没对莎拉提过"抛低球"这种手法。我保持沉默，倒不是因为我觉得茫然无知对她更好。我个人从来都认为，多些信息总比少些好，这应该是一条基本的指导原则。只不过，要是我在他们俩的关系上多说一个字，莎拉铁定会恨死我，而且什么也不会改变。

本书中讨论的所有影响力武器，都是既可为善也可作恶的，全看使用者的心术如何了。不足为奇，"抛低球"手法除了用在卖新车、跟老情人重建关系上之外，还能用在社会公益事业上。例如，社会学家迈克尔·波拉克（Michael Pallak）在艾奥瓦州主持过一个研究项目，该研究表明，"抛低球"手法能让居民注意节约能源。

影响力研究 INFLUENCE NEW AND EXPANDED

研究项目是在艾奥瓦州的初冬时节开始的，节能宣传员到访使用天然气取暖的居民家进行宣传，教给居民一些节能技巧，并请他们为了将来节约燃料。所有的居民都答应试试看。可一个月以后，研究者核对了这些居民的燃气表，发现没有什么起色。冬天过后又对比了一次，结果也相同。答应节能的居民的天然气使用量，跟随机抽选出来的、节能宣传员没上过门的居民一样多。看来，光有良好的意图和节

第 7 章 承诺与一致

能的信息，还不足以改变人们的生活习惯。

项目开始之前，帕拉克和研究小组就意识到，为了改变人们长期的能源使用习惯，必须采取点别的方法。所以，他们对艾奥瓦的另一组天然气用户采用了稍有不同的程序。宣传员同样到访了这些家庭，提供节能技巧，要他们注意节能。此外，宣传员还提出了一个额外的条件：要在本地报纸上登出这些答应节能的居民的名字，表彰他们的公益精神和环保态度。这么一来，效果显而易见。一个月之后，燃气公司上门检查气表时，这一组居民平均每户节省了 12 立方米的天然气。有机会让名字见报，激励了这些居民在为期 1 个月的时间里努力节能。

接下来，研究者又做了另外一件事，他们取消了最初促使人们节约使用能源的原因。居民都收到了一封信，其中说明出于种种原因，没办法再在报上登出居民的姓名了。

等冬天过去，研究者开始调查这封信给居民们带来了什么样的影响。没了上报的机会，他们会重新回到浪费能源的老路上去吗？完全没有。在当年冬天的其他月份，这些居民节约的能源比头一个月，即以为自己可以受到登报表彰的奖励时的还要多！按百分比来看，在以为自己能见报的第一个月，他们节约了 12.2% 的天然气。然而，在收到信、知道自己名字见不了报之后，他们并未"旧疾复发"，反而节约了 15.5% 的天然气。

虽说有些事情不一定完全靠得住，但要理解这些居民坚持节能的行为，有一个现成的解释。在登报表彰的"抛低球"诱惑下，这些人作出了节能的承诺。**承诺一旦做出，就会开始长出腿来支撑自己**。居民开始培养新的节能习惯，并对身体力行实践公益活动感觉良好；他们劝说自己，美国必须减少对外国能源的依赖；自家天然气使用费用降低，让他们很愉快；他们为自己的自制力深感骄傲；最重要的是，他们开始觉得自己很有节约精神。有了这些新的理由，先前节能的承诺就显得更为正当了。这样一来，哪怕最初的理由，即登报表彰没有了，承诺还是站得稳稳当当的（见图7-5）。

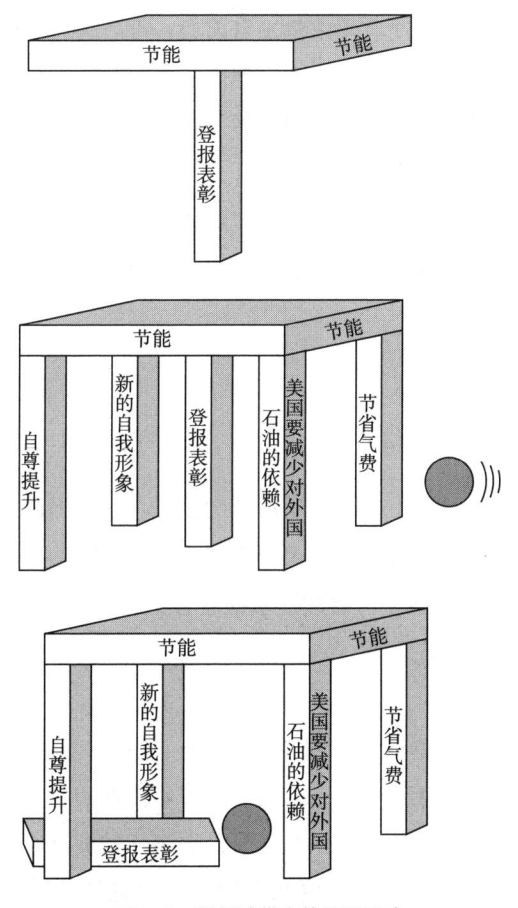

图 7-5 抛低球带来的长期影响

在这个艾奥瓦能源研究的案例中，我们可以看到，居民们最初的节能承诺是以登报表彰为前提的（上）。可没过多久，这种节能承诺就自己生出了新的支撑点，研究者得以抛出低球（中）。它虽碰倒了一开始的登报表彰诱因，可新长出来的腿却牢牢地支撑住了节能的做法（下）。

最奇怪的一点是，明知登报表彰已经不可能实现了，这些居民却反倒更加努力地节约能源。要解释此种现象，许多理由都说得通，但我最中意的是：在某种程度上，登报表彰的机会反而使居民没办法全力以赴地履行节能的承诺。他们做出节约能源决定的所有理由都发自内心，可登报表彰却是唯一一个外部因素。有了它，居民们没法说服自己，他们节约能源是因为相信这么做是正确的。如此一来，收到信件、得知登报表彰一事取消之后，妨碍居民们塑造全新自我形象（具有节能意识、关注公益的好公民）的拦路虎也随之消失了，全情投入的崭新自我形象促使他们更努力地节约能源。就跟莎拉一样，居民们是因为引诱才做出了选择和承诺，可等引诱他们的东西没了时，他们对自己的选择却更加执着了。

适时提示

基于承诺的说服技巧，还有一项额外的优势。只要提醒当事人此前所做的承诺，就足以激发他在未来做出一致的反应，保持先前的立场、姿态或行为。让人回想起自己的承诺后，一致性需求便会让人们再次校准相关反应。为此，我们不妨举几个医学领域的例子。

每当向医疗管理群体介绍影响力武器时，我都会问："在你们的系统里，什么人最难被影响？"无一例外，人们总是带着强调的意味回答说："医生！"一方面，这种情况似乎理所应当。医生要经历多年的训练和实践，要接受医学专业教育、实习、当住院医师，由此掌握大量信息和经验以作为其决策的基础，所以他们在医疗系统里有崇高的地位。可以理解，他们一旦做出选择，就很难动摇立场。可另一方面，如果医生不采纳他人的建议，拒绝做出实际上更有利于患者的调整，这种抗拒心理也很成问题。在最初走上这条职业道路之前，大多数医生都宣读过希波克拉底誓言，承诺过一切都要从患者利益出发采取行动，尤其是不得伤害患者。

那么，为什么医生在给患者做检查之前不按规定洗手呢？美国一家医院进行了一项研究，给我们带来了许多宝贵的见解。研究者亚当·格兰特（Adam Grant）和戴维·霍夫曼（David Hofmann）发现，不管如何强烈地建议医生在检查每一名患者之前洗手，大多数医生洗手的次数都不到规定的一半；而且，各种针对这一问题的干预措施都没有效果。因为忽视洗手这一环节，医生和患者都要承担更大的感染风险。造成这一问题的原因不在于医生放弃了对患者安全的承诺，也不是没有意识到该承诺与洗手的联系；相反，原因在于，医生在进入诊室时，这种联系在意识上的地位不如患者的样貌、护士说了些什么、病例记录上写了些什么等其他因素那么高。

格兰特和霍夫曼认为，如果能让医生在进入诊室之前提醒自己对患者的承诺、以及这跟手部卫生的关系，就能改善这种状况。研究者在诊室的清洁用品前放置了标语牌，上面写着"保持手部卫生能保护患者免于感染疾病"。这些标语牌将医生对肥皂和洗手液的使用率提高了45%。

以上研究还评估了另外两种标语牌的作用，它们都不是为了提醒医生对患者安全的承诺（例如，"抹上清洁液，洗干净双手"），也就对肥皂和洗手液的使用量没有任何作用。

医生的另一项过失和过量开具抗生素处方有关。过量使用抗生素在美国是一个日益严重的健康问题，每年会导致23 000名患者死亡。和洗手的例子一样，几种旨在减少该问题的策略（如培训、短信提醒和现金奖励）都收效甚微。但有一群医学研究者在解决此问题上取得了显著的成功，他们对洛杉矶一所门诊诊所的医生运用了以承诺为中心的方法。医生在诊室里贴了一张展示周期为几个星期的海报。一半医生诊室中的海报为患者提供了有关使用抗生素的使用标准。另一半医生诊室中的海报里除了使用抗生素的标准之外，还包括医生的照片，以及他对避免过度使用抗生素的签名保证信。接下来的统计表明，每天看到标准内容海报的医生，开出的不恰当抗生素处方增加了21%。而面对海报不断提醒其承诺过减少这一问题的医生，开出的不恰当处方减少了27%。

提醒当事人想起自己已经做出的承诺，还有一点好处。人们不光回想起了承诺，似乎还通过增强相关的自我形象，巩固了承诺。跟从前采取过环保行动但未得到承诺提醒的消费者相比，得到承诺提醒的消费者认为自己更具环保意识，并有更大可能在购买灯泡、纸巾、除臭剂和洗涤剂等同类产品时选择更环保的品牌。因此，要求人们回想之前的环保承诺，不仅能激发其做出与之前行为一致的后续反应，还强化了其"环保主义者"的自我形象。

如何防范

作家爱默生说过一句经常为后人引用的话："一致性是渺小心灵上的恶鬼。"这么说可能让人很费解，因为放眼周围，内在一致性显然是逻辑性强、智力高者的标志，而缺乏一致性则是知识零散、所学有限者的特征。那爱默生又为什么会认为一致性是头脑狭隘之人的特征呢？他指的到底是什么呢？回头看看他这句话的原始出处——其著作《自立》就能明白，问题不在爱默生，而在于这句话流传开来的版本。他实际上写的是："愚蠢的一致性是渺小的心灵上的恶鬼。"岁月侵蚀了他原本准确的断言，把它的意思变得完全不同甚至完全错误了。

但我们绝不应该忽视"一致性"和"愚蠢的一致性"二者的区别。据我所知，要对抗结合了承诺与一致原则的影响力武器，唯一有效的防御措施是思想上的觉悟：尽管保持一致一般而言是好的，甚至十分关键，但我们必须避免愚蠢的死脑筋。我们必须警惕不假思索地自动保持一致的反应，因为有些耍花招的人正想利用它牟利呢。

不过，由于大多时候自动保持一致都能让我们做出恰当又合算的行为，所以，我们在生活里不可能彻底摆脱它，否则可就坏事儿了。想想看，要是我们不能依照从前的想法和行为顺理成章地做事，而是每次碰到新行动就要停下来想想它有什么好处，我们恐怕一辈子也做不成什么重要的事。机械地保持一致尽管存在风险，但我们还是离不开它。摆脱这一困境的唯一出路，是明白这种一致性有可能让人做出错误的选择。有两种独立的不同信号能给我们提示，我们的身体会有不同的部位会做出反应。

READER'S REPORT | 读者报告

致西奥迪尼先生：

我写信给您是想讲一件事。在这件事里，一致性原则逼得我做了一个我一般不会那么做的决定。我去了一家购物中心的美食街，打算买一小杯可乐。

"请给我一杯可乐。"我对售货员说。

"中杯还是大杯？"他一边给另一位顾客结账，一边问。

"我已经吃饱了。不可能一口气喝完一大杯可乐。"我心想。"中杯。"我自信地边说边递上了信用卡。

"哎呀，对不起，"售货员好像真的犯了个口误似的，"小杯还是中杯来着？"

"哦，中杯。"我按照一致性原则说，接着拿起饮料走开了。这时，我才意识到自己上当了：我还是买了两种选项里较大的那一杯。

我被他打了个措手不及，为了和之前说的一致，我脱口而出地说要"中杯"，压根没有处理迎面而来的新信息。

愚蠢的一致性绝对是渺小的心灵上的恶鬼！

>>>

第7章 承诺与一致 | 355

> **印度新德里的这名大学生：**
> 碰到这种情况，你居然认为是自己心灵渺小，对自己未免太过苛刻。面对选择，人在匆忙中无法深入思考，机械地追求一致是很正常的。

肠胃信号

第一种信号很容易识别。每当我们意识到自己中了套、被迫遵从了一个并不想答应的要求时，我们的胃就会警铃大作。这种状况我碰到好几百回了。在我还没开始研究影响力武器之前，有年夏天发生了一件特别令我难忘的事。

那天傍晚，门铃响了，我打开门，看到一个穿着短裤和吊带衫的漂亮姑娘。尽管如此，我还是注意到她带着笔记本，她是想要我参加一项调查。因为想给她留下个好印象，我答应了。我承认，为了让自己的形象显得特别高大光辉，我在回答问题时对实际情况稍微做了点夸张。我们的谈话如下：

漂亮姑娘： 您好！我正在调查城市居民的娱乐习惯，不知您能否回答我几个问题？

西奥迪尼： 请讲。

漂亮姑娘： 谢谢。我就坐在这儿开始好了。每个星期您出门吃晚餐的次数是多少呢？

西奥迪尼： 哦，大概每星期三四次吧。说真的，只要有机会我都是出去吃，我喜欢高档餐馆。

漂亮姑娘： 真棒。你晚餐时一般会点酒吗？

西奥迪尼： 只点进口酒。

漂亮姑娘： 明白。电影呢？您常去看电影吗？

西奥迪尼： 电影院吗？好电影不多啊。我最喜欢看带字幕的外国文艺片了。你呢？你喜欢看电影吗？

漂亮姑娘：呃……我喜欢。不过，我们还是回到调查上来吧。你经常去听音乐会吗？

西奥迪尼：当然。我最常听的是交响乐。不过，我也很喜欢有档次的流行乐队。

漂亮姑娘：（下笔如飞）很好！还有一个问题。歌剧或芭蕾舞团的巡回演出如何？城里有这类表演时你去看吗？

西奥迪尼：啊，芭蕾啊，动作、韵律和形式都是我喜欢的。写下来吧，我喜欢芭蕾。只要有机会我都会去看。

漂亮姑娘：很好。让我核对一下记录，西奥迪尼先生。

西奥迪尼：确切地说，是西奥迪尼博士。但这听起来太一板一眼啦，你叫我鲍勃多好。

漂亮姑娘：好的，鲍勃。根据您给我的信息，我很高兴地说，如果您能参加"美国俱乐部"，每年能省下1 200美元！只需交一点会员费，您刚才提到的大部分活动就都可以打折啦。像您这么喜欢社交活动的人，肯定会利用我们公司的服务来享受特大优惠吧。

西奥迪尼：（像只落入陷阱的老鼠）呃……嗯……我……呃……我猜会吧。

我记得很清楚，当我结结巴巴答应下来的时候，我的整个胃都缩紧了。这是一个明白无误的信号："嘿，你上当啦！"但我看不到出路，我被自己说的话逼到了绝路上。此时拒绝她的提议，有可能出现两种结果，但两种结果都不怎么乐观。如果我想收回前言，说自己并不是刚才采访里说的那种时髦的城里人，那我就成了骗子；可要是不收回前言就拒绝她，我又成了一个傻瓜蛋，居然会放弃能省下1 200美元的机会。我买下了姑娘提供的会员服务，尽管我知道自己是掉入了陷阱。为了跟先前说的话保持一致，我中了招。

不过打那以后我再也不上这种冤枉当了。如今，我会倾听肠胃的声音，也找到了一个办法来对付那些想要利用一致性原则坑我的人，即只需要一语道破他们在干吗就行了。这成了我的完美反击战术。每当我的肠胃告诉我，仅仅因为想要跟最初所做的承诺保持一致就顺从别人的要求，是很愚蠢的，我便会把这一点原原本本地告诉提要求的人。我并不否认保持一致的重要性，但我想指出，**顽固地保持一致其实是荒谬透顶的**。不管提要求的人听了以后是内疚地离开，还是困惑地撤退，对我都是件好事：我赢了，而利用我的人输了。

我有时候会想，要是多年前的那位漂亮姑娘现在跑来向我推销会员服务，那会是个什么情形。我已经准备好应付的办法了，之前的对话都一样，只不过结果会焕然一新。

漂亮姑娘：……像您这么喜欢社交活动的人，肯定会利用我们公司的服务来享受特大优惠吧。

西奥迪尼：（自信满满）大错特错。你瞧，我意识到这是怎么回事了。我知道，你表面上说是做调查，实际上是为了让人们告诉你他们有多喜欢出门，而在这种情况下，说得夸张些也很自然。但既然我知道这事儿动机不纯，我才不会让自己掉入"做了承诺就想保持一致"的自动陷阱里去呢。"按一下就播放"的把戏对我没用。

漂亮姑娘：啊？

西奥迪尼：好吧，这么说吧：第一，要是我在本来不想要的东西上花钱，那我就是个猪脑子；第二，最可靠的权威人士，也就是在下的肠胃，明确指出，我不想买你的会员服务；第三，如果你还是觉得我会买它，那你就太天真了。当然喽，一个像你这么聪明的人，应该能理解吧。

漂亮姑娘：（像只落入陷阱的漂亮小老鼠）呃……嗯……我……呃……我猜可以吧。

心灵信号

　　肠胃并不是感觉特别敏锐的器官。只有人明确地感知到自己是受骗了，它才能反应过来，向大脑传递这一信息。其他时候，如果我们挨宰挨得不那么明显时，肠胃就不会警铃大作。在这类情况下，我们必须要通过其他信号来寻找线索。我的邻居莎拉是个典型的例子。她向蒂姆做了一项重要的承诺：取消跟前男友的结婚计划。承诺自己长出了腿，哪怕做出承诺的最初理由已经没了，她还是一如既往地坚守了承诺。她用新找到的理由说服了自己，相信自己做了正确的事，于是继续跟蒂姆在一起。可想而知为什么莎拉的肠胃没有向她传递信号，只有自己都觉得做的事情不对，肠胃才能提醒我们。莎拉不是这样。照她想来，自己选得很正确，所以行为也该和选择保持一致。

　　不过，除非我彻底猜错了，莎拉身体上肯定有一部分已经意识到自己选错了，也知道她目前的生活方式是在冥顽不灵地保持一致。那一部分到底是哪儿，我们说不清，但在人类的语言里，早就给那里起好了名字：心灵。从定义上来说，面对心灵信号，我们没法自欺欺人。这个地方，我们自己找的那些所谓的理由和借口统统渗透不了。莎拉的真相也在那里，尽管她现在可能还没法清晰地听见它发出来的信号，因为她新找到的支撑腿脚不仅站得挺稳，还会发出噪声干扰她呢。

　　莎拉得死扛多久才能明确地意识到这一点，才会出现一场大规模的心灵动荡呢？谁也说不清。但有一点很肯定，随着时间的推移，能代替蒂姆的备胎男友也会越来越少。她最好赶紧弄清自己是不是做了错误的决定。

　　自然，说起来容易做起来难。莎拉必须回答一个极度纠结的问题："知道了我现在掌握的这些情况，要是能回到从前，我还会做出同样的选择吗？"问题就出在"知道了我现在掌握的这些情况"上，她现在对蒂姆的情况到底掌握了哪些呢？她对蒂姆的看法，有多少是为了想要证明自己所做承诺是正确的而绝望地编造出来的呢？莎拉说，自从她决定重新跟蒂姆在一起之后，蒂姆更关心她了；蒂姆努力地戒酒，还学会了做很好吃的鸡蛋卷。我尝过几次蒂姆做的鸡蛋卷，对此很是怀疑。不过，最重要的问题在于，莎拉是从心灵深处相信这些东西呢，还是只在理性上觉得是这样？

这里有个小办法，莎拉可以用它来弄清自己目前对蒂姆的满意度有多少是发自内心的，有多少是出自死脑筋的一致性的。心理学证据表明，**面对一样东西，我们总是先体验到感觉，过上短暂的一瞬间之后，才能将之理性化**。照我猜测，心灵深处发出的信号是一种纯粹而基本的感觉。因此，如果我们多注意训练自己，应该可以在感觉十分轻微、认知器官还没来得及插手的时候就觉察到它。根据这一方法，倘若莎拉真的向自己提出了关键问题："我会做出同样的选择吗？"她最好是找到并信任自己在做出反应那一瞬间所感受到的灵光。这抹灵光很可能就是她内心深处发来的信号，它是趁着她为自己找的各种借口还没发挥作用之前偷偷溜出来的，一点也不失真。

我们对一件事的感受比对它的认知出现得更快，并不是说我们对事情的感觉总是会跟理性认识的不一样，也不是说前者更靠得住。然而，数据清楚地表明，我们的情感和理性往往不在同一个方向上。因此，倘若当前局面牵涉到自己会产生合理支撑点的承诺，那么感觉提供的忠告通常更为准确。对诸如莎拉遇到的和幸福相关的情感问题来说更是如此。

每当怀疑自己做事时犯了死脑筋保持一致的毛病，我就会试着使用这个方法。比方说，有一次，我停在加油站的自助加油泵跟前，这里汽油的广告价比本地区其他加油站的都便宜，每加仑要低两分钱。但等我把加油泵拿起来，才看到泵上的标价其实比广告价要高两分钱。我向路过的服务员（后来我才知道他就是老板）提出异议，他低声说，价格几天前刚刚调整过了，还来不及把广告上的价格改过来。当然了，这套说法不怎么可信。我试着决定该怎么做，脑袋里跳出了好些留下来加油的理由，如"我必须得加油了""油泵空着，我又急着赶路""我好像记得，我的车用这个牌子的汽油开起来更顺畅"。

我得判断这些理由到底是真的，还是我为就在这儿加油这件事找的借口。于是我向自己提出了关键问题：知道了这里汽油的实际价格以后，要是能回到先前，我还会做出同样的选择吗？我集中注意力捕捉最先迸发的感受，收到了一个毫不含糊的明确答案：我会马上开车走人，甚至停都不会停下来。这时我知道，要不是看在价格较低的份上，其他的原因根本就不会让我停下来加油。它们不是我做出决定的源头，是我做出决定之后才生编硬造出来的。

解决了这一点之后，我还得做出另一个决定。既然我已经把油枪拿在手里了，那到底是把油加上好，还是忍受不便，到别的地方出一样的价格加油呢？幸好，这时候加油站服务员兼老板走过来帮我拿定了主意。他问我为什么迟迟不加油，我告诉他我不喜欢他在价格上弄手脚，他怒吼起来："听着，我怎么做生意是我的事，别人少插嘴。要是你觉得我骗了你，赶紧把油枪放下，尽快滚出我的地盘，小子。"因为已经肯定他是个骗子了，我很高兴地照着自己的信念行了事，这同时也满足了他的愿望。我把油枪放下，开着车走了。有时候，保持一致也挺值得一做呢！

最容易受攻击的弱点

有没有哪些人会特别在意自己的行为要跟从前保持一致，特别容易中上述承诺策略的招呢？当然有。要了解这类人的性格特点，让我们来看看当今一位著名体育明星在生活里碰到的倒霉事。

影响力研究

2005年3月1日，高尔夫界的传奇人物杰克·尼克劳斯17个月大的孙子竟意外溺死在浴缸里。一个星期后，仍沉浸在悲伤中的尼克劳斯推掉了之后所有跟高尔夫相关的活动，包括即将举行的大师赛。他说："我们家发生了这样的惨剧，我想多花点时间在其他的事情上了，跟高尔夫比赛有关的活动，我目前完全没有计划参与。"可就在发表这番声明的当天，尼克劳斯却做了两件自食其言的事：向佛罗里达州一家高尔夫俱乐部的准入会员发表了讲演；在老对手盖里·普莱耶主办的慈善锦标赛上打了球。

是什么东西的力量这么强大，竟把尼克劳斯从悲伤的家人身边拉走，去做了两件跟陪伴家人比起来完全无关紧要的小事呢？尼克劳斯说："你做了承诺，就必须履行诺言。"他的回答就是这么简单。尽管考虑到背景情况，这两件小事没什么重要的，但先前做出的承诺对尼克劳斯来说却很重要。但是，为什么尼克劳斯先生这么……嗯，一诺千金呢？是性格上的什么特点让他如此一板一眼地言出必行吗？

没错，的确有两个特点：第一，他65岁了；第二，他是美国人。

年龄　不足为奇，在态度和行为上倾向于强烈保持一致的人，最容易成为一致性的受害者。

事实上，我做了一项研究，用一张量表来衡量人们的一致性偏好。我发现，要是提要求者使用"登门槛"或"抛低球"策略，那些具有强烈一致性偏好的人就最容易被影响。更奇怪的是，我们在后续研究中调查了18～80岁的人群，发现对于一致性偏好是随年龄而逐步增强的，一个人一旦过了50岁，就会对先前做出的所有承诺表现出强烈的保持一致的意愿。

我相信这一发现有助于解释65岁的尼克劳斯对先前承诺的执着态度。此时，他若推辞不去，也是谁都能理解的，但为了忠于自己的特质，他需要跟承诺保持一致。我还相信，这一发现也可以解释为什么专门针对老年群体的诈骗犯大多会使用一致性手法来诱捕猎物。

美国退休人员协会对年龄在 50 岁以上的会员频频遭遇电话诈骗感到颇为担忧，于是便进行了一次研究，提供了与此相关的证据。该协会派出调查员到 12 个州做了调查，试图揭露电话诈骗犯针对老年群体所采用的骗术，他们积累了骗子和受害者之间谈话的大量电话录音带。研究者安东尼·普拉卡尼斯（Anthony Pratkanis）和道格·沙德尔（Doug Shadel）对录音带进行了透彻分析，他们揭穿了骗子最常见的做法：先从目标那里得到一个小小的承诺（有时只是一段口头承诺也行），再要目标履行诺言，榨取钱财。

下面我节选的部分录音对话表明，在骗子手中，一致性原则发挥出了可怕的威力，就像是一根大棍子，把那些偏好保持一致的人打了个晕头转向。

"不，我们不光是在说这个。你预订了的！你说了'好的'，你说'订吧'。"
"嗯，你是上个月注册的，你不记得了？"
"你三个星期之前向我们做了保证的。"
"上个星期你对我做了承诺的。"
"你不能买了东西五个星期以后又反悔啊，你不能这么做。"

个人主义 尼克劳斯对言出必行的强烈意愿，除年龄之外，还有另外一个影响因素。我先前给过一点提示：他是个美国人，出生、成长在俄亥俄州。美国这个国家跟世界其他地方的最大区别就在于，它信奉"个人主义"。在美国和西欧等个人主义盛行的地方，人们更注重"自我"；而在其他更强调集体主义的地方，人们更注重"群体"。举例来说，**个人主义者决定某种情况下自己该干什么，主要是看自己的过往经历、观点和选择，并不过多考虑同辈人的意见**。这样一来，要是影响力策略借助了他从前行为的杠杆力量，他们就特别容易上当。

为了验证这一想法，我和同事找来一组大学生，试用了一套"登门槛"手法。

这些学生，一半来自美国，一半来自个人主义不那么盛行的亚洲国家。我们先要学生们花 20 分钟时间，完成"学校和社会关系"的在线调查。过了一个月，我们又要他们花 40 分钟时间完成同一主题的另一次相关调查。在完成了 20 分钟问卷调查的学生里，答应做 40 分钟问卷调查的美国学生差不多是亚洲学生的两倍，前者为 21.6%，后者为 9.9%。这是为什么呢？因为个人主义者会这样考虑：答应了之前的同类小要求，就觉得应该根据这一点判断后面的事情。

因此，在个人主义盛行的社会，社会成员，尤其是年纪较长的社会成员，必须警惕"先提小要求，再提大要求"这种"登门槛"的影响力手法。尽管对方最初提出的要求很小，但是却能让人一步步盲目地跳下危险的悬崖。①

本章小结

- 心理学家早就认识到大多数人都有一种让个人的言论、信仰、态度和行为保持一致的欲望。这种一致性倾向有三大源头：第一，社会对良好的个人一致性高度重视；第二，整体保持一致性能为日常生活带来有利的应对方法，也能更好地塑造自己的公众形象；第三，面对当今复杂的社会，一致性提供了宝贵的行为捷径，只要跟先前的决定保持一致，人们以后碰到类似的情况就不用处理所有相关信息了，只需要想一想先前的决定，再做出一致的反应就行了。

---

① 有充分的证据表明，美国居民有着较为强烈的个人主义倾向，这种倾向使他们往往有着与先前选择保持一致的偏好。

- 影响力专家深知，确保初步承诺最为关键。人们一旦做出了承诺，即站定了立场之后，会更乐意答应跟先前承诺一致的要求。因此，许多影响力专家会设法诱使人们预先站到一个立场上，这个立场跟他们之后提出的要求、要人们做的事情是一致的。不过，并不是所有的承诺都能同样有效地带来前后一致的行动。主动、公开、付出努力、发自内心、没人强迫的承诺最为有效，这是因为，这些元素里的每一个都在提醒我们，做出的承诺是我们自己真正认同的，因此它们甚至可以改变一个人的自我形象。

- 做的承诺哪怕是错误的，也有一种自我延续的倾向，因为它们能"自己长出腿来"。也就是说，人们往往会寻找新的理由和借口，证明自己已经做出的承诺很明智。因此，即使刺激人们做出承诺的条件发生了变化，承诺也能长久地维持下去。这种现象解释了为什么诸如"抛低球"等欺骗性技巧会有效。

- 基于承诺与一致原则还有一个优点：简单地提醒人们先前的承诺，可以重新带来指导行为的效果，哪怕情况已经跟此前完全不同。此外，提醒不仅能让承诺复活，还能通过巩固相关的自我形象来强化承诺。

- 要想发现并防范承诺与一致性压力对决定造成的不当影响，我们应当倾听来自身体两个部位，即肠胃和心灵发出的信号。当我们意识到承诺与一致的压力在迫使自己答应本来不乐意答应的要求时，肠胃就会发出信号。此时，最好是向提要求的人说明，要是我们答应了他们的要求，那就是在死脑筋地保持一致，我们不乐意这么干。而心灵深处发出的信号有所不同，它们最好是用在当我们搞不清最初的承诺是否正确的时候。这里，我们应该向自己提出一个关键的问题：知道了现在掌握的情况，倘若我能回头，还会做出同样的承诺吗？答案就藏在最先冒出来的灵光里。在个人主义盛行的社会，特别是对年纪在 50 岁以上的人来说，尤其要警惕承诺与一致这个影响力武器可能会对自己带来的压力和影响。

第 8 章

联盟

> 如果说，我们无法实现和平，那是因为我们忘记了自己属于彼此。
> ——特蕾莎修女（Mother Teresa）

或许很多人都曾遇到过一位不走寻常路的室友，他的举止活动既让我们感到不安、困惑，也让我们对人类的能力范围有了全新认识。但没有人像人类学家罗纳德·科恩（Ronald Cohen）曾经的室友那样，在这两方面都给人留下了不可磨灭的印象。

在一次深夜谈话中，这名曾经在纳粹集中营当过警卫的室友描述了一件让他自己和科恩都难以忘怀的事情。多年以后，科恩仍为室友讲述的故事感到困扰，还围绕它写出了一篇学术文章。

在纳粹集中营里，要是有一名囚犯违规，守卫常常会让所有人排队报数，并且会射杀报到10这个数的囚犯。在科恩的故事里，一个资深守卫跟往常一样做着这件事，可突然之间，他做了个奇怪的选择：倒霉的第10号囚犯走出了队伍，守卫却扬了扬眉毛，朝第11号囚犯开了枪。

稍后，我将揭示这名守卫一念之间定生死的原因。不过，为了使我们稍后的解释更圆满，我们有必要先来看一条在人们心中根深蒂固的社会影响力原则，它才是该原因背后的力量来源。

"我们"的力量

几乎人人都会不假思索地立刻把他人分成属于"我们"和不属于"我们"的不同群体。这对影响力有着强烈的暗示，因为在"我们"这个群体之内，任何与影响力相关的事情都更容易实现。那些属于"我们"群体内的人，会得到更多的认同、信任、帮助、喜好、合作、情感支持、宽容，甚至获得更美好的评判：比如更具创造力、更有道德心、更富人情味。这种偏爱似乎不仅对人类行为有着广泛的影响力，还有着漫长的历史根源：人类从婴儿时期就展现出了这种偏爱，连其他灵长类动物也不例外。"我们"这种部落意识，只要按下按键就会被唤醒。[1]

因此，影响力要想发挥作用，往往以"我们"式关系为基础。但这仍然存在一个核心问题：怎样描述这种关系最为准确呢？答案在于一种微妙而关键的区分。"我们"式的关系，不是要让人们说"嘿，那个人跟我们很像"，而是让人们说"嘿，那个人是我们中的一员"。影响力的联盟原则可以这样表述：**人们更容易被自己群体里的人说服**。联盟并不是说人与人之间存在简单的相似之处，而是指彼此有着共同的身份认同。这是一种部落式的分类，人们用来界定自己和自己所属群体，比如民族、种族、国籍、家庭以及政治和宗教背景。举个例子，和同胞兄弟姐妹比起来，我跟同事在品位和偏好上有更多的共同点，但毫无疑问，我只会把同胞兄弟姐妹视为"自家人"，而同事只不过是"跟我很像的人"。这些类别的一个关键特点是，群体成员往往会感到跟其他人合而为一。群体中一个人的行为，会影响其他成员的自尊心。简单地说，"我们"，就是扩大的"我"。

---

[1] 本章摘取并更新了我在 2016 年所著的《先发影响力》（该书已于 2017 年 9 月由湛庐策划、北京联合出版公司出版）一书中的部分资料，并获得了出版社的使用许可。

因此，在"我们"式关系群体里，人们往往无法正确区分自己的特点与群体内其他成员的特点，体现了自我与他人的混淆。神经科学家为这种混淆提供了一个解释：自我和亲密他人的概念是由相同的大脑回路激活的，激活其一，就可导致另一概念的神经元也被交叉激活，从而导致身份认同的模糊。早在神经科学证据提出很久以前，社会科学家们就在测量自我—他人重叠感以及由此产生的身份认同问题（见图 8-1）。凭借这一测量结果，研究者考察了有哪些因素会带来更强烈的身份认同感，以及这些因素是怎么发挥作用的。

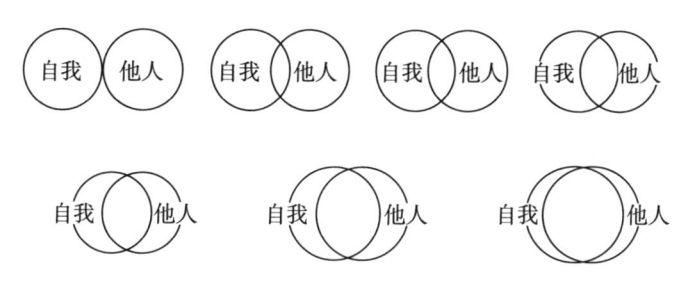

图 8-1 重叠的圆圈，重叠的自我

自 1992 年公布以来，科学家们一直使用《自我涵盖他人量表》（*Inclusion of Other in the Self Scale*）来观察哪些因素可推动与他人"合而为一"的感觉。

群体成员之间的身份认同混淆，可以从以下倾向看出：将自己的特点投射到其他群体成员身上，记不清楚自己此前评价的特点是属于自己还是同群体成员的，需要较长时间才能确认自己和群体内成员之间的不同特点。

其他类型的认知混淆也是因为大脑在做不同的事时，使用了相同的结构和机制所导致的。举例来说，一个人如果反复想象自己做了某事，就会逐渐相信自己真的做了某事，这一现象的部分原因可以解释为：执行一个行为和想象执行该行为，会使用相同的脑区。再举一个例子，**在大脑中，感受社会排斥带来的伤痛跟感受身体的伤痛一样，使用的是同样的脑区**。因此，某些感冒药既可以减轻身体的伤痛，也可以减轻心理的伤痛。

"我们"式关系对人类行为反应产生的影响，有着惊人多样化的适用环境和背景。但有三个因素是反复出现的。第一，我们会更偏爱自己群体内其他成员带来的成果和福利。例如，互相竞争的工作小组的成员（每一小组包括两名人类队友和两个机器人）不光对自己的人类队友有着更积极的态度，对本团队中机器人的态度也很积极，甚至超过了对对手团队人类队员的友好程度！第二，我们更偏向于用自己群体内其他成员的偏好和行为来指导自己，这样能够确保我们这个群体的团结。第三，从进化的角度来看，这些偏爱和追随所带来的抱团冲动，是为了让我们的群体获得优势，并最终让自己获得优势。事实上，一群学者回顾了数十年来有关这一点的相关科学研究之后得出结论：群体主义不光普遍存在，它还是人类的本性。稍微留意，就能发现社会环境中这种偏爱是多么普遍而强大，并且大多数都是"按一下就播放"的自动行为。

商业

销售 还记得第 3 章提到的世界上"最伟大的汽车推销员"吉拉德所取得的惊人销售成绩吗？他在连续 12 年中，平均每天卖出 5 辆汽车。他是靠着善结客源做到这一点的，因为他也真心喜欢自己的客户。吉拉德经常给客户寄送上面写着"我喜欢你"的明信片，总是确保他们购买汽车时得到快速而礼貌的服务，并一直给他们报出公平的售价。最近，有报道指出，吉拉德的销售数据已经被密歇根州迪尔伯恩汽车销售员阿里·雷扎（Ali Reda）所取代，后者的年销售量比吉拉德成绩最好的年份还要高（见图 8-2）。雷扎先生在采访中承认，他追随的就是吉拉德的那些成功做法。但如果雷扎只是在模仿吉拉德，那他怎么可能超得过师父呢？他一定在"菜谱"里加入了一种与众不同的秘密成分。他的确加了，但那并不是什么秘密，而是从种族方面彻底地体现了"我们"式关系的力量。

图 8-2　雷扎就位

雷扎是密歇根州迪尔伯恩阿拉伯社区的老面孔，他在此地创下了汽车销量的历史新纪录。

迪尔伯恩地区大约有 10 万人口，其中包含着全美最多的阿拉伯后裔。雷扎本人就是阿拉伯裔美国人，并致力于成为阿拉伯社区（这是一个人际关系联系极为紧密的社区）里引人注目的活跃成员，他极力向这个群体推销自己。大部分客户来找雷扎，是因为他们知道他是自己社区中的一员，愿意信任他。如果从"种族"这个层面来划分"我们"，雷扎就彻底打败了吉拉德。吉拉德出生时的名字是吉拉迪，这暗示了他的西西里血统，所以在他的大多数顾客眼中，他不是"我们中的一员"。实际上，吉拉德说自己不得不改名换姓，恰恰是因为当时有些顾客不愿意跟"外国佬"做生意。

科学研究证实了"我们"这个共同的身份能对销售结果带来有利影响：如果潜在客户跟教练住在同一个社区，那么前者更愿意接受这个教练的个人培训计划销售游说。同样，如果客户知道自己和一位牙医是同乡，那么这位牙医给他推荐的牙科服务套餐，他也会更愿意接受。

金融交易　如果共同的种族身份有助于解释雷扎为何能在学习吉拉德方法的同时超越吉拉德的绩效，或许，同样的因素还能解释另一个商业上的谜团。众所周知，我们这个时代最大的投资骗局要数华尔街业内人士伯纳德·麦道夫（Bernard Madoff）精心策划的庞氏骗局。尽管分析师们聚焦于这起诈骗案意义深远的一些方面，比如其规模庞大（超过150亿美元）、持续时间很长（数十年都无人察觉），但另一个明显的特点却给我留下了深刻的印象：许多受害者都是有着丰富金融知识的人，其中不乏头脑冷静的经济学家、经验丰富的基金经理、极为成功的商业领导者。事实上，从麦道夫哪怕在经济不景气的年份交付的利润也异常丰厚这一点而言，人们就应该很快对他产生疑心了。可以说庞氏骗局不是"狐狸骗了鸡"，而是"老狐狸骗了狐狸"。

麦道夫是怎么做到的呢？其实很多重大事件的发生都不是由单一因素导致的，它们无一例外均由多种因素共同造就。庞氏骗局也不例外。麦道夫在华尔街的长期经历、他声称采用了基于衍生品的复杂的金融机制、"获允"加入他基金的投资者圈子的有限性，这些因素都起到了一定作用。但除此之外还有一个重要的因素，那就是共同的身份。麦道夫是犹太人，他的大多数受害者也是犹太人，他们往往是麦道夫同为犹太人的助手寻觅来的。另外，新加入的人和过去加入的人互相认识，又都是犹太人，这些都充当了社会证明：参加麦道夫的投资必定是个明智选择。

当然，这类欺诈并不仅限于同一种族或宗教群体。这种被称为"杀熟"的投资骗局，几乎总是群体内的成员对群体内其他成员的掠夺——拉丁人欺骗拉丁人，亚美尼亚裔美国人欺骗亚美尼亚裔美国人。查尔斯·庞兹（Charles Ponzi）是一名意大利移民，他在1919至1920年从其他意大利移民手里骗取了数百万美元。麦道夫的庞氏骗局，就得名自庞兹。

除了投资决策，建立在"我们"基础上的选择，在其他金融交易里也普遍存在。在美国金融咨询公司内部，如果一名顾问和另一顾问种族相同，那么，要是前者存在财务不当行为，后者效法的可能性会是一般情况的两倍。一项研究考察了印度一家大银行的记录，发现信贷员对来自同一教派的申请人批准了更多的贷款申请，给予了更为优惠的条件。而且，这种偏袒有可能双向发挥作用：如果货款经理和贷款人来自同一宗教，那么贷款人的贷款偿还率会显著增加。这里还有一个群体内偏袒的例子：在一家餐厅里，当顾客受到不良的服务待遇时，如果服务员与顾客姓氏相同，顾客就不太愿意责怪他。

如果说，这些来自世界各地的研究仍不足以证明群体内效应的跨文化影响，那就让我们再来看最后一个例子。在加纳，出租车司机和乘客通常会在出行前就车费进行协商。如果这两个讨价还价的人支持同一个政党，司机往往会以更低的车价接单——但这里有一个有趣的转折。价格让步仅发生在选举前后的几个星期，在这段时间里，选民对自己所属的党派更为看重。这一发现说明了"我们"式群体反应的一个重要方面：它会因突出群体身份的线索或环境而得到强化。因此，联盟和其他影响力原则相比有一点不同：如果我们把其他影响力原则看做是随时都能释放吸引力的普通磁铁，那么联盟这个原则更类似电磁铁，它的吸引力会受到当下输入的电流强度的影响。

政治

近年来，在旨在保护他人感情而说的无伤大雅的"白色谎言"（"不，这件衣服/这种发型/这枚鼻环真的很适合你"）和旨在伤害他人利益而说的"黑色谎言"（"要是你穿着这件衣服去跟我前男友约会，他会很高兴的"）之间，又出现了一种新的分类——"蓝色谎言"。这种谎言有两种核心元素：既要保护他人，也要伤害他人；但基于"我们"所属的不同联盟，选择保护的对象和选择伤害的对象也就不一样。它们是故意讲述的谎言，通常是群体内成员为保护自己群体的声誉而对群体外成员说的谎。在这些身份融合的群体内部，联盟胜过真相。用政治色彩不太浓的一种方式来说就是，在群体成员的眼中，旨在强化"我们"式群体的谎言，会在道德上优先于削弱本群体的真话。

与"蓝色谎言"类似的一项研究发现，**如果人们对某个群体有着强烈的身份认同感，就会更乐于遵循该群体的规范，哪怕他们知道这些规范与现实脱节**。比如，研究表明，对所属党派有着强烈认同感的人，更愿意包庇、偏爱和追随同党派成员，这个结论与新兴的学术研究结论吻合，即党派成员的许多政治决定与其说是基于意识形态，不如说是基于对身份认同的党派及其成员的忠诚。科学还对此类偏见产生的心理神经学机制做出了总结。

在基于"我们"的逻辑中，群体内成员更愿意掩盖其同伴的过错，这样的逻辑并不只适用于政党。比如在受到警察质询时，首先，人们会强烈地偏向于不报告好友或家人等与自己联系紧密之人的不当行为；其次，当不当行为程度严重而非轻微（如盗窃之于非法音乐下载，肢体性骚扰之于目光骚扰）时，人们尤其不愿意报告；最后，人们承认，这种不愿意是出于保护自己声誉的想法。我们看到，"我们"真实暗示着"我"。

在这个问题上，政党的表现更为严重。有人回顾了相关研究后总结道："这种（出于政治利益的）谎言似乎正在愤怒、怨恨和两极分化的氛围中蓬勃发展。对党派的认同太过强烈，一听到他人对党派的批评，就感觉像是对自我的威胁，进而引发一连串的防御心理机制。"听上去耳熟吗？这种狂热的党派认同，不光认可那些促进、保护自己党派的谎言，还会触发其他的防御机制。身份认同跟所属政党"融合"的人报告说，他们更愿意向政党隐瞒党内政客税务欺诈的证据。哪怕已经看到证据表明，两党对城市幸福做出了同等投入，狂热的党派成员仍会相信自己所属党派的贡献更大。研究者请人们将肾病患者的候选名单排序，以判断其是否有资格接受新一轮治疗。结果显示，人们会选择与自己党派一致的人。

人们不光会偏爱自己所属党派的成员，哪怕在令人困惑的情况下，也会选择更相信同党派成员。在一项在线研究中，研究者向参与者展示了若干种体型，并请他们根据一套指导方针对体型分类。划分到正确类型下的体型越多，参与者得到的钱就越多。在判断怎样最好地将体型分类时，参与者可以选择参考另一名参与者（根据研究的设定，前者可以从此前的信息里得知后者的政治倾向）的答案。

令人惊讶的是，参与者会选择参考并照搬跟自己政治立场相似的人的答案，哪怕后者在这项任务中的表现相对糟糕。想想看：人们竟然更愿意在一项任务中求助于政治盟友的判断，然而，该任务与政治无关，盟友在任务中表现也较差，而且参与者有可能因此受到金钱损失！总的来说，这些发现与新兴的学术研究结论吻合，即党派成员的许多决定并不是基于意识形态，是基于忠诚，而忠诚则来源于"我们"。

体育运动

几个世纪以来，体育比赛的组织者充分认识到，偏袒"自己人"是很自然的倾向，所以必须依靠独立的评判者（裁判）来维护规则，以不偏不倚的态度评出获胜者。但对这些裁判，我们能期待他们做到多公正呢？毕竟，如果说"部落主义是人类的本性"，那我们真的能合理地相信他们能做到不偏不倚吗？既然已经知道人类对"自己人"的偏爱，我们就应当对此保持怀疑的态度。此外，还有直接的科学证据能支持这种怀疑的合理性。

在国际足球比赛中，倘若裁判和一支球队来自同一个国家，那么这支球队往往会多获得10%有利于自己一方的判罚。不管是精英裁判，还是经验不足的新手，都会产生这种偏向。在美国职业棒球大联盟赛事中，裁判和投手之间是不是同一种族，会影响到投出的球是否被判断为"好球"。在美国职业篮球比赛中，裁判对跟自己同一种族的球员判犯规的次数较少。研究者得出结论：

由于上述偏差的程度太过严重，"球队取胜的概率，明显会受比赛执裁团队种族构成的影响"。因此，哪怕裁判团队已经经过专门挑选和训练来帮助他们消除偏差，但他们还是会受到"我们"式群体偏差的影响。要理解为什么会出现这样的情况，我们必须了解影响体育裁判的力量，其实也就是那些能让球迷一边倒的声名狼藉的力量。

著名作家艾萨克·阿西莫夫（Isaac Asimov）描述过我们观看比赛时的反应：

> 倘若其他的条件全都一样，你铁定会支持跟自己同样性别、来自同一文化、同一地区的队伍……你想要证明自己比另一个人更优秀。你支持的一方就代表了你，他（她）赢了，你就赢了。

从这个角度来看，体育迷的狂热就变得有意义起来。**我们观看比赛，并不是因为它固有的表现形式或艺术意义，而是我们投入了自我。**这就是为什么球队主场获胜以后，粉丝们会报以那么强烈的崇拜和感激之情。这也是为什么球队主场失利之后，同一批粉丝会马上翻脸不认人，简直恨不得把球员、教练和官员生吞活剥了。

我很喜欢的一段逸事，就是很恰当的例证。

> 第二次世界大战结束后，一名老兵退伍回到巴尔干半岛的家中，没过多久就不说话了。医生给他做了健康检查，却找不出毛病来。没有伤口，没有脑损伤，声带也没有受损。他能读、能写、能理解对话、能服从命令，但就是不说话。不跟医生说，不跟朋友说，也不跟苦苦恳求的家人说。
>
> 医生困惑又生气，于是把他转移到了另一座城市，安置到了一家

退伍军人医院。在那里，老兵待了整整30年，从来不曾张口说话，过着与世隔绝的生活。后来有一天，他病房里的收音机刚好调在了一个转播足球比赛的频道，当时那场比赛又正好是他家乡的球队跟老对头打。在比赛的关键时刻，裁判判沉默老兵家乡球队的球员犯规，老兵气得从椅子上跳起来，瞪着收音机，30年来头一回开了口。"你这个蠢蛋！"他大叫道，"你是想让他们赢比赛吗？"说罢，他又坐回了椅子，重新回到了一贯的沉默当中，再也没开口。

从这个真实的故事里，我们可以了解到两件重要的事情。一是体育运动蕴含着惊人的力量。老兵希望家乡球队获胜的欲望是如此强烈，光是这一点冲动，就让他打破了自己多年来顽固坚持的生活方式。二是体育运动和粉丝之间的关系是非常个人化的。不管沉默老兵的个人认同出了什么问题，足球比赛都能让他感同身受。经过病号房里30年的无声自我放逐，不管他的自我已经虚弱到了何等程度，比赛结果仍然牵动着他的心弦。为什么会这样呢？因为要是家乡队输了，他的自我会更加消沉；要是家乡队赢了，他的自我则会提升。何以如此呢？这正是联盟原则在搞鬼。他与故乡的关系，把他跟一场球赛的胜利或失败捆在了一起、包在了一块儿、系在了一处。

关于体育领域非理性群体内偏好的案例，我还可以举一个我本人的例子。我在威斯康星州长大，当地全美橄榄球联盟的主场球队一直是绿湾包装工队。不久前，我读到一篇介绍不同名人最喜欢哪支橄榄球队的新闻，得知艺人贾斯汀·汀布莱克（Justin Timberlake）和说唱乐手李尔·韦恩（Lil Wayne）都是绿湾包装工队的狂热球迷，我立刻改变了对两人音乐的看法。不止如此，我还希望他们未来取得更大的成功。沉默的二战老兵跟我在很多方面都不同（比如，没人会求着我开口说话），但从不假思索地偏爱"自己人"这方面来看，我们是类似的。别否认了，没用的。

个人关系

情侣 所有的恋爱关系都会经历分歧，而如果不处理产生冲突的来源，就会导致不和与不满，同时损害双方的心理和身体健康。有没有什么特别有效的影响力策略，可以用来说服另一方做出改变，进而减少分歧呢？有，而且还易于实施。在一项研究中，在一起的时间平均已达 21 个月的夫妻答应讨论两人关系中一直存在的问题，并试图找到解决办法。研究者注意到，这种交流有两个重要的方面。第一，总是有一方在扮演说服者的角色，试图把另一方转移到自己的立场上。第二，说服者施加影响的方法分为 3 种形式，带来的结果完全不同。

第一种是高压式方法，依靠的是贬低性的评语以及"你最好做些改变，要不你会后悔的"之类的威胁。这种攻击不仅不会取得成功，反而会适得其反，让接收方进一步远离说服方的立场。第二种是"梳理事实或讲逻辑"的方法，说服方声称自己的立场在理性上更为优越，并使用"只要想一想就知道我是对的"这样的说辞。此时，接收方会简单地驳斥主张，但完全不会改变。第三种是"伙伴关系提升"法，即在意识上突出两人的个体身份已融合为"伴侣"，它的成功率极高。说服方只需要使用"我们"或"我们的"这样的措辞，并提及两人共同的感受、在一起度过的时光（比如，"你知道，我们在一起很久了，我们彼此关心；如果你能为我们这么做，我会很感激"），就能达到理想的效果。研究结果表明，只有这一类说服者在另一方身上实现了自己想要的改变。

这种提升"联盟"意识的方法，不光证明了它的有效性，还有另外两个值得注意的特点。第一，它的功能本质是"证据推论失效"（evidentiary non sequitur）的一种形式。"你知道，我们在一起很久了，我们彼此关心"这句话不足以建立沟通者立场的逻辑或实证效用。但是，它为改变提供了一个非常重要的理由——改变表明的是对两人关系的忠诚。

第二，它并未提供任何未知的东西。一般而言，双方都很清楚自己处在伴侣关系当中。但这一含义丰富的信息，如果碰到正在争夺同一空间的其他因素，就很容易在双方的意识中退居其次。一如"证据推论失效"这个名字，伴侣关系提升法只是在提高双方对彼此关系的觉察。这种改变的建立基础，非常符合我最近看待许多社会影响力研究的方法。最可能影响一个人决策的因素，并不是全局中最有力或最具指导性的因素，反而是人们在做决定时意识前端最突出的那个因素。

亲密友情　除了爱情伴侣，"我们"式关系还可以来自其他有力的个人连接形式，友谊便是其中之一。不足为奇，跟只是普通熟人（如同事）的人相比，朋友之间的体育锻炼活动更有可能互相匹配。

EBOX ｜ 线上影响力

如今，基于友谊的群体经常会通过网络建立起来，这就构成了电子商务活动的一个子集，即"友谊型商务"。按照为各大品牌提供咨询服务的社交媒体软件提供商 Awareness 所说，"友谊型商务"的利润非常丰厚。针对梅西百货公司和李维斯这两家传统实体企业所做的"友谊型商务"活动报告说："梅西百货的'时尚总监'活动请用户自己设计一套衣服，并收集朋友们是否愿意购买此套衣服的意见和投票。通过'时尚总监'活动，梅西百货的 Facebook 粉丝翻了一倍，达到 180 万，销售额提高了 30%。李维斯的'朋友商店'则支持用户创建个性化的商店，商店由用户的朋友们喜欢的物品组成。商店功能上线时，一举吸引了超过 30 000 名粉丝，李维斯的社交网络覆盖面也扩大到了 900 万名。'朋友商店'使李维斯的销售额提高了 15%，平均订单价值提高了 50%。"

作者点评：我对李维斯"朋友商店"的例子尤其感到信服，因为它的影响力并不来自朋友们说自己喜欢该店商品的风格，相反，它来自对朋友们当前风格偏好的了解，进而提高了这些风格的商品的购买量。

富有教育意义的一点是，友谊（以及伴随而来的联盟感）越紧密，朋友的行为对我们的影响就越强。在一项有 6 100 万人参与的大规模政治选举实验中，如果一条 Facebook 信息中包含已经投票的 Facebook 好友的照片，还有一张照片来自一名亲密朋友（这一点最为关键），那么，敦促人们投票的信息效力最强。

最后，最好的朋友之间存在一种比亲密朋友更强烈的联盟感。"我们是闺蜜"或者"我们永远都是兄弟"等特别的标签和主张都传达了这种纽带关系的力量。在一项关于大学生饮酒行为的研究中，一名学生每星期的酒精摄入量、饮酒频率以及酒精相关问题，均与最好朋友的相关情况保持一致。

表明朋友之间身体活动水平联系的研究还发现，人们普遍低估了朋友对自己行为产生的影响，错误地认为与健康及个人形象相关的一些决策上，一个人的自主意识对自己影响更大。最好的朋友对大学生的饮酒情况有着强有力的影响，该研究还表明，这一效应在白人学生和美国原住民学生身上都存在。一般而言，朋友之间可见的与实际的基因重叠程序，都比非朋友之间的重叠程度高。

宠物 人人都会打呵欠，通常是出于疲倦或无聊等原因。就此处的目的而言，导致打呵欠的另一个更有趣的原因与影响力过程有关：这就是传染性呵欠，即别人打呵欠之后自己也打起呵欠来。我们知道，联盟感会给人类的反应带来影响，因此，传染性呵欠的发生频率，跟人们之间的个人依恋程度直接挂钩。传染性呵欠最容易发生在亲人之间，其次是朋友，然后是熟人，陌生人之间最少。类似的情形也发生在其他物种中（黑猩猩、狒狒、倭黑猩猩和狼），一只动物打呵欠主要是由亲属或朋友的接触引起的。

我们知道，同一物种（并主要是以"我们"为基础单位的物种）的成员之间会发生传染性呵欠的现象。这种影响力能跨物种存在吗？日本的一项研究给出了肯定的答案,而且证据能让人大吃一惊。该研究中的物种之一是人类,之二是狗(经常有人说狗是"人类最好的朋友")。实际上,还常常有人形容人和狗之间的纽带超越了友谊甚至血缘。例如,经常会有人把狗当成自己的家庭成员,比如"我养了3个孩子和1只苏格兰狗"。

该项研究使用类似的程序观察了25只狗。在5分钟内,让每只狗看着研究者或自己的主人打几次呵欠。研究者记录下狗的反应,并分析传染性呵欠的次数。结果一目了然:跨物种的传染性呵欠确实存在,但只存在于狗与主人之间。我们再一次看到,在以"我们"为基础的单位(单位的边界可扩展余地极大,在本例中甚至包括了跨物种成员)内,影响力尝试会更为成功。

研究者收集的数据还揭示了人类传染性呵欠发生的次数,与传染和被传染呵欠者之间个人连接程度的等比关系。他们发现,就算呵欠只通过声音传播,也存在同样的比例关系(如见图8-3)。

图8-3 会传染的呵欠

宠物及其主人打哈欠会互相传染。到目前为止,研究者只验证了主人打呵欠会传染给宠物。我不是个好打赌的人,但我敢打赌,这种现象是双向的。

各位爱猫人士，不要绝望。我没能提供表明宠物猫与其主人之间传染性打呵欠的数据，但这并不意味着这种影响不存在。缺乏证据可能只是因为研究者还没有检验这种可能性，这或许是因为研究者很难让猫长时间保持静止、集中注意力。

除了商业、政治、体育和人际关系，人类互动的其他重要领域也显示出"我们"式群体身份的偏见效应，而且偏误程度同样惊人。在医疗领域，如果主治医生与新生儿属于同一种族，婴儿出生死亡率就会显著下降。在执法领域，如果警察和司机的种族相似，警察就不太可能拦下司机的车辆进行搜查。在教育领域，教师打分也表现出了同样的趋势：教师与学生在种族、宗教、性别、民族或国籍方面相同，学生的课堂评估水平和考试成绩会提高。荷兰马斯特里赫特大学的一项研究提供了最明显的证据：该大学位于荷兰与德国边境附近，拥有大量来自荷兰和德国的师生。把学生的试卷随机分配给来自相同或不同国籍的老师评分，如果学生的名字跟打分老师的国籍相同，那么该学生的分数就会更高。

很明显，行为科学家一直忙于检验联盟原则影响人类反应的广度和深度。在这个过程中，他们发现了能带来联盟感的两类主要因素：一类是身心合一，一类是行动合一。我们来逐一看看。

联盟 1：身心合一

唤起血脉之情

从遗传学的角度来看，属于同一个家庭，即血缘相同，是自我——他人统一的终极形式。事实上，进化生物学中被广为接受的一个观点是，个体会付出极大的努力，争取让自己的基因延续下去，而非单纯地让自己存活。这种主张的言外之意是：自我利益可以在当事人自身之外，在与自己有着相同遗传物质的他人身上。出于这个原因，人们特别愿意帮助血缘关系近的亲戚，尤其是在事关生死的决定上，人们更愿意给亲人捐献自己的肾脏，更愿意冲进着火的大楼里救出自己的亲人。脑科学给出了一个最可能的解释：在帮助了亲人之后，大脑的自我奖赏中枢会体验到高得非同寻常的刺激；这么做，就好像是帮助了自己一样，哪怕是对青少年，情况也是这样！

READER'S REPORT | 读者报告

致西奥迪尼先生：

最近，我进一家商场购买必需品时，在门口使用了保安提供的消毒洗手液。我注意到，一个在该商场药店工作的人，进店时拒绝使用消毒洗手液。这样的场面并非个例。比如，商场里有更多人都不接受保持社交距离的规劝。

事后，我致电商场经理指出了这一现象，经理说自己并未获得授权做出任何改变，但声称会向"公司"提出这个问题，然而情况并无改观。接着，我联系了当地的国会议员，并给议员留下一条电话留言："议员先生，请想象一下你的奶奶或妻子因为传染控制措施实施不到位而患病，会是什么样的情形？良好的传染控制本可以让她们免遭此劫。请将这一想法传递给更多的人。"

两天后，我接到了议员的电话和电子邮件。他已经联系了卫生部、卫生部长和两家全国零售连锁店的首席执行官。随后，我在新闻中发现，零售连锁店突然实施了新的手部消毒和社交距离限制。该新闻还提到了推动这一改变的议员。我想，是我促成了这种改变，虽然功劳落到了这位议员头上，但我并不在乎。

>>>

第 8 章 联盟

> **2020年新冠疫情肆虐期间悉尼的这名护士：**
>
> 虽然很难知道到底是哪些因素导致了你所目睹的变化，但我猜测，你在游说议员时动情地提到了对方的家人，还建议议员也采用这一影响力手法，这发挥了一定的作用（因你要求隐去自己的姓名，所以本书前言部分所列的"读者报告"撰稿人名单中并未收录你的名字）。

影响力研究 / INFLUENCE NEW AND EXPANDED

从进化的角度看，任何能让亲人得到好处的事都值得一做，哪怕是很小的好处。我在职业生涯里曾使用过一次非常有效的影响力策略，证实了这一点。

有一次，我想对比大学生及其父母对待一系列问题的态度有什么不同，于是安排这两个群体填写同一份冗长的问卷。找一群大学生来完成这桩任务并不难，我在自己执教的心理学大课上把问卷当成课堂练习发了下去。但想办法让学生的父母也完成问卷就困难多了，因为我没有研究经费可以提供报酬给他们，而且本来成年人参与这类调查的比例就很低，通常低于20%。一位同事建议我打打"亲情牌"试试看：如果学生的家长愿意完成问卷，在下一次随堂考试中，学生就能多得一分。

这个方法的效果好得惊人。全班一共有163名学生把问卷寄给了家长，159人（97%）在一个星期内寄回了填好的问卷，就为了让孩子在某一学期某一门课的其中一场考试上多得一分。身为影响力研究者，我还从来没碰到过这样的事。可从之后的经验来看，这事儿还可以做得更好：我该让学生把问卷发给祖父母。我估计，这样一来，163份问卷在一个星期里能返回162份。而且，缺的那一份还很可能是因为爷爷填完问卷一路小跑去邮局的路上心脏病发作了。

这类来自爷爷奶奶对孙辈的宠爱，我从幽默作家乔尔·斯泰因（Joel Stein）讲的一个故事里获得了部分证明。斯泰因想说服奶奶投票给某位总统候选人。一开始，奶奶对此并不热心。于是，斯泰因对奶奶展开了长篇大论的说服工作，然而，要么是他的论点缺乏说服力，要么是"奶奶"听不懂。但奶奶还是说，自己会去给那位候选人投票。斯泰因迷惑地追问原因，奶奶解释说，那是她孙子希望她做的事情呀。

进化生物学思想的主要观点（即个体会付出极大的努力，争取让自己的基因延续下去，而非单纯地让自己存活）最初特指"广义适合度"这一概念。虽然多次有人提出反对意见，但它仍不断得到证据支持。**从基因重叠的角度看，亲属关系越近（如父母或兄弟姐妹相较于叔叔或表亲），自我—他人重叠的感觉就越强烈。**另一项研究为群体促进效应提供了解释：在意识里突出强调群体身份，会让人们强烈关注与这一身份吻合的信息，这反过来也让人们认为这些信息更加重要，更有因果意义。研究者还对"养育后代是范围更广的帮助行为的基础"这一观点进行了详细的分析。

虽然生物学家、经济学家、人类学家、社会学家和心理学家都通过研究了解到了这一点，但要意识到孩子对家长的巨大影响力，人们用不着非要先去当科学家。举例来说，小说家经常表现这种情感上的强大拉力。当代最伟大的小说家之一海明威讲过一个赌注的故事。海明威素以文字简练却动人心弦著称。他跟一位编辑在酒吧喝酒，海明威打赌说，自己能用6个单词写出一个人人能懂并产生深刻共鸣的完整故事。如果读完这个故事之后，编辑认同他的观点，就给整个酒吧的人买杯酒；如果不认同，那就由海明威来埋单。定好打赌的条件以后，海明威在餐巾纸背面写了几个字，把它给编辑看了，编辑什么话也没说，站起身就去了柜台，给所有人买了一轮酒。海明威写的是："出售婴儿鞋，未穿过。"（For sale. Baby shoes. Never used.）

但对跟我们没有特殊基因联系的人，能不能借用亲人的影响力呢？使用能先发制人地在意识里唤起亲人概念的语言和意象，或许是一种办法。例如，使用有关家庭的图像和标签，如兄弟、姐妹、祖先、祖国、血脉，在人群里创造出集体感，能提升人为了集体利益牺牲个人利益的意愿。一支国际研究团队发现，人类极其擅长感受象征的力量，因此这些想象出来的"虚构家庭"能提高人们的自我牺牲精神。一般而言，自我牺牲精神是与血缘关系极近的氏族相关的（见图8-4）。西班牙曾有两项研究，用"同胞如家人"的概念唤起人们对本国人民的"联盟感"，立刻大幅提升了人们为西班牙战斗至死的意愿。

图 8-4　家庭第一

家庭关系的重要性，不仅体现在长辈对待子女的行为上，也体现在子女对待长辈的行为上。2016年，演员茱莉亚·路易斯-德瑞弗斯因电视剧《副总统》获得了艾美奖的最佳女主角称号。在颁奖仪式上，她把这份荣誉献给了自己刚刚去世的父亲，她的致辞生动地体现了父女关系的重要性："我很高兴他喜欢《副总统》，因为对我来说唯一重要的就是他的看法。"

对我们所在集体之外的人，也可以采用这种方法吗？我们可以通过唤醒亲人意识这个手法，影响一个在基因上和自己完全无关的人吗？我在金融服务公司年会上做讲演的时候，有时候会这么问："在各位看来，我们时代最成功的金融投资家是谁？"人们一定会齐声给出答案：沃伦·巴菲特。自1965年以来，巴菲特和合作伙伴查理·芒格联手，让伯克希尔-哈撒韦公司为股东们创造了惊人的价值。

几年前，我收到一份礼物，是伯克希尔－哈撒韦公司的股票。这份礼物的意义不仅仅在于金钱，它为我提供了一个观察巴菲特和芒格的战略投资及沟通方法的黄金视角。对战略投资，我一无所知；但对战略沟通，我略知一二。在这个过程中，我所看到的技巧让我深为震撼。

具有讽刺意味的是，伯克希尔－哈撒韦公司的财务造诣超凡脱俗，反倒带来了沟通上的问题：怎样让人们相信，公司将来还会继续保持这样的成功？如果没有这种信心，股东就会卖掉自己的股份，而潜在客户则会去购买其他公司的股票。

毫无疑问，伯克希尔－哈撒韦公司有着优秀的基础商业模式，还有着若干独特的规模优势，能为其将来的估值提供令人信服的理由。但令人信服的理由，跟令人信服地提出理由，并不是一回事。巴菲特每年发布公司年报时，都会结合诚实、谦虚和幽默感等方式来做到后一点。2015年2月，他似乎需要一种超乎寻常影响力的东西，因为当时他要发出一封特别的致股东的信，纪念公司成立50周年，概括历年来的业绩，证明公司将来还会继续保持活力。①

50周年隐含了一点言外之意，外界对此表示关心颇有一段时间了，网上的评论更是一边倒地苛刻：创办公司已经50年，巴菲特和芒格显然不再年轻，两人都不应继续领导公司，公司的前景和股价都有可能就此下滑。我还记得，刚读完评论，我深感困扰。我手里的股票在巴菲特和芒格管理期间翻了两番，可如果两人都由于年事已高离任，股票还能继续站在高位吗？是不是应该赶在他俩离开之前把股票卖了，拿走赚到的利润呢？

在信中，巴菲特正面谈到了这个问题，具体是在"伯克希尔的下一个50

---

① 巴菲特的那封致股东的信是伯克希尔－哈撒韦公司2014年年报的一部分，该年报于2015年2月公布。

年"一节。他阐述了伯克希尔－哈撒韦公司的成熟商业模式所带来的深远的积极影响，它几乎牢不可破的金融资产护城河，以及公司已经为下任 CEO 找到了"合适的人选"，待时机成熟就会走马上任。但从影响力专家的角度来看，我最受打动的是巴菲特在开始这最重要的一节之前所采用的影响力策略。他以自己典型的方式，正面迎击了潜在的弱点，重建人们对他的信赖感："现在，让我们看看前进的道路。请记住，如果让我在 50 年前揣度未来会是怎样的情形，我一定错得离谱。"接着，他做了一件我从未见过，也从未听说他曾在公共场合做过的事情。他说："请记住我上面的提醒，现在我再来告诉你，如果今天我的家人问及公司的未来，我会给出同样的回答。"

随之而来的是精心构建的论点，为伯克希尔－哈撒韦公司将来的经济健康做支撑：成熟的商业模式，金融资产护城河，对未来 CEO 的严格筛选。除去对这些优势部分进行可信的论述，巴菲特先发制人地做了一件我认为更具可信性的事情：他说，要像对待家人一样，把这些事情告诉我。基于我对他的认识，我相信这一说法。于是，我再也没有认真想过要把伯克希尔－哈撒韦公司的股票卖掉。在汤姆·克鲁斯出演的电影《甜心先生》里，有一个令人难忘的瞬间：主人公冲进房间，向已经跟他分居的妻子多萝西打招呼，然后开启了长长的独白，列举了多萝西应该继续和自己在一起的种种理由。在这个过程中，多萝西抬起头来，用一句今天已经广为人知的台词打断了他："在你说'你好'的那一刻，我的心就属于你了。"而巴菲特先生在这封信里视我为家人的那一刻，我的心就属于他了。

有趣的是，巴菲特这封纪念公司成立 50 周年的信迎来了如潮的好评，有一些评论甚至以"巴菲特写出了他有生以来最精彩的致股东的信""不投资伯克希尔－哈撒韦公司你就是个傻瓜"等为标题，但没有一个人提到巴菲特在论证中娴熟运用的家人逻辑。人们对这一点竟然这么缺乏认识，我倒也不是太吃惊。在态度强硬、看重事实的金融投资世界，默认的做法是把注意力集中在有利的信息上。诚然，有利论点是一种信息。但与此同时，在另一些层面上，有效沟通本身也可以变成至关重要的信息。马歇尔·麦克卢汉告诉我们，媒介即信息；社会认同原则告诉我们，数量大是信息；权威原则告诉我们，信使即信息；现在，联盟原则又告诉我们，自我与他人的融合也是信息。所以我们有必要考虑，除了直接的血缘关系，在环境中还有哪些特点，有助于让人感受到身份的融合。

值得注意的是，这些特点有很多都缘于对血缘关系的强调。显然，没有谁能钻到别人身体里，判断两者有多少共同基因。这就是为什么，人必须本着审慎的态度，依靠对方身上某些可见的与基因重叠相关的特点来进行判断——最明显的自然是外表相似了。长相类似所带来的牵引力，会使得人们结成友谊群体、大学兄弟会或由长相近似的人所组成的棒球队。在家族里，人们最乐于帮助跟自己相像的亲人。在家族之外，人们用面部相似性来判断跟陌生人之间的遗传相关性，事实上这种判断方法相当准确。不过，人们也有可能遭到欺骗，错放好感。有人用数字技术修改了照片上的脸，使之与观察者更相像，结果极大地提高了观察者对照片中人的信任度。如果这张修改后的脸属于一位政治候选人，选民也会更乐意投票给他。说到底，**不管是在家里还是家外，人们都会用相似性来判断基因重叠，并偏爱与自己重合度更高的人。**

除了身体特征和性格上的可比性，人们还以态度相似性为基础来评估遗传相关性，并进而构建小圈子，决定要帮助谁。但在这方面，不是所有的态度都有同样作用：对性行为以及自由或保守意识形态等事物的基本宗教和政治态度，似乎在判断圈内人身份时有着最强大的力量。它还可以从另一个基于血缘上的理由来看：这一类态度是最有可能通过遗传来传递的，因此最能反映基因上的"我们"。这种高度可遗传的态度也是极难改变的，这可能是因为人们不愿意改变那些他们用来界定自身立场的态度。

场所

对于判断突出的遗传共性，还有另一条通常情况下靠得住的线索。它不是身体上的相似性，而是物理上的接近性。如果我们发现自己跟别人来自同一个地方，这一点就足以对我们产生巨大的影响力。要说明这种影响，在我看来最好的办法莫过于把目光投向近现代历史上一段最黑暗的岁月，也就是第二次世界大战大屠杀期间，解开在那时浮出水面的一些重大的人类行为之谜。让我们先从一个人所处地点的最小形式开始，再转到更大的形式。

家庭 人类和动物都会把成长期间生活在自己家的同类视为亲人。虽然这一认亲的线索偶尔也会造成误导，但通常都很准确，因为待在家里的人一般就是"自家人"。此外，在家居住时间越长，对人们的家庭感影响就越大，对人们为彼此牺牲的意愿影响也越大。

但有一个相关因素，能带来相同的结果，又用不着花太长时间。人们在观察到父母照料来到自己家里的其他人的时候，同样会产生家庭般的感觉，也更乐于向那个人提供帮助。这种过程带来了一个有趣的结果：**看到父母打开家门接待形形色色的人，很可能使孩子在成年之后也更愿意帮助陌生人**。对这些孩子而言，"我们"这个概念或许超出了家庭甚至家族，而适用于整个人类。

这一见解对解开大屠杀时期的重大谜题有什么用处呢？按历史的记录，当时最著名、最成功的救援者是：勇气十足的瑞典人拉乌尔·瓦伦贝格（Raoul Wallenberg），他英勇地救出了数千犹太人，自己最终因此丧生；奥斯卡·辛德勒（Oskar Schindler），他的"名单"救下了 1 100 名犹太人。然而，大屠杀期间最有力、最集中的一次救援行动，却几乎淹没在了历史长河里。

1940 年夏季的一天，破晓时分，200 名波兰犹太人聚集到立陶宛的日本领事馆门外，恳求帮助，希望能赶在纳粹大军压境之前，从东欧逃出去。为什么他们会选择向日本官员寻求帮助,本身就是一个谜。当时,纳粹德国和日本帝国政府有着紧密的关系、共同的利益。事实上,仅仅几个月之后,在1940年9月,日本、德国和意大利就签署了三方契约,正式宣布结盟。那么,为什么这些犹太人、第三帝国仇恨的目标,会向阿道夫·希特勒的盟国求助呢?他们期望从日本人那里得到什么样的帮助呢?

在20世纪30年代末跟纳粹德国建立密切的战略联盟之前,日本允许流亡的犹太人借道本国领土,在日本中转前往他国,以求从国际犹太人社群那里得到一些财政资源和政治上的善意。由于日本国内的部分圈子里对这一计划的支持仍很强劲,所以政府并未完全取消向欧洲犹太人发放旅游签证的政策。由此带来了一个不可思议的结果:在二战开始前几年,包括美国在内的世界大多数国家都抛弃了希特勒"最终解决方案"中绝望的"猎物",不再庇护犹太人,反而是希特勒的盟友日本为他们提供了保护:允许他们留在上海日租界以及日本神户市的犹太定居点。

所以,1940年7月,200名犹太人聚集在立陶宛的日本领事馆门外,他们知道大门背后的人手里,恐怕握着他们逃出生天的最后机会。这个人的名字叫杉原千亩(Sugihara Chiune),表面看来,他不像是个能安排这些犹太人获救的可靠人选。

杉原千亩正处在自己外交官生涯的中期,靠着16年来在一连串岗位上的恪尽职守,成了日本驻立陶宛总领事。良好的资历推动了他在外交官圈子里的晋升:他生于武士之家,是政府官员的儿子。他精通俄语,给自己设定了十分高远的事业目标,希望有朝一日能成为日本驻俄国大使。跟更出名的奥斯卡·辛德勒一样,杉原千亩热爱狩猎、音乐和聚会。从表面上来看,没有什么迹象表明这位过得舒舒服服、喜好享乐、干了一辈子外交工作的外交官,会拿自己的事业、声誉和未来冒险,救助一大早把他从美梦里吵醒的陌生人。然而,他恰恰这么做了,而且他完全知道这可能会给自己和家人带来什么样的后果。

他跟等候在大门之外的人群聊了一阵，了解了他们的困境，便打电话到东京，希望上级允许他为这些犹太人发放旅游签证。虽然日本对犹太人发放签证和允许其定居的宽松政策尚未发生变化，外交部的上司却担心，继续推行这些政策会损害日本与纳粹德国的外交关系。因此，杉原千亩的请求遭到了拒绝。随后，他更为迫切地提出了第二次和第三次请求，也同样遭拒。他此时40岁，在这以前，从未有过丝毫的不忠，也从不曾违抗命令。可这一天，这位在生活中声色犬马、在事业上雄心勃勃的外交官，做出了出人意料的举动。他直接违背了上司重申了三次的命令，开始动手给这些犹太人发放旅游签证。

这一选择摧毁了他的职业生涯。不到一个月，杉原千亩就从立陶宛总领事被贬为闲职，不得再独立执业。最终，他以"犯上"罪名被外交部开除。战后他一文不名，靠卖灯泡为生。但在被迫关闭立陶宛领事馆前的几个星期，杉原千亩坚守个人选择，从清早到深夜，一直在面试申请人，为他们准备文件。甚至，在领事馆关闭之后，他住进宾馆，仍继续签发旅游签证。哪怕这件事带来的压力让他形容消瘦、精疲力尽，哪怕同样的压力使他的妻子无法再为襁褓中的孩子哺乳，他仍片刻不停地签发证件。哪怕最后，他已经登上了离开立陶宛的列车，在站台上，在列车上，他仍在签发证件，并把写好的签证抛向车厢外求助的犹太人。他一共救下了几千条无辜的生命。等列车开动的时候，杉原千亩朝着那些他来不及帮助的人深深鞠了一躬表示歉意，请他们原谅自己已经无能为力（见图8-5）。

杉原千亩决定帮助数千犹太人逃往日本的原因，恐怕无法用单独的某个因素来解释。一般来说，这种非凡的慈悲之心是来自各种合力的交互作用。但就杉原千亩而言，家庭因素表现得很明显。他的父亲是税务官，曾一度被派驻韩国，就把家搬到了当地，开了一家旅馆。他的父母愿意接纳形形色色的旅客，在家庭旅馆里照料其基本食宿需求，甚至为客人提供浴缸，并帮他们洗衣服，哪怕有些人穷困潦倒、付不起钱也没关系。杉原千亩曾回忆说，这些点点滴滴的小事带给他极大的影响。从这个角度，我们可以看出杉原千亩日后搭救数千欧洲犹太人的一个原因：因为经常在家接触不同的人，他的家庭感扩大了。45年之后，他在接受采访时说：犹太人的国籍和宗教并不重要；他们都跟他一样，是人类大家庭里的一员，他们需要他的帮助，这才是最重要的。**如果父母们希望孩子培养起广泛的慈悲心，不妨参考他的经历：让孩子在家里接触到来自不同背景的人，并像家人一样对待他们。**

图 8-5　杉原千亩和他的家庭：内与外

在立陶宛领事馆办公室（上图）为犹太人发放了几千张旅游签证之后，杉原千亩千亩被贬为闲职，来到纳粹控制的欧洲。在捷克斯洛伐克，他让家人站在一座公园外面照了张相（下图，从左到右依次为他的儿子、妻子和妻妹）。公园门口挂了块德语标志牌："犹太人不得入内。"这块牌子是偶然拍下的，还是暗含了有意识的辛辣讽刺呢？暗示性的证据来自妻妹的右手，你看到它在哪儿了吗？

第 8 章　联盟　395

传奇人道主义者特蕾莎修女也曾讲过一个来自自己童年的类似故事，而且，她双亲的行为也隐含着类似的暗示。她在塞尔维亚长大，起初生活优渥，但后来随着父亲的去世而家道中落。她常常看到母亲德拉比娜为任何有需要的人提供吃穿用度方面的帮助。从学校回来，她和兄弟姐妹经常发现陌生人坐在餐桌旁，吃着家里本来就不多的食物。特蕾莎问他们为什么在这儿，母亲会回答："他们是我们的同胞。"请注意，在概念上，"我们的同胞"就等于"我们"。

事实上，从杉原千亩这个个案出发推广得出更宽泛的结论，哪怕再加上特蕾莎修女对小时候家庭环境的回忆，始终是很冒险的。不过就本例而言，我们知道，在那个时代伸出救援之手的人里，不光只有杉原千亩一个人的童年家庭生活中融合了多种多样的人。研究者从一个收容过犹太难民的欧洲人士的大规模样本当中发现了类似的经历。一如预期，较之同时期未救助犹太人的人员样本，救助者样本里的人在成长期间，对多样化的人群有着更强烈的认同感。这种扩大了的"我们"概念，不光与决定在大屠杀期间救助他人的行为有关，甚至，在半个世纪后接受采访时，这些救助者仍在帮助更多样化的人群。

最近，研究者设计了一套人格量表，评估个人与全人类自发认同的程度。这一重要量表衡量了一个人使用代词"我们"的频率、把他人视为家人的观念、自我与他人概念的整体重合程度，可以预测出此人通过向国际人道救援活动捐款救助外国人的意愿。此外，对他国移民困境的同情反应，似乎来自当事人与他人之间的自我—他人感知重合度。

社区　从拥有共同基因的个体组成小而稳定的部落开始，人类演化至今，由此获得了一种倾向，**除家人之外，我们还偏爱生活在我们附近的人**。这种倾向甚至带来了所谓的地方主义。有时候，我们可以从邻里和社区关系上看出它的巨大影响力。让我们再次回头看看大屠杀时期几个扣人心弦的故事。这些故事很好地证实了这一点。

让我们首先来揭开本章开头那个故事的谜底。在纳粹集中营里，守卫让所有囚犯排队报数，并且射杀数到10的那个囚犯。然而，突然之间，他举动反常：跳过了第10号，而朝第11号囚犯开了枪。他这么做的原因可能有好几个。说不定，那个侥幸留得一命的囚犯过去的劳动表现一贯不错；也说不定，守卫注意到那人体力、智力或者健康状况良好，将来会是个好劳力。但另一名守卫问他为什么这么做的时候，他的答案却很明显跟这些实际的考量毫无关系。他所说的理由非常简单，但足够充分：他认出10号囚犯跟自己来自同一个地方。

人类学家科恩在一篇学术文章里讲述了这个故事，对它所体现出的深刻矛盾做了评论："守卫在大规模杀人时尽忠职守，却对受害者群体里的一名特定成员保持着怜悯与同情。"虽然科恩并未探讨相关的问题，但辨识出是什么因素导致守卫从大规模行刑的冷血杀手，变得对具体的某个人有了怜悯和同情，这非常重要。这个因素就是地点的相关性。

1940年12月，利尼翁河畔勒尚邦的群众在法国新教牧师安德烈·特罗克梅（Ander Trocme）及其妻子玛格达（Magda）的带领下，救下了3 500条人命。牧师安德烈在自己家门口发现了一个冻僵的犹太妇女，这是他帮助的第一个难民。至于他为什么决定帮助这位妇女，我们很难给出确定的答案。但在战争快结束时，牧师安德烈被抓了起来，法国维希市政府官员要求他及其他当时参与救援的人说出那些犹太人的名字，他的回答仿佛直接出自杉原千亩之口，其核心和世界观如出一辙："我们不知道什么是犹太人。我们只知道什么是人。"至于说亲戚和邻居谁更容易答应牧师安德烈的请求这个问题，其他证据来源暗示答案是前者。也就是说，肯定是亲戚提出的要求更难以拒绝。举个例子，在20世纪90年代中期的卢旺达大屠杀期间，胡图族人会向自己的图西族邻居发起攻击，鼓动发起攻击的人以部落为号："胡图力量"既是战斗口号，也是屠杀的理由。

现在让我们来看看，完全相同的因素，在完全相同的历史时期，曾产生过怎样完全不同的结果。许多在大屠杀期间对犹太人施以援手的好心人的故事，都揭示出一个少有人分析但值得关注的现象：大多数情况下，掩护受纳粹迫害的犹太人并为之提供藏身之所和食物的人，并不是自发自觉地找到受害者给予帮助的。更值得注意的是，受害者本身通常也并没有直接向他们寻求帮助。相反，直接提出请求的人，大多是提供救助的好心人的亲戚或邻居，由他们代表受追捕的个人或家庭请求获得帮助。因此，从真正的意义上看，这些施救的好心人不是顺从了需要帮助的陌生人，而是答应了自己亲戚或邻居的请求。

当然，这并不是说，救助者出手相助不是因为同情受害者。前文提到的牧师安德烈先是收留了自家门外一名沦落多时的难民，继而劝说家乡小镇利尼翁河畔勒尚邦的其他居民收容、藏匿、协助数千犹太人逃跑。牧师安德烈这一非凡故事的启发意义，不在于他怎样帮助第一个难民，而在于他怎样安排照料之后的其他许多难民：他先是请求那些很难拒绝自己的人，即他的亲戚、邻居帮忙，接着再敦促后者向亲戚、邻居提出同样的请求。策略化地利用现有人际纽带，不光让他成了一个富有同情心的英雄，还让他的营救行动大获成功。

影响力研究 | INFLUENCE NEW AND EXPANDED

很多其他的影响力专家，也曾利用过同一地域内的"现成联盟"。比如 2008 年美国总统竞选期间，有研究显示，与选民直接进行特定类型的个人接触，可能会明显提升选票总数。基于此，奥巴马的战略师向"摇摆州"700 多个地方办事处投入了前所未有的巨额资金。这些办事处的工作人员和志愿者的主要责任，并不是说服附近的选民相信奥巴马适合担任总统，而是为了确保那些可能支持奥巴马的居民登记，并在选举日投下一票。为实现这一目标，办事处的志愿者被分配到各自的社区内进行密集的挨家挨户游说工作，战略师们知道，这会增加他们和邻里间的接触，进而对选民后续投票产生更大影响。选举之后，研究者对这一地方办事处策略所做的影响分析表明，它效果很好，让奥巴马在三个摇摆州（佛罗里达州、印第安纳州和北卡罗来纳州）赢得了选举。该研究者分析，正是这个策略让奥巴马在选举团投票中获得压倒性胜出。

人们尤其容易受到跟自己住在同一片区的人影响，这一现象被称为"本地优势效应"，转换到政治选举中，就意味着公民更容易答应来自本地社区成员的投票请求。顺便说一下，最后这一点认识，并不是选举团队阅读了大量行为科学文献后得出的，而是因为行为学家大卫·尼克尔森（David Nickerson）在奥巴马的竞选团队中担任了行为科学顾问。

你是否留意到，有些商业组织会把它的客户、订阅者或粉丝称为"×××社群"的成员？还有些类似的组织会称为"×××大家族"的一员，我想，两者道理是相同的，它们都调动了一种强大的原始的"我们"意识。

地区　就连来自同一个大致的地理区域，也能带来一种归属感。在全球范围内，体育锦标赛都会激起运动队所在周边地区人们的个人荣誉感：球队赢了，就像是他们自己赢了一样。仅在美国，就有各种各样的研究证据能够证实这一观点：如果调查研究是家乡的州立大学发起的，人们答应参与的概率更大；在亚马逊购物，如果评价者跟购物者住在同一个州，购物者就更有可能听从其推荐；人们会过度高估自己所在的州在美国历史上的作用；读到阿富汗战地阵亡的新闻报道，发现受伤战死的军人跟自己是同州人，读者会更反感战争；甚至，回到两百年前的美国南北战争时期，如果士兵们发现他们来自相同的地区，就不太容易疏远，对同乡的战友们会更加忠诚。

从球迷到士兵，我们都可以看出地区身份对类似归属感的反应的极大影响。但还有一个更具说服力的例子，同样来自大屠杀期间，而且表面上看有些扑朔迷离。

虽然杉原千亩的签证救下了数千犹太人，但当他们抵达日本控制地区时，就成了更大规模的犹太难民，这些难民群体集中在日本的神户以及上海的日租界。1941年日本偷袭珍珠港，促使美国参战之后，难民进出日本的所有途径就都中断了，犹太社区的安全也岌岌可危。说到底，日本当时正跟希特勒全面结盟，要维持双方关系的稳固，就必须支持希特勒的反犹主义。更重要的是，1942年1月，希特勒在柏林的万湖会议上正式发起了全面消灭犹太人的计划。随着轴心国"最终解决方案"的就绪，纳粹官员开始向东京施加压力，要求"解决"在日犹太人。这次会议之后，东京方面陆续收到了德国有关死亡集中营、医学实验和海上集体溺杀的提议。然而，尽管有可能损害日德关系，但从1942年初到战争结束，日本政府始终顶住了这些压力。为什么会这样呢？

答案很可能跟当年几个月前发生的一系列事件存在联系。纳粹派出约瑟夫·梅辛格（Josef Meisinger）上校前往东京，梅辛格是盖世太保（即纳粹的秘密警察），曾在波兰下令处死了16 000人，史称"华沙屠夫"。1941年4月抵达日本后，梅辛格便着手施压，要求日本政府对犹太人采取残暴政策，并表示很乐于帮忙设计和执行这项政策。日本军政府的高级成员起初不知道怎样回应，想听听各方意见，就传召犹太难民派两名领袖去开会，这次会议对旅居日本的犹太难民的未来将产生重大影响。两名获选代表都是受人尊敬的宗教领袖，但他们受人敬重的方面不同。一个人是拉比摩西·沙提克（Moses Shatzkes），他饱读经文，战前曾是全欧洲最著名的塔木德学者。另一位是拉比希蒙·卡利什（Shimon Kalisch），他年纪更长，对人性有着非凡的洞察力，算得上是个社会心理学家（见图8-6）。

两人进入会议室后，和翻译一起站在日本最高统帅部一群大权在握的权贵面前。这些能决定犹太人生死的人，径直向两位拉比问出了两个最致命的问题：为什么我们的盟友纳粹这么仇视你们？我们为什么要站在你们这一边，反对他们？沙提克认为这些问题涉及复杂的历史、宗教和经济事宜，没能立刻做出回答。但拉比希蒙却根据自己对人性的洞察，说出了我研究影响力30年来印象最深的一句说辞。"因为，"他平静地说，"我们都是亚洲人，跟你们一样。"

图 8-6　留日期间的拉比们

第二次世界大战期间，日本没有屈服于纳粹的压力，残酷对待犹太人。原因之一可能是拉比们使用的说法调动了日本官员的归属感，将犹太族裔包含在内，而排斥了纳粹。图为关键会议当天所摄，另外两人为陪同。

话虽说得短，但可谓神来之笔。通过暗示纳粹自称的"优越的"雅利安人种跟亚洲民族有着天然的不同，它把日本官员心中占主导地位的群体认同，从战时的临时同盟转到了与地区、遗传相关的亲近性上。拉比希蒙靠着深刻的洞察力，把犹太人和日本人并列在一起，而把纳粹孤立开来。老拉比的回答对日本官员产生了强烈的影响。一阵沉默后，他们彼此商议，宣布休会。当他们返回时，最高军事长官站起身，向拉比们宣布了一个令人宽慰的好消息："回去找你们的族人吧。告诉他们，我们会保证他们的安全与和平。在日本领土之内，你们无须担心。"日后发生的一切也果真如此。①

毫无疑问，技巧娴熟的沟通者能够驾驭亲人意识和乡土意识带来的联盟的力量。巴菲特和拉比希蒙对此作了证明。与此同时，对立志提升影响力的人来说，还有另外一种联盟效应可以运用。它不是来自血缘或地理位置上的相似性，而是来自同步或合作展开行动。接下来我们就要介绍它。

联盟2：行动合一

我的同事威廉明娜·沃辛斯卡（Wilhelmina Wosinska）教授每当回想起自己20世纪50年代到60年代在波兰的成长经历，总是百感交集。从消极面来说，除去基本物资的持续短缺，还有政府对个人自由方方面面的限制。然而，波兰政府引导人们积极地看待这些限制，把它们视为建立公正平等的社会秩序的必要条件。这些积极的情感，会通过定期的庆祝活动表现出来，反过来，庆祝活动也助推了积极情感的高涨。在活动中，大家一起唱歌、游行、挥舞旗帜。她说，她深刻地感受到了这些活动带来的影响：身体的活跃，情绪的昂扬，心理上的肯定。在这些经过严格编排、有力协调的团体活动中，她前所未有地体会到了"我为人人，人人为我"的概念。我听沃辛斯卡教授说起这些活动的时候，一概是在论述群体心理学的学术演讲当中。虽然那都是学术会议，但她形容自己参加活动的时候，总是会音量提高，满脸涨红，

---

① 有研究者指出，杉原千亩的签证救助了上万犹太人，他们绝大多数在日本领土找到了避难所。很多历史学家都曾描述过日本决定庇护犹太人的相关事件，但最详尽的记述来自东京前首席拉比马文·托卡雅（Marvin Tokayer）。细心的读者或许已经注意到，在介绍大屠杀政策时，我将涉事方称为纳粹，而非德国人。因为在我看来，把德国的纳粹政权跟德国的文化或人民等同起来是不准确、不公平的。政府政权，往往是崛起于强烈而短暂的外界环境，不能公正地概括人民的特点。因此，在讨论德国的纳粹统治时期时，我并不把两者混为一谈。

眼睛闪闪发光。这些同步化的体验有着不可磨灭的本能色彩，从人类生存条件的角度来看，它们原始且重要。

事实上，考古学和人类学都明确地记录了这一点：所有人类社会都发展出了协同一致的方式，合唱、游行、举行仪式、共同吟诵、祈祷和一起舞蹈。更重要的是，从史前时代开始人们就在这么做了，比如新石器时代和红铜时代的岩画、洞穴壁画等常常表现集体舞蹈（见图8-7）。行为科学的记录清晰地解释了其中的原因。**人们统一行动时，就真的统一了。** 由此产生的群体团结感非常符合社会的利益，由此带来了通常只跟小家庭单位挂钩的高度忠诚和自我牺牲精神。因此，人类社会早在古代就已经发现了"行动合一"的黏合"技术"。它带来的效果类似亲人关系："我们"感、融合感、自我与他人界限的模糊、为集体牺牲的意愿。因此，在部落社会，战士经常会在作战前有节奏地一起跳舞，也就不足为奇了。

图 8-7　新石器时代的集体舞

按考古学家优素福·加芬克尔（Yosef Garfinkel）所说，史前艺术所描绘的社会活动几乎总是舞蹈。图为印度比莫贝卡特石窟的壁画。

不同类型的行为科学数据都支持行动合一在联盟感（包括自我—他人身份混淆感）中发挥的作用。在我们的进化史上，甚至比新石器时代和铜器时代更早的时候，就出现了让运动与有节奏的声音相协调的趋势。黑猩猩会对音乐节拍做出反应，这表明大约600万年前我们与它的共同祖先也存在这种反应。一名研究者将人类之间协调行动形成的群体称为临时"邻里"，成员对彼此的指向发挥了很大的影响力。这对旨在鼓励集体联盟的社会机制做了尤为可信的论证，渴望施加影响力的人，或许可以从协同效应中获得极大益处。世界著名历史学家威廉·H.麦克尼尔（William H. McNeill）说过这样一句精辟的话："一边一起发出声音，一边有节奏地运动，是人类所能想出来的创造并维持有意义社群的最可靠、最迅速、最有效的方式。"

与他人的融合感听起来很难做到，但事实并非如此。它可以很轻松地通过多种方式产生。在一组研究中，跟参与者与同伴独立朗读故事相比，与同伴一起大声朗读故事（或通过轮流朗读故事中的举止来协调）产生的"我们"感和与同伴的联盟感更强。其他研究也显示出一同行动带来的有利影响。研究者将参与者安排为23人或24人一组，让其中一些小组的成员，按照同样的顺序念出一组单词；让另外一些小组的成员，各自按照不同的顺序念出这些单词。结果显示，按照同样的顺序念出这些单词的小组成员，在同伴身上感受到了更多的"我们"感。并且，之后这些小组成员在玩集体电子游戏时，也因为能共同努力彼此协调而得到更高的分数。关于这一现象的最后一项证明来自对大脑活动的研究。当人们参与联合项目时，他们的脑电波模式会彼此匹配、同起同落。因此，当人们同步行动时，大脑发出的脑电波会表现出相同的波长。

如果统一行动，统一发声，或者是统一认知，可以作为归属感的代名词，我们应该从这些联盟形式中看到类似的结果。的确如此。对想要获得更强影响力的人来说，这两点尤为重要：提升喜好之情、获得他人更多支持。

提升喜好之情

当人们行动合一时，不光会认为彼此更相似，此后的互相评价也更积极。彼此之间的更相似，变成了彼此之间的更喜欢。在实验室里敲击手指、在对话时微笑、师生互动中的身体调整……所有这些行为，一旦同步，就能提高人们对彼此的评价。加拿大的一群研究者想知道，行动合一能不能用来做一些更有社会意义的事情：行动合一将相似转化为喜好的能力，能不能用来减少种族歧视呢？研究者注意到，虽然我们通常会跟群体内成员相互协调产生"共鸣"，但跟群体外成员却难得如此。他们推测，随之而来的联盟感差异，或许至少能部分地解释人类偏爱自身所属群体的自动化倾向。如果是这样，想办法让人跟群体外成员行动合一，就有可能减少偏见。

影响力研究 INFLUENCE NEW AND EXPANDED

为了验证这一想法，他们进行了一项实验：实验的白人参与者观看7段视频片段，内容是黑人从玻璃杯里喝了一口水，接着把玻璃杯放在桌子上。一些白人参与者只观看剪辑片段和片中动作，其余白人参与者则要模仿视频片段，以完全一致的动作从摆在眼前的玻璃杯里喝一口水。

稍后，白人参与者接受检验，测量其隐性的种族偏好，只是观看了视频的白人参与者对白人表现出典型偏好，而曾经模仿那些黑人演员喝水动作的白人参与者则没有表现出这种偏好。

在对实验结果做更多阐释之前，我们应该首先认识到，评价上的积极变化是在参与者完成模仿动作之后，短短几分钟之后测量出来的。研究者并未提供证据，表明这种变化在跳出研究的时间范畴和地点环境后还能持续。不过，就算考虑到这些因素，仍存在值得乐观的情况，因为我们已经找到了一种纠正群体内外偏好的方法，足以在某些具体情境，如工作面试、销售电话、初次会面中发挥作用了。

值得一提的是，喝水实验还包括第三道程序，即白人参与者被要求模仿白人演员的喝水行为，这一程序令白人参与者对白人产生的典型偏好达到了几乎夸张的程度。

有趣的是，行动合一还有一点额外的好处：把注意力引导到一条信息上的时候，人们如果发现周围同时还有别人一起这么做，那么他们做这件事的意愿就会更强，会为其分配更多的认知资源。不过，只有在当事人对另一个人产生"我们"感的时候，情况才是这样。跟一个关系亲密的人一起关注某件事的行为，似乎是这件事值得特别关注的信号。

获得更多支持

有充分的证据表明，跟他人，哪怕是陌生人一起行动，也能产生联盟感，提升喜好之情。但这个结果是否强大到了足以改变行为呢？毕竟，能否改变行为才是社会影响力是否有意义的黄金标准。要回答这个问题，不妨看看下面两项研究。其一考察的是一个人向事先产生了联盟感的另一个人提供帮助，其二考察的是一群事先产生了联盟感的团队成员之间的合作。两项研究都要求实验的参与者做出一定的自我牺牲。

在第一项研究中，参与者戴着耳机，听一连串录制好的曲调，同时按自己听到的节奏敲击桌子。有些参与者跟搭档听到的是相同的曲调，因此会认为自己跟对方敲击的节奏是一致的；还有些参与者跟搭档听的是不同的曲调，所以他们的行动并不一致。事后，所有的参与者均被告知，他们可以自行离开，但他们的搭档则需要留下来回答一连串冗长的数学和逻辑题。这些参与者可以自己选择是否留下来替搭档做一些任务。

研究所得的结果毫无争议地证明，行动合一可以带来一种先发影响力，能够提升人们自我牺牲式的支持行为。敲击桌子时跟搭档不同步的参与者，只有 18% 选择留下来帮忙；而跟搭档用相同的节奏敲击桌子的参与者，有 49% 放弃了自由时间，向搭档伸出了援手。

另一群不同的研究者进行了第二项有趣的研究，采用历史悠久的军事战术来培养团队凝聚力。研究者将参与者编成小组，并要求部分小组齐步走；又要求另几支小组一起走相同的时间，但无须齐步，正常走即可。稍后，所有人都参加了一个经济游戏，他们既可以最大化地提升自己获得个人收益的机会，也可以放弃这一机会，以确保自己的队友获得更大收益。先前曾齐步走的队友之间合作的概率，比之前正常走的队友高 50%。

后续研究解释了其中的原因：齐步走就是一种行动合一，它带来了一种联盟感，从而让人更乐意牺牲个人利益，换得集体的利益。

我说判断社会影响力的黄金标准是"改变行为"，并不是要否认在施加影响力过程里改变他人感受、信念、看法或态度的重要性。但在我看来，努力令这些因素发生改变，似乎总是为了实现行为上的改变。时至今日，军事训练中依然会采用齐步走的做法，哪怕从战场战术的角度来说它的价值早已丧失。研究者通过两项研究给出了一个令人信服的理由：齐步走之后，人们变得更乐意顺从队友的要求，更倾向于一致对外；无论提出要求的人是长官还是仅仅是同伴，情况都是如此。

由此可见，集体可以预先安排行动合一的做法，在多种情况下促进成员的联盟感、喜好和随后的支持行为。但到目前为止，我们考察的手法，如敲击桌子、喝水、轻抚脸庞等，好像都不能随时随地去做，至少不能大规模地去做。从这个角度看，齐步走稍好，但也好得很有限。社会组织要想带来这样的协同，让成员为了团队目标而努力，有没有什么可以普遍运用的机制呢？有，那就是音乐。另外，就算是个人沟通者，也能借助音乐这一影响力中介，推动他人朝着目标前进。

音乐共鸣

从人类有记录的历史开始，在全球各种各样的社会当中，为什么都有音乐的身影出现呢？对此有一个很合适的解释。音乐集合了多种可辨识的规律性：节奏、韵律、强度、节拍和时间，因此拥有极为稀有的协同力量。听众可以很容易地在肌肉运动、感官、声音和情绪维度上彼此达成一致。这种一致状态带来了我们熟悉的联盟感：自我与他人的融合，社会凝聚力，支持行为。

影响力研究 INFLUENCE NEW AND EXPANDED

就支持行为这个方面，让我们来看看在德国进行的一项对 4 岁儿童的研究。孩子们参加一个游戏，有一些会跟搭档一起边唱歌边绕着圆圈走，他们的动作要跟上录好的音乐；另一些孩子要做的几乎相同，但没有音乐伴奏。后来，等孩子们有机会展现自己的助人精神时，一起和着音乐唱歌绕圈的孩子帮助搭档的概率，比之前没有音乐伴奏的孩子高 3 倍。

研究者对他们所观察到的乐于助人精神提出了两个具有启发意义的观点。首先，他们指出，帮助行为要求自我牺牲，帮忙的人要放弃个人的玩耍时间协助搭档。共同的音乐和动作体验，大幅提升了孩子们稍后的自我牺牲精神，这对想要改变 4 岁小孩自私选择的家长很有启示，让他们不必再一遍遍地大吼："莉亚，该把玩具给哈利玩了。莉亚？莉亚！莉亚，你赶紧给我把那个玩具拿回来！"而在我看来，研究者提出的第二个观点，和第一个同样重要：孩子们的个人牺牲，并不来自对是否应当对他人提供协助的理性权衡。帮忙的意愿完全不是扎根在理性当中的。它是自发的，直觉性的，以跟搭档一起投入音乐所自然产生的情感联系为基础。这对我们控制社会影响力过程有着深远的意义。[①]

---

① 对于音乐是一种群体联盟的社会统一机制，能够促进自我与他人的融合这一概念，相关的支持证据越来越多，接受度也越来越高了。4 岁孩子帮助行为的研究，在 14 个月大的婴儿身上得到了概念上类似的结果。一项针对成年人的研究，为乐于助人的态度提供了解释。一起唱歌会导致自我与唱歌同伴的融合。

系统工程

行为科学家很早就曾指出，人们有两种评估和认识世界的方式。诺贝尔奖得主心理学家卡尼曼对思维系统 1 和思维系统 2 所做的区分，获得了广泛的关注。前者是快速的、联想的、直觉的，往往还是情绪化的；后者则速度较慢，是蓄意的、分析的和理性的。这两种思考方式是相互独立的，支持的证据是：激活其中一方，另一方就会被抑制。充满感情地体验一件事时，你很难认真地思考它；反过来，使用逻辑分析一件事的时候，你也很难全身心地体验这件事。这对影响力有什么启示呢？说服方诉求的着眼点，最好跟接受方的思维方式相对应。也就是说，如果你主要是从与情感相关的特点来考虑买车，希望车子外观好看、提速令人振奋，那么销售员就最好使用与情感相关的论点来说服你。研究表明，在这种情况下，哪怕只是说"我感觉这款车很适合你"，也能取得很大的成功。但是，如果你主要站在理性的基础上来考虑买车，关注燃油经济性和保值性，"我感觉这款车很适合你"的说法则很可能搞砸买卖。

音乐的影响作用，针对的是思维系统 1。举例来说，英国创作歌手埃尔维斯·科斯特洛（Elvis Costello）曾说过一句话，论述在写作的结构下描述音乐是何等之难："用文字描写音乐，就如同用舞蹈描述建筑。"

说到爱情中认知与情感的不匹配，比尔·威瑟斯（Bill Withers）在 1971 年有过一首歌名叫《逝去的阳光》（*Ain't No Sunshine*），讲的是一位年轻姑娘再次离开了家，男人痛苦不堪："我知道，我知道，我知道……（重复 26 次）/ 嘿，我不能再想这件事 / 当她走了，就没有了一点阳光。"威瑟斯在一首流行歌曲的歌词里，用了我认为最纯粹的诗歌形式，提出自己的观点：在浪漫爱情带来的阵痛里，人们在认知上意识到一件事并重复了 26 次，也不能缓解他们所感受到的强烈情绪。

人们跟着节奏，也跟着彼此一起唱歌、摇摆、扭动、挥手的时候，这反应发自他们的感官和五脏六腑。当音乐在意识里占主导地位的时候，人很少会分析性地思考。在音乐的影响之下，人很难进入审慎而理性的思维路径，因此也就无法采用这种思维方式。有两句名言点明了音乐的这一特点。一句来自伏尔泰，他曾不屑地说："说出来愚蠢的话，唱出来就不一样了。"另一句则是广告行业的战术宝典："**如果你无法用事实向受众证明你的观点，那就唱给他们听。**"因此，如果沟通者的观点理性力量不强，不妨放弃这条战线，改为侧向迂回。以音乐和歌曲为武器，可以把战斗带到一个理性无能为力的地方，最终胜出的将是和谐、同步和联盟感。

这一认识帮我解开了长久埋在心底的一个谜。我年轻时没什么音乐天赋，这个问题可把我愁死了：为什么年轻姑娘这么容易对乐手倾心钟情呢？真没有逻辑可言，对不对？的确如此。跟大部分乐手成功建立亲密关系的概率都低得惊人，可这无关紧要：概率是以理性为基础的。大多数乐手眼下和将来的经济前景都堪忧，这也无关紧要：这些都是经济上的原因。音乐跟这类实际的问题不相关。音乐讲究的是和谐。和谐的旋律，唤起了情感和亲密的关系。

此外，音乐和爱情因为有着情感和和谐性上的共同点，在生活里也是密切相关的。否则你怎么解释当代歌曲里有那么高的比例是以浪漫爱情为主题的呢？按最近的一轮系统性统计，这个比例是80%，可谓占了绝大多数。真是奇妙啊！在我们说话、思考或者写作的时候，绝大多数时间并不以浪漫爱情为主题，但在唱歌的时候却是如此。

所以，现在我明白为什么年轻姑娘抵挡不住乐手的诱惑了，她们正处在对爱情和音乐最感兴趣的年纪，这两种体验之间的强连接让乐手势不可挡。想要些科学证据？且让我把法国一项研究的结果唱给你听吧。研究者让一名男性去找年轻姑娘索要电话号码，此时，他要么背着吉他盒，要么背着运动包，要么什么也没背：

法国的科学家们呀，

开始还怀疑，

陌生人背着吉他盒去索要

姑娘的电话号码，

能不能提高成功概率呢？

其实不用太烦恼呀，

成功率翻了一倍，还要多，哟哟哟（见图8-8）。

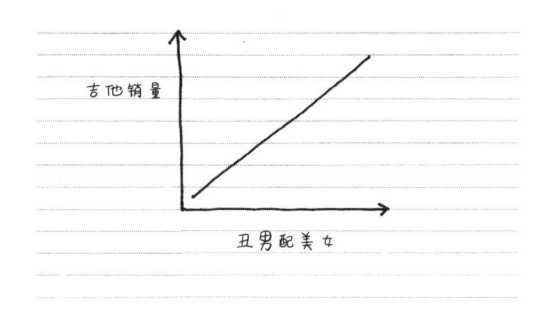

图 8-8 吉他把笨蛋变英雄

对所有有意将说服成功率最大化的人来说，本节的关键信息不仅仅在于音乐与思维系统1的反应之间的相关性，或是一旦注意力被引导到这种反应方式上，人就会轻率行事。而是告诉我们，**说服沟通选用的思维模式，应该跟接受方的思维模式相搭配，这才是最重要的教训。**

如果接受方的目标是不讲究理性的、享乐主义的，与之匹配的信息就应该包括非理性的元素，如音乐的伴奏等；而如果接受方的目标是理性的、务实的，那么信息则应包含理性元素，如事实等。营销专家斯科特·阿姆斯特朗在其精彩作品《广告说服力》一书中指出，有人对1 513段电视广告做了分析，87%都配有音乐。但为信息增加音乐这一常规做法很可能存在缺陷。阿姆斯特朗还考察了相关研究，最后得出结论：音乐只应该用于那些情绪性的背景之下，宣传熟悉的、基于感性的产品，也就是人们不太使用理性思考的时候，比如像是休闲食品、香水广告等等。对有着强大支持论据且会造成严重后果的产品，如安全设备、软件套装等，背景音乐反而削弱了广告效力，因为此时，潜在的买家是理性的而非感性的。①

持续交换

2015年初，《纽约时报》上的一篇文章点燃了读者的兴趣，引来评论无数。它野火燎原般传播开去，成了《纽约时报》有史以来阅读量最高的文章之一。对一家像《纽约时报》这样的新闻媒体来说，这种事情似乎不算什么，毕竟，它是一份在美国国内和国际新闻界地位很高的报纸。但这篇文章并不是来自政治、商业、技术、科学、健康甚或时尚栏目。文章的标题是《想爱上一个人，请这么做》，作者是曼迪·莱恩·卡特伦（Mandy Len Catron），她声称发现了一种产生强烈的情感亲密性和爱情社交关系的有效途径，只需45分钟。她说，这种方法很管用，因为她亲身验证过。

这项技术来自心理学家阿瑟·阿伦（Arthur Aron）和伊莱恩·阿伦（Elaine Aron）夫妇，两人发起了一个考察亲密关系的研究项目。这个项目研究了行动合一的一种具体形式，即伴侣双方持续地进行一问一答。其他的心理学家早已证明，持续的信息交换，会让人对对方表现出更多的善意，而且这种信息交换终止在哪一方都无所谓。

---

① 研究者的最新数据表明，年轻女性认为对她们自己来说，音乐比衣服、电影、杂志、电脑游戏、电视、体育等更重要，但不如爱情重要。充分的科学证据表明，音乐和节奏的加工是与理性加工过程相独立的。但看看音乐家们本身如何看待这个主题，恐怕更有启发意义。科斯特洛的引言，来自伊丽莎白·赫尔穆特·马古利斯（Elizabeth Helmuth Margulis）的一篇有趣文章，作者还补充了一段新的证据，如果在听众倾听贝多芬弦乐四重奏节选前先给他们看结构性信息，会减少他们享受到的音乐的乐趣。有人研究了40年来流行歌曲的内容，发现80%都以爱情或性为主题。法国吉他盒实验记录了成功索要到电话号码的概率：背吉他盒，31%；背运动包，9%；什么也不背，14%。

阿伦夫妇和同事们揭示了信息交换是怎样将参与交换的双方连接在一起的，进而解释了为什么这个手段会产生影响力。他们采用了一种特别的交换，其作用强大得足以令人们彼此相爱。这种交换就是个人自我表露。

整个过程并不复杂：实验的参与者两人结为一组，向彼此提出问题，听到问题的人先回答，之后提问者自己也做出回答。问题共有36道，要参与者逐步透露自己的个人信息，反过来说，两名参与者也将一步步地了解到更多有关对方的信息。最开始，问题是这样的："在你看来，完美的一天是什么样的？"而后来的问题则可能是这样的："你在友谊中最看重的是什么？"接近尾声时的问题是："家人里谁去世会让你最难过？"

整个过程在45分钟之内带来了无可比拟的亲密感和联盟感，对双方关系的深化超出了所有人的预期。尤其还是在情感真空的实验室环境里，互相搭档的都是陌生人。尽管如此，实验的结果依然让人感到震撼。按伊莱恩在一次采访中所说，自此以后，数百次应用这一方法的研究都证实了它的效果，一些参与者事后甚至结婚了。她还介绍了这种方法能够产生神奇效力的两个关键。首先，问题在个人信息表露的强度上逐渐提升。所以，参与者在回答的时候，越来越信任地向对方敞开心扉，这种信任感，在关系亲密的伴侣里极具代表性。其次，参与者是一起这么做的，也就是说，他们协调地、有来有往地提问和回答，互动始终保持同步。这一点恰好和本章的主题相符。①

一起吃苦

这里还有另一个解决途径，仍然和第二次世界大战期间纳粹大屠杀时期

---

① 双方互相问36道问题这一程序的修改版，已经被用来减少种族偏见，即使对初始态度存在高度偏见的人也适用。

的一道谜题有关。它为实现联盟提供了一条不同的途径。1940年夏天，当杜塞尔多夫的盖世太保正有序地识别犹太居民，以将之押送到欧洲各地的死亡集中营时，他们收到了来自纳粹头领、党卫队队长海因里希·希姆莱（Heinrich Himmler）一封不同寻常的信。该信指示他们不得迫害犹太居民以及该市法官恩斯特·赫斯（Ernst Hess），说有一位纳粹高官下令，"不得以任何方式纠缠他"。

我们在前文介绍的所有能够产生联盟感的因素，都无法解释赫斯受到的特别待遇。赫斯法官未曾在案件审理中对纳粹高官的家人做出过有利的裁决，也不曾跟纳粹高官一起在小镇长大，也不曾单纯地跟纳粹高官在军队里一起排队踢过正步。真实的原因比这更复杂：在第一次世界大战期间，赫斯法官和纳粹高官一同经历了那场旷日持久的索姆河战役所带来的苦难、贫困和不幸。在长达141日天的索姆河战役（这场可怕的战役夺去了120万士兵的生命，其中50万来自德国军队）中，两人同一天在战场上相继受伤。或许，莎士比亚笔下的亨利五世在战前演讲中的那句话最能说明原因："共浴血者，即吾手足。"

顺便说一句，希姆莱信中下令不得骚扰赫斯的"纳粹高官"，并不是普通的高级官员。这封信宣称，赫斯应该得到"救济和保护"，是"出于元首的意愿"——也就是希特勒，全世界最歹毒的迫害犹太人的大独裁者的意愿。

历史学家在盖世太保的官方档案中发现了希姆莱的"保护信"，并通过其他文件做了证实。至于是希特勒亲自指示希姆莱撰写并寄出这封信，还是希特勒的私人副官弗里茨·维德曼（Fritz Wiedemann）代表希特勒撰写并寄出这封信，学者们还存在一些争论。但是可以确信的是，正是在这封信的保护下，赫斯的贱民地位只持续了一年。随后，他在战争期间被安放在了几个强迫劳动站，包括一座劳动营、一家建筑公司和一家管道公司，但从未被送到死亡集中营。他家里的其他成员却未能幸免，如他的妹妹就被毒死在了奥斯威辛集中营。战后，他成为一名铁路管理人员，最终晋升到法兰克福德国联邦铁路局的总裁位置，并于1983年在当地去世。

这个例子与前文提到的科恩的故事有着令人难以置信的相似之处。回想一下科恩的困惑："守卫在大规模杀人时尽忠职守，却对受害者群体里的一名特定成员保持着怜悯与同情。"我们从卫兵和犯人在出生地上的共性（这是联盟感的特点之一）上解开了这个谜。就希特勒（是他发动了战争，并折磨和消灭了数百万犹太人）而言，对一个具体的人施以"怜悯与同情"，偏离了他设定的规则。这一次，把他们联结在一起的联盟因素不是共同的出生地，而是两人一起吃过的苦。

纵观人类历史，共同的痛苦一直是一种黏合剂，将身份融合到基于"我们"的情感联结当中。除了莎士比亚笔下亨利五世的例子还有更多的近代案例，也为这一现象提供了科学证据。2013年波士顿马拉松爆炸案发生后，当场听到或看到爆炸的居民，较之没有遭受巨大身心痛苦的居民，更倾向于认为自己是波士顿的一员。此外，居民对这场悲剧思考得越频繁、越深刻，就越感觉自己与波士顿同胞们"融为一体"（如见图8-9）。

图8-9 借助"泥泞"的力量联盟

企业往往会在团队建设活动（包含逆境和风险元素）中，借助共同经历困苦磨难这一点来催生团队的联盟力量。我参观了许多组织此类活动的场地，发现一些活动看起来既费力又可怕：激浪漂流、攀岩、在悬崖边吊绳索下降、桥上蹦极、赤脚踏在灼热的火炭上和雪地露营。在上面这张照片里，我们可以看到两名选手在帮助另一名选手，团队建设活动里的泥地赛跑似乎达到了刺激合作行为的预期效果。

第8章 联盟 | 415

研究者又做了实验，以确保共同吃苦带来的纽带效果，不是出于任何类型的共同活动体验。毕竟我们已经在前文看到，一起朗读故事、敲击节奏或列队行军，都可产生"我们"感。在共同活动体验里加入痛苦，能否让最终结果表现得更为强烈呢？确实可以。一起完成了将手浸泡在冰水中 90 秒这一任务的小组成员之间的关系，比将手浸泡在常温水里的小组成员更紧密。随后，在跟小组同伴一起参与经济博弈时，一起吃过苦的人更有可能做出旨在让整个小组共同赢钱（跟只实现个人赢钱的做法相对）的经济选择。

影响力研究 INFLUENCE NEW AND EXPANDED

一起吃苦产生联盟和自我牺牲的强大力量，还可以从它在不同种族群体之间建立纽带的能力中看出。2020 年，美国印第安原住民，特别是纳瓦霍人遭受了新冠疫情的蹂躏。当地志愿者在慈善众筹平台 GoFundMe 上发布了消息，为纳瓦霍人募捐食物和其他必需品。令人意外的是，一群意想不到的捐助人为他们提供了可观的援助，远在欧洲的爱尔兰人，为纳瓦霍人送来了数十万美元的捐助。原来这是一起跨越了数百年时间和数千里距离的，发生在不同民族之间的互惠行为。

这要追溯到 1847 年，也就是爱尔兰的马铃薯大饥荒期间。另一群美国印第安原住民乔克托族人筹集并给爱尔兰寄去了 170 美元（约合当今的 5000 美元）用来救助当地的灾民。所以今天爱尔兰人对纳瓦霍人的捐助可以看做是一种报恩。就像一位捐赠人在捐款时说的那样："爱尔兰人永远不会忘记你们在爱尔兰饥荒期间饱含联盟和同情的义举。我们将和你们一同抗击新冠疫情。"

在 1847 年这个故事里，远在美国的乔克托族人又为什么会帮助千里之外的爱尔兰人呢？原来，在 1847 年之前的那几年，同属于印第安人的乔克托人在美国政府的命令下，经历了一场痛苦的大规模迁徙，史称"血泪之路"。在这场迁徙中，6000 多名乔克托人丧生。而爱尔兰人在 18 世纪，也是被英国政府大肆掠夺土地后，才不得不进入了只能种植马铃薯的山区。美国印第安人认为爱尔兰人经历过跟他们相似的苦难。于是，就像美国原住民组织者凡妮萨·塔利解释的那样："'血泪之路'上死了那么多人，激发了乔克托人对急需帮助的爱尔兰人民的同情。这就是乔克托人伸出援手的原因。"许多爱尔兰捐赠者也都在网上留言说，两个民族之间的纽带是由家族联结和共同的逆境铸就的，并哀叹这是"我们"的"印第安兄弟姐妹"的苦难和共同的"血泪回忆"。①

EBOX | 线上影响力

近年来，研究者开始通过分析社交平台上用户留下的痕迹，来挖掘关于人类行为背后的信息脉络。2015 年 11 月 13 日巴黎恐怖袭击之后，有人对推特活动的数量和特征进行了分析，让我们可以通过一种新颖的视角看到共同的困境给群体联盟造成的影响。从袭击发生之日起到之后的几个月里，行为科学家戴维·加西亚（David Garcia）和伯纳德·莱姆（Bernard Rimé）研究了法国 62 114 个推特用户的近 1 800 万条推文。他们搜索了推特上表达痛苦的同步性（反映它的群体性质）、以及表达群体联盟和支持的措辞。该分析表明，恐怖袭击本身立刻激发了一波共同焦虑和悲伤的高峰，在 2 天到 3 天内有所下降。但在随后的几个星期和几个月里，推特上对这一情绪的声援和支持仍然高涨。此外，联盟和支持的表达力度和持续时间，跟最初事件导致的痛苦程度直接相关，而且两者是同步的。

研究者的结论是："我们的研究结果为集体情绪的社会功能提供了新的解释，说明一个遭受集体创伤的社会不仅会在事件发生的当时产生负面情

>>>

---

① 研究者在波士顿马拉松爆炸案后分析了共同的痛苦对群体身份融合的影响，并对北爱尔兰统一党及共和党之间的长期冲突所带来的后果做了类似分析，得到了相似的结果。研究表明，将手浸入冰水，以及其他能导致疼痛的做法（如吃辣椒、反复下蹲），都能增进小组成员的团结。"血泪之路"的苦难程度，仅见于一段鲜为人知的事实。它最初的标签是来自一名乔克托族酋长的描述："充满泪水和死亡的小路。"

> 绪……这些发现表明，人们不仅会在遭遇恐怖袭击后变得更加团结，而由于共同承受的痛苦，人们之间的纽带会变得更强大，社会也能因此迅速调整以面对下一次的威胁。"
>
> **作者点评：** 如果一种特定的行为模式在不同的观察方法之下都表现类似，我们就该对它加以重视。在我看来，共同的痛苦对随后的集体凝聚力与振作产生的巨大影响，正是鼓舞人心的有效做法之一。

共同创作

早在美国大众接受保护自然的价值观以前很久，一位名叫奥尔多·利奥波德（Aldo Leopold）的男子就在宣传这项事业。20 世纪 30 年代到 40 年代，他在威斯康星大学拿到了美国第一个野生动物管理教授职位，并针对这一议题设计出一种独特的伦理方法。这种方法挑战了当时主导环境保护的主流模式，即自然生态要根据人类的使用目的加以管理。

他在畅销书《沙乡年鉴》（A Sand County Almanac）里对自己提出的方法做过详细介绍，其主张是，要尽量让所有动植物都在自然状态下存活。他真心实意地坚持这一立场，直到有一天惊讶地发现，自己手里拿着斧子，做着完全与之相悖的行为：他砍倒了自己家里的一棵红桦树，只为了另一棵白松树得到更多的阳光和生长空间。

他想，为什么自己会做损害桦树而有利于松树的事情呢？按照他自己坚持的伦理，两者都有同样的权利在土地上自然生长呀。他怀着困惑，在头脑里搜索自己偏爱行为背后的"逻辑"，想到了两棵树之间有可能导致这种偏爱的各种差异。最终，他认为只有一点是主要因素。这一点跟逻辑毫无关系，是完全建立在感情上的："好吧，松树是我亲手用铲子种下的，而桦树匍匐在篱笆下面，是自己扎的根。也就是说，我的偏爱在某种程度上来自我的父爱天性……"①

利奥波德不是唯一一个怀有这种情感的人。**人都对自己亲手创造的东西有着特殊的亲近感。这是人类的共性。**举个例子，有一种现象，研究者称之为"宜家效应"（Ikea effect），那是指，对自己亲手造出来的东西，人会觉得"这个业余水准的作品跟专业人士的作品有着同样的价值"。考虑到我们当前的关注点是行动合一所带来的影响力，这里有必要来探究另外两种可能性。如果一个人跟另一个人手把手地共同创作了某种东西，他会不会不光对作品产生特殊的亲近感，也对跟自己合作的人产生同样的感情呢？这种特殊的亲近感，是不是来自与他人的联盟感呢？

为寻求答案，让我们先来分析一个问题：为什么本节以共同创作为题，我却先介绍了利奥波德亲手种松树产生的影响呢？在这个过程中，利奥波德不是唯一的演员，这一点我敢肯定，他本人想必也同意。他跟大自然是共同的创作者：他种下了松树，大自然让松树成长。那么，有没有可能，跟大自然行动合一带来了这样的结果：他感觉与自然更为融合，从而对自己的合作伙伴更倾心、更尊重了？如果是这样的话，我们就得到了一点启发：共同创作也是一条联盟之路。

遗憾的是，我们没法就此询问利奥波德本人，因为1948年他就去世了。但我对这个答案有信心。

信心部分来自我参与的一项研究：调查管理者在开发产品中的个人投入度。我预期，管理者越是感到自己和员工一起做出了最终产品，对产品质量的

---

① 利奥波德的《沙乡年鉴》首次出版于1949年，自此以后成为许多环保团体的必读书目，书中转述的有关桦树与松树的思辨也来自此书。他坚信，管理荒野最好是通过以生态为中心的方式，而非以人类为中心的方式。他反对政府控制自然环境中食肉动物的政策，狼群为他的立场提供了非常有力的支持证据。

评价就会越高。

结果的确是这样：首先，如果管理者受了引导，相信自己在开发设计最终产品（如一款新手表的广告）的过程中扮演了重要角色，那么，较之认为自己没怎么参与开发的管理者，他们对广告的偏爱程度要强 50%，哪怕两者最终看到的广告是一样的。其次，我们发现，认为自己参与得更多的管理者，同时也认为自己对广告的质量负有更大的责任，因为他们感到自己对手下员工有了更大的管理控制力（见图 8-10）。这一点也如我所料。

图 8-10　通过"归功于老板"避免阻碍

"做假账"是众所周知的商业诀窍，"假创作"也是。

但最后一点发现是我未曾料到的。管理者越是认为项目的成功源于自己，也就越是认为项目的成功和手下员工的能力密不可分。我记得，拿到这个数据的时候，我不禁吃了一惊。或许不像利奥波德发现自己手里拿着斧子的那一刻那么吃惊，但总归也是狠狠地吃了一惊。管理者认为自己较多地参与了产品的开发，何以会让他们觉得自己和其他员工对最终成功都有着更大的功劳呢？功劳的大饼不是只有一个吗？如果管理者认为自己的功劳更多，那么按照简单的逻辑来说，员工的功劳就应该减少才对呀。我当时没想明白，但现在明白了。如果共同创作带来了暂时性的身份融合，也就是管理者认为自己和员工是一体的，那么他认为自己的功劳更多的时候，员工的功劳也更多，不管逻辑怎么规定。

征求建议是个好建议

> 对那些前来征求意见的人，我们都应该钦佩他们的睿智。
> ——本·富兰克林

共同创作不仅减少了项目合作中怎样让上级和员工争功劳的问题，还能缓解其他许多传统上难以消除的麻烦事。六七岁的孩子在分享奖励上往往很自私，很少跟玩伴平均分配。但如果他们是跟玩伴合作努力赢得奖励的，那么绝大多数时候即便是 3 岁的孩子也会均分奖励。在学校里，学生会根据种族、人种和社会经济地位结成小圈子，只在圈子内部寻找朋友和帮手。不过，当学生们和来自其他小圈子里的同学进行"合作学习"练习，即每一名学生都必须向其他学生传授一部分知识，好让所有人都得到好分数时，那么他们就更愿意破圈交朋友。公司总是在努力让消费者对自己的品牌产生情感联系，从而对品牌更加忠诚。如果公司在设计新款或升级款产品及服务时，能邀请消费者进行共同创作，让他们向公司提出自己对产品特点的要求，那么他们就能够更好地赢得消费者。

需要注意的是，在进行这类营销合作时，企业必须将消费者的意见框定为对公司的建议，而非观点表达，或对公司的期待。上述措辞差异看似微不足道，其实却是达成公司"身份融合"目标的关键。

提供建议，让人进入了联盟心态，刺激消费者认同公司的身份，与之产生连接。反过来，表达观点或期待，则让人进入了自省心态，把关注点放在自己身上。这些形式略有不同的消费者反馈，以及它们带来的截然不同的联盟或隔离心态，能给品牌的消费者参与度造成重大的影响。

有研究向一群来自美国各地的网络受访者展示了新快餐店"Splash!"的商业计划，快餐店希望通过强调菜品有益于顾客的身体健康来突出自己的竞争优势。受访者阅读了计划之后，按要求提供反馈。研究者要一部分人针对餐厅提出"建议"，另一些人则提出"观点"或表达对餐厅的"期待"。最后，受访者还要估计自己有多大的概率到这家餐厅去吃饭。提供建议的受访者想去就餐的愿望，明显高于提供其他两类反馈的受访者。而且，正如我们所期望的，提供建议是一种实现身份融合的机制，支持餐厅的愿望更强，是因为受访者感觉跟品牌有了更深的关联。

调查里还有一项发现，在我看来是最确凿的"联盟"论据：受访者认为，这三类反馈对餐厅的帮助是一样大的。所以，那些提建议的人感觉跟品牌的关联更紧密了，不是因为他们认为自己向餐厅提供了更多的帮助。事实上，提建议使得受访者在发表对品牌的看法之前，进入了联盟心态，而不是隔离心态。我必须承认，这一发现让我感到很愉快，因为它表明，这个过程不仅带来了影响力，更带来了先发影响力，让这些受访者的联盟心态提前就绪。

对我来说，这组结果还证明了在跟朋友、同事、客户面对面互动时，向对方征求建议这一做法的明智性。而且如果诚心诚意地用这种做法来寻找有用信息的话，它同时也是合乎伦理的。就算是跟上级互动，它应该也是有效的。当然，对它的潜在不利因素感到担心也合乎情理：让老板给自己提建议，他或许会认为你不称职、太依赖他人、欠缺安全感。虽然我认为这种担心合乎逻辑，但我同时也认为它是错的。因为，一如前文"上级评估与自己合作员工的贡献"的研究表明，理智、理性或者逻辑，并不能很好地捕捉到共同创作产生的影响，但联盟感可以，这是一种符合该情境的社会促进感，对你极为有利。小说家索尔·贝娄（Saul Bellow）曾经说过："我们寻求他人的建议，往往也是在寻求伙伴。"我只想为此补充一点科学证据：得到了建议，我们通常也就得到了伙伴。要为项目找帮手，有什么做法比让对方和你一起共同负责更合适的呢？①

值得注意的是，关于不同类型的消费者反馈对随后这些消费者参与度的影响的调查研究发现，对消费者的建议提供高额奖金，会消除他们对该品牌的偏爱。研究者没有调查为什么会这样，但他们推测，意外的高额奖金让消费者的关注点偏离了提建议的公共方面，转到了私人方面。此外，有充分的研究证据表明，品牌利用共同创作等技巧，将消费者的身份认同与品牌联系起来，会导致对品牌有着强烈认同感的消费者，在决定他们对该品牌的态度和忠诚度时，更容易忽略关于该品牌产品存在瑕疵的信息。

跨群体大联盟

现在，是时候回顾一下我们从身心合一与行动合一中看到的最有利结果了，甚至还可以进一步做些更深入的思考。我们了解到，让人们参与相应的联盟体验活动，可以把选举推向对我们有利的方向，可以巩固来自公司股东及其客户的支持，可以保证战争中的士兵是并肩作战而不是仓皇逃窜，可以保护社群免遭毁灭。我们还发现，有两种联盟的体验，可以让玩伴、同学和同事彼此喜欢、互相帮忙、共同合作，可以让97%的家长无偿填写一份长长的调查问卷，甚至让人们在实验室里产生爱意。但这里有一个无法回答的问题：我们能否把这些经验教训应用到更大的舞台上，比如国家之间的世仇、长期的暴力宗教冲突、种族对立等？这些来自身心合一与行动合一的经验，能否让我们人类作为同一个物种联盟，合而为一？

---

① 对同事及两人共同创作的产品的评价研究，是我跟杰弗里·普费弗（Jeffrey Pfeffer）合作完成的，他给我留下了深刻的印象。研究者对合作学习技术的积极结果做了归纳，这一技术被称为"拼图教室"（Jigsaw Classroom），由阿伦森及其同事发明。

这个问题回答起来很难，主要是因为这些令人痛苦、难以解决的分歧里，天然地带有大量的复杂因素。即便如此，哪怕是在这些矛盾重重的领域，我仍然相信，创造一种有联盟感的程序，也能为理想的变革造就适合的环境。虽然在所谓的挥手（hand-waving）理论①里这个设想听起来很有希望，但如果就此以为这一理论能流畅地付诸实践，不免太过天真，因为实践里存在大量程序上和文化上的复杂因素。我们必须考虑到上述复杂因素，才能设计出最合适的促进联盟的程序并妥善执行。我想相关问题的专家也必会同意这样的看法，说不定这个主题还值得写一整本书来讨论。当然，我衷心欢迎专家们在这方面为我提供建议。

尽管最后一句话有些开玩笑的意味，但我们显然不能用一个简单的办法一刀切地对付牵连甚广、沉疴宿疾般的复杂问题，这一点再怎么强调也不过分。著名生物学家史蒂夫·琼斯（Steve Jones）观察到过一种与此有关的现象。他发现，科学家也会倚老卖老：到了某个年龄，科学家们就常常开始"为宏大问题大放厥词"，似乎他们在特定领域掌握的知识带给了他们足够的自信，于是敢于对这些专业边界的宏大问题指手画脚。史蒂夫的告诫似乎跟我此刻的处境有几分契合：首先，我已经到了他所描述的年龄阶段，其次，我要对自己全无专业知识的外交、宗教冲突、种族敌意领域给出结论。显然，我会在黑暗中"大放厥词"。

因此，如果我借助本章所给的经验教训去解决怎样合而为一的问题（如通过若干个影响力原则来展示），那就再好不过了。从人类大家族（而非部落）的视角来建立四海一家的"我们"感，来影响人们做出与大家族成员应有的回应也是最合适的，因为大家族的成员意识是人类大脑线路里本来就设置好的，"按一下就播放"。那么，我们就先从孩子的成长阶段和家长塑造他们的过程着手，接着转到有可能打动成年人的手法上吧。

---

① 挥手理论是指试图解释或说服而使用无实质性的言辞、论据、姿势或动作等，也可理解为一种粗暴、大而化之的断言。——编者注

如何让联盟更有效

对家庭影响的认识 在家里，有两种一定能成功的做法，可以让孩子把任何人（哪怕不是亲戚）都当成家人来对待。第一种做法是长期的共同居住。如果一个没有血缘关系的成年人（比如这家人的朋友）和全家人一起住了很长时间，那么，这个人常常会被称为某某"阿姨"或"叔叔"；如果是没有血缘关系的孩子跟全家人共同居住了很长时间，则会被贴上兄弟姐妹的标签。此外，在同一个屋檐下共同生活的时间越长，这个没有血缘关系的人能得到的血缘关系所特有的好处就越多，如来自家庭成员的自我牺牲式的帮助。第二种做法是孩子观察到双亲（尤其是母亲）照料家庭成员之外的人，此举会带来孩子类似血缘关系的行为。还记得我们这个时代两位最伟大的人道主义者杉原千亩和特蕾莎修女的自述吗？他们都说曾看到自己的父母无私地照顾家族之外的人。值得注意的是，无偿提供衣食住行等照顾行为通常仅限于家族成员。

行动启示 对那些希望提高孩子四海一家亲意识的家长来说，上述发现也很有意义。为跨群体孩子提供长期住所这一做法固然令人钦佩，但对大多数家庭来说并不可行。领养或寄养使父母必须达到的要求、付出的成本、承担的义务往往都太大了。

然而，在家里为跨群体孩子提供家庭式体验这一做法就容易管理多了。它可以分为两步来完成：首先，家长在自己孩子的课堂、运动队或舞蹈队中找到跨群体孩子，然后邀请他们（经其父母许可）到家里来玩或过夜。在我看来，邀请跨群体的孩子到家后，关键在于不要让他们感觉自己是客人。邀请者家的孩子应该把来拜访的孩子视为自己家庭中的一员。

如果邀请者的孩子们有家务要做，来访的孩子也应被分派到任务。如果家里的衣物一般是妈妈负责清洗，而她注意到来访孩子的衣服上留下了在后院玩要后蹭到的草渍，那她就应该帮忙清洗衣服。同样，她也应该当心来访孩子是否擦伤了皮肤，需要喷消毒剂、贴上创可贴。如果爸爸通常负责孩子们的体育活动，那么和所有的孩子们一起参与活动还不够，他应该成为每个孩子的老师：握住孩子们的小手，帮忙调整他们握球棒或高尔夫球杆的动作，让他们更好地击球；解释怎样投出橄榄球，好让球旋转出合适的弧度；展示怎样用假动作骗过守门员，把足球踢进球门。如果他的角色是进行和教授家庭或汽车维修，上述做法也同样适用。如果有机会为孩子们提供指导，家长就应该一视同仁，而不应该等到来访的孩子离开之后再做。

当然，只要跨群体孩子来家里玩耍，就应该不停地重复这些做法。我认为最重要的一点是，别对来访的孩子偏心——有些好心的家长或许会这么做，以示自己不带偏见的榜样。相反，为了对来访的孩子们好，应该尽可能地把他们纳入家庭常规做法，而不是为他们额外"开小灶"。

如果邀请来访的家人共进晚餐，类似的建议也是适用的。如果是在室内吃饭，那家长应该等到访客到达之后再布置餐桌，方便访客像家人一样帮忙参与。如果是在后院野餐或烧烤，可以让访客帮忙摆放桌椅。此外，用餐后的收拾和清理工作，应该让所有人都出力。

如果我妈妈还在世，她一定会这样说："罗伯特，你怎么回事？这可不是待客之道。"或许在某种意义上她是对的。但我会回答："妈妈，他们不是我们的客人，而是一些你希望他们立刻感到获得接纳，融入我们一家的活动，来自不同民族、种族或是有着不同身份的人。而且研究表明，一起布置餐桌、收拾厨余，还有在做这些事情时进行的闲聊，能让我们彼此感觉到更加团结。"

还有一件我一直在想却没说出来的事，因为妈妈教我不要"自作聪明"地和她争论。这件事是这样的：就算这么做的确如她所说有违晚宴标准礼仪，但款待是否恰当也并非问题的重点。邀请客人来的目的，是为自己的孩子灌输一种包含了各种各样其他人的宽泛"我们"感。我不会当着妈妈的面说出来，但我会想："妈妈，你希望孩子记得你像对待外人一样招待客人，还是希望像家人一样对待客人？"而且，科学研究也支持我的建议，该研究表明，孩子能学习并效法成年人对社会群体成员的非语言信号。①

我们对多元化邻里及友谊关系的认识　生活在多民族或多种族社区的人更容易产生全人类的身份认同，这让他们整体而言乐于助人。此外，增加接触也一般会让他们对跨群体的其他人更友好，少有偏见。多元化的友谊也能带来类似的效果，它会让人们对朋友的民族或种族群体产生更积极、更支持的态度。这一效果不仅适用于多数群体成员，同样也适用于少数群体成员，如果这些少数群体成员有一个多数群体的朋友，那前者对多数群体的态度也会变得更积极。更值得注意的是，跨群体友谊提升了群体联盟感，也提升了双方的期待，使之认为跨群体成员之间的互动会是友好的。同时，跨群体友谊还能带来一种不为人知的间接影响：只要知道自己群体内的人有跨群体朋友，就会减少我们对另一个群体的负面情绪。

行动启示　住在多元文化社区里的孩子更有可能产生对人类整体的身份认同，对于这样的发现，家长们应该怎样应对呢？哪怕非常重视这一思维的家长，也不太可能立刻搬到此类环境中去。但对重视这一思维的家长来说，把邻里多元化放到将来选择居住环境的需求列表中才更为合适。基于对这一思维的重视程度，家长们还可以选择它在清单里的位置是靠前还是靠后。

与邻里多元化相比，友谊多元化意味着更多的选择。其一跟之前的推荐做法一样：家长到学校里、体育赛事中或公园操场上去找一个跟自己孩子特别合适的跨群体小伙伴。邀请跨群体的孩子们去玩、来自己家过夜、参加生日聚

---

① 如何判断不同物种成员的血缘关系，一直是无数科学调查的主题。关于人类怎样进行这一过程的科学调查不多，但它们对我们此处讨论的话题有着特别重要的意义。例如，有报告指出，"荣誉亲属"的概念，存在于所有人类文化中。"荣誉亲属"指的是住在家里但没有血缘关系、同时也得到了类似家人称呼的人。

会，都是推进孩子们友谊发展的自然做法，之后还可以邀请对方孩子的家长共进晚餐，为家长之间建立跨群体友谊奠定基础。这种成年人的联盟，可以通过在外面聚餐或者喝咖啡等一对一的方式加以巩固。

在家以外的场所见面很重要。第一个原因是，这种公开的见面也会让其他人观察到这段友谊，研究表明，这有助于降低旁观者的跨群体偏见，让他们更乐于自己也建立同类友谊。实际上，一对一的聚会越公开，其他人就越有可能受此影响去建立跨群体关系，并进而影响到更多的旁观者。新冠肺炎疫情发生期间，我们不幸地见证了群体传染数倍扩展的规律。不过，就公开的跨群体友谊而言，同一规律会向着有利于人类福祉的方向发展。

第二个原因是，与跨群体家长同伴（或任何跨群体成年人）安排一对一见面与其说是为了扩大友谊的影响，不如说是深化它。这种互动提供了另一种肯定能增进联盟关系的方式：相互的自我表露。我们在第 2 章讲过，互惠原则支配着各类行为，其一就是自我表露。如果谈话对象透露了一条个人信息，那么另一方几乎总会提供一条作为回报。如果采用前面介绍过的阿伦夫妇的 36 道问题程序，此类交流就有可能产生类似爱情的社会纽带。虽然一些研究者使用了这种方法来减少跨群体偏见，但按部就班地问完 36 道问题的做法并不适合在星巴克进行社交互动。我们并不是在寻找不切实际的爱情反应。不过研究表明，哪怕是有限的自我表露，也有助于加深跨群体关系。做法很简单：如果你的目标是减少全世界跨群体地区中人们的敌意和偏见，那么你可以从结交跨群体的朋友开始，模仿你身边跨群体的友谊，在公共场所跟跨群体朋友见面，并在谈话中透露一些个人信息以激发随后的对话。①

---

① 研究者们收集的数据，揭示了生活在多元化社区给陌生人之间的善意及全人类身份认同带来的积极影响。在多种族地区和国家也发现了概念类似的效应。跨群体友谊对多数群体和少数群体成员对待另一群体的态度、期望和行为的有利影响，相关证据来源很多。例如在南非，与白人建立跨群体友谊的"有色人种"初中生，总体上对白人持有更多的信任态度和更少的伤害意图，还有研究者设计了另一个版本的 36 道问题，旨在让持顽固偏见态度的个人之间减少偏见。

何种联系能带来联盟感　我们已经看到了各类通过行动合一（跳舞、唱歌、阅读、散步、工作）建立起来的联系，能够同步或合作地创造出一种广泛的"我们"意识。另一种不同类型的联系——意识到共同之处也能达到同样的效果。对那些希望激发他人心中联盟感的人来说，这类共同之处有一个特别有用的特点：只要简单地让人们意识到这些共同之处，就能将其调动起来。

采用这方面最有效的共性形式，即共同的身份往往能收到预期的效果。拉比卡利什通过向日本占领官指出双方"亚洲人"的身份拯救了自己的族人；一对夫妇发生争执，如果一方提醒另一方两人的共同伴侣身份，就更容易达成一致；想让美国的民主党人和共和党人提升对彼此的好感，只要提醒他们都是美国人即可。同样，犹太人和阿拉伯人读到双方在基因身份上的高度重合，就会减少对彼此的偏见和敌意，并更支持巴以和平努力。哪怕是重度自我导向型的精神病患者，也会在这种强烈偏爱的驱使下，对同属"我们"的群体成员表现出更多的关注。考虑到精神病患者是出了名地缺乏对他人的关心，那我们要怎样解释这一反常的结果呢？请记住，身份统一的过程，能让自我更多地与彼此相连的他人相融合。所以精神病患者的这种行为也并非"反常"。

其他形式的共同之处也有类似的作用。例如，传统上对立的群体会因共同的敌人而联盟。阅读了有关恐怖分子的介绍后，美国的白人和黑人会认为彼此没有那么不同了；以色列犹太人和阿拉伯人读到他们对癌症等疾病在易感性上类似时，也产生了同样的感受。更重要的是，这些变化是自动发生的，不需要认知反思。另一种共同之处，即基本的情感体验发挥作用的途径则有所不同。一个群体的成员常常会通过对另一个群体的成员进行非人化，即否认后者完全拥有基本的人类情感和品质（如同情、宽恕、教养、道德和利他精神）来为自己对他们的偏见、歧视和虐待开脱和辩解。对此，我们可以用人类基本情感（它们为所有人所共同体验）的证据来驳斥这种非人化的观念。如果一个群体外的成员在同样的悲剧场面中和我们一起流泪，在一个有趣的笑话里跟我们一起大笑，在同一起社会事件中跟我们同样愤怒，我们就很难不把他当成人来看待。当以色列犹太人得知,听到肇事逃逸现象的增加或工厂污水泄漏导致数千只海豚死亡等新闻时,巴勒斯坦人的愤怒程度与犹太人相当,那么此时以色列犹太人就会觉得巴勒斯坦人有了更多的人情味,也会对有利于巴勒斯坦人的政治政策表现出更多的支持。

最后一种值得强调的能产生联盟感的做法是采用对方的观点,即让自己站到对方的立场上去想象那个人在想些什么、有什么感觉,或正在经历些什么。在漫长的研究生涯中,我研究过促使人们帮助他人的因素,很快就知道了一点重要的事实:"如果你站到需要帮助之人的立场上,就很可能会对这些人伸出援手。"何以如此呢?我很快发现,把自己放在他人的处境中,可以提升自我—他人重叠感。因此,接受了澳大利亚土著居民观点的澳洲大学生,接受了跨性别观点的佛罗里达居民,都对有利于上述少数群体的政治政策变得更加支持了。有趣的是,知道有人在互动中努力接受自己的观点,会让我们与这些换位思考者产生更大的自我—他人重叠感,进而带来更多的喜欢和善意。显然,换位思考带来的结果是双赢。研究者指出,借助换位方式来思考他人的人,其大脑中与思考自己相关的部分(腹内侧前额叶皮层)会出现更大程度的激活。

但有个问题需要注意。不同于与跨群体人士建立类似家庭、邻里和友谊的关系所带来的效果,由共同的敌人、大多数类型的共同身份认同、类似的情感反应以及换位思考等情境锻造出的关系在许多情况下无法发挥作用,就算能发挥作用,持续时间也不会太久。因为这种关系的联盟目的,一般都与达尔文主义式的压力(推动本群体与其他竞争者斗争,获得生存空间,抢占优势)背道而驰。古罗马哲学家塞涅卡(Seneca)曾说过:"我们是同一片海洋里的浪涛,同一棵树生长的叶子,同一座花园里盛开的芬芳花朵。"还有人认为此句出自巴哈伊教的创始人巴哈欧拉之口,这种情操毫无疑问是正确的,但它力量平平的推动力显然无法与自然选择的进化原理(后者往往断言的是正与之相反的真理)相提并论。每一道浪涛、每一片叶子和每一朵花,都在与其他的浪涛、叶子和花争夺资源、储备和生长空间,没有这些东西,它们就会萎缩甚或消失。

对支持联盟观的人来说，更糟糕的是，人性中还有另一种强大的特质把我们引向竞争和隔离：体验到威胁感。每当群体的福祉或声誉遭受威胁，我们就会猛烈还击：贬低对立群体的价值与价值观甚至人性。因为大量证据表明，感知到威胁，会削弱促成联盟做法的效应。在我们这个时代，互相竞争的国家、种族和宗教实体都掌握着破坏性技术和毁灭性武器，能够对彼此造成大规模的恐慌和伤害，所以我们最好还是找到减少群体间敌意的办法，并将之导向和平。

行动启示 显然，要认同跨群体联盟这一使命的价值，就要面对一个得到了强大进化压力助推的可怕对手。它来自一种确保我们基因复制、存活与延续的无情拉力，在对我们意义重大的群体内部成员中，与我们基因重叠的人有着极高的比例。科学分析表明，我们一般与那些跟自己有着家庭、友谊、地域、政治和宗教纽带联系的人有着更多的基因重叠。不足为奇，较之那些与我们基因关联度较弱的群体，我们更愿意帮助上述人群存活。面对自然选择这样强大的敌人，我们怎么能指望打赢这场旨在实现更大群体联盟的战斗呢？

也许我们可以再一次设法破解达尔文式的压力，并利用它的力量为我们服务。还记得在第1章中，一名修习日本柔道的女性，通过引导对手的力量（能量、重量、动量）打败更强壮对手的故事吗？借此启发，我提议让跨群体成员更频繁地出现在我们的家庭、社区和友谊网络（这些网络已经进化为基因相似性这一可靠的线索，人们会本能地对该线索做出响应）中，以此构建联盟。要想改变进化压力的方向，把它引向联盟，我们的口号不应该是《星球大战》中的"愿原力与你同在"，而应该换成柔道版"愿对手的力量与你同在"。

那么，通过同样的普适方法，我们要怎样破解进化过程中通过共同敌人（我们易患癌症）、相对次要的共同身份（我们俩都是篮球迷）、人类共同情感（我家人人都为市长的决定感到愤愤不平）、换位思考（现在我已经设身处地站到了你的位置，能更好地理解你的处境了）所建立起来的连接、强化联盟时持续时间短、过于脆弱这一困局呢？如我们所见，尽管这些连接在当时或许有些影响，但它往往太过脆弱、容易遭到忽视，从而无法持久地指导行为。好在有一个因素可以提升其力量、增强其稳定性。这就是注意力的聚焦，它可以极大地促成有利的信念、价值观和选择。

一旦把注意力集中在某件事上，我们就会立刻认为它对我们更有意义。心理学家卡尼曼将这种现象称为"聚焦错觉"（focus illusion），即人们自动认为，如果自己在关注某件事，那此事必然事关利益。他甚至在一篇文章的标题中总结这一错觉说："生活中没有什么事是非同小可的，除非你正在想它。"更重要的是，研究表明，如果焦点物品有着令人想要的特点，那它们会显得更重要而且更令人想要。所有认知错觉，都是由于通常而言运转良好的系统存在这样那样的缺陷而出现的。

卡尼曼聚焦错觉的研究，相关的数据来自下面这项研究，该研究考察了为什么放在商店货架中央的各品牌商品往往更容易被人购买。与左边或右边的商品相比，中间的商品得到了更多的视觉关注。此外，这种更多的关注，预测了购买决定。关于聚焦错觉的一般原理和后果，有证据表明，重要的东西会获得我们的关注，而我们关注的东西也会获得重要性。例如，在态度研究领域，研究者表明，**人类的认知组织方式会让我们会把最容易接触到的态度视为对自己最重要的态度**。同样，任何我们可以轻易接触到的态度，在我们眼里都会显得更重要。甚至有证据表明，对一件消费品的视觉聚焦，会影响到大脑中支配感知价值的部位，进而增加个体对该物品的判断价值。

就聚焦错觉而言，为我们效力的系统在大多数时候都非常理性。对在特定情况下有着最重要意义和实用性的因素给予高度关注再合理不过了：黑暗中的异常声响，饥饿时闻到了食物的气味，以及看见首席执行官站起来要发言。这在进化上很有意义，因为如果做不到，就会在进化过程中显得适应不良。可它存在缺陷的地方在于，我们全神贯注的注意力并不总是会受环境最重要的方面吸引。有时候某些无关因素会把我们的注意力聚焦到某样东西上,使我们误以为它很重要。

有一项调查曾要受访的美国人说出两件自己眼里美国历史上"特别重要"的国家大事,他们提到"9·11"恐怖袭击的概率是30%。但在它10周年纪念日快到来前夕,随着媒体的大面积报道,人们对该事件的提名率飙升至65%。10周年纪念日过后不久,媒体对它的报道迅速减少,认为这场悲剧"特别重要"的受访者也随之减少——跌回了30%的水平。显然,媒体报道的力度,影响了旁观者对这一事件的关注,极大地改变了人们对它之于国家的重要性的感知。

尽管并非所有方法都获得了有效证明,但大量的研究表明,我们可以训练将注意力从造成威胁的目标转移到更积极的,或至少不那么可怕的目标上。除了训练自己把注意力从有时具有威胁性的外部群体身上转移开来,我们还可以用另一种方式来化解由此产生的焦虑。这需要**把注意力从焦虑本身转移到我们所拥有的力量上**。当我们体验到这类威胁时,关键是要进行"自我肯定",将注意力引导到自己珍视的某一方面,比如和家人、朋友和友谊网络的牢固关系;也可以是我们奖励的一种特质,比如创造力或者幽默感。它的作用是把我们的注意力焦点,从自己受到威胁的方面到伴随而来的防御反应(偏见、好斗、自我推销)上,重新导向自身的价值方面和随之而来的自信反应(开放、镇定和自我控制等)。大量研究都记录了及时的自我肯定能够逆转外部群体威胁造成的负面影响。

影响力研究 INFLUENCE NEW AND EXPANDED

一项研究对某在线家具店的访客进行引导,在浏览该店的产品之前,研究者使一半的访客浏览以蓬松云朵为背景的登录页面。这一注意力焦点使得访客把家具的舒适度视为一个较为重要的因素,他们也因此更偏爱购买更舒服的家具。另一半的访客并未表现出这种模式,他们认为价格更重要,更喜欢购买便宜的家具。为什么呢?因为他们看到的登录页面是一幅与成本相关的画面——一叠硬币。于是，在战术性引导之下，访客注意力所聚焦的概念，其权重发生了实质性的改变。还有一项有关储蓄偏好的在线研究，让实验的参与者把注意力放到他们自己的照片上，一些人看到的照片是他们现在的样子，另一些人看到的照片则是做过调整、年老后的样子。看到自己变老后照片的人，愿意为自己的退休金计划分配更多的资金。值得一提的是，如果他们看到的是其他人年老后的照片，情况就会不一样。年迈照片仅能影响到他们对自己将来经济状况的考量。这里，让受访者把注意力放在即将退休的自己身上时，会提升其心中"照顾好年迈的自己"的重要性。

如果新闻工作者、网页设计师和储蓄偏好研究者可以通过引导注意力，来提升人们对"9·11"恐怖袭击、家具卖点、退休账户资金的重要性的感知，为什么我们不能做一些类似的事情来促进联盟事业呢？为什么我们不能利用这一提升关注点重要性的力量来放大跨群体连接的感知价值呢？这意味着我们可以通过训练，让人们不再把视线放在对不同群体成员的怨恨、敌意和偏见上，而是将它转移到共同的连接上。这种重新定向的行为，不光让我们的心态从割裂转到了连接上，还能消除群体间的分裂，放大聚焦之处的重要性，从而增强连接的力量。我是不是有点太天真了呢？谁知道呢。

如果你决心这么做了，首先，我们的使命中会获得一位强大的同伴。我们应该把聚焦视为自己的朋友、自己的燃料、力量的来源。接着，有证据表明，人们可以通过训练，将注意力从威胁性想法上转移到不那么险恶的想法上，从而减少对这些想法源头的焦虑。最后，每当我们遇到或仅仅听到不同群体时，都可以认真地尝试将注意力从割裂转移到连接上，要是它管用，那使命就完成了。但如果事实证明，我们把思路放在共同连接上的努力不成功（或许是因为，哪怕有聚焦带来的提升作用，这种联系仍然不够强大），其实我们仍有一张好牌可以打。我们只需要回想一下自己之前对跨群体"我们"感的尝试，把它作为我们的确对"我们"感有真实个人偏好的证据。这两种方式都可以让跨群体联盟在"我们"的自我概念中获得地位，也都可以发展跨群体联盟。

如何防范

大多数公司都有行为规范声明，员工入职之初便应该阅读这些声明，并在工作期间遵照执行。很多时候，这些行为规范是员工在组织中接受道德培训的基础。一项针对标准普尔500指数上市的制造业公司的研究发现，可以根据行为规范声明把公司分成两类：一类声明主要使用与联盟有关的语言，其条款用"我们"来称呼员工；另一类声明使用了更正式的语言，在条款中把员工称为"成员"或"雇员"。出人意料的是，在使用"我们"式语言来表达道德责任的组织中，人们就职期间从事非法行为的可能性明显更高。

影响力研究 INFLUENCE NEW AND EXPANDED

为了理解其中的原因，研究者进行了8项系列实验，他们让实验的参与者阅读使用联盟语言（用"我们"来称呼员工）或非个人语言（用"成员"称呼员工）所写的员工行为规范，接着再让其执行一项工作任务。这里出现了若干让人大开眼界的现象。如果参与者阅读的是用"我们"式语言所写的行为规范，就更有可能为获得绩效奖金而说谎或作弊，以牺牲组织利益为代价中饱私囊。研究者经过分析，对这个现象提供了两点解释。第一，以"我们"为基础的措辞，让参与者认为，这家组织不太可能进行监视并抓住违反道德规范的人。第二，接受这些指示的人，认为组织会对违规者较为宽容，最终会原谅他们。

研究表明，企业的行为规范声明如果强调联盟，那么员工会更不诚实。替"我们"式群体成员的行为做开脱的倾向并不仅限于人类。在另一个例子中，如果年幼的黑猩猩是成年黑猩猩的血亲，后者就更能容忍前者偷取自己食物的盗窃行为。

我们在前面几章已经看到，每一条影响力原则都可能遭到奸商利用：赠送毫无意义的小礼品，迫使受赠人回报以更大的恩惠；利用统计数据说谎，让自己的产品营造出获得社会认同的虚假印象；伪造证书以暗示自己在某个主题上的权威性……联盟原则也不例外。一旦渔利者觉察到"我们"式群体里蕴含的联盟影响力（也即我们容易将同一群体成员的不当行为大事化小，给他们找借口开脱，甚至促成这些不当行为），他们便力争从人的这一原始行为倾向中牟取利益。会这么做的不单只有商业机构。我曾亲身遭遇过两件令人不快的事情，可以这么说，其他类型的工作单位也会产生同样的渔利者，以及对其加以纵容的联盟管理倾向。

其一是协会。这体现在，不管是警察协会、消防协会、制造业协会还是服务业协会，都愿意站在自己成员（哪怕是最恶劣的成员）一边。协会不仅为下属成员提供了可观的福利，也为整个社会带来了各种好处，如改善安全法规、进行合理的工资调整、执行产假政策，以及扩大中产阶级队伍。但从在遵守职场恰当的道德行为方面看，它们存在明显的缺陷。就因为道德不端者是自己的一员，他们便为之提供保护、为之对外战斗，哪怕有清楚的证据证明这些道德不端者的违规行为极度恶劣、旷日持久。我家里有个现已过世的亲戚，就是这样一个典型的违规者。他在一家制造公司当焊工，经常装病旷工、干活偷懒、手脚不干净、涂改考勤，甚至伪造工伤记录。老板多次想要解雇他都不成功，反而被他嘲笑。他说，协会会费是他做过的最佳财务投资。他每一次做出有悖道德的事情后，协会都为他辩护。协会罔顾对错，仅仅是出于一种独特的道德义务——对协会会员保持忠诚而这么做。协会纵容他利用这种忠诚牟取私利，这种僵化态度总是让我感到不安。

其二是罗马天主教，其所辖教会神职人员的行为，对我有着类似的影响。我在天主教家庭长大，住在天主教社区，上天主教学校，参加天主教仪式，直至成年。虽然我已不再是身体力行的教会一员，但我与教会仍然保持着一种心理上的联系，我为教会的慈善拓展和减贫项目深感自豪。可同样的心理联系，也让我对教会领导层的一些做法（他们可耻地包庇了那些性侵孩子的豺狼牧师）感到羞愧。第一次传出教会高层管理不当的消息（赦免犯罪牧师，隐瞒其性侵行为，将之派到新教区，给他们第二次甚至第三次机会）时，我听到天主教内部的辩护者试图大事化小。他们主张，教会高层的神职人员也是牧师，宽恕罪孽恰恰是他们的职责。因此，他们只是在做与其宗教职责相符的事情。我知道这并不是真正的理由。教会当局不仅宽恕了这些性侵行为，还隐瞒了有关此事的消息。出于保护"圈内人"的原因，他们掩盖真相，使得惨剧再次发生在其他儿童身上，让这些孩子受到惊吓，承受永久的伤害。他们落入了道德的阴沟，其行为只能以"我们是一伙的"来开脱。

有证据证明，纵容组织内部的道德不端行为会损害自身的经济利益，进而也证明了对这种行为采取不容忍政策是极为明智的。我们把此类后果称为"组织不诚实的三重肿瘤结构"。我们已经讨论过，如果一家组织经常允许员工使用欺骗手法（对同事、客户、客户、股东、供应商、分销商等），那它将承受三重代价高昂的内部后果：员工绩效下降、员工流动率居高不下、员工欺诈和渎职行为盛行。此外，这些后果会像恶性肿瘤一样，不断增长、扩散，并逐渐侵蚀组织的健康和活力。

在以"我们"为基础的工作群体（如商业单位、协会、宗教组织等各种联盟）中，有没有可能阻止成员的假公济私行为呢？我相信可以，但这需要组织管理者采取3个步骤：首先是要认识到，行为不端者之所以认为群体会愿意为自己的行为开脱，是因为他们以为自己正受到"我们"式群体的保护；其次，组织管理者要向所有相关人士宣布，在我们这个"我们"式群体里，不会出现这样的宽大处理；最后，组织管理者要确立起"不容忍"政策，凡违规者均以除名处理。

这种道德行为承诺，应该在什么时候、什么地方做出呢？应该从一开始就这么做（放在组织行为规范声明中，凡加入者均应恪守），之后要经常在团队会议上对道德和不道德行为做出定义，反复重申和解释不容忍政策，并坚决执行。还可以用上承诺与一致原则，让人们对重要价值观做出书面承诺，可以从实际上增强价值观的推进落实。我曾在偶然中亲身体会过这种书面承诺是多么有效。

我曾在法律案件中担任专家证人，这些案件主要包括产品制造商的欺骗性广告和营销行为。我做了三年就不做了，因为这个工作的紧迫性太强了。在形成初步的意见书之前，我常收到成箱成箱的书面材料：陈述、证词、申请书、证据报告和之前的法庭判决。接着，我需要形成一份初步意见书，并将这份意见书提交给法庭，随即在正式作证过程中接受对方一群律师的质询，同时，我需要就这一意见书展开辩护。在作证日来临之前，我需要与雇用我的律师团队成员多次会面，打磨并完善我的意见书，以期发挥最大影响。

在这些会面中自然而然发生的事情，给我带来了一个棘手的问题：道德。我成了一个联盟的"我们"式群体的一员，该群体有着明确的目的：在官司里打赢另一方的律师和专家证人团队。合作期间，我将和同事们建立友谊，在讨论中理解他们的知识技能，逐渐了解彼此在食物和伴餐音乐上的共同品位，并在席间喝酒时（一般是酒过三巡之后）通过互惠式自我表露来形成更亲密的关系。在准备意见书期间，我知道我的意见是我方军火库里的一种重要武器，会拿来对付对手。我的意见对我方情况支持越充分，我越是能自信满满地发表意见，对我方就越是有利。

虽然人们很少明确地表达这些情绪，但我立刻就明白该怎样提高自己在团队里的地位。我可以尽量在声明中自信地强调证据（包括研究文献）与我方论点相吻合那部分内容的重要性，同时淡化与我方论点相悖的那部分内容的价值，这样一来，人们就会越来越认为我对这个小团体及其目标忠心耿耿。

我从一开始就感受到了这个位置存在道德冲突，而且给我带来了很大压力。身为科学家，我有义务对所见证据做最为准确的呈现，此外，在对证据的分析中，我也有义务以最真实的方式表明我对打赢官司的信心。可与此同时，我又是"我们"小群体中的一员，在道德上（基于职业责任）有义务为客户提供最有利于取胜的案例。尽管我不时向客户提及自己历来秉持的科学诚信价值观，但我始终拿不准，他们到底有没有充分地考虑这一点。过了一阵，我想最好还是在一份正式声明中，向对客户（也向我自己）明确地表示我对这些价值观（而非客户的价值观）所做的承诺。我开始在意见书的末尾加上一段话，指出我的观点是基于雇用我的律师们提供给我的信息和论证得出的，如果碰到新的信息和论证（哪怕来自对方律师所提供），我是有可能修改自己的观点的。这段话立刻带来了立竿见影的效果，队友们觉得我没那么忠诚了，可我觉得我强化了自己喜欢的角色。

这段话还在一起法律案件中带来了一个意想不到的好处。在该案件中，我认为一家公司对其产品健康特性的广告宣传存在误导性。该公司利润丰厚，有足够的资源聘请律师团队，他们的首席律师可能是我碰到过的最老练的"审讯员"。在一份包含了我初步意见书的证词中，我的任务是捍卫自己的立场，而他的任务是想方设法地贬低我的观点、可信度和诚信度。他的批评极其尖锐，我必须时刻警惕，以避开他的锋芒。很奇怪，我还挺享受这种互动的，因为这是一种智力上的挑战，可他却突然做了一件我意想不到的事情。他提醒我，我曾写过一种叫"登门槛"（见第 7 章）的影响力手法，我还写过一篇研究文章，说屋主们答应在窗户上贴一块倡导安全驾驶的小小警示牌，这使得他们在过了几个星期之后，有更大可能性去做一件原本不可能会去做的相关事情——答应在草坪上放置一块硕大的广告牌宣传同一内容。他问我，这是否意味着我认为，对一个做法的最初承诺，比如在窗户上贴一块安全驾驶的警示牌，会促使人在这一做法上采取更极端的立场。我回答说是的，他立刻扑了上来，举着我的初步意见书说："在我看来，这份声明就像是你做出的公开承诺，用你自己的话来说，它会使得你无论如何都要与之严格保持一致，甚至采取更为极端的立场。那么，为什么我们要相信你现在说的话呢？显然，西奥迪尼教授，你已经在窗户上贴了警示牌了。"

我深为所动,朝椅子里向后一靠,承认道:"这可真是高明!"他挥了挥手,不理睬我的赞美,还催促我回答,脸上露出一抹猎人看到新猎物在陷阱中挣扎的微笑。幸运的是,我并没有被困住。我请他阅读意见书的最后一段话,表明我会接纳新的信息,并愿意做出调整,而不是刻板地保持前后一致。"实际上",等他读完这段话抬起头来时,我告诉他,"这才是我窗户上的警示牌。"他倒没有靠回椅子,也没有大声说出来,但我几乎可以肯定,我看到他喃喃自语道:"这可真是高明!"

我很高兴他这样想,但其实这段话并不是为了反驳那天他对我观点的攻击,而是为了解决我身为专家证人所面临的另一个问题:来自"我们"式群体的内部压力(随着我们友谊的发展,我内心越来越大的压力),使得我想要履行对群体尽忠的道德义务,但是同时,我更希望呈现真相。我写这段话,就是在尝试以书面形式让所有人知道,我不会纵容自己朝着这个方向前进。我想这算是一次成功的尝试。

如果组织希望从以"我们"为基础的集体文化中获益(如更和谐、更富合作精神),但又不愿负担组织内部渔利者所带来的腐败成本,那上述故事能给我们什么启发呢?在组织的行为规范声明中,应该放上一块自我承诺的"窗户警示牌",设定不容忍条款,说明一旦查明员工存在严重违规或多次轻微违规并屡教不改的行为,将做解雇处理。不容忍政策的基本原理,应该建立在与道德文化相关的职场满意度和工作自豪感基础上,更重要的是,从保持工作场所联盟感的诚实愿望出发。为什么要用这个基本原理呢?因为,通过呼吁对"我们"的需求,将组织从"我们"式集体感所带来的缺陷中解救出来……这才是真的高明。

我不记得自己从前曾提倡过要在人际交往中冷酷无情,但在组织中,特别是在注重联盟的组织中，对违背道德规范的员工进行解雇的不容忍政策，看似冷酷无情，其实从我们的发现来看，这么做非常明智。当然，犯错是人之常情，应该给人第二次机会。对犯规者持宽容态度的人，我也很能理解。一如莎士比亚在《威尼斯商人》里提到怎样处置违背道德者时写道："慈悲不是出于勉强，它像甘霖一样从天上降下尘世。"但具体到员工里的不道德行为，我（和莎翁不同）已经看到了大量记录它一系列腐蚀性和传染性后果的研究。如果我们低估这些后果，不免有些愚昧。

本章小结

- 如果人们将某人视为自己团队中的一员，就更容易答应此人提出的请求。和他人产生"我们"感，关键在于双方有着共同的身份，即人们用来定义自己和所属群体的类别，如种族、民族、国籍、家庭以及政治和宗教联盟。

- 针对"我们"式群体所做的研究，有三条一般性结论。第一，这些群体的成员更关注内部成员（而非群体之外人士）的成功和幸福。第二，"我们"式群体成员还会利用其他成员的偏好和行动来指导自己，以确保群体联盟。第三，这种"联盟"倾向是在进化过程中出现的，它有利于"我们"的群体，最终也有利于我们自己。这三种"常量"经常出现在包括商业、政治、体育和个人关系在内的广泛领域。

- 和他人产生的"身心合一"感，是带来"我们"感的第一个基本因素。这种感知由是血缘共性（基因重叠度）和地域共性（包括家庭、社区和地区）产生的。

- 行动合一的体验，是带来联盟感的第二个基本因素。共同的音乐体验，能让人们行动合一，并感受到随之而来的联盟。其他途径还包括多次互惠交换、一起吃苦和共同创造。

- 利用身心合一和行动合一的联盟效应提高人类"合而为一"的概率，是有可能做到的。这需要人们主动和群体外成员在自己家里分享家庭体验，在社群里分享邻里体验，在社交互动中分享友谊体验。

- 包括国家认同、共同敌人、共同情感经历和共同观点等其他类型的联系，也能带来与群体外成员的联盟感。不过，通过此种方式带来的联盟感大多为时甚短。然而，把注意力多次集中到这些联系上，能提升其感知重要性，或许能延长其效力。

第 9 章
即时的影响力

每时每刻，我都变得更好了。
——埃米尔·库埃（Émile Coué）

每时每刻，我都变得更忙了。
——罗伯特·西奥迪尼

20世纪60年代，有个叫乔·佩恩（Jon Pyne）的人主持过一档相当有名的脱口秀节目，整个加利福尼亚地区都可收看。这个节目别具一格的地方在于，佩恩总是会用一种刻薄又挑衅的态度对待嘉宾。嘉宾们绝大多数都是渴望曝光的娱乐圈人士、快要成名的新人，以及各种社会组织的代表。主持人的粗暴采访风格，是为了刺激嘉宾们，怂恿他们展开争论，让他们在慌乱中承认自己做过的尴尬事儿。简单地说，就是要让他们显出一副蠢样。佩恩经常在介绍嘉宾的时候就接二连三地攻击对方的信仰、天赋或外貌。有些人说，佩恩尖酸刻薄的个人风格，一部分原因在于他做过截肢手术，饱受生活的磨难；而另一些人说，事实并非如此，佩恩只是天生牙尖嘴利罢了。

一天晚上，摇滚歌手弗兰克·扎帕（Frank Zappa）做了这个节目的嘉宾。那时候毕竟是20世纪60年代，男人留长发还不太常见，也引人争议。佩恩刚刚介绍完扎帕，不等他落座，下面的对话就噼里啪啦地开始了：

佩恩："我猜，你的头发这么长，肯定是个姑娘。"

扎帕："我猜，你有条木头腿，肯定是张桌子。"

原始的自动反应

佩恩和扎帕的这出唇枪舌剑的对话里除了有我最喜欢的即兴发挥，亦例证了本书的一个基本主题：**很多时候，我们在对某人或某事做判断的时候，并没有用上所有可用的相关信息；相反，我们只用到了所有信息里最具代表性的一条**。这条孤立的信息虽说通常都能给我们以正确的指导，但它也能让我们犯下显而易见的愚蠢错误。这样的错误，一旦遭到其他聪明人利用，就会让我们显得又笨又呆，甚至带来更糟的结果。

然而，还有一个复杂的平行主题贯穿本书：**尽管只靠孤立数据容易做出愚蠢的决定，可现代生活的节奏又要求我们频繁使用这一捷径**。在第1章的开头部分，我们曾将这一捷径与低等动物的自动反应相比较，单独的一点刺激特征，如"叽叽"的叫声、一撮红色的胸羽或特定序列的闪光，就能触发动物一整套复杂的行为模式。这些低等动物必须频频依赖环境中的孤立刺激，原因在于它们的智商有限。它们的小脑袋瓜无法将环境中的所有相关信息进行登记和处理。因此这些物种对信息的某个方面进化出了极度的敏感性。一般来说，这类片面信息足以提示它们做出正确的反应，所以这套系统基本上是极为有效的。每当雌火鸡听到"叽叽"的声音，就会自动搬出一套恰当的机械化母性行为。因为这么做能让它节省自己有限的脑力，应对每天必须面对的其他环境和选择。

当然，在这方面，我们的大脑有着比雌火鸡或者任何其他动物都更为有效、复杂的机制。考虑多方相关信息并据此做出正确的决定，我们在这方面的能力是其他动物比不了的。事实上，人类成了地球上的支配物种，靠的就是这种信息处理上的优势。

不过，我们的能力也是有限的。况且为了追求效率，有时候我们也必须放弃耗时、复杂、需整体把握的决策过程，转而使用更简单、原始、由单一特征触发的响应方式。例如，在判断是否答应请求者要求的时候，我们经常是只注意到了相关信息中的一条。在前面的章节里，我们已经探讨了触发人做出顺从决定的几种最常用的单一信息。它们之所以最为常用，完全是因为它们的可靠性高，一般都能指引我们做出正确决定。这就是为什么我们会这么频繁地利用互惠、喜好、社会认同、权威、稀缺、承诺与一致、联盟等方面的因素自动做出顺从决定。究其本源，上述每一方面的因素都是极为可靠的线索，能提示我们在何时说"是"要比说"不"更恰当。

在没有意愿、没有时间、没有精力或没有认知资源对情况进行全面分析的时候，我们最容易使用这些孤立的线索。倘若我们正赶时间，正处于压力大、不确定、不在乎、心烦意乱或心力交瘁的时候，我们往往会把焦点放在一些片面的信息上。在这类环境下做决定，我们通常使用的都是原始而必要的"单一可靠证据"法。这一切带出了一个令人不安的结论：**靠着成熟而精密的大脑，我们建立了一个信息繁多的快节奏复杂世界，使得我们不得不越发依赖类似动物的原始反应方式来应对它。**

现代的自动反应

英国经济学家、政治思想家、科学哲学家约翰·斯图亚特·穆勒（John Stuart Mill）离世大概有140多年了。他的去世（1873年）是一件历史大事，因为他是最后一个享有"掌握世上已知的一切知识"美誉的人。如今，这样的说法变得很可笑了。经过世世代代的逐步积累，人类的知识如同滚雪球一般，进入了一个靠惯性驱动、成倍扩张的大爆炸时代。在我们现在生活的世界上，大部分信息的存在历史不超过15年。在某些科学领域，如物理，据说知识的数量每8年就会翻一番。科学信息爆炸并非仅限于分子或量子物理化学等神秘领域，而是囊括了与我们日常生活息息相关的一切知识领域：健康、教育、营养等等。更重要的是，这种快速增长很可能会持续下去，因为研究者还在源源不断地把最新发现变成每年 200 多万篇的科学期刊文章。

EBOX ｜ 线上影响力

"你愿意使用这部手机吗？"

"我愿意……随时随地带着它。"

作者点评： 我们的数字设备不仅拥有前所未有的信息力量，还会使人上瘾。调查显示，人们平均每天查看手机的次数超过 100 次，84% 的人说他们"没了手机一天都过不下去"。

除了科学的迅猛进步，与普通人生活相关的东西也在飞速变化。每年的盖洛普民意调查显示，公众关心的事件越来越多元化，但关心的时间却越来越短。此外，我们的出行更多、更快捷了；我们更频繁地搬迁到新的住宅，因为新住宅的兴建和拆迁也越来越快了；我们接触更多的人，但跟他们之间的联系却越发短暂；在超市、汽车展厅、购物中心，我们会碰到各式各样的选择，看到前一年闻所未闻的产品，但到下一年，这些产品说不定就销声匿迹了。在论及当代文明的时候，最常用的描述词就是新颖、短暂、多元、速度惊人。

排山倒海的信息和选择是飞速的技术进步带来的。这当中首先受到影响的要数我们收集、存储、检索和传递信息的能力。起初，享受这类进步成果的仅限于大型组织，如政府机关或巨头企业。随着电子通信和数码技术的发展，哪怕个人也能接触到数量惊人的信息。有线和卫星系统的普及，成了信息进入普通家庭和抵达个人的渠道。如今，一部手机的信息处理能力，就已经超过了几年前整个大学系统的信息处理能力。

但有一点务必注意，当今时代，通常被叫作"信息时代"，从来没有人称它为"知识时代"。信息并不直接转化为知识，它首先必须经过处理，如获取、吸收、理解、整合和保留。

捷径应受到尊重

因为技术的进化速度远远快于我们，我们处理信息的天然能力有可能越来越难于应对当代生活中繁多的变化、选择和挑战。我们越来越频繁地发现自己陷入了跟低等动物一样的处境之中：外界环境的错综复杂超出了我们心智器官的处理能力。当然，也有不同的地方，低等动物的认知能力从来就比较欠缺，可我们的问题却类似作茧自缚：是我们自己创造了一个太过复杂的世界，最终却搞得自己都应付不了。我们新产生的这种缺陷，跟动物长久以来的缺陷一样：在下决定的时候，我们越来越难于对整个局面加以全盘考虑了。为解决这种"分析瘫痪"问题，我们只好更多地把注意力放到环境中通常靠得住的某个单一特征上。

倘若这些单一特征确实可靠，那么依靠聚焦注意力、自动响应特定信息的快捷方法做出决定并没有什么根本上的错误。问题在于，有些因素会让这些通常靠得住的线索误导我们，让我们做出错误的行为和糟糕的决定。正如我们所见，某些别有用心之人耍的手段就是误导因素之一。这些人利用我们不假思索的机械反应来获利。随着现代生活的节奏越来越快，复杂程度越来越高，假如我们利用快捷响应的频率也越来越高，那么可以肯定，别人对我们耍这类手腕的频率也会越来越高。

既然我们的捷径系统可能遭到密集的攻击，那么我们该怎么做呢？我认为，光回避是不管用的，还要进行有力的还击。但这里有一条重要的先决条件：倘若影响力专家公平公正地利用我们的捷径响应方式，我们就不应该把他们看成是敌人，事实上，他们是我们的盟友，有了他们，我们能更方便地开展高效率、高适应度的生意往来；**只有那些通过弄虚作假、伪造或歪曲证据，误导我们做出快捷响应的人，才是正确的还击目标。**

我们可以从最常用到的捷径里举个例子。根据社会认同原则，我们往往会效仿跟自己类似的其他人的做法。这么做是合情合理的，因为大多数时候，一种行为在特定环境下能得到众人的认同，往往说明它管用而且恰当。因此，广告商采用真实可靠的信息而不是欺骗性的数据告诉我们某个品牌的牙膏销量最大，这的确能说明这种产品质量好，我们很可能会喜欢上它。假设我们正在市场上寻找优质牙膏，其实就可以依赖"使用人数"这一单一信息来判断是否要购买它。这种策略给我们指明正确方向的可能性高于出错的可能性，我们可以把认知精力节省下来，去应付生活里铺天盖地的其他信息，做出更合理的决定。在广告商的帮助下，我们有效地利用了这一高效策略，所以，此时广告商不是我们的敌人，而是我们的合作伙伴。

可要是有人给我们虚假信号，试图刺激我们的捷径反应，那事情就完全不一样了。比方说，广告商拍摄了一系列现场"随机访谈"广告，让若干演员假扮普通市民盛赞该产品，试图营造出这种产品大受欢迎的假象，那么这样的广告商就是我们的敌人。因为在此受欢迎的证据是伪造的，我们、社会认同原则、我们对它的捷径反应都遭到了利用。在先前的章节中，我曾建议，凡是打虚假"随机访谈"广告的产品，我们都不要购买。不仅如此，我们还要写信向厂家投诉，并建议他们撤换广告代理公司。同时我还建议，只要碰到有人用这种方式滥用社会认同原则或其他影响力武器，我们都应采取这一强硬立场。我们应该拒绝收看使用"罐头笑声"的电视节目；如果我们看到酒保在小费罐里先装上一两块钱，以诱使人给他小费，那么我们就不应当给这个酒保一分钱的小费；如果我们看到夜总会门外排着长长的人龙，可走进去一看，里头还有大把的空位，外面的长队只是为了制造生意兴隆的假象来打动路人的，那么我们应当立即离开，并把这么做的原因告知外面还在排队的人。**简而言之，我们要采取一切合理的方法，如抵制、威胁、对峙、谴责、抗议，来报复以刺激我们的捷径反应为目的的虚假信号。**

我并不认为自己是个天生好斗的人，但我却建议大家主动还击。这是因为从某种意义上来说，我已经跟那些剥削者宣战了。确切地说，我们人人都应宣战。然而，有必要认识到，我们采取对抗做法，并不是因为他们想赚钱。说到底，我们人人都想赚钱。关键在于，他们赚钱的方式威胁到了我们捷径反应的可靠性，是真正的背叛，这才是我们无法容忍的地方。我们必须依赖可靠而合理的捷径和首选规则来应对现代生活的繁忙节奏。这不是什么奢侈品，而是不折不扣的必需品。随着生活节奏的加快，它们还会变得越来越重要。这就是碰到有人为谋求私利而误导这些规则时，我们应当还以颜色的原因，我们希望这些规则尽可能地保持有效。倘若投机客习惯性地耍手段利用它们，我们只好对其弃之不用，这样一来，我们也就没法卓有成效地应对日常生活的繁多抉择了。我们实在不能对此种局面听之任之，必须奋力一战来捍卫这些宝贵的捷径。这一仗，胜败的赌注太大了。

READER'S REPORT | 读者报告

致西奥迪尼先生：

　　不久前，我在一家电器商店买东西时，发现一台高质量的大屏幕电视机正在打折，价格很是诱人。我原本并不打算买新电视机，但这优惠的售价外加强势的产品评价，让我禁不住停下来翻了翻相关的宣传册。一位名叫布拉德的销售员走过来说："看得出你对这台电视机很感兴趣，我大概能猜到是为什么。它质量好，价格又很优惠。但我必须告诉你，这是最后一台了。"这立刻激起了我的兴趣。接着他又告诉我，一位女士刚刚打电话来，说自己可能下午就来买。我研究了一辈子的影响力，知道他是在对我使用稀缺原则。

　　但这并不管用。20分钟后，我用购物车推着"战利品"走出了商店。西奥迪尼博士，我做出这样的反应，是不是太傻了？

致广大读者：

　　读者们想必已经发现，报告中的消费者就是我，所以我对这个问题有一个知晓内情的视角。我是否应该产生受骗的感觉，取决于布拉德告知的稀缺相关信息是否准确。如果是准确的，我应该感谢布拉德提供的信息。想想看，要是布拉德没有把真实情况告诉我，我回家想了想，当晚又回到店里打算把电视机买下，结果却发现最后一台已经卖掉了，我肯定会对销售员大发雷霆："怎么搞的！我走之前你怎么不告诉我这是最后一台？"

　　现在，假设布拉德并未提供真实信息，与电视机相关的稀缺条件是他

>>>

编造出来的。等我走掉之后，他去库房拿出一台相同型号的电视机放在货架上，借助同样的故事再把它卖给下一位顾客。（顺便说一句，几年前，百思买的员工就是这样做的，但被人逮了个正着）那对我来说，布拉德就不再是一个有价值的线人，而是个可恶的奸商了。

　　真是这样吗？我决定弄个明白。第二天早上，我又来到这家商店，想看看是否还有同款电视机在出售。没有了。布拉德对我说的是实话。于是，我回去就给这家店，尤其是布拉德写了一条高度赞赏的评价。如果布拉德撒谎，这条评价将给予同样强烈的谴责。在面对影响力原则时，对那些企图伤害我们的人，我们应始终不遗余力地加以谴责，而对那些力争助我们一臂之力的人，我们也该投桃报李。

本章小结

- 当今有别于以往任何时代，技术的重大进步使得信息蓬勃发展，选择日益繁多，知识趋向爆炸。面对这种如雪崩般袭来的变化和选择，我们不得不进行调整，我们做决定的方式出现了一个根本性的变化。虽然我们在任何情况下都希望做出周到的决定，但当代生活变化多端，节奏又快，常常逼得我们没有条件对正反两方面的相关信息进行详尽分析。无奈之下，我们越来越多地采用另一种决策方法，一种便捷的方法，只根据基本可靠的单一信息做出决定。因此，在本书中，我们讨论了最可靠也最为人所接受的此类单一顺从触发因素：互惠、喜好、社会认同、权威、稀缺、承诺与一致和联盟。

- 由于我们当今社会的认知过载倾向日益严峻，抄捷径下决定的做法也随之普遍化。影响力专家只要在提要求时加入一两个影响力触发因素，就很可能成功实现他们的目的。可他们使用这些触发因素，不一定是在利用我们。只有当触发因素不是环境中自然蕴含的特征，而是别有用心的人捏造出来的时，才意味着赤裸裸的剥削。为了维护捷径反应的有益特质，我们必须采用各种恰当的方式来反抗这种弄虚作假。

未来，属于终身学习者

我这辈子遇到的聪明人（来自各行各业的聪明人）没有不每天阅读的——没有，一个都没有。巴菲特读书之多，我读书之多，可能会让你感到吃惊。孩子们都笑话我。他们觉得我是一本长了两条腿的书。

——查理·芒格

互联网改变了信息连接的方式；指数型技术在迅速颠覆着现有的商业世界；人工智能已经开始抢占人类的工作岗位……

未来，到底需要什么样的人才？

改变命运唯一的策略是你要变成终身学习者。未来世界将不再需要单一的技能型人才，而是需要具备完善的知识结构、极强逻辑思考力和高感知力的复合型人才。优秀的人往往通过阅读建立足够强大的抽象思维能力，获得异于众人的思考和整合能力。未来，将属于终身学习者！而阅读必定和终身学习形影不离。

很多人读书，追求的是干货，寻求的是立刻行之有效的解决方案。其实这是一种留在舒适区的阅读方法。在这个充满不确定性的年代，答案不会简单地出现在书里，因为生活根本就没有标准确切的答案，你也不能期望过去的经验能解决未来的问题。

而真正的阅读，应该在书中与智者同行思考，借他们的视角看到世界的多元性，提出比答案更重要的好问题，在不确定的时代中领先起跑。

湛庐阅读App：与最聪明的人共同进化

有人常常把成本支出的焦点放在书价上，把读完一本书当作阅读的终结。其实不然。

时间是读者付出的最大阅读成本

怎么读是读者面临的最大阅读障碍

"读书破万卷"不仅仅在"万"，更重要的是在"破"！

现在，我们构建了全新的"湛庐阅读"App。它将成为你"破万卷"的新居所。在这里：

● 不用考虑读什么，你可以便捷找到纸书、电子书、有声书和各种声音产品；

● 你可以学会怎么读，你将发现集泛读、通读、精读于一体的阅读解决方案；

● 你会与作者、译者、专家、推荐人和阅读教练相遇，他们是优质思想的发源地；

● 你会与优秀的读者和终身学习者为伍，他们对阅读和学习有着持久的热情和源源不绝的内驱力。

下载湛庐阅读 App，
坚持亲自阅读，
有声书、电子书、阅读服务，
一站获得。

本书阅读资料包

给你便捷、高效、全面的阅读体验

本书参考资料 　　　　　　　　　　　　　　　　　湛庐独家策划

- ☑ **参考文献**
  为了环保、节约纸张，部分图书的参考文献以电子版方式提供

- ☑ **主题书单**
  编辑精心推荐的延伸阅读书单，助你开启主题式阅读

- ☑ **图片资料**
  提供部分图片的高清彩色原版大图，方便保存和分享

相关阅读服务 　　　　　　　　　　　　　　　　　终身学习者必备

- ☑ **电子书**
  便捷、高效，方便检索，易于携带，随时更新

- ☑ **有声书**
  保护视力，随时随地，有温度、有情感地听本书

- ☑ **精读班**
  2~4周，最懂这本书的人带你读完、读懂、读透这本好书

- ☑ **课　程**
  课程权威专家给你开书单，带你快速浏览一个领域的知识概貌

- ☑ **讲　书**
  30分钟，大咖给你讲本书，让你挑书不费劲

湛庐编辑为你独家呈现
助你更好获得书里和书外的思想和智慧，请扫码查收！

（阅读资料包的内容因书而异，最终以湛庐阅读App页面为准）

INFLUENCE: NEW AND EXPANDED by Robert Cialdini.

Copyright ©1984, 1994, 2007, 2021 by Robert Cialdini.

Published by arrangement with Harper Business, an imprint of HarperCollins Publishers.

All rights reserved.

本书中文简体字版由 HarperCollins Publishers,USA 授权在中华人民共和国境内独家出版发行。

未经出版者书面许可，不得以任何方式抄袭、复制或节录本书中的任何部分。

版权所有，侵权必究。

图书在版编目（CIP）数据

影响力：全新升级版 /（美）罗伯特·西奥迪尼著；
闾佳译．—北京：北京联合出版公司，2021.11（2025.7重印）
　　ISBN 978-7-5596-5643-8

　　Ⅰ.①影…　Ⅱ.①罗…②闾…　Ⅲ.①说服—心理学
—通俗读物　Ⅳ.①H019-49

中国版本图书馆CIP数据核字（2021）第210252号

北京市版权局著作权合同登记　图字：01-2021-5830

上架指导：心理学 / 畅销书

版权所有，侵权必究
本书法律顾问　北京市盈科律师事务所　崔爽律师

影响力（全新升级版）

作　　者：[美]罗伯特·西奥迪尼
译　　者：闾　佳
出 品 人：赵红仕
责任编辑：龚　将
封面设计：ablackcover.com
版式设计：湛庐CHEERS 张永辉

北京联合出版公司出版
（北京市西城区德外大街83号楼9层　100088）
天津中印联印务有限公司印刷　新华书店经销
字数451千字　710毫米×965毫米　1/16　30.25印张　1插页
2021年11月第1版　2025年7月第11次印刷
ISBN 978-7-5596-5643-8
定价：99.90元

版权所有，侵权必究
未经书面许可，不得以任何方式转载、复制、翻印本书部分内容或全部内容。
本书若有质量问题，请与本公司图书销售中心联系调换。电话：010-56676359